北方ヨーロッパの商業と経済　1550-1815年

北方ヨーロッパの商業と経済

1550－1815年

玉木俊明著

知泉書館

小泉育代先生にささげる

目　次

―――――――

北ヨーロッパの地図　　　　　　　　　　　　　　　　　　　　ix

序　章　　　　　　　　　　　　　　　　　　　　　　　　　3

第 1 章　商業資本主義の諸相　　　　　　　　　　　　　　13
　　はじめに　　　　　　　　　　　　　　　　　　　　　　13
　　第 1 節　「商業資本主義」とは？　　　　　　　　　　　14
　　第 2 節　取引費用　　　　　　　　　　　　　　　　　　22
　　第 3 節　商人＝企業家論の形成とステープル市場・ゲートウェイ　26
　　第 4 節　オランダの興隆と企業家　　　　　　　　　　　33
　　第 5 節　近世商業の特徴とヨーロッパ経済　　　　　　　37
　　第 6 節　商人のタイポロジー　　　　　　　　　　　　　43
　　第 7 節　戦争の世紀と経済発展――重商主義戦争と商業の発展　46
　　第 8 節　貿易史とは何か？　　　　　　　　　　　　　　53

補論 I　経済発展と国家の役割――国家財政と商人のネットワーク　59
　　はじめに　　　　　　　　　　　　　　　　　　　　　　59
　　第 1 節　後発国イギリスの財政　　　　　　　　　　　　60
　　第 2 節　フランスの財政状況　　　　　　　　　　　　　64
　　おわりに　　　　　　　　　　　　　　　　　　　　　　65

第 2 章　地中海からバルト海へ
　　　　　――1600 年頃のヨーロッパ経済の中心の移動　　71
　　はじめに　　　　　　　　　　　　　　　　　　　　　　71
　　第 1 節　イタリアの没落――地中海世界の衰退　　　　　73

第2節　ヨーロッパの食糧危機　　　　　　　　　　　　　82
　第3節　ヨーロッパの森林資源枯渇　　　　　　　　　　87
　第4節　危機からの脱出　　　　　　　　　　　　　　　89
　第5節　地中海からバルト海へ　　　　　　　　　　　　92

第3章　「穀物の時代」のバルト海貿易　1561-1657年
　　　　　──『エーアソン海峡通行税台帳 前編』の分析　　99
　はじめに　　　　　　　　　　　　　　　　　　　　　　99
　第1節　『エーアソン海峡通行税台帳』　　　　　　　　101
　第2節　研究状況　　　　　　　　　　　　　　　　　105
　第3節　船舶からみた変遷　　　　　　　　　　　　　110
　第4節　輸　出　　　　　　　　　　　　　　　　　　115
　第5節　輸　入　　　　　　　　　　　　　　　　　　126
　おわりに　　　　　　　　　　　　　　　　　　　　　135

第4章　近世スウェーデンのバルト海貿易──「大国時代」を中心に　141
　はじめに　　　　　　　　　　　　　　　　　　　　　141
　第1節　ストックホルム・ステープル市場　　　　　　145
　第2節　ストックホルムの発展と外国商人　　　　　　147
　第3節　「バルト海帝国」の貿易構造　　　　　　　　151
　　1　概観　151　　2　輸出入　152　　3　「大陸側領土」　160
　おわりに　　　　　　　　　　　　　　　　　　　　　174

補論Ⅱ　スウェーデンの貿易とフィンランド・イェーテボリの関係　179
　はじめに　　　　　　　　　　　　　　　　　　　　　179
　第1節　東ボスニア湾の自立化　　　　　　　　　　　180
　第2節　イェーテボリの台頭　　　　　　　　　　　　183
　おわりに　　　　　　　　　　　　　　　　　　　　　186

目　次　　vii

第5章　「原材料の時代」のバルト海貿易　1661-1780 年
　　　　──『エーアソン海峡通行税台帳 後編』の分析　　189
　はじめに　　189
　第1節　『エーアソン海峡通行税台帳』後編の特徴　　191
　第2節　輸出入　　193
　　1　船舶　193　　2　輸出—商品　210　　3　輸入—商品　224
　おわりに　　228

第6章　イギリスのバルト海・白海貿易　1661-1780 年
　　　　──オランダとの比較を中心に　　231
　はじめに　　231
　第1節　使用史料　　234
　第2節　貿易の変化—船舶　　236
　　1　イングランドの輸出船舶数　236
　　2　イングランドの輸入船舶数　240
　第3節　商　　品　　243
　　1　イングランドの輸出　243　　2　イングランドの輸入　249
　　3　オランダとの比較　257
　第4節　ロシア貿易の形態　　260
　　1　おもな貿易港　260　　2　イギリス商人とオランダ商人　262
　　3　三つの貿易圏とその性格　264
　おわりに　　265

第7章　ハンブルクの貿易──もう一つの世界システム　　267
　はじめに　　267
　第1節　ハンブルクの特徴　　270
　第2節　ハンブルク貿易の概観　　273
　第3節　18 世紀ボルドーの貿易発展とハンブルク　　281
　第4節　フランス—ハンブルク—バルト海地方　　287
　第5節　ハンブルクとイギリス　　292
　第6節　ハンブルクとスペイン・ポルトガル　　294
　おわりに　　298

補論Ⅲ　18世紀の世界貿易拡大と北方ヨーロッパ経済の変貌　305
　はじめに——ヨーロッパの貿易増大　305
　第1節　18世紀イギリスの貿易構造　307
　第2節　アジアとの関係　308
　第3節　バルト海地方に輸入される植民地物産　310
　おわりに　315

第8章　ヨーロッパの経済発展とオランダの役割
　　　　——ロンドンとハンブルク　317
　はじめに　317
　第1節　問題設定　318
　第2節　オランダの近代性？　323
　第3節　ゲートウェイとしてのアムステルダム　328
　第4節　アムステルダムとロンドン・ハンブルクとの関係　334
　　1　ロンドン——フランスとの比較を中心に　334
　　2　ハンブルク——金融・人的ネットワークと情報　340
　第5節　フランス革命・ナポレオン戦争　346
　おわりに　350

終　章　353

あとがき　359
初出一覧　365
参考文献　367
索　引　401
英文目次・要旨　415

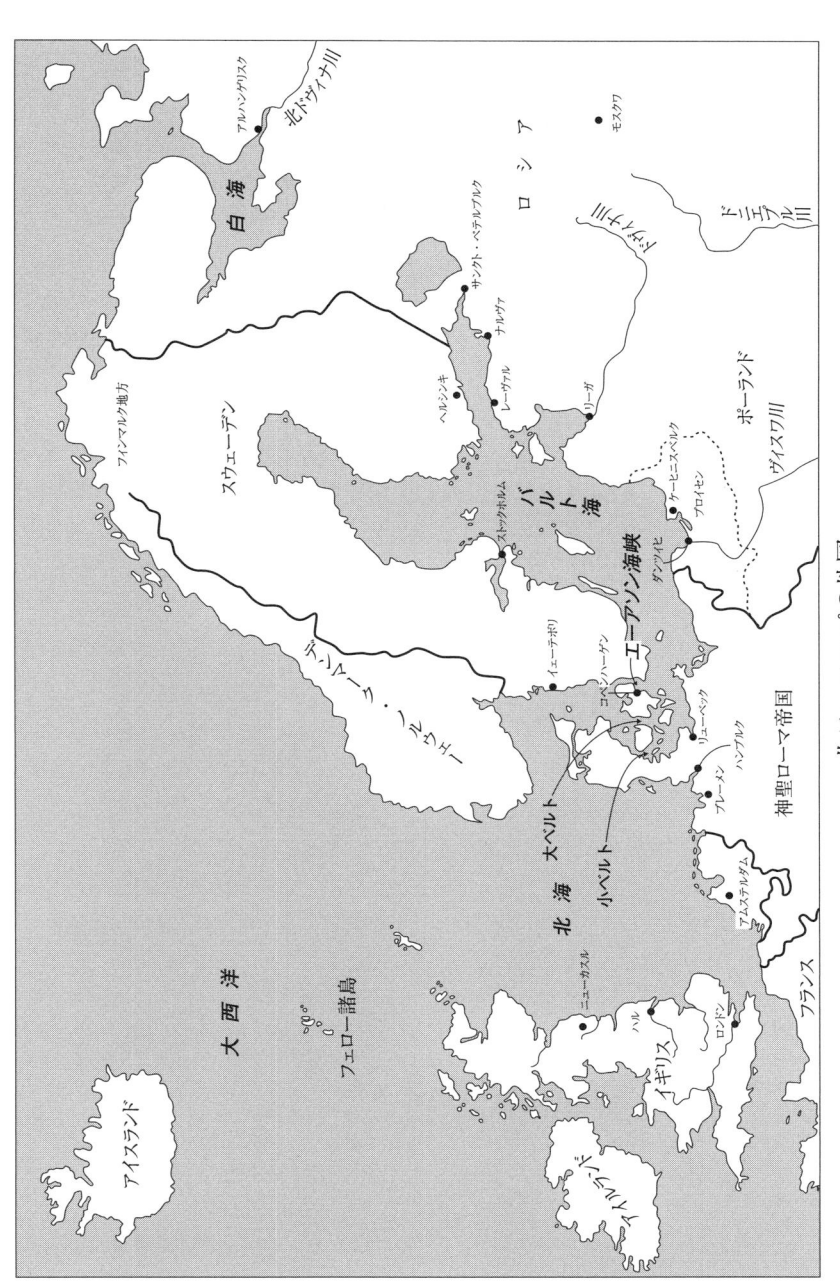

北ヨーロッパの地図

北方ヨーロッパの商業と経済

1550-1815 年

序　章

現在のグローバルヒストリーの潮流では，ヨーロッパ経済がアジア経済に対しずっと優越していたというかつてのイメージは否定されている。「アジア的生産様式」という言葉は，もはや太古のものとなった。この二地域は，基本的に同じような経済発展を遂げていたが，近世のどこかの地点でヨーロッパが優勢になり，ポメランツのいう「大いなる相違」（Great Divergence）[1]が生じたとされる。ヨーロッパが絶えず優勢だったという主張は現在もなお存在し[2]，またアジアの優位が1800年頃まで続いたという意見もあるが[3]，グローバルヒストリアンのあいだでは，いつアジアよりヨーロッパが優勢になったのかは別として，ポメランツの問題提起が受け入れられているといって間違いあるまい。

　しかしそこには，基本的に三つの問題点があるように思われる。第一に，「アジア」の定義があまりに漠然としていることである。「ヨーロッパ」が何を指すのかということ自体困難だが，それでも一般的にウラル山脈までがヨーロッパであるという見方は受け入れられているであろう。それに対しアジアとはあまりに広大であり，極めて融通無礙な定義であろう。ヨーロッパは，アジアと比較すれば，はるかに一体性が強い。こ

---

1) Kenneth Pomeranz, *The Great Divergence: China, Europe, and the Making of the Modern World Economy*, Princeton, N. J. 2000.
2) E・L・ジョーンズ著（安元稔・脇村孝平訳）『ヨーロッパの奇跡——環境・経済・地政の比較史』名古屋大学出版会，2000年。David Landes, *The Wealth and Poverty of Nations: Why Some Are so Rich and Some so Poor*, New York, 2000.
3) アレグザンダー・グンダー・フランク著（山下範久訳）『リオリエント——アジア時代のグローバルエコノミー』藤原書店，2000年。

の二つをどう比較するのか。その点について，グローバルヒストリアンの発想はあまりにナイーヴに映る。

　第二に，以下の問題点が考えられる。確かに非常に漠然としたものではあるが，アジアを一つの地域と捉えることはできるだろう。そしてグローバルヒストリアンのなかには，ヨーロッパとアジアが，「大いなる相違」までは，パラレルな経済発展を描いていたというアプリオリな前提をもつものもいる。しかし，実はこのような前提が正しいということは，誰も証明していない。にもかかわらずこういう前提に立つこと自体が，問題を生じさせよう。

　第三に，ヨーロッパとアジアに「大いなる相違」が生じる以前に，ヨーロッパ内部で，アルプス以北と以南で「大いなる相違」が発生しており，それが長期的に近代のヨーロッパの優位につながっていったことが見落とされている。ヨーロッパ史家の観点からは，イタリアが没落し，オランダが台頭したことでヨーロッパ内部に「大いなる相違」が産み出されたことこそが重要である。本書では，その点に注目したい。

　オランダ経済史に対する日本人のイメージは，まず大塚史学（ないし戦後比較史学）によって形成された。そこではオランダは，産業資本主義国家イギリスに敗北する商業資本主義国家として，ネガティヴな印象が与えられていた。

　しかしウォーラーステインの登場によって，状況は根本的に変化する。周知のように，オランダは，「近代世界システム」の発祥の地であり，これまでの世界で三つしかないヘゲモニー国家の一つであるとされた。オランダは，ポジティヴなイメージを与えられるようになったのである[4]。

　このように評価が百八十度変わったオランダであるが，やがてイギリスが産業革命を成功させ，オランダに取って代わってヨーロッパ経済の中心になり，さらに世界経済の中心になった事実に変わりはない。その

---

　4) I・ウォーラーステイン著（川北稔訳）『近代世界システム——農業資本主義とヨーロッパ世界経済の成立』I・II，岩波書店，1981年。I・ウォーラーステイン著（川北稔訳）『近代世界システム——重商主義と「ヨーロッパ世界経済」の凝集』名古屋大学出版会，1993年。I・ウォーラーステイン著（川北稔訳）『近代世界システム　1730s～1840s——大西洋革命の時代』名古屋大学出版会，1997年。

イギリスも，やがてアメリカによって凌駕される。アメリカがいつまでヘゲモニー（本書では，他より圧倒的に強力な経済力をもつ国家を指す）をもち続けることができるのかは，誰にもわからない問題である[5]。

　どのような国家も地域も，永遠に繁栄し続けることはありえない。やがて，別の地域が台頭し，そこが世界経済の拠点となるはずである。したがってある地域から別の地域に，どういう形でヘゲモニーが移動するのかという視点が不可欠であろう。しかし，それがこれまで世界システム論の焦点になってきたとはいえないように思われる。

　オランダからイギリスへのヘゲモニーの移行は，あるいはアムステルダムからロンドンへのヨーロッパ世界経済の中心都市の移動は，実は北海をはさむ地域間の移動にすぎない。それは，世界経済の中心がヨーロッパからアメリカへと移行したこと，さらにはやがてアジアへとシフトする可能性とを比較するなら，ささいな問題だとさえ感じられよう[6]。

　近世のヨーロッパ世界経済の中核の移行は，その後（生じると想定されるものも含めて）の移行と比較すれば，決してドラマチックなものではなかった。それはあくまでヨーロッパ北西部での出来事であったことに注意すべきである。つまり，近代世界システムはそもそも，オランダを中心とする北方ヨーロッパ（Northern Europe）[7]で発生したということを銘記すべきである。オランダからイギリスへのヘゲモニーの移行それ自体は，北方ヨーロッパ経済内部の出来事であった。逆にいえば，近代世界システムの誕生における，アルプス以北の北方ヨーロッパ圏の比重は非常に大きかったのである。われわれは，この事実の重みに気づかなければならない。アルプス以南の南方ヨーロッパ（Southern Europe）ではなく，北方ヨーロッパでこのシステムが生まれたことに注目すべきで

---

　[5]　ヘゲモニー国家については，松田武・秋田茂編『ヘゲモニー国家と世界システム——20世紀をふりかえって』山川出版社，2002年。

　[6]　さらに，イギリス経済における北海貿易圏の重要性も無視してはならない David Ormrod, *The Rise of Commercial Empires: England and the Netheralnds in the Age of Mercantilism, 1650-1770*, Cambridge, 2003, p. 66; 北海は，一つの文化圏とみなすこともできる。Juliette Roding and Lex Heerma van Voss (eds.), *The North Sea and Culture in Early Modern History (1550-1800)*, Hilversum 1996.

　[7]　ここでいう「北方ヨーロッパ」とは，アルプス以北のヨーロッパを指す。それに対し，「南方ヨーロッパ」とは，アルプス以南のヨーロッパを指す。

ある。さらに，北方ヨーロッパにおける産業革命によってヨーロッパとアジアとのあいだに「大いなる相違」が生じたとすれば，なおさら北方ヨーロッパの台頭は重要になろう。

また，オームロッドの見解では，アムステルダムとロンドンとは，前者が旧来のステープル・システム，すなわち流通システムの中心にすぎなかったのに対し，後者は後背地をもち，統合された国民経済をもつ近代的メトロポリスの誕生を意味した[8]。したがってイギリス国家は，新タイプの経済発展の基盤であり，出発点となった。イギリス「帝国」を中心とするシステムは，やがて19世紀後半になると世界を席巻することになる。近代世界システムは，このように変化した。ヘゲモニー国家がオランダからイギリスへと変わったことは，長期的にみればこのような相違をもたらしたのである。本書でも，イギリス・オランダの差異に注目する。

ただ，ここで「近代世界システム」という場合，必ずしもウォーラーステインの主張をそのまま踏襲しているわけではない。『近代世界システム』の原著第1巻が上梓されたのが1974年だということを考えるなら，彼の議論の一部は時代遅れとなっている観は否めない。1974年当時にはラテンアメリカの工業化が後発国の工業化のモデルとなっていたが，現在ではアジアに変わっている。20世紀第4四半期の東アジアの勃興から判断するなら，「支配＝従属関係」を東アジアの歴史にあてはめるわけにはいかないであろう。そもそもウォーラーステインは現代アフリカの専門家であり[9]，この地域では第一次産品の輸出に特化した国々が先発国に従属したという図式がそのままあてはまったかもしれない。ある程度まで，ラテンアメリカ諸国にもそれは適用できたであろう。だが東アジアの勃興を目のあたりにすれば，彼の理論の適用範囲がかぎられているという現実に直面せざるをえない。そもそも本来出版されるはずであり，現代まで扱う予定の第4巻がいっこうに上梓されず，世界システム論の議論が現代にまで及んでいないこと自体が，彼の議論の破綻を意味するとも受け取れよう。グローバルヒストリー研究が出現した

---

  8) Ormrod, *The Rise of Commercial Empires*, p. 6.
  9) 山下範久「生い立ちと思想」川北稔編『ウォーラーステイン』講談社選書メチエ，2001年，14-68頁。

背景に，「支配＝従属関係」では捉えられない地域間の関係があったことは間違いあるまい。

　ウォーラーステインの理論で最も重要な点は，「世界は全体として動く」という視点であろう。ある地域での出来事は，他地域との関係で捉えなければならない。さらに，近世のオランダを中心に生まれた一種のシステムが世界中に拡大していったことは事実だと私は考えている。それは，必ずというわけではないが，ときに経済的な支配＝従属関係をともなうこともある。このような定義は，曖昧であるとの批判があろう。しかし，もし定義をあまりに厳密にするなら，現実の歴史分析には適さないものになるであろう。ここでは，「世界システム」を，このように緩やかな意味で用いる。

　本書の分析対象は，近世，より正確には 1550 年頃から 1815 年までのアルプス以北の北方ヨーロッパ商業・経済の変遷である。オランダがヘゲモニー国家になり，次いでイギリスがヘゲモニーを握る 1815 年までを考察の対象とする。オランダの経済的基盤は，バルト海貿易にあった。オランダを中心とする経済圏が拡大し，北方ヨーロッパが一つの経済圏としての統一性を強める。もとより，オランダの台頭以前に，緩やかな地域的統一体として，北方ヨーロッパ経済圏が誕生していたとも考えられる。しかしたとえそうであったにせよ，その統一性を強めた要因として，オランダの勃興があげられる。オランダの勃興は，スウェーデンの台頭をももたらした。さらにオランダから生まれた世界システムは，やがてイギリスを中心とするシステムと，ハンブルクを中心とするシステムに分かれた。前者が「帝国」を形成していったのに対し，後者は物流を中心とするシステムを形成した。やがて，イギリスがヘゲモニー国家になった。ここではオランダの活動がイギリスのヘゲモニー獲得を促進したということを示したい。イギリスのヘゲモニーが北方ヨーロッパ経済圏の拡大につながり，「ヨーロッパ世界経済」ではなく，文字通りの「世界経済」となる以前の段階を扱う。

　アルプス以南の南方ヨーロッパではなく，北方ヨーロッパで近代世界システムが生まれた。このような構想は，ヨーロッパとアジアに「大いなる相違」が発生する以前に，ヨーロッパ内部でそれが生じた理由を探究することにつながる。この点から考えると，知識の経済の普及という

観点からみて，すでに17世紀のうちにヨーロッパ-アジア間に「大いなる相違」が生じていたというファン・ザンデンの論でさえ，ヨーロッパを一元的にみるという誤りをおかしているといえないだろうか[10]。

ところでウォーラーステインの枠組みは，あくまでも「国家」の盛衰の枠組みにとどまっている。だからこそ，国家を超えた商人の活動が，オランダからイギリスへのヘゲモニー移行に寄与したという視点が生まれなかったのであろう。商人の活動も重視することが，本書の特徴の一つである。

北方ヨーロッパでオランダを中核として（ヨーロッパ）世界経済が誕生したのは，ダグラス・ノースが提起したように，経済発展に適合的な「制度」（institutions）が生まれたからである[11]。現在，ヨーロッパ経済史家のあいだで，ノースの影響は極めて大きくなっている。ノースによれば，本質的に取引費用の低下が経済発展の前提条件になる。その前提に立ったうえで，私は，信頼のおける商業情報を低コストで獲得することが，経済発展の鍵だと主張したい[12]。そのような社会が北方ヨーロッパで誕生し，その中心にオランダが位置した。そのことが，北方ヨーロッパの経済発展に，決定的ともいえる意味をもった。

2001年にスティグリッツとアカロフがノーベル経済学賞を受賞して以来，経済史研究における情報の重要性がクローズアップされるようになった。近世のヨーロッパ社会は情報の非対称性が大きく，商人が信頼のおける情報を入手することは困難であった。そのため，取引費用は非常に大きかった。だが，伝達方法の発達などにより情報の非対称性が少

---

10) Jan Luiten van Zanden, "Common Workmen, Philosophers and the Birth of the European Knowledge Economy: About the Price and the Production of Useful Knowledge in Europe 1350-1800" (pdf-file, 169 Kb), paper for the GEHN conference on Useful Knowledge, Leiden, September 2004: revised 12 October 2004; Jan Luiten van Zanden, "De timmerman: De boekdrukker en het ontstaan van de Europese kenniseconomie over de prijs en het aanbod van kennis voor de industriele Revolutie", *Tijdschrift voor sociale en economische Geschiedenis*, Vol. 2, No. 1, 2006, pp. 105-120.

11) ダグラス・C・ノース著（竹下公視訳）『制度・制度変化・制度成果』晃洋書房，1993年。ダグラス・C・ノース，ロバート・P・トマス著（速水融・穐本洋哉訳）『西欧世界の勃興』ミネルヴァ書房，1994年。

12) ただし，むろん，ノースが情報の重要性を無視していたということにはならないことは付け加えておく必要がある。

なくなり，信頼にたる情報を比較的低費用で入手できるようになったので，オランダを中核とする北方ヨーロッパで経済発展が生まれ，そのシステムが拡大していった。そのため，取引費用が大きく低下した。それを「近代世界システムの誕生」と呼ぶことができよう。

また川北稔によれば，このようなシステムは，それまでの「世界システム」とは，「成長パラノイア」ともいうべき点，すなわち経済成長を前提とするシステムであるいう点で大きく異なっていた[13]。

しかしそれは，最初の工業国家ではなく，商業資本主義国オランダが中心となったシステムによって，北方ヨーロッパに形成された。それがどのようにして伝播していったのかということは，歴史研究において非常に重要な問題である。

オランダが中核になった理由はどこにあるのか？　なかでも，アムステルダムの果たした役割が大きかったのはなぜか？　オランダを中核とするシステムはどう広がったのか？　オランダからイギリスへと，ヘゲモニーはどのように移行したのか？　オランダと他地域とは，どのような関係にあったのか？　北方ヨーロッパ経済圏で，貿易の果たした役割はどのようなものであったのか？　北方ヨーロッパの経済発展のために，オランダ商人はどのような役割を果たしたのか？　スウェーデン経済はなぜ成長したのか？　ハンブルクは，どのような機能を果たしていたのか？　近世の経済システムは，現代のそれとどの点で違っていたのか？　このような疑問について，ウォーラーステインとは違った角度から答えたい。

ヤン・ド・フリースとファン・デル・ワウデは，オランダを「最初の近代経済」[14]と呼んだが，「最初の近代経済国家」とはいわなかった。彼らは後者について何も語っていないが，一般にはそれはイギリスと考えられよう。この二国の間にはどういう関係があったのかということも考察の対象にする。それは，「オランダからイギリスへとヘゲモニーはど

13）　川北稔「『政治算術』の世界」『パブリックヒストリー』創刊号，2004年，1-18頁。
14）　Jan de Vries en Ad van der Woude, *Nederland 1500-1815: De Eerste Ronde van Moderne Economische Groei*, Amsterdam, 1995; Jan de Vries and Ad vander Woude, *The First Modern Economy: Success, Failure, and Perseverance of the Dutch Economy, 1500-1815*, Cambridge, 1997.

う移行したのか？」という問題とも重なるはずである。

　すでにアジア経済史では、アジア間貿易という言葉が広く使われ、アジア独自の貿易ネットワークがあったと強調される傾向が強い[15]。それはまた、日本の歴史学界・経済史学界の共有財産となっている。それと同様、北方ヨーロッパもまた交易ネットワークによって結びつけられていたことを提起するのが、本書の目標の一つである。バルト海を中心とした広域経済圏が近世の北方ヨーロッパに拡大していく過程を描き、この過程がヨーロッパ世界経済形成のうえで重要な役割を果たしたことを示したい。また、18世紀の世界経済——特に大西洋貿易の拡大——と北方ヨーロッパ経済の関係をも考察の対象に加える。

　本書では、非常に多くの表やグラフが使用される。それは、本書が物流を中心に扱っているからである。数多くの商品が広範な地域を移動した以上、このようなアプローチは避け難い。モノの流れが中心ではあるが、人やカネがどのように移動したのかということも含めた考察を行なう。情報の流れが重要なことはいうまでもない。さらに、国家がこの種の移動に対してどのような役割を果たしたのかということも視野に入れて、議論を進める。なお、商品の流れについては一次史料をできるだけ用いるようにし、人の移動については二次文献に依拠した。私が主として貿易統計を利用する量的分析を中心に研究してきたことが、その主要な理由である。

　近世ヨーロッパにおける国家と商人との関係は、非常に重要であるにもかかわらず、日本ではあまり進められていないテーマである。近年の日本では、商人のネットワークの重要性が論じられることが多くなった。しかし商人の研究は通常商業史の枠組みで語られており、国家と商人はあまり関係ないものとして扱われるのが普通である。確かに商業活動は国家のシステムの従属変数ではない。かといって独立変数でもない。

　今日の国際商業の研究では、「国民国家が誕生する際に、国家を超えた商人の活動がみられた」という表現がしばしばなされる。しかしそれは、逆に国民国家誕生を前提としており、かえって近代の国民国家の重

　15）杉原薫『アジア間貿易の形成と発展』ミネルヴァ書房、1996年。浜下武志・川勝平太編『アジア交易圏と日本工業化——1500-1900』新装版、藤原書店、2001年。

要性を強調していることにはならないのであろうか。あるいは，ヨーロッパ近代における「国民国家」形成は，世界史にとっても非常に重要なトピックなのだから，むしろ「国際商業活動があったから国民国家が誕生した」という方が，商業史研究の重要性をアピールできるのではないか。この二つをまったく別次元のものと論じ，商業活動の自立性をあまりに強調しすぎると，商業史・経済史の範囲そのものを狭めてしまうことになろう。また，商業活動，ないし商人の社会的結合の研究に収斂するあまり，それがもたらす経済変化への寄与に対する考察が少なすぎるように感じられる。現在の国際商業史研究には，そのような問題点が指摘できるのではないか。国家と商人との関係も，本書で扱う重要なテーマである。

　私は近年のヨーロッパ人研究者と同様，商人を経済発展の担い手（actor）と捉え，しかも国家が商業を保護することの重要性を指摘したい。商人の活動が，どのような経済的変革をもたらすのかということも，考察の対象にする。さらに，国家が，商業活動の展開に大きな役割を果たしたと考える。商人のマーケティング活動を，国家が後押ししたのである。そのため，国家が市場を保護し，経済を発展させたと主張する「財政＝軍事国家」論にも言及する。

　本書は，このような視点をもとに，近世の北方ヨーロッパの商業と経済がどのように発展し，近代へとつながったのかという問題に対する解答を提示することを目的としている。

（＊）　本書では，Britain の訳語として「イギリス」を用い，England の訳語を「イングランド」，Nederland（The Netherlands）のそれを「オランダ」，Suomi（Finland）のそれを「フィンランド」とする。ただし，「イギリス」に関しては，Britain と England のどちらであるかを明確に示すことができなかった場合もある。

第 1 章

商業資本主義の諸相

―――――

は じ め に

　最近，近世オランダの穀物貿易に関する書物を著したミルヤ・ファン・ティールホフは，オランダを代表する商人として，16 世紀後半から 17 世紀初頭にかけてはコルネリス・ピーテルスゾーン・ホーフトを，19 世紀前半についてはウィレム・ド・クレルクをとりあげた。前者は勃興期の，後者は衰退期のオランダ商業を体現する[1]。

　彼女によれば，この二人の商業活動は，以下のように描写できる。

　コルネリス・ピーテルスゾーン・ホーフト（1547-1626）は自由派に属し，「拡張の時代」のオランダ経済を代表する人物であった。彼の父親は船長であったが，息子を，より安全な職業である貿易商人にした。コルネリスはやがて，アムステルダム市長にまでなった。アムステルダムを拠点としたコルネリスは，イタリア市場と取引を開始する。主要な取引商品は穀物であった。家族の絆は強く，ダンツィヒに住む兄弟や，ノルウェー，フランス，ポルトガルで定住する従兄弟がいた。彼らの絆は，商業活動につきもののリスクを減少させた。この時代にヨーロッパ各地でオランダ人コミュニティが形成され，コルネリスはその一翼を担った。

　一方ウィレム・ド・クレルク（1795-1844）は，貿易が衰退した時代の

―――――

1) ミルヤ・ファン・ティールホフ著（玉木俊明・山本大丙訳）『近世貿易の誕生――オランダの「母なる貿易」』知泉書館，2005 年，第 1 章，第 9 章。また，日本人による研究もある。上野喬『オランダ初期資本主義研究』御茶の水書房，1973 年，第 4 章。

オランダ商人である。彼は1824年にオランダ貿易会社（Nederlandsche Handel-Maatschappij）が設立されるとすぐに，衰退していたS＆P・ド・クレルク商会から手を引き，この会社に雇われた。もはやバルト海地方の貿易で利益が出せなくなっていたのがその理由の一つであった。この時代のバルト海貿易商人も主としてメノー派に属していた。しかし，ホーフトの時代とは違い，信用は商人個人だけではなく，商会にあるようになった。そのため，商会の代表者が変更した場合でも，商会の名称が変わることはなくなっていた。

　これは確かに，オランダの商業活動に関する二つの事例を提供したにすぎない。しかし同時に，オランダ経済の盛衰を反映していることも事実である。とはいえ彼女の視点はあくまでナショナルヒストリーとしてのオランダ商業史にあり，他国との比較という視点はあまりない。だがオランダ商人の活動は，他地域のそれと大きく関連していたはずである。また各地域の商人の営みは，それぞれの地域の商業活動や経済発展と衰退とも深く関わっていたことも，疑いの余地がない。

　本章では，このような観点から，オランダを中心として，近世ヨーロッパの商業・経済の展開を素描してみたい。第1章は，本書の理論的フレームワークを提示する。国家を中心とするマクロな議論と，商人を中心とするミクロな議論はどのようにして結びつくのであろうか？　ここではまず，商業資本主義の定義を行なうことからはじめたい。

第1節　「商業資本主義」とは？[2]

一般に近世のヨーロッパは，少なくとも経済史ないし商業史の観点からは，「商業資本主義の時代」と呼ばれることが多い。これは，商業が国家経済の牽引者であったと考えられているからであろう。ところが，これまでそれを証明した研究者はいなかったように思われる。

　2）　近世の資本主義については，Maarten Prak (ed.), *Early Modern Capitalism: Economic and Social Change in Europe, 1400-1800*, London and New York, 2001; Jan Luiten van Zanden, "Do we need a Theory of Merchant Capitalism?", *Review: Fernand Braudel Center*, Vol. 20, No. 2, 1997, pp. 255-267.

第1節　「商業資本主義」とは？

　経済学の立場からいえば，国民経済計算に占める商業の割合が圧倒的に高い社会があるなら，商業資本主義社会だと呼ぶべきである。しかし，近世社会は本質的に農業経済であり，国民経済計算において，商業の占めるウェイトが高かったとは想定しがたい。近代経済学にもとづくなら，近世のヨーロッパは農業資本主義社会としかいいようがない。ヨーロッパの近世社会では人口の多くは農民であり，この時代は農業資本主義時代と呼ぶべきだということになろう。だからこそ，フランスで重農主義が力をもったのである。これまでの歴史家は，このような理論的問題について，あまり深く考えてこなかったというべきであろう。少なくとも，まったくアプリオリに，商業の重要性を強調してきたように感じられる。それに対し，たとえば経済学者の岩井克人は，商業資本主義を以下のように定義づける。

　　商業資本主義は，二つの市場の間の価格の差異を媒介して利潤を生み出す方法で，遠隔地貿易に携わる商人が地理的に離れた二つの市場を行き来して活動することが典型例である。一方の市場で安いモノを他方の市場で高く売ることによって利潤を獲得するというこの原理は，全ての資本主義に通じるものであり，それ故に資本主義を「利潤を永続的に追求していく経済活動」として定義することができるのである[3]。

　しかしこのような発想にもとづくなら，歴史上，商業資本主義でなかった時代はありえないことになってしまう。したがってこの定義は，歴史的分析に堪えない。まずわれわれにとって重要なことは，近世の商業資本主義を定義づけることであろう。そのためここでは，17世紀ヨーロッパで最大の商業国家であったオランダの経済構造の特徴をみていきたい[4]。

---

　　3)　http://www5.plala.or.jp/shibasakia/linkp0761.htm
　　4)　オランダの商業資本主義については，Jan Luiten van Zanden, *Arbeid tijdens het handelskapitalisme: Opkomst en neergang van de Hollandse economie 1350-1850,* Hilversum, 1991; Jan Luiten van Zanden, *The Rise and Decline of Holland's Economy: Merchant Capitalism and the Labour Market,* Manchester and New York, 1993.

ウォーラーステインがオランダを世界最初のヘゲモニー国家と捉えたことは，もはや旧聞に属する。しかし『近代世界システム』の第1巻が出版されて30年以上が経過し[5]，オランダをめぐる研究状況も大きく変わり，特に財政史・金融史の研究が進展した[6]。またド・フリースとワウデが『最初の近代経済』を上梓し，オランダが世界で初めて持続的経済発展を成し遂げた国だと主張した。

本書にはオランダ語版と英語版がある。その書名は，前者が *Nederland 1500-1815: De Eerste Ronde van Moderne Economische Groei*『ネードルラント　1500-1815——近代的経済成長の第一段階』であり，後者が *The First Modern Economy: Success, Failure, and Perseverance of the Dutch Economy, 1500-1815*『最初の近代経済——オランダ経済の成功・失敗・忍耐』である[7]。本書の特徴は，オランダ語版の副題に表れている。すなわち，オランダ経済は，近代的経済成長の第一段階を表すというのである。

どのように考えても，16世紀のオランダが産業資本主義国家だったとはいえそうもない。ド・フリースとワウデは，近世のオランダ経済にとっての農業の重要性を強調し，またライデンの毛織物の重要性は十二

---

5) I・ウォーラーステイン著（川北稔訳）『近代世界システム』I・II，岩波書店，1981年。原著は，1974年の出版。

6) James D. Tracy, *A Financial Revolution in the Habsburg Netherlands: Renten and Rentiners in the Country of Holland*, Berkelay, Los Angleles and London, 1985; Marjolein 't Hart, "Public Loans and Moneylenders in the Seventeenth Century Netherlands", *Economic and Social History in the Netherlands*, Vol. 1, 1989, pp. 119-140; Marjolein 't Hart, *The Making of a Bourgeois State: War, Politics, and Finance during the Dutch Revolt*, Manchester and New York, 1993; Marjolein 't Hart, Joost Jonker and Jan Luiten van Zanden, *A Financial History of The Netherlands*, Cambridge, 1997; Wantje Fritschy, "A 'Financial Revolution' Reconsidered: Public Finance in Holland during the Dutch Revolt, 1568-1648", *Economic History Review*, 2nd ser., Vol. 56, No. 1, 2003, pp. 57-89; Oscar Gelderblom and Joost Jonker, "Completing a Financial Revolution: The Finance of the Dutch East India Trade and the Rise of the Amsterdam Capital Market, 1595-1612", *Journal of Economic History*, Vol. 64, No. 3, 2004, pp. 641-672; Oscar Gelderblom and Joost Jonker, "Amsterdam as the Cradle of Modern Futures Trading and Options Trading", in William N. Goetzmann and K. Greet Rouwenhorst (eds.), *The Origins of Value: The Financial Innovations That Created Modern Capital Markets*, Oxford and New York, 2005, pp. 189-205 など。

7) Jan de Vries en Ad van der Woude, *Nederland 1500-1815: De Eerste Ronde van Moderne Economische Groei*, Amsterdam, 1995; *The First Modern Economy: Success, Failure, and Perseverance of the Dutch Economy, 1500-1815*, Cambridge, 1997.

分に認識されてはいるものの[8]，一般に，商業国家としての重要性が強調される[9]。1561 年にアムステルダムに取引所が開設されたことが[10]，その一例となろう。しかも商業部門の比率はホラントではおそらく例外的に高く[11]，他のヨーロッパはオランダよりずっとこの割合が少なかったことは特筆に値する。産業資本主義国家イギリスではなく[12]，商業資本主義のオランダが，世界で最初の持続的経済成長を成し遂げたと主張すべきであろう。やはり，「商業資本主義」とは何かという問題に答える必要がある。

そのために必要なことは，「国際収支」の概念から，当時の経済をみていくことである。しかし近世の「国際収支」の定義は，今日のそれとは大きく異ならざるをえない。

たとえば 1996 年以降日本が採用している方式によれば，国際収支は大きく(1)経常収支，(2)資本収支，(3)外貨準備増減，(4)誤差脱漏の四つに分かれる。それに対し近世においては，貿易収支と貿易外収支を合わせたものが国際収支であり，むしろ今日の経常収支に近い概念である。

従来の研究では，貿易収支（貿易差額）に大きな関心が寄せられており，国際収支の問題はあまり取り上げられてこなかったように思われる。

---

8) De Vries en Woude, *Nederland 1500-1815*, Hoofdstuk 6; De Vries and Woude, *The First Modern Economy*, Chapter 6.

9) Jan Luiten van Zanden, "The Ecological Constrains of Early Modern Economy: The Case of Holland 1350-1800, *NEHA-Jaarboek*, 2003, p. 87 によれば，15 世紀のオランダは，サーヴィス部門・金融部門に特化し，農作物は輸入していたので，すでに近代的な経済構造が成立していた。このような発想は，私には極めてオランダ的なものだと思われる。そもそもオランダのように国土が非常に小さな国家とイギリスやフランスのように大きな国家とを直接比較すること自体，あまり意味があるとは思われない。たとえばフランスの一部の地域で産業や商業が非常に発展していたこともあるかもしれない。その地域だけを取り出せば，「非常に近代的」といえるであろう。後背地まで含めて考えないなら，オランダが「近代的」といえるほどにサーヴィス業・金融業に特化していたかどうかはわからない。しかもオランダの後背地はオランダの外側にまで大きく広がっていたことは確かだが，オランダ史家は，「後背地」にオランダ以外の地域を含めずに議論する傾向が強い。

10) Philippe Haudrère, *Les Compagnies des Indes orientales: Trois siècles de rencontre entre Orientaux, et Occidentaux, 1600-1858*, Paris, 2006, p. 35.

11) Jan Luiten van Zanden, "Economische groi van Holland tussen 1500 en 1800", *NEHA-Bulletin*, Vol. 15, 2001, No. 2, p. 4.

12) イギリス経済にとって，産業資本主義ではなく金融の方が重要だったと主張しているものに，P. J. Cain and A. G. Hopkins, *British Imperialism 1688-2000*, 2nd edition, London, 2003.

しかし私は，商業史・経済史の観点からは，国際収支の方が重要であると主張したい。
　詳しくは第2章で述べるが，近世経済で，総費用に占める輸送費のウェイトは極めて高かった。長期的な輸送費の変動を研究したミルヤ・ファン・ティールホフによれば，結局，取引費用の中で最も大きかったのは輸送費であり，しかもそれが低下傾向にあった[13]。
　この事実を，もっとマクロ経済的視点から考察するなら，貿易収支ではなく，国際収支をもとに論を立てるべきだという根拠が理解できよう。
　一般に，A国とB国の貿易で，B国が貿易赤字である場合，その補填のためにB国はA国に貴金属を輸出するといわれている。しかし，それは本当であろうか？　たとえばフリンらがアジアとヨーロッパとの貿易に関して述べたように，ヨーロッパ側の赤字であり，銀はヨーロッパからアジアに流れたが，金はアジアからヨーロッパに流出したのである[14]。ここからも，これまでのような単純な議論は成立しないことがわかるであろう。
　ここでもう少し議論を限定してみよう。A国とB国という二国しかなく，この二国間の貿易はA国の黒字，B国の赤字であり，貿易は海上貿易のみで，すべてがB国の船で行なわれ，さらに輸送料の支払いに為替は使われず，すべて銀で決済されるものとする。とすれば，貿易収支の赤字を補填すべくB国からA国に銀が輸出されるはずであるが，それと同時に，A国からB国に輸送料を支払わなければならないはずである。この場合，銀はA国からB国にも輸出されることになる。また仮にA国の貿易黒字額がB国の輸送料よりも少なかったなら，A国からB国への銀の輸出はあっても，その逆は成り立たないであろう。
　モデルをもう少し複雑にしよう。A国とB国の貿易はすべて海上貿易であり，A国の黒字，B国の赤字であり，C国の船舶がすべての商品を自己勘定で輸送している場合を想定してみたい。この場合，B国から

---

13) ティールホフ『近世貿易の誕生』179-189頁。
14) Dennis O. Flynn and Arturo Giráldes, "Globalization began in 1571", in Barry K. Gills and William R. Thompson (eds.), *Globalization and Global History*, London and New York, 2006, pp. 232-247.

第1節 「商業資本主義」とは？

表 1-1 イングランドとウェールズからのオランダへの
輸出額（再輸出を含む）と輸入額（年平均）

(単位 1,000 ポンド)

年度	1701-05	1711-15	1721-25	1731-35	1741-45	1751-55	1761-65	1771-75
輸出	2,048	2,214	1,908	1,877	2,252	2,786	2,066	1,846
輸入	562	531	551	510	415	306	440	457
差額	1,486	1,683	1,357	1,367	1,837	2,480	1,626	1,389

(出典) E. B. Schumpeter, *English Overseas Trade Statistics, 1697-1808*, Oxford, 1960, Tables V and VI より作成

A国に銀が流出し，A国もB国も，C国に輸送料として銀を輸出することになる。

ここから判明するように，事態は思った以上に複雑である。貿易収支の赤字国が黒字国に貴金属を輸出しなければならない理論的根拠はない。もしあるとすれば，決済はすべて双務決裁であり，取引費用がゼロの場合にかぎられる。いうまでもなく，そのような世界は現実には存在しない。アムステルダム振替銀行が台頭したのも，この銀行で決済がされたからである。そこからも貿易収支ではなく，国際収支の次元で議論しなければならないことがわかる。この分野に関するこれまでの研究は，取引費用を無視していた点に，大きな問題があるように思われる。ようするに，取引費用ゼロという仮想の世界の議論しかしてこなかったのである。

また別の事例を提供しよう。表1-1は，18世紀のイギリス・オランダの貿易額を示したものである。ここから，イギリス側の黒字であり，オランダの赤字であることは簡単にわかる。しかしこの表はまた，一国の貿易統計をもとに分析する限界も示している。

イギリスからオランダに輸出された商品がオランダを中経地点として別の国に再輸出されるならば，オランダにとって対イギリス貿易の赤字は大した問題ではない。むしろイギリスは，オランダを通さなければ輸出できなかったという点で，マイナス要因があったことになる。すなわち，オランダが中継拠点となり，さまざまな手数料による利ざやを稼いだ可能性もある。18世紀前半においてもなお，オランダは，イングランドの再輸出品が最初に輸出される地域であり，そこで加工され，さら

に再輸出された[15]。

　残念ながら，歴史家はこれまで，この種の問題には，あまり興味を抱かなかったといってよい。このような陥穽から逃れるためには，イギリス史家は，オランダ側の貿易統計も利用しなければならない。そして再輸出によってオランダがどの程度，さまざまな手数料収入を稼いでいたのかということが，イギリス史にもオランダ史にも，重要な問題となるはずである。またそれこそ，国際商業史研究にとって不可欠な作業であろう。

　貿易統計は通常国別ないし港ごとに作成される。この記録からは，輸送料はわからない。全国の貿易統計であっても，単に貿易差額（収支）がわかるだけである。またある国に輸出された商品が最終的にはどこに輸出されたのかはわからない。そのため，この種の記録に依拠する量的分析だけでは，国際収支や再輸出を重視する国際商業史・国際経済史の観点からは，おそらく不十分な成果しかえられないであろう[16]。皮肉な言い方をすれば，実証的に研究すればするほど，実態から乖離した結果しかわからないということになる。

　近世のヨーロッパにおいて，輸送費が極めて重要な経済問題であるとするなら，中継貿易を担う国が最も強力な経済力をもつ国となるはずである。そしていうまでもなく，オランダこそそういう国であった。

　この当時のヨーロッパ諸国は，このようなオランダの経済力を低下させるために保護貿易政策をとった。それを，重商主義政策と言い換えることもできる[17]。もとより，今日の研究では，ヘクシャーのように[18]，

---

　15) David Ormrod, *The Rise of Commercial Empires: England and the Netherlands in the Age of Mercantilism, 1650-1770*, Cambridge, 2003, p. 186.
　16) また，現実に研究者が，少数の商品に関してさえ，最終的消費地がどこかということを突き止めることは非常に難しい。
　17) 重商主義研究については，枚挙にいとまがない。私がフォローできたものは非常にかぎられている。古典的なものとして，小林昇『重商主義の経済理論』東洋経済新報社，1952年。小林昇『重商主義解体期の研究』未来社，1955年。Eli F. Heckscher, *Mercantilism: with a new Introduction by Lars Magnusson*, 2 Vols., London and New York, 1994; 比較的最近のものに，Lars Magnusson, *Mercantilism: The Shape of an Economic Language*, London and New York, 1994; 大倉正男『イギリス財政思想史——重商主義思想期の戦争・国家・経済』日本経済評論社，2000年。竹本洋・大森郁夫編著『重商主義再考』日本経済評論社，2002年。重商主義と商業とのかかわりについては，堀元子「イギリス海外交易研究史」『三田学会雑誌』第82巻2号，1989年，373-385頁。なお，本書で「重商主義」という場合，近世のそれ

重商主義を一つの統合された経済学説と捉えることはなく，為政者が目の前にあった問題を解決するための，いわば場当たり的な政策の束を意味する言葉であると考えられている[19]。しかし，長期的には同じような傾向がみられたはずであり，その傾向を，重商主義と呼んで差し支えあるまい。

　コールマンは，17世紀のイギリス経済を研究するためには，「重商主義」という不必要な概念は捨て去るべきだといったが[20]，それが正鵠を射ているとは思われない。近世においては輸送費が非常に大きな経済問題であった。外国貿易の輸送面を支配していたのはオランダであり，そのためオランダに大量のカネが流れた。近世ヨーロッパにおける重商主義とは，オランダの圧倒的な海運力に対し，各国が保護貿易をとったことを意味する。このような側面から，重商主義を捉え直す必要があろう。少なくとも，歴史研究からは，そのような問題提起が可能である。

　ここから，次のような結論が得られる。

　商業資本主義とは，商業が経済部門のリーディングセクターであった近世ヨーロッパを表す資本主義の形態である。とはいえ，国民経済計算のなかで，商業の占める比率が最も高かったというわけではない。近世のヨーロッパにおいては，輸送費が極めて高く，中継貿易による収入が非常に大きかった。17世紀のヨーロッパ最大の海運国はオランダであった。各国はオランダの輸送料収入を減らし，自国のそれを増大させるため，保護主義政策をとった。農業が国民経済計算の最も大きな部分を占めたと想定される時代にあって，国際貿易が重要だったのは，具体的な数値を出すことは不可能にせよ，輸送費の低下こそ，国家の収入を増大させる主要な手段だったからである。この時代を重商主義と呼ぶことができるのは，各国が特にオランダの海運業を抑えるべく，保護主義政策をとったからである。ゆえに商業資本主義時代は，重商主義時代とオーバーラップする。

を指すのであり，ドイツ歴史学派の重商主義は指さないことに注意されたい。
　18)　Eli F. Heckscher, *Mercantilism,* 1994.
　19)　以下の文献を参照。D. C. Coleman (ed.), *Revisions in Mercantilism,* Bungay, 1969.
　20)　D. C. Coleman, "Labour in the English Economy of the Seventeenth Century", *Economic History Review,* 2nd ser., Vol. 8, No. 3, 1956, p. 295.

ただしこの理論は，コルベールの重商主義政策をうまく説明できないという弱点がある。さらにまた，フランスは，地中海では自国船を使用したものの，北海・バルト海においては外国船を使った。これは最終的には，フランス経済の弱体化につながったということになろう。

次に説明しなければならないことは，このような商業資本主義が，なぜ持続的経済発展をもたらしたのかということになろう。

第2節　取引費用

現在，北方ヨーロッパの商業史研究において，ダグラス・ノースの影響力はすこぶる大きい。どの国を対象とするにしても，新制度学派の影響力を無視することはできないほどである。1993年にノーベル賞をとって以来，ノースの影響力は強まり，そのなかでも，特に『制度・制度変化・経済成果』[21]の影響が強い。そのノースは，取引費用の減少を最も重視する。取引費用が低下すると，貿易が刺激され，経済が発展するからである。

この取引費用とは，ようするに商業取引にかかわるすべての費用だと定義づけられよう。経済発展を促進するのは，取引費用を削減する制度をもつ社会であり，西欧世界が勃興したのも，そのような制度をもつ社会を形成できたからであるとノースは主張する[22]。

ノースの議論は，ロナルド・コースの「取引費用」の概念を発展させたものである。コースは，人々が企業内で生産するか市場から調達するかのどちらを選択するかは，取引費用が決定するとした。また，どういう制度が選択されるかも，取引費用の大きさによって決定されると主張した。ここからスティグラーのいう「コースの定理」が導き出された。つまり，「取引費用がゼロの世界では，財政権構造がどのようなものであっても，当事者間の交渉を通じてパレート最適が達成される」[23]ので

---

21)　ダグラス・C・ノース著（竹下公視訳）『制度・制度変化・制度成果』晃洋書房，1993年。
22)　ダグラス・C・ノース，ロバート・P・トマス著（速水融・穐本洋哉訳）『西欧世界の勃興』ミネルヴァ書房，1994年。

ある。

　しかしいうまでもなく，現実世界においてはパレート最適は存在せず，「コースの定理」はあくまで理論上の仮説にすぎない。したがって実態経済ないし経済史の分析においては，コースではなくノースの方が分析上のツールとして有効であろう。おそらくこうした事情もあって，ノースの理論が採用されたものと思われる。

　ノースに代表される新制度学派の経済史に対して，岡崎哲二が，対象となる制度が主として国家による所有権の保護に限定されている[24]と述べる。だが，これは，新制度学派の主張を理解しているとはいえない批判であろう。周知のように，岡崎はグライフ[25]に代表される歴史制度分析を高く評価する。制度は，「技術以外の要因によって決定される自己拘束的な行動に対する制約」であり，「自己拘束的というのは，社会を構成する人々が，その制約にしたがうインセンティブを持っていること，いいかえれば，その制約にしたがう行動計画が，社会を構成する人々がプレイするゲームのナッシュ均衡になっていることを意味する」[26]。それに対しノースは，取引費用を節約するような制度が，いわば自動的に採用されるという見方に立つことにより，制度の生成のメカニズムについては事実上，ブラック・ボックスに入れている[27]，と岡崎と中林は批判する。確かに私自身，ノース自身の議論にはそういう側面があることは否定できないと考える。

　しかし，少なくとも私の知るかぎり，北方ヨーロッパ諸国では，グライフよりもノースの方が多く引用されている。現在の研究では，ノースを出発点として，単に国家による制度だけではなく，国家とは別個の商人組織による取引費用削減も研究対象となっているからである。現在の

　23）　Ronald H. Coase, "The Problem as Social Cost", *Journal of Law and Economics*, Vol. 3, 1960, pp. 1-44.
　24）　岡崎哲二『江戸の市場経済』講談社，1999年，25頁。
　25）　最近上梓されたグライフの書物が，この分野の最新の成果を示す。Avner Greif, *Institutions and the Path to Modern Economy: Lessons from Medieval Trade*, Cambridge, 2006; 藤井美男『ブルゴーニュ公国とブリュッセル』ミネルヴァ書房，2007年，1-33頁。
　26）　岡崎哲二・中林真幸「序章　経済史研究における制度」岡崎哲二編『取引制度の経済史』東京大学出版会，1999年。2-3頁。
　27）　岡崎・中林「序章　経済史研究における制度」3頁。

北方ヨーロッパ商人の研究では，このように，制度を広く捉えている。国家の制度だけに注目することはない。この点に関する岡崎と中林の主張は，正鵠を射ているとはいえないであろう。またグライフのように，ゲームのルールに従わない者には懲罰を課すという見方は，北方ヨーロッパ経済史の主流にはなっていない。仮にグライフの方が経済学的に洗練された理論だとしても，歴史分析の道具として使いやすいかどうかは別である。現在の経済史の問題点の一つは，経済学と同様，あまりに自らの学問体系に適合的なフレームワークに依拠しながら議論を進めるので，他の人々の関心を引きづらいという点にあろう。

　ノースの理論にもとづき，ティールホフは，情報獲得の費用削減による取引費用低下に注目し，ルーカッセンとアンガーは，近世の国際貿易において，船舶1トンあたりの船員数低下による生産性の上昇を主張した[28]。新制度学派の理論を用いて商業史研究に従事している代表的な研究者としては，ミルヤ・ファン・ティールホフ以外にも，フランスでは，ピエリク・プルシャス[29]，スペインについてはレギーナ・グラーフェ[30]，スウェーデンではレオス・ミュラー[31]，エーリク・リンドベリ[32]，フィンランドではヤリ・オヤラ[33]，デンマークではダン・アナセン[34]がいる[35]。

---

28) Jan Lucassen and Richard W. Unger, "Labour Productivity in Ocean Shipping, 1450-1875", *International Journal of Maritime History*, Vol. 12, No. 2, 2000, pp. 127-141.

29) Pierrick Pourchasse, *Le commerce du Nord: Les échanges commerciaux entre la France et l'Europe septentrionale au XIIIe siècle*, Rennes, 2006.

30) Regina Grafe, *Der spanische Seehandel mit Nortwesteuropa von der Mitte des sechzehnten bis zur Mitte des siebzhenten Jahrhunderts: Ein Forschungsüberblick*, Seebrücken, 1998; Regina Grafe, "Atlantic Trade and Regional Specialisation in Northern Spain 1550-1650: An Integrated Trade Theory-Institutional Organisation Approach", Working Paper 01-65 Economic History and Institutions Series 02 November 2001, Economic History and Institutions Dept. Universidad Carlos III de Madrid.

31) Leos Müller, *The Merchant Houses of Stockholm, c. 1640-1800: A Comparative Study of Early-Modern Entrepreneurial Behavior*, Uppsala 1998; Leos Müller, *Consuls, Corsairs, and Commerce: The Swedish Consular Service and Long-distance Shipping, 1720-1815*, Uppsala, 2004.

32) Erik Lindberg, "Konstitutioner, frihandel och tillväxt i tidigmoderna nordeuropeiska stadsstater: En komparativ institutionell analys av Hamburg och Lübeck", *Historisk Tidskrift (Svenska)*, Vol. 126, No. 3, 2006, s. 405-428.

33) Jari Ojala, *Tehokasta liiketoimintaa Pohjanmaan pikkukaupungeissa: Purjemerenkulun kannttaavuus ja tuottavuus 1700-1800-luvulla*, Helsinki, 1999; Jari Ojala, "Assesing Institutional Boundaries of Early Modern Business Activities: Organization of

第2節　取引費用

　むしろ，岡崎らが主張する歴史制度分析の方が，ミクロ経済学のゲーム理論を用いた最適化行動による分析に力点をおきすぎており，研究対象が狭くなる傾向があるように感じられる。そもそもナッシュ均衡がなりたつ社会が，現実にどれほどあるというのか。まずそこから議論をはじめるべきであろう。また，稀少な事例から，一般化を目指すことには大きな危険性がつきまとう。歴史家が行なうべきことは，特定の経済理論にあてはまる数少ない事例から社会全体の構造を推察することではない。また，現実の史料から，何が最適かを決めることは現実的に不可能である。われわれができることは，ある制度より別の制度の方が経済的効率が良いということにとどまらざるをえないであろう。

　ただし，取引費用の概念には，さまざまな問題点があることも否定できない。最大の問題点とは，おそらく，ほとんどの費用が計量不可能な点にあろう。たとえば，A国とB国の2国があり，それぞれ取引費用の要素がイロハニホヘの6つあるとする。A国ではイ・ロ・ハの，B国ではニ・ホ・ヘの取引費用が低下したとする。しかしそれがどの程度の低下なのかはなかなかわからない。したがって，取引費用にもとづいた比較史研究は困難である。この点に，取引費用の議論の大きな限界がある。この限界に対するヨーロッパ人研究者の態度はあまりに楽観的すぎる。しかし，少なくとも一国史，あるいはヨーロッパ全体の動向を論じるなら，取引費用は，分析道具として有効である。

　本書においては，近世が進むにつれ，取引費用は削減されたという立場をとる。もとより，取引費用は，どのような社会でも低下したであろう。近世の取引費用低下の特徴は，商業資本主義と密接な関係がある。

　商業資本主義の時代といえども，持続的経済成長は存在した。そもそも「資本主義」なる用語を使う以上，そうでないことはありえない。そして商業資本主義時代の持続的経済成長は，商業を営む際に必要な取引

Shipping and Trade during the Eighteenth and Nineteenth Centuries", 『関西大学西洋史論叢』第7号，2004, pp. 1-23.

　34) Dan H. Andersen, *The Danish Flag in the Mediterranean: Shipping and Trade, 1747-1807*, Ph. D. Thesis, University of Copenhagen, 2 Vols, 2000.

　35) また，制度と経営史との関係については，Mark Casson and Mary B. Rose (eds.), *Institutions and the Evolution of Modern Business*, London, 1998; ハンザ史研究においても，新制度学派への影響が生じつつある。*Hansische Geschichtsblätter*, Bd., 123, 2005 を参照のこと。

費用が低下したことによって生じた。換言すれば，近世のヨーロッパの商業資本主義社会においては，輸送費の低減に代表される取引費用低下が生じたことで，持続的経済発展がもたらされたと考えられるのである。現代的表現を用いるなら，産業資本主義社会ではおもに技術革新によってもたらされる全要素生産性（Total Factor Productivity=TFP）の増加が，商業資本主義社会では，主として輸送費の削減によって実現されると想定できるのである[36]。残念ながら，現時点ではこれは証明された事実ではなく作業仮説にすぎないが，オランダが近代的経済発展の第一段階をなしたという表現は，この理論が前提となる。

第3節　商人＝企業家論の形成とステープル市場・ゲートウェイ

経済の発展は，需要曲線と供給曲線では説明できない。理論経済学の教科書では欠如している[37]，経済を発展させる主体が必要であることは言をまたない。それが，企業家である。シュンペーターによれば，企業家の役割の根幹は新たな経済要素を導入するか，既存の経済要素の組み合わせを変えることで新商品・サーヴィス——新結合ないし革新——を創出し，それを市場に導入することで経済を発展させる点にある[38]。現在ではシュンペーターの企業家の理論は，経済学部ではなく経営学部で教えられることが圧倒的に多い。しかしその場合，経営学の性質からか，企業の発展の担い手という意味合いが強く，経済発展の原動力という認識は少ないように思われる。

　ともあれシュンペーターの影響を受け，現在の研究では，近世の商人はしばしば「企業家」（entrepreneur）と呼ばれる。これは少なくとも，オランダと北欧ではすでに定着した用語だと考えられる。したがってこ

---

　36)　この点については，第8章参照のこと。また具体的には，ティールホフ『近世貿易の誕生』をみよ。

　37)　パトリック・K・オブライエン著（玉木俊明訳）「西欧の産業市場経済成長における企業家と企業家精神」『商経学叢』第51巻第1号，2004年，233-251頁。

　38)　J・A・シュムペーター著（塩野谷祐一・中山伊知郎・東畑精一訳）『経済発展の理論』上・下，岩波文庫，1977年。

第3節　商人＝企業家論の形成とステープル市場・ゲートウェイ

こでは，商人＝企業家として捉える[39]。そして，彼らが担い手（actor）となって，経済発展が起こったと考えている。ここではまず，それについて，若干の説明が必要であろう。

近世の商人を企業家と捉えたのは，クレインが最初である[40]。トリップ商会の研究をした彼は，近世の商人が法的ないし経済的に特定の商品を独占していたという理由で，シュンペーターの理論にもとづき，彼らを独占商人だと考えた。トリップ家（De Trippen）は，銅を独占したことで知られる。

独占について述べるなら，彼の主張の決定的な問題点は，近世の独占と，現代の独占とを同一視している点にある。すなわち，シュンペーターが論じた20世紀の独占は，市場経済の中で競争相手に勝って独占状態にいたったのに対し，近世の独占は，場合によって国王が特許状によって与えたものだった点にある。また，市場経済が充分機能しているとされる現代と17世紀とを直接比較することにはそもそも無理がある。シュンペーターが独占を擁護した時代は，アメリカ合衆国で独占企業が輩出した20世紀初頭のことである。アダム・スミスのいう「見えざる手」ではなく，経営者資本主義を唱えたチャンドラーがいう「見える手」[41]が生まれており，企業が価格を決定する力が強くなっていた時代である。このように，「独占」という語は，近世北方ヨーロッパ経済史研究において，しばしば使われる用語となっているものの，彼らの用語の使い方に誤りがあることは疑えない。このような問題点が見逃されてきたこと自体，奇異というべきであろう[42]。また近世の経済成長は，シュンペーター的というよりスミス的である[43]。

---

39) Peter W. Klein and Jan Willem Veluwenkamp, "The Role of the Entrepreneur in the Economic Expansion of the Dutch Republic", in Karel Davids and Leo Noordegraaf (eds.), *The Dutch Economy in the Golden Age,* Amsterdam, 1993, pp. 27-53; Ferry de Goey and Jan Willem Veluwenkamp (eds.), *Entrepreneurs and Institutions in Europe and Asia 1500-2000,* Amsterdam, 2002.

40) Peter W. Klein, *De Trippen in de 17e eeuw: Een studie over het ondernemersgedrag op de Hollandse stapelmarkt,* Assen, 1965.

41) アルフレッド・チャンドラー・Jr. 著（鳥羽欽一郎・小林袈裟治訳）『経営者の時代――アメリカ産業における近代企業の成立』上・下，東洋経済新報社，1977年。

42) 率直にいって，現在の北方ヨーロッパ商業史の研究者がこのような点に疑問を抱いているとは思えない。これは，彼らの問題点だというほかない。

次いで企業家に目を転じると，シュンペーターの議論をそのまま持ち込むなら，企業家とは絶えず革新（創造的破壊）を行なう人々であるから，本来なら，商人と同義語ではありえない。現在の近世ヨーロッパ史での企業家論には，基本的にこのような考察が欠けている。クレインやフェルーウェンカプのいう企業家はむしろ，マーシャルのモデルに近い[44]。したがって彼らが「企業家」として提示するものは，シュンペーターの定義による企業家とはかなり異なる。創造的破壊を行なう人物というイメージからはほど遠い。彼らが，シュンペーターを実際に読んでいるかどうかすら疑わしいといわざるをえない。

こういう問題点があるにせよ，現在，近世の商人を「企業家」(entrepreneur) と捉えることは，一つの常識とさえなっている。もはや，「企業家」という概念を用いずして，近世の北方ヨーロッパ商業史を語ることは不可能というほかない。したがって本書で企業家という場合，商人と同義語で用いられる。さらに，商人＝企業家は，経済発展の担い手として想定される。

企業家が連続的な経済成長ではなく，シュンペーターが主張するように過去と断絶をもたらすような経済発展の担い手であるなら，単なる投入量の増大や人口増などの要因では説明できない「残余」(residue) をもたらす人を指すはずである。だからこそ企業家の活動によって，全要素生産性が増加すると想定できるのである。ただし繰り返すがこれについても本書で実証することはできず，ただ作業仮説としてのみ提示するにすぎない。

近世商人を企業家と捉えた場合，その特徴として，ステープル市場との関係があげられる。クレインとフェルーウェンカンプは，こう主張する[45]。

---

43) Cf. Joel Mokyr, *Lever of Riches: Technological Creativity and Economic Progress*, Oxford and New York, 1992, pp. 5-6.

44) マーシャルの企業家論に関しては，池本正純『企業者とは何か――経済学における企業者象』有斐閣，1984年。

45) Klein and Veluwenkamp, "The Role of the Entrepreneur in the Economic Expansion of the Dutch Republic", p. 31.

商品，人員，通信の伝達速度は遅く，危険で高くついたので，ほとんどの貿易商人は，定期的に開かれることはあまりない地域的なステープル市場しか訪れなかった。長距離を旅行しても，儲からなかったからである。これらの地域市場の余剰は，より高度な水準の市場で取引された。その結果，市場の階層制が生じ，頂点に位置したのが，中心的・恒久的な集散地，すなわち具体的な世界市場であった。この集散地で活動する商人が多数おり，彼らが世界市場のためにこの集散地でステープル機能を果たしたのである。商人は，かなり不規則的な動きをする供給と，それよりも安定している販売の間の緩衝材となった。

　ここにみられるように，ステープル市場には階層があり，その頂点に立ち，世界市場での取引がなされるステープル市場で活躍する商人が国際貿易商人である。これはまた，レスハーによれば，1931年にオランダのステープル市場に関する書物を著した――ただし，クレインとフェルーウェンカンプにより批判されてはいるが――ファン・デル・コーイの立場でもある[46]。供給は大きく変動するが，需要はそれと比べるとはるかに安定している。そのためにも，商品を貯蔵するステープル市場が必要になる。また近世の商人は，現在と比較すると，極めて不安定な状況下で事業を営んだ。海賊が出現したり，難破する可能性も高かった。保険や金融技術は未発達であり，情報はあてにならず，情報の非対称性は非常に大きく，通商にも通信にもかなり時間がかかった。換言すれば，取引費用が極めて高かったのである。
　スティグリッツとアカロフにもとづく経済学の理論では，情報の非対称性が大きい場合には，情報劣位者が取引を拒否する。そのため，市場の取引そのものが破綻する。市場の失敗が生じるのである。しかしながら現実経済においては，商人は何らかの形で取引を続けざるをえない。商人は，情報劣位者ではなく情報優位者になるために，信頼のおける情報を入手しようとした。そのため，血縁・地縁・宗派などに頼り，できるだけ信頼のおける人々と取引関係をもとうとした。それはまた，信頼

---

46) T. P. van der Kooy, *Hollands stapelmarkt en haar verval,* Amsterdam, 1931.

のおける情報が入手できると期待されるからでもある[47]。

ところでアムステルダムのステープル市場論については，杉浦未樹が簡潔にまとめている[48]。近世期オランダの流通構造を扱う研究は，アムステルダムを世界の貿易流通が結節し，ヨーロッパ内への商品の分配が行なわれる世界的ステープル（Wereldstapel）と位置づけ，その貿易拡大に注目してきた。アムステルダムはヨーロッパ最大の商品市場であり，貿易の決済・金融・保険などのサーヴィス提供，情報収集の面でも世界の中心であった。アムステルダムは多様な商品を集積した点ではアントウェルペンと同じであるが，商人ははるかに能動的に活躍していた。

オランダ史におけるステープル（オランダ語ではスターベル stapel）は，他国のそれとは明らかに意味が異なっている。通常，ステープル特権とは，その都市を通さないと特定の商品が輸送できない特権を指す。しかしオランダ史においてステープルとは，さまざまな商品が流入する巨大市場を意味するようである。クレ・レスハーによれば，アムステルダムは商品集散地（entrepôt）となり，世界中の商品が流入した[49]。

市場の階層制に対する反論として，アムステルダム・ステープル市場に関して，クレ・レスハーが興味深い論文を発表した。彼は，諸都市が階層的にではなく，並列的に流通分業をしたと主張した。アムステルダムは階層の頂点に立つ都市ではなく，ヨーロッパ全体ではそれ以外にも重要な都市が存在した。アムステルダムの機能として重要なのは，仲介貿易業ではなく，情報や金融仲介業であった[50]。またアムステルダムは，後背地とそれ以外の地域を結ぶゲートウェイの役割を果たしたという[51]。

---

47) この問題については，Peter Mathias, "Risk, Credit and Kinship in Early Modern Enterprise", in John J. McCusker and Kenneth Morgan (eds.), *The Early Modern Atlantic Economy*, Cambridge, 2000, pp. 15-35; John J. McCusker, "The Decline of Distance: The Business Press and the Origins of the Information Revolution in Early Modern Atlantic World", *American Historical Review*, Vol. 110, No. 2, 2005, pp. 295-321.

48) 杉浦未樹「アムステルダムにおける商品別専門商の成長　1580-1750 年——近世オランダの流通構造の一断面」『社会経済史学』第 70 巻 1 号，2004 年，49-70 頁。

49) C. H. Wilson, *Anglo-Dutch Commerce and Finance in the Eighteenth Century*, Cambridge, 1944 (1966), pp. 3-4; フェルナン・ブローデル著（村上光彦訳）『物質文明・経済・資本主義 15-18 世紀　Ⅲ-1 世界時間』1，みすず書房，1996 年，305 頁。

50) Clé Lesger, "De mythe van de Hollandse wereldstapelmarkt in de zeventiende eeuw", *NEHA-Jaarboek*, No. 62, 1999, pp. 6-25.

51) Clé Lesger, *Handel in Amsterdam ten tijde van de opstand: Kooplieden, commerciale*

第3節　商人＝企業家論の形成とステープル市場・ゲートウェイ　　31

　近世のヨーロッパにおいて，アムステルダムが最も重要な国際商業都市の一つであったことは間違いない。その機能としてどういう点が重要であったのかは，簡単には決められない。しかし他のヨーロッパ都市と比較するなら，17世紀アムステルダムがヨーロッパ最大の貿易都市であったことも確かである。17世紀のアムステルダムは，穀物貿易を中心に繁栄した[52]。アムステルダムには，大量の穀物庫があった。しかし他の商品においては，アムステルダムは他を圧倒するほどの市場ではなかった。アムステルダムが目立ったのは，扱う商品の種類が多かったからであり，量が多かったからではない。

　レスハーのいうゲートウェイは，ヨーロッパ大陸の多くの貿易都市にもあてはまる理論である。ヨーロッパ大陸の貿易都市は河口内港が多く，その後背地は広いからである。また，一般に後背地は陸地だという暗黙の前提があるが，たとえばストックホルムのように，ボスニア湾という海をつたって現在のフィンランドから商品が来たということを考えた場合には，海が後背地だとしたほうが良い。このような都市を流通・分配拠点（distribution center）と呼ぶことも可能である。ただし，流通・分配拠点という用語では，アウトプットが重要視されているのに対し，ゲートウェイでは，アウトプット・インプット共に重視されている。インプットは，反対側からみればアウトプットになる。

　レスハーは，ゲートウェイを物流面からしか論じていないが，当然，人間・資本・情報もゲートウェイを通って流れていると考えるべきであろう。ヨーロッパには大小さまざまなゲートウェイがあり，そのネットワークが商業発展にとって重要な役割を果たしたと想定できる。レスハー自身，アムステルダムのもつ情報集約力に注目している[53]。

---

expansie verandering in de ruimtelijke economie van de Nederlanden ca. 1550-ca. 1630, Hilversum, 2001, p. 14; 及び，その英訳の *The Rise of the Amsterdam Market and Information Exchange: Merchants, Commercial Expansion and Change in the Spatial Economy of Low Countries, c. 1550-1630*, Aldershot, 2006, p. 7; また，アムステルダムは，エイセル川流域のみならず，北・東欧への低地地方からの輸出のためのゲートウェイであった。Lesger, *Handel in Amsterdam ten tijde van de opstand*, pp. 42-43; Lesger, *The Rise of the Amsterdam Market and Information Exchange*, p. 37; オームロッドは，ドイツの諸港とバルト海地方を結ぶホラントの主要なゲートウェイだったという。Ormrod, *The Rise of Commercial Empires*, p. 13.

　52）ティールホフ『近世貿易の誕生』。

またレスハーは気づいていないが，オランダの伝統的なステープル理論批判にする彼の貢献は，生産側ではなく，需要側の観点に立った理論を展開している点にある。

従来のステープル理論では，生産者の余剰が地元の市場に流れ，地元市場での余剰が地域市場に流入し，さらにその余剰が国際市場に流れ，その頂点にアムステルダムが位置していた。しかしよく考えてみれば，生産者は基本的に市場での販売を目指して生産していたはずである。少なくとも国際市場で売れる商品と，地元の市場で売れる商品はまったく別物であるはずなのだ。ステープル市場論は，あまりに生産者サイドに立っており，商品が市場を目指して生産されていたことを見逃しているというほかない。この時代には，人々は地元の市場・地域市場・国際市場に向けて，基本的に異なる商品を生産していたと考えるのが自然であろう。さらに，ステープルには，商品の販売に必要な情報もあったはずである。

レスハーは，階層制のあるステープル市場ではなく，ゲートウェイ（巨大なものもあれば，比較的規模が小さいものもある）が互いにリンクし，商品を輸送するシステムがあったと想定するのである[54]。

ゲートウェイ理論では，生産者はゲートウェイを通して市場での販売を行なったと想定できる。これは，サプライサイドではなく，ディマンドプルを重視した理論だと考えられるのである。ゲートウェイとは，需要に応じるために商品のみならず，人や情報，さらにはカネまでも動いた場所ということができる。これらの点で，ステープル市場論よりも優れている。しかしこのようなゲートウェイ理論は，レスハーの理論そのものではなく，彼の説をもとに私が独自に意味を加えたものであることを付け加えなければならない。本書では，ゲートウェイの情報収集力・伝達力にも目を向ける。

また，情報の集積・伝播についても，ヨーロッパ社会，とりわけ北方ヨーロッパにはさらに注目すべき現象があった。商品と価格に関する情

---

53) Lesger, *Handel in Amsterdam ten tijde van de opstand*, pp. 209-249; Lesger, *The Rise of the Amsterdam Market and Information Exchange*, pp. 214-257.

54) オランダの輸送システムについては，Jan de Vries, *Barges and Capitalism: Passenger Ttransportation in the Dutch Economy (1632-1839)*, Utrecht, 1981.

報が印刷され，それが当初は1年に4回発行されていたのが，1週間に1回，やがて1週間に2回になった。もともとイタリアではじまったこのような商業新聞は，北方ヨーロッパにも広まり，16世紀前半にはアントウェルペンが，17世紀初頭から18世紀初頭にはアムステルダムが，18世紀初頭から2世紀間は，ロンドンが支配的になった[55]。このような商業情報拠点の移動は，そのまま北方ヨーロッパの経済的台頭を示すと共に，それぞれの地域における取引費用の低下をもたらした。

第4節　オランダの興隆と企業家

中世においてバルト海貿易を担っていたのは，周知のようにハンザ商人であった。ハンザ商人は西欧との取引で，リューベック―ダンツィヒ間の陸上ルートを使っていた。16世紀中頃になってオランダがハンザに取って代わってバルト海貿易の覇者になれたのは，比較的最近までの通説によれば，中世の航海技術では航行困難であったエーアソン海峡を通る航路の開拓に成功したからである。現在ではこれ以前にもハンザの船舶がエーアソン海峡を航行していたとの説が有力になってはいるが[56]，エーアソン海峡をより有効に使ったのがオランダ商人であることは否定できまい。これは，ハンザ商人とオランダ商人の間の断絶面よりも，連続面の方が強調される傾向を示すものだと考えられよう。

たとえばダンツィヒにおいては，ハンザ商人とオランダ商人が婚姻関係を結んでいたことをミルヤ・ファン・ティールホフが証明し[57]，ハンザとオランダの商人間に必ずしも断絶があったわけではないことがわか

---

55) John J. McCusker and C. Gravesteijn, *The Beginnings of Commercial and Financial Journalism: The Commodity, Price Currents, Exchange Rates, and Money Currents of Early Modern Europe*, Amsterdam, 1991, pp. 23-45.

56) Rolf Hammel-Kiesow, "Lübeck and the Baltic Trade in Bulk Goods for the North Sea Region 1150-1400", in Lars Berggren, Nils Hybel and Annette Landen (eds.), *Cogs, Cargoes, and Commerce: Maritime Bulk Trade in Northern Europe, 1150-1400*, Toronto, 2002, pp. 53-91.

57) Milja van Tielhof, "Der Getreidehandel der Danziger Kaufleute in Amsterdam um die Mitte des 16. Jahrhundert", *Hansische Geschichtsblätter*, Bd. 113, 1995, S. 93-110.

ってきた。また，オランダ商人はダンツィヒとの海上貿易に従事していたが，ポーランド内部ではポーランド商人が活躍していた。オランダはバルト海地方と西欧との貿易で中心的役割を果たしていたとはいえ，オランダ国内を除けば，オランダ商人の活動はあくまで海上貿易に限定されており，後背地の取引にまで進出することはなかったようである[58]。

　16世紀後半から17世紀にかけて，アムステルダムは巨大化した。それはさまざまな地域から，人々が移住したからである。この分野で近年最大の業績は，ヘルデルブロムの研究である[59]。彼は，1578-1630年のアムステルダム商人の研究をし，5,000人の卸売商人の氏名を収集した。さらに，そのうち850名が南ネーデルラント出身の商人であることを確認した。ヘルデルブロムは，これらの商人の移住・職業・経済活動・社会的地位・富・宗派を分析した。グループごとの分析では，新しくアムステルダムに到来した商人と従来からいる商人との間での事業戦略の相違や相互関係は発見できなかった。卸売企業の日常の経営もわからなかった。しかし明らかになったことがいくつかある。何よりも大切なのは，アントウェルペンからアムステルダムへの移住は，すでに1540年代からはじまっており，彼らのなかには，バルト海貿易に従事したものもいたことである[60]。1580年代末までに，200名以上の商人が，アントウェルペンからアムステルダムに移り，事業を続けた。1609年には，南ネーデルラントから450名もの企業家がアムステルダムに移住し，卸売業に従事した。移民はアムステルダム商人のうち三分の一を占めていた。1610年以降，第二世代が移住したが，その数は350名程度であった。移住した人々のほとんどは裕福ではなく，アムステルダムに来てから国際貿易に従事するようになったのである。17世紀にいたるまで，南北ネーデルラント出身の商人は，家族のメンバーとの協同作業を重んじた。それにより，情報獲得の費用と強制力をふるうための費用（information

---

[58] Maria Bogucka, *Baltic Commerce and Urban Society, 1500-1700*, Aldershot, 2003.

[59] Oscar Gelderblom, *Zuid-Nederlandse kooplieden en de opkomst van de Amsterdam stapelmarkt (1578-1630)*, Hilversum, 2000.

[60] またスパフォードによれば，1560年代から，アントウェルペンからの企業家や資本の流出が急増した。Peter Spufford, "From Antwerp and Amsterdam to London: The Decline of Financial Centres in Europe", *De Economist*, 154, No. 2, 2006, p. 157.

and enforcement costs）を低下させたのである[61]。それは，アントウェルペン出身で，ダンツィヒとアムステルダムで国際商業に従事したハンス・タイスの事例研究からもうかがえる。

　ヘルデルブロムは，アムステルダム勃興に際しての，南ネーデルラント商人の役割を論ずる[62]。もはや古典となったブリュレの論文によって，アントウェルペン商人が与えたアムステルダムへの影響の大きさについては，周知のこととなった[63]。ヘルデルブロムは，すでに1585年のアントウェルペン陥落以前の1540年代から，多数の商人が移動していたことを実証した。アントウェルペンからの移住商人は，アムステルダム商人全体の三分の一に達した[64]。ただ，彼の見解では16世紀後半のアムステルダム台頭後も，アントウェルペンは重要な貿易港・金融拠点として機能した[65]。南部諸州からの商人は，アムステルダムの穀物輸入に資金を提供した[66]。アントウェルペンでは富裕でなかった多数の商人もアムステルダムに移住した[67]。彼らはアムステルダムに移住してから富裕になった。この点から考えると，ヘルデムブロムは，アントウェルペン商人が長期にわたりアムステルダムに移住したことを研究しながら，結果的にアムステルダムの役割を強調しているといえる。

---

　61) Oscar Gelderblom, "The Governance of Early Modern Trade: The Case of Hans Thjis, 1556-1611", *Enterprise and Society*, Vol. 4, No. 4, 2003, pp. 606-639.

　62) Oscar Gelderblom, "From Antwerp to Amsterdam: The Contribution of Merchants from Southern Netherlands to the Rise of the Amsterdam Market", *Review: A Journal of Fernand Braudel Center*, Vol. 26, No. 3, 2003, pp. 247-282; Cátia Antunes, *Globalisation in the Early Modern Period: The Economic Relationship between Amsterdam and Lisbon, 1640-1705*, Amsterdam, 2004, p. 50.

　63) W. Brulez, "De Diaspora der Antwerpse kooplui op het einde van de 16e eeuw", *Bijdragen voor de Geschiedenis der Nederlanden*, Vol. 15, 1960, pp. 279-306; ただし，ブリュレは，アムステルダムに対してだけではなく，アントウェルペンが周辺諸地域に与えた影響を強調する。アントウェルペンに関する邦語文献として，中澤勝三『アントウェルペン国際商業の世界』同文舘，1993年。

　64) Oscar Gelderblom, "Antwerp Merhants in Amsterdam after the Revolt", in P. Stabel, B. A. Greve (eds.), *International Trade in the Low Countries (14th-16th Centuries): Merchants, Organization, Infrastructure*, Leuven, 2000, pp. 223-241.

　65) Gelderblom, "From Antwerp to Amsterdam", p. 277.

　66) Gelderblom, "From Antwerp to Amsterdam", p. 249.

　67) Gelderblom, *Zuid-Nederlandse kooplieden en de opkomst van de Amsterdam stapelmarkt*.

ヘルデルブロムの研究は画期的であるが，いくつかの問題点があることも確かである。その一つとして，彼は南ネーデルラントの役割を過小評価しているというレスハーの指摘がある。また，貧民の数が誇張されているともいう。つまり，ヘルデルブロムは「貧民」の所得基準を高くしすぎているため，貧民数が多くなっているのだという[68]。さらに，オランダ人の他の研究者と同様，アントウェルペン経済に与えたケルン商人の影響を過小評価する傾向がある[69]。現実にアントウェルペンで活発に取引をしていたのは，ケルン商人などの外国商人であった。逆にいえば，このことからも，アムステルダムが，ハンザの商業技術を導入した可能性が高いと判断できる。また，ジェノヴァ→アントウェルペン→アムステルダムと，商業技術の伝播があったことも否定できない。アムステルダム市場は，このような商業上の中心の移動によって成立したのである。

　ヨーロッパの商業拠点となったアムステルダムに，巨額の資金が蓄積されたのは，このことと関係している。多様な商人が集結したアムステルダムは，ヨーロッパの決済の拠点となった。1609 年にアムステルダム振替銀行が創設されたことが，それを裏付ける。商業・金融両面で，アムステルダムが大きな役割を果たすようになったのである。そのため，情報が集積され，情報の集積地にもなった。それはさらに，アムステルダムでの取引費用を低下させることになった[70]。

　以上が，アムステルダムが他を圧倒する貿易都市となった過程のおおまかな描写である。当然アムステルダムはコスモポリタンな都市となり，数多くの商人がこの都市を訪れた。アムステルダムからも数多くの商人が国外に移住した。このような様子は，ヨーロッパの多くの商業都市でみられた現象であろうが，アムステルダムがその点で最大規模の都市だったことは確かである。アムステルダムは 17 世紀ヨーロッパ最大の商業都市，ゲートウェイとして機能した。

---

　　68)　Lesger, *Handel in Amsterdam ten tijde van de opstand*, pp. 151-154; Lesger, *The Rise of the Amsterdam Market and Information Exchange*, pp. 153-156.
　　69)　山本大丙氏の指摘による。
　　70)　Lesger, *Handel in Amsterdam ten tijde van de opstand*, pp. 209-249; Lesger, *The Rise of the Amsterdam Market and Information Exchange*, pp. 214-257.

第5節　近世商業の特徴とヨーロッパ経済

　近世商業の特徴は，すでに述べたように不確実な要素が多かったことである。したがって商品の供給量は激しく変動した。このような社会において，リスク分散のために，血縁関係に頼る傾向が，今日とは比較できないほど多かったことはいうまでもない[71]。最も信頼がおける相手とは，血縁関係者にほかならなかった。さらに，同一の宗教集団に属する人々の間での取引もまた，場合によってはそれと同程度の信頼性を提供した。たとえばオランダのバルト海貿易においてはメノー派のネットワークが重要であった。またイベリア半島から追放されたセファルディム，ユグノー，アルメニア人，ジャコバイトが全ヨーロッパ的な交易ネットワークをもっていたとされる[72]。

　とはいえ，ここで注意しなければならない点がある。今日の国際商業史研究では，「ディアスポラ」（diaspora）という語が多用される[73]。すなわち，商人が特に宗教的迫害によって以前居住していた地域から出ていくことを余儀なくされ，移住した商人がもとの居住地の商人と強固なネットワークをもったといわれる。しかしそれでは，たとえばAとい

---

　71)　これは現代の商業活動では，まったく血縁関係に頼らないという意味ではない。現代でも，企業の規模が小さいほど，血縁関係者どうしで協力することは，しばしばみられることである。近世の企業の規模は今日の零細企業と同程度であり，そういう点から考えるなら，親族のネックワークが重要だったのは，あたり前のことだといえよう。家族的資本主義は，現代においてもみられる。

　近世の特許会社は，今日の大企業に相当する規模をもつ場合もあった。しかし現在の多国籍企業と比較すれば，本部（本社）の指導力ははるかに低かった。また，垂直統合度も小さかった。現地での貿易を本部が指導しようとしても，情報の信頼度は著しく低く，情報の非対称性は大きく，そのため本部が強制力をふるうことは極めて困難であった。「情報」をキーワードとした，近世と現在の企業の類似点と相違点が説明できる。

　72)　深沢克己「ヨーロッパ商業空間とディアスポラ」『岩波講座世界歴史　15――商人と市場――ネットワークの中の国家』岩波書店，1999 年，181-207 頁。また，深沢克己『商人と更紗――近世フランス＝レヴァント貿易史研究』東京大学出版会，2007 年を参照。

　73)　ディアスポラを国際比較した研究書として，Ina Baghdiantz McCabe, Gelina Harlaftis and Ioanna Pepelasis Minoglou (eds.), *Diaspora Entrepreneurial Networks: Four Centuries of History,* Oxford and New York, 2005.

う都市の商人が，迫害のために，B, C, Dという都市に行き，A-B, A-C, A-D間の交流が活発になったことは示せても，B-C, B-D, C-D間の商業関係が密接になったことは表せない。A-B, A-C, A-D間の研究は，結局Aという都市からみたナショナルヒストリー研究にすぎないのではないか。本来なら，B-C, B-D, C-D間の関係が立証されないかぎり，ディアスポラによる国際商業ネットワークの研究としては不十分ではないだろうか。

　今日，欧米のみならず日本の学界でも，近世商人のコスモポリタン性を強調することは，むしろあたり前のことになってきた。この分野に関する研究は，到底一人の研究者でフォローしきれないほど多い。国民経済を前提としない研究の進展は目覚ましいものがあり，それは極めて重要な歴史学への貢献をなす。そのような研究には，一般に，ある地域からさまざまな地域に商人が移動したり，ある地域に出身地が大きく異なる商人が来たことを強調する傾向がみられる。一例をあげると，スコットランド商人がどの地域で活躍したのかというタイプの研究であっても，スコットランド商人が全体としてどのようなネットワークを形成したのかという研究ではない。この点で，個々の商人の関係を「コネクション」と呼び，個々のコネクションの総体をネットワークとして捉えるという渥美友季子の指摘は示唆に富む[74]。彼女の定義をそのまま借りるなら，現在の日本の国際商業史研究においては，コネクションの研究が多く，広域にまたがるネットワーク研究は少ない。貿易は，個人的な関係のなかで成り立っていたのであり，血縁，家族の絆は，友好関係と信頼，場合によっては，パトロン-クライアント関係のうえに築かれた[75]。

　具体例を述べよう。18世紀にフランスからストックホルムに帰化したユグノーのうち，重要な鉄輸出商人となった人々がいた[76]。スウェーデン最大の鉄輸出先はイングランドだった。スウェーデンへの亡命ユグノーが，積極的にイングランドの亡命ユグノーと取引したこともあった

---

74) 渥美友季子「名誉革命期のロンドン商人――請願から見たギルバート・ヒースコートの商業コネクション」『お茶の水史学』第46号，2002年，53頁，注12。

75) Philip Kelsall, *Crisis and Change: The Development of Dutch-Danish Maritime Trade, 1639-1755*, Ph. D. Thesis, University Århus, 2007, p. 22.

76) Pourchasse, *Le commerce du Nord*, pp. 210-212.

第5節　近世商業の特徴とヨーロッパ経済

かもしれない。しかし，少なくとも日本ではそれを証明するような研究はない。もしイングランドとスウェーデンのユグノーのあいだで鉄の貿易が頻繁に行なわれていることが立証されれば，まさに国際貿易商人の巨大なネットワークの研究となるであろう。

　そのような研究がなされないかぎり，商人のヨーロッパ規模での関係を論ずることは不可能ではないか。残念ながら，現在のところ，日本の国際商業史研究は，それができる水準には到達していない。さらに，たとえばジャコバイトどうしだから取引したのか，あるいは互いに利益があるから取引したのかを証明することは，商人文書からはおそらくかなり困難であろう。しかし，ここに述べた問題点があるとはいえ，本書でも「ネットワーク」という用語を用いる。それは，渥美と同様，個々の商人のコネクションが拡大した形態という意味をもつ。このような視点から捉えるなら，さまざまなコネクションが結合した巨大なネットワークが存在したと想定することはできる。

　ここでもう少し具体的な話に転じ，同じ宗派間で取引したと仮定しよう。その場合，他の商人と比較して取引費用が安くてすむという経済的合理性にもとづいていたのか，同じ宗派であるという理由だけにもとづいていたのかでは，取引の意味合いがかなり異なるはずである。前者であれば，同一宗派の取引は経済的合理性による行為であり，事情が変われば別の宗派に属する人々と取引するであろう。後者であれば，経済的に非合理であるがゆえに，将来的に事業を続けることはできず，倒産する可能性が高くなる。それは，合理的な選択ではありえない。このような吟味をせずに史料を用いるとすれば，具体的理由もなく同一宗派のネットワークを強調することになる可能性がある。

　確かに近世のヨーロッパでは同一宗派に属する人々の取引が多かった。しかしそれは比較的身近な人々の間の取引が中心であった。同一宗派であれば取引したという単純なことではないはずである。それは，商人の活動が経済的に非合理的だったというに等しいように思われるからだ。同一宗派で取引することが，経済的に合理的な選択であったと証明する必要があるのではないか。

　中世においても，近世以上に情報が不確実な状況は存在した。それゆえ中世的な経済発展と近世のそれにどのような相違があったのかという

こ␣とも，重要な問題になろう。本質的な相違をあげるなら，近世における持続的経済発展の誕生と，国家による商人の保護の強化である。

　近代になると，通商と通信の時間は大幅に短縮され，船舶も大型化し，情報の入手は比較的容易になり，取引費用は大幅に低下した。商人のパーソナルな関係がインパーソナルな関係に変貌していく過程が，近世から近代への移行と位置づけることもできよう。情報が乏しければ，「信頼のおける人物」とは顔見知りの範囲にすぎない。しかし十分な情報が得られるなら，顔見知りでない人物とも取引可能になる。それはまた，情報の非対称性による市場の失敗が減少していったことも意味する。

　情報の不確実性が高かったので，近世商人は信頼のおける親族・家族・同じ宗派の人々との協同作業を選択した。また，一隻の船を丸ごと一人で所有することはせず，分担して所有した（Partenrederij＝船舶の分担所有：船舶共有制度）。これは，リスク分散のために行なわれた。「近世貿易」とは，顔見知りの人間関係が大きな役割を果たした貿易システムである。近世の貿易商会の規模が極めて小さく，1人ないし2人のことも珍しくなく，数名いれば大企業とさえいえたことも，その理由であろう[77]。深沢克己の言葉を借りれば，近世は「家族的資本主義」の時代である[78]。

　このような視点から考えると，ドイツでフッガー家が倒産したのも，前期的商人資本に属していたからというより，不確実性にとんだ時代状況に適応できなかったという方が正しいであろう。フッガー家は，ようするにハイリスクハイリターンの商売をしており，リスク分散を怠ったことが最大の弱点であった。実際，投機的な商人は現在でも存在し，この点で商人を時代によって類型化することには無理がある。そもそも彼らを「典型的」な前期的商人資本だとする必然的な理由が，これまで提示されてきたとは思われない。まずあらかじめモデルを設定し，それに歴史的事実をあてはめていたのであり，そこから抜け落ちる事例を研究しようとはしなかった点に，歴史研究としての根本的欠陥がある。むしろ商人は，極めて困難な商業状況の中で，できるだけ多くの利益を得る

---

77)　ティールホフ『近世貿易の誕生』112 頁。
78)　深沢克己『海港と文明――近世フランスの港町』山川出版社，2002 年，212-227 頁。

第 5 節　近世商業の特徴とヨーロッパ経済

ために合理的に行動していたと考えるべきであろう。

　近代になると，事業上の不確実性は大きく減少する。情報の迅速で正確な伝達（通信手段の発達），貿易に必要な日数の低下，輸送費の低下，保険制度の発達などがその要因となった。そうすると，近世で必要であったリスク分散の方法は，近代になると不必要になる。現在の北方ヨーロッパ商人の研究では，このように，制度を広く捉えている。

　新制度学派の考えにもとづけば，特許会社ができ，遠隔地での商業の独占権が付与されたのは以下の理由による。自国から遠ければ遠いほど，商業活動のリスクが増える。もし貿易が独占できなければ，活動のリスクはさらに増大するので，それを少しでも削減することが必要になったからである。ニールス・ステーンスゴーアによれば，イギリスとオランダの東インド会社は制度上の革新であり，封建制から資本主義への移行で大きな役割を果たした[79]。この場合の「封建制」という語は，北欧独特の用語であり，日本の文脈に置き換えるなら，「前近代的」ということになろう[80]。

　個々人が遠隔地との商業に従事するとすれば，財政的負担やリスクは極めて大きい。それを保護するためにも，近世においては特許会社が必要だったと考えられるのである。ヨーロッパ近世においては，国家が創設した特許会社によって，商人の活動を保護することで，取引費用削減効果がえられたと想定される。さらに手紙が到着する日数が短縮したため，取引費用は大きく低下した[81]。

　また，ヤリ・オヤラによれば，コミュニケーションに時間がかかり，情報入手が困難だったことが，国際商業の阻害要因となった。18-19 世

---

　79)　Niels Steensgaard, "The Companies as a Specific Institution in the History of European Expansion", in Leonard Blussé and Femme Gaasta (eds.), *Companies and Trade: Essays on Overseas Trading Companies during Ancien Régime*, Leiden, 1981 pp. 245-264; Niels Steensgaard, "The Dutch East Company Company as an Institutional Innovation", in Maurice Aymard (ed.), *Dutch Capitalism and World Capitalism/Capitalisme hollandaise et Capitalisme mondial*, Cambridge, 1982, pp. 235-257; レオス・ミュラー著（玉木俊明・根本聡・入江幸二訳）『近世スウェーデンの貿易と商人』嵯峨野書院，2006 年，221 頁。

　80)　György Nováky, *Handelskompanier och kompanihandel. Svenska Afrikakompaniet 1649-1663: En studie i feodal handel*, Uppsala, 1990.

　81)　またレオス・ミュラーによれば，近世スウェーデンでは，領事館のサーヴィスによりスウェーデン船の安全性が増した。Müller *Consuls, Corsairs, and Commerce*.

紀に商人が国際商業と海運業のサーヴィスに特化したことが，情報の利用の改善に寄与した[82]。

このように，情報入手が時代と共に容易になり，情報の非対称性が少なくなっていった。信頼のおける情報の入手は容易になり，情報はいわば透明化していった。

商人は元来，取引する都市に代理人を派遣した。それは，家族の一員であることが普通であった。代理人の活動に関する情報をえることが困難だったので，信頼のおける家族を代理人として派遣することが安全だったからだ。しかしやがて商人は家族を派遣するのをやめ，現地にいる委託代理商に商売をゆだねた。これは，通信手段の発達で，代理人の活動に関する情報入手が容易になり，モニタリングコストが大きく低下したからである。もちろんそれは，各地域の経済環境に依存していた。すべての地域で，委託代理商が発展したわけではない。オランダ人が委託代理商を使用した時代に，ハンブルクでは商人が直接現地まで出掛けて取引した[83]。これは，ハンブルクではオランダのようには情報が簡単に入手できなかったためであろう。しかしハンブルクはこのような方法によって，新情報を獲得し，オランダの市場を奪っていったことも事実である。

またオランダ人が委託代理商に依存することで，オランダの商業ノウハウが各地に伝播したことも考えられる。したがって短期的には有利であった選択かもしれないが，長期的にはオランダにマイナスの影響をもたらした可能性もある。どの時代でもそうだが，商人は基本的に短期的利益を追求する。それが逆に，長期的不利益を産むこともある。それは，本書の基本的視座でもある。

このように考えると，しばしばいわれるように，オランダからイギリスへのヘゲモニーの移行を，イギリスがオランダに打ち勝ったという表現を用いるのは，必ずしも適切とはいえない。オランダの商業ノウハウ

---

82) Ojala, "Assesing Institutional Boundaries of Early Modern Business Activities".

83) F. K. Huhn, *Die Handelsbeziehungen zwischen Frankreich und Hamburg im 18. Jahrhundert unter besonderer Berücksichtigung der Handelsverträge von 1716 und 1769*, Dissertation zur Erlagung der Doktorwurde der Philosophischen Fakultät der Unversität Hamburg, 1952, S. 36; ただし，ハンブルク商人が委託代理商を利用しなかったわけではない。

が伝播することで，他国・他地域の商業・経済が発展し，それを土台としてイギリスが台頭していった。つまり，オランダ商人がいたからこそ，イギリスにオランダを経由して多様な商業技術が伝播し，それがイギリスのヘゲモニーの要因の一つになったと考えるべきであろう。

　本書で分析の対象とするのは，重商主義時代のヨーロッパ商業・経済である。重商主義国家の特徴は，国家が貿易を保護した点にある。その代表例として，イギリスの航海法をあげれば十分であろう。重商主義国家が，取引費用を低下させたと考えられるのである。また重商主義国家は，近年「財政国家」[84]ないし「財政＝軍事国家」とも呼ばれ，戦争遂行のために膨大な税金をかけたとされる。税金のなかで関税が占める位置は必ずしも高かったとはいえないが，必要不可欠な税でもあった。もしも保護貿易をしなければ，そもそも関税収入はもっと少なくなったであろう。国家財政にとって商業活動は不可欠な財源となった。さらに，植民地物産の流入により，消費構造が変化し，新たに流入した新大陸産の商品を購入しようという動きが，経済発展につながったと主張されることもある[85]。

第6節　商人のタイポロジー

　レオス・ミュラーは，スウェーデン商業史に関して，17世紀中頃の代表的な商家のモンマ・レーンシェーナ家（Momma-Reenstierna）と18世紀後半に活躍したグリル家（Grill）を比較し，前者が真鍮貿易を独占したのに対し，後者は異なった商業分野に投資し，リスクを分散させたと主張した。1660年代から，スウェーデン最大の貿易商品は鉄となったが，18世紀後半になると他のさまざまな商品も重要になってきた。この二つの商家の商業活動の違いは，スウェーデンの経済状況の変化を反映する[86]。

---

　84)　Richard Bonney, (ed.), *Economic Systems and State Finance*, Oxford. 1995.
　85)　川北稔『工業化の歴史的前提——帝国とジェントルマン』岩波書店，1983年。ミュラー『近世スウェーデンの貿易と商人』第5章。
　86)　Müller, *The Merchant Houses of Stockholm*.

さらにミュラーは近世スウェーデン商業の特徴を描写した別の論文で，ストックホルムをヨーロッパの港湾都市の特徴を表す事例として提示した。

　近世スウェーデン商業の特徴の一つは，ストックホルムが圧倒的に重要だったことである。ストックホルムには，多数の外国商人が住み着いた。彼らは母国との関係を重視し，母国との取引に従事した。たとえばイギリス出身の商人は，イギリスへの鉄輸出に特化した。オランダ出身のグリル家は，ストックホルムで長年住んだにもかかわらず，通信文はオランダ語で書いた。

　出身国が同じ国の商人たちは密集して住み，独自の集団を形成した。そうすることで，外国出身の商人たちは，母国との貿易における比較優位を維持した。ただし彼らもスウェーデン貴族との婚姻関係を結び，スウェーデンと同化すると，外国貿易における比較優位を失っていった。彼らは，農業や製鉄業などの，国内産業に投資するようになった。しかしそれは，スウェーデン経済の変化に対応し，より儲かる分野に投資した可能性がある[87]。商人としては，それは合理的な行動であるが，国家の視点からは，国益を損なうものだと映ったかもしれない。

　ミュラーは，国による商人の事業パターンの違いを描いているが，彼らが母国との関係を保ちながらも，最終的にはスウェーデンに同化した過程に注目している。

　とはいえ，もしヨーロッパ全体を視野に入れるなら，積極的に同化した商人ばかりではなかったはずである。たとえば，ユダヤ人やアルメニア人は独自の居留地をもっていた。もし国際貿易商人として成功したければ，同化することが望ましかったとは考えられない。彼らはいわばよそ者として活動したからこそ，国際貿易商人として活躍できたのである。したがって国により，民族により，宗派により，同化して現地社会に溶け込んだ商人と，同化せず本国ないし出身地との強い関係を維持した商人に分かれたと考えるのが妥当であろう。

　ここで議論を整理してみよう。国際貿易商人は，取引先の地域に同化するタイプの商人としないタイプの商人に分類できる。前者はやがて国

---

87) たとえば，ミュラー『近世スウェーデンの貿易と商人』57-58頁。

際貿易にではなく，現地での経済活動に力点を移す．現実には，この二つのタイプの商人がいなければ，国際商業を営むことは難しかったことが容易に想像されよう．これまでの国際貿易の研究では，現地に同化しないタイプの商人が考察の中心だったように思われる．しかし，同化しないタイプの商人が外国との取引をし，現地の商人と取引をする場合の仲介者として，同化するタイプの商人がいたと考えられるのである[88]。おそらく，オランダ商人が同化するタイプの典型であろう．

　近世のオランダは宗教的寛容の地として知られ，とりわけアムステルダムでカトリックもプロテスタントもアルメニア人もユダヤ人——特にセファルディム——もかなり自由に経済活動に従事できたのは，オランダないしアムステルダムにとって何よりも商業活動が重要だったからである．彼らは，少なくとも他の地域と比較すれば，より多くの経済活動の自由を得た．そのため，ヨーロッパ全体でみると宗教・宗派の異なる商人どうしの取引は困難であっても，アムステルダムではそれができた．それゆえ，アムステルダムを通じて，ヨーロッパのさまざまな宗教・宗派に属する商人の取引が可能になったと考えるべきであろう．この点の重要性は，いくら強調してもしすぎることはあるまい．そしてオランダ商人，より正確にはオランダに居住した商人は，他地域に移住し，そこに定住することもあった．

　そのオランダとイギリスの貿易活動は大きく異なっていた．フランスと比べてさえ，その違いは歴然としている．重商主義の時代に，イギリスやフランスは商人を保護し，彼らの取引費用を低下させた．さらに商人の取引相手国への同化度が低く母国との関係が強かったので，イギリス商人は母国との取引継続に比較優位を見いだしたと推測される．イギリス商人の活動は，イギリス「帝国」の形成に寄与したが，オランダにはそういうことはおこらなかった．オランダ商人は，どちらかといえば，少なくとも長期的には現地に同化し，母国との関係をなくしていく方向での商業活動に比較優位を見いだしたのである．

　オランダの「黄金時代」は17世紀中頃であり，他の国々も中央集権

---

88) 商業史研究においては，小売と卸売の区別がされることが多いが，本節のような区別はこれまでされてこなかったように思われる．

化が進んでいなかったので，オランダはヘゲモニー国家になれたと考えられる[89]。しかし他国が保護主義政策をとり，中央集権化を進めると，オランダの政治制度は時代にあまりそぐわなくなっていった[90]。

　イギリスとオランダを比較すると，イギリスの商人は現地に同化せず，イギリスに富を持ち帰ったのに対し，オランダ商人はさまざまなノウハウをもって移動しながら，それをオランダの国の富の形成に活かしていなかった印象を受ける。それは，イギリスが中央集権化し，重商主義政策で商人を保護し，彼らの利益をイギリス全体の利益に取り入れようとしたのに対し，オランダはあまりに分権的，むしろ分裂的国家であり，そうすることに関心がなかったからであろう。重商主義時代のイギリス・オランダの貿易政策の差は，このような結果ももたらしたのである。

第7節　戦争の世紀と経済発展——重商主義戦争と商業の発展

　近世のヨーロッパで，極めて多くの戦争が行なわれたことはいうまでもない。かつてはなばなしく繰り広げられた17世紀危機論争[91]，近年，日本でも広く知られるようになった「軍事革命」[92]からも推察されるように，近世のヨーロッパ史は，いわば戦争の世紀であったということができるのである。そしてまた近世ヨーロッパの経済発展は，アジア経済を最終的には凌駕するほどに大きなものであった。ポメランツの言葉を用いるなら，近世のどこかの時点で，ヨーロッパ経済とアジア経済に

　89）　オランダの「黄金時代」（Gouden Eeuw）に関する文献は枚挙にいとまがないが，ヨーロッパ全体を見渡す観点から論じたものとして，さしあたり，Karel Davids and Jan Lucassen (eds.), *A Miracle Mirrored: The Dutch Republic in European Perspective*, Cambridge, 1995; さらに，ぜひ参照すべきものに，Karel Davids and Leo Noordegraaf (eds.) *The Dutch Economy in the Golden Age*, Amsterdam, 1993.

　90）　Ormrod, *The Rise of Commercial Empires*.

　91）　今井宏編訳『十七世紀危機論争』創文社，1975年。Trevor Aston (ed.), *Crisis in Europe, 1560-1660: Essays from Past and Present*, London, 1965; Geoffrey Parker and Lesley M. Smith (eds.), *The General Crisis of the Seventeenth Century*, London, 1978.

　92）　Michael Roberts, *The Military Revolution 1560-1660*, Belfast, 1956; ジェフリ・パーカー著（大久保桂子訳）『長篠の合戦の世界史——ヨーロッパの軍事革命の衝撃』同文館，1995年。大久保桂子「ヨーロッパ軍事革命論の射程」『思想』1997年11月号，1997年，151-171頁など。

は「大いなる相違」(Great Divergence)——前者が圧倒的に優位になる端緒——が生じた[93]。あるいは，フランクがいうように，一時的であれ，ヨーロッパがアジアに対し優位にたつことになった[94]。

では，なぜ戦争の世紀にヨーロッパ経済が発展したのか？ さらには，なぜ近代国家が形成されていったのか？ それこそ，次に考察すべき対象になるであろう。

戦争と資本主義の発展に対する研究として，ゾンバルトの『戦争と資本主義』[95]があげられることはいうまでもない。わが国では，ヴェーバー崇拝ともいえる状況があったので，ゾンバルトの資本主義論の研究は進んではいない。近年オランダではゾンバルトが見直され，マーヨレイン・タールトが，近世のオランダで，戦争により経済発展に好都合な「制度」が創出されたと主張した[96]。しかし，私のみるところ，彼女の議論はあまり説得的ではない。それは，基本的にオランダのナショナルヒストリーの枠組みで論を組み立てているからである。戦争はヨーロッパ規模で発生したのだから，他国と比較してオランダがどの点で優位だったのかという問いこそが重要なはずである。

ともあれ，通常，戦争遂行と経済ないし商業発展は相容れないもののように思われるが，近世ヨーロッパでは，それが両立したのである。ここで試みるのは，その理由の説明である。

そもそも，この時代の戦争の規模は今日のそれと比較するとはるかに小さく，破壊的な影響を及ぼすことは少なかったことを考慮しなければならない。それ意外の理由としては，基本的に以下の三点に見いだされる。第一に，経済成長に対する国家の介入。第二に，商人ネットワークの拡大。第三に，中立国・中立都市の役割である。

---

93) Kenneth Pomeranz, *The Great Divergence: China, Europe, and the Making of the Modern World Economy,* Princeton, 2000.

94) アレグザンダー・グンダー・フランク（山下範久訳）『リオリエント——アジア時代のグローバルエコノミー』藤原書店，2000年。

95) ヴェルナー・ゾンバルト著（金森誠也訳）『戦争と資本主義』論創社，1996年。

96) Marjolein 't Hart, "War and Economic Miracle: How Small Differences Added up to the Prosperity of the Dutch Republic in the Seventeenth Century", Paper prepared for the 2005 Economic History Association Meeting", War and Economic Growth: Causes, Costs, and Consequences", Toronto, Canada, September 16-18, 2005 (September 2005).

第一の点に関して，政府の役割を最も強力に主張するのは，おそらくパトリック・オブライエンであろう。彼は，重商主義戦争で，イギリス政府が時には軍事力をもって市場を保護したため，イギリス経済は発展することができ，マンチェスター学派が主張する自由主義経済政策を採用していたなら，イギリスがヘゲモニー国家となることはなかったという[97]。彼の説は，イギリスの成功を説明するには好都合だが，ヨーロッパ全体の経済成長を説明するには十分なものではない。

　前節で論じたように，国家が強く経済に介入することは，ヨーロッパ諸国に広くみられた特徴である。そのために経済成長が生じたという立場から議論するにあたって，重要なものの一つに，フレデリク・レインの議論がある[98]。彼の考えにもとづくなら，たとえば中世のヨーロッパでは，商人は取引のために旅行する際，海賊による略奪から自分たちで身を守るか，誰かに守ってもらうための費用（保護費用）の出費を余儀なくされた。これをレインは，「保護レント」（protection rent）と呼ぶ[99]。レインの考え方を援用すれば，いわゆる「財政＝軍事国家」[100]とは，国家自身が保護費用を負担し，企業家が保護レントを負担する必要がない国家を意味する。ヨーロッパ全体が，程度の差こそあれ，国家が保護費用を負担し，企業家は保護レントの支払いを完全にとはいえないにせよ，かなりの程度まぬがれたのである。

　17世紀に「黄金時代」を経験したオランダも，18世紀には衰える。その理由の一つは，オランダ政府がオランダ商人を保護し，保護費用を国家が負担することでオランダ商業を活発にすることができるほど，オランダ国家は強力ではなかったからである[101]。共和国時代のこの国家の

　97）　パトリック・オブライエン著（秋田茂・玉木俊明訳）「不断の関係——貿易・経済・財政国家・大英帝国の拡大（1688-1815）」『帝国主義と工業化　1415-1974——イギリスとヨーロッパからの視点』ミルネヴァ書房，2000年，131-164頁。

　98）　Frederic Lane, *Profits From Power: Readings in Protection Rent and Violence-Controlling Enterprises*, Albany, 1979; Niels Steensgaard, *The Asian Trade Revolution of the Seventeenth Century: The East India Companies and the Decline of the Caravan Trade*, Chicago, 1974.

　99）　これについては，清水廣一郎『中世イタリアの都市と商人』洋泉社，1989年，10-37頁をみよ。

　100）　ジョン・ブリュア著（大久保桂子訳）『財政＝軍事国家の衝撃——戦争・カネ・イギリス国家 1677-1783』名古屋大学出版会，2003年。

第7節　戦争の世紀と経済発展　　　　　　　　　　　　　　　　　　49

特徴は，あくまでその分裂性にあり[102]，中央集権制が強化されるのは，フランス革命を待たなければならない[103]。国家が商人を保護すれば，商人が負担していた費用を国家が肩代わりすることになり，当然，取引費用は低下する。したがって，イギリスの貿易がオランダの貿易以上に盛んになった。

　また，関税は，ヨーロッパ各国にとって大切な税収源だった。もし自国商人の対外貿易を保護しなければ，各国は税収の不足に陥る可能性があった。そうすれば，戦争に勝つことなど及びもつかない。近世のヨーロッパ，特に北方ヨーロッパにおいては，多数の国々が戦争を遂行し，その過程で国民国家が誕生していった。「財政＝軍事国家」では，税をかけられた範囲が，国家の領域を意味するようになる。換言すれば，国家とは，同じ中央政府によって税がかけられる範囲を意味する。国家がこのようにして成立していくなかで，国家が商人の活動を保護するようになった。

　さらに，国民国家形成のために，国家は異分子を排除する傾向があった[104]。フランスのユグノーが1685年にナント王令廃止によりフランス国外に亡命を余儀なくされたことが，その代表例である[105]。しかしそれは，フランスを基軸としたユグノーのネットワーク形成に寄与した。外国貿易を行なうにあたっては，知り合いのユグノーのあいだでの取引は活発になったものと考えられる[106]。むろんこれは，一事例を提供するに

　　101）Cf. Marjolein 't Hart, "Mobilising Resources for War in Eighteenth Century Netherlands: The Dutch Financial Revolution in Comparative Perspective", Paper Presented to XIVth International Economic History Congress in Helsinki 21-25 August 2006.

　　102）マーヨレイン・タールト著（玉木俊明訳）「17世紀のオランダ――世界資本主義の中心から世界のヘゲモニー国家へ？」松田武・秋田茂編『ヘゲモニー国家と世界システム――20世紀をふりかえって』山川出版社，2002年，17-76頁。

　　103）J. M. F. Fritschy, *De patriotten en de financiën van de Bataafse Republiek: Hollands krediet en de smalle marges voor een nieuw beleid (1795-1801)*, Den Haag, 1988.

　　104）これについては，1996年史学会大会の西洋史・東洋史合同シンポジウム「近世ヨーロッパ商業空間とディアスポラ（〈東洋史・西洋史合同シンポジウム〉ディアスポラの開く商業空間：17-19世紀）」の深沢克己報告がヒントになった。

　　105）しかしナント王令によるプロテスタントの許容は，カトリックへの統合を目指した一時的なものでしかなかった。和田光司「近代フランスにおける公認宗教体制と宗教的多元性」深沢克己・高山博編『信仰と他者――寛容と非寛容のヨーロッパ宗教社会史』東京大学出版会，2006年，299-326頁。次に問題となるのは，ナント王令廃止により，なぜユグノーが大量に亡命を余儀なくされたのかということであろう。

すぎない。だがヨーロッパ各地において，類似の事例はたくさんあったものと考えられる[107]。たとえば，ジュネーヴを根拠地としたプロテスタント＝インターナショナルが誕生した。さらに，フランスを出国したカトリックのネットワークも無視することはできないであろう[108]。だからこそ現在，「ディアスポラ」という用語が人口に膾炙するようになったのである。またユグノーに関しては，スウェーデンでは市民権獲得が可能なため帰化をして[109]，同国の経済発展に寄与したと考えられるのである。このような商業技術をもつ人々を誘致すれば，経済発展につながると考えた国家や都市があったかもしれない。しかしまたこのような理論は，これまでの商業史研究では，あまりみられなかったように思われる。商人が企業家であり経済発展の担い手であるというのが，本書の立場である。商業空間を拡大すること（取引地域の拡大）により，商業のみならず経済が発展したことの重要性を強調したい。

　同質性をもつ商人がヨーロッパ各地に居住したことは，どのような経済的利点をもたらしたのであろうか。一例をあげよう。イタリアを起源とする商人の手引書は[110]，フランス人ジャック・サヴァリ（Jacques Savary）が著した『完全なる商人』 Le parfait Negociant[111]により，頂点に達した。この書物は版を重ね，各地でさまざまな言語の複製版がつくられた。もとより「著作権」なる概念がなかった時代なので，正確な翻訳ではなく，各地の事情を考慮した改訂が施されているものの，おおもとになったのはこのサヴァリの著作である。イギリスではポスルスウェイトの『商業辞典』[112]が，サヴァリの書物の翻訳であることはよく知ら

---

106)　「知り合いの」としたのは，現在の研究では，「知り合いではない」が同じ宗派に属する人々が積極的に取引をしたという証拠が見当たらないように思われるからである。
107)　深沢「ヨーロッパ商業空間とディアスポラ」。
108)　大峰真理「近世フランスの港町と外国商人の定着」羽田正責任編集『港町の世界史3　港町に生きる』青木書店，2006年，179-202頁。
109)　Pourchasse, *Le commerce du Nord*. pp. 210-215.
110)　邦語文献として，大黒俊二『嘘と貪欲――西欧中世の商業・社会観』名古屋大学出版会，2006年を参照。
111)　いくつかの版があるが，最も著名なものとして，Jacques Savary, *Le Parfait Negociant,* Paris, 1675 (rep. 1995)；また，以下の文献を参照。大黒俊二「ユトルッリ・ペリ・サヴァリ――『完全なる商人』理念の系譜」『イタリア学会誌』第37号，1987年，57-75頁。
112)　Malachy Postlethwayt, *The Universal Dictionary of Trade and Commerce,* 2 Vols., London, 1757.

第7節　戦争の世紀と経済発展

れる。また，ダニエル・デフォーが『イングランドの完全な商人』を書いていることからも[113]，サヴァリの影響の大きさがわかるであろう[114]。

　商人の手引書は，(国際)商業のマニュアル化を促進した[115]。どのような土地であれ，同じようなマニュアルに従って教育された商人であれば，同様の商業作法に従って行動すると期待できる。そのため，取引はより円滑に運んだと推測される。さらに，商業帳簿・通信文・契約書類などの形式が整えられ，取引は容易になった。商人はさまざまな言語を習得しなければならなかったが，商業に関連する書類の形式が決まってさえいれば，学習はより簡単になる。比較的少数の商業用語を習得すれば，他地域の商人と取引することが可能になった。換言すれば，知識経済（knowledge economy）――有用な知識の拡散する社会――が登場したということになろう[116]。

　最後に第三の点について論じたい。戦争が勃発すると，交戦国の商人どうしの取引は，表面上は不可能になる。イギリスとフランスが交戦状態にあるとすれば，イギリス国旗を掲げた船舶がフランスの港に入港することは不可能である。しかし，それを回避する方法もあった。中立国や中立都市の船舶を利用することがそれである。あるいは，中立国・中立都市の旗を掲げればよかったのである。

---

113) Daniel Defoe, *The Complete English Tradesman*, 2 Vols., London, 1726; 少なくともこのタイトルから，サヴァリの影響の大きさが読み取れよう。

114) この種の分野の研究の難しさは，史料が多種多様な言語で書かれており，しかもどこまでが誰のオリジナルな発想であるのかが判然としない点にある。

115) 商人の手引書に関する研究書として，Markus A. Denzel, Jean Claude Hocquet und Harald Witthöft (Hg.), "Kaufmansbücher und Handelspraktien vom Spätmittelalter bis zum 20. Jahrhundert/ Merchant's Books and Mercantile Pratiche from the Late Middle Ages to the Beginning of the 20th Century", *Vierteljarhschrift für Sozial- und Wirtschaftsgeschichte*, Beiheft, 163, 2002; 商人の手引書の所在地を示した書物として，Jochen Hook und Pierre Jeannin (Hg.), *Ars Meracatoria: Eine analytische Bibliographie*, 3 Bänden, Paderborn, 1991, 1993, 2001; また，以下の文献も参照。深沢克己「九州大学文学部所蔵史料について――17-19世紀フランス商業辞典・商人手引書」『西洋史学論集』33輯，1995年，77-79頁。大黒俊二「『商売の手引』一覧」『人文研究』(大阪市立大学文学部) 第38巻，第13分冊，1995年，90-108頁。

116) この点については，以下の文献をみよ。Joel Mokyr, *The Gifts of Athena: Historical Origins of The Knowledge Economy*, Princeton, 2004; 現在でも，この種のことは多いにありうる。近代経済学がこれほどまでに制度化されたのは，アメリカの経済学の教科書――なかでもサミュエルソンの『経済学』――が普及したことが大きい。そのため，世界中の経済学者がすぐに意思疎通できるようになった。

中立国・中立都市は，近世のヨーロッパが戦争を遂行するうえで，実は欠かせない制度であった。誤解を恐れずにいうと，中立国・中立都市があったからこそ，各国は交戦状態でいられたのである。

このような地域として，ハンブルク，デンマーク，スウェーデンが非常に重要である。詳細は第7章に譲るが，ハンブルクは1618-1868年の250年間にわたり，中立都市として機能した。戦時になると，ハンブルクに避難する商人，あるいはハンブルク船を利用する商人が出現した。したがってハンブルク商業の発達は，この都市の中立政策と不可分の関係にあった。

井上光子が論じたように，デンマークは中立政策によって，特に18世紀後半に植民地物産の貿易を大きく伸ばした[117]。他国の戦争がなければ，デンマーク商船隊の発達はなかったであろう。

スウェーデンも，大北方戦争の敗北で大国化への道をあきらめ[118]，中立主義政策をとった。しかも1724年の航海法に代表される保護貿易政策をとり，海運業を大きく発達させた。スウェーデンの場合，中立政策と保護貿易政策は表裏一体の関係にあり，海運業の発達は，中立政策を基調とする保護貿易に依存した。

逆説的ではあるが，これらのことは，戦争があったからこそヨーロッパの商業・経済発展があったという主張を裏付ける。また18世紀のスコットランドにおいても，貿易が戦争遂行のための資金を提供し，陸海軍が，侵略者に対して，重要な国家の商業利害を守ったという主張がなされたのである[119]。

ヨーロッパの取引費用が近世のあいだに大きく低下し，経済発展を達成できたのも，ここに述べた三つの理由に由来する。市場が円滑に機能し，取引費用が低下し，ヨーロッパ全土で取引を行なうための素地が形成された。少なくとも近世の北方ヨーロッパに関するかぎり，戦争と経済成長は両立できたのである[120]。

---

117) 井上光子「デンマーク王国の海上貿易——遅れてきた重商主義国家」深沢克己編著『近代ヨーロッパの探究9 国際商業』ミネルヴァ書房，2002年，317-347頁。

118) Lars Magnusson, "The Peculiarities of Sweden: Industry and Society, 1850-2000"『関西大学西洋史論叢』第10号，2007，pp. 64-74.

119) T. M. Devine, *Scotland's Empire 1600-1815*, London, 2004, p. 63.

しかも，国家は戦争を遂行するために国境の外側からモノ・カネ・人を調達することを余儀なくされた。そのために，国際貿易商人のネットワークは不可欠だった。もし仮に国際貿易を営む商人がいなければ，そもそも「国家」の外側の資源を輸入することなど不可能だったはずである。

北方ヨーロッパが経済的に発展を遂げた理由の一つは，ここに求められよう[121]。

第8節　貿易史とは何か？

実は，「貿易史とは何か」という問いにさえ，まだ現在のところ満足すべき解答は出せていないのである。もとより，このような問題に対し，正確な解答を出すことは不可能であろう。しかし，本書の立場をここで明らかにしておかなければ，今後の議論に差し障りがあるかもしれない。

「貿易」（trade）という語は，本来ならば別の意味を持つ「海運業」（shipping）[122]と密接な関係がある。まず，これらの語句の定義を行なう必要がある。

ここで話を簡単にするため，海上貿易に限定して論を進める。まず「海運業」からはじめると，この語は，商品の運搬・輸送を意味する。一方，貿易とは，地域間での財の交換のことである。貿易史とは，少なくともこの両者を包摂する研究領域である。さらには，船舶の艤装，船員のリクルート，商人の移動，商人の生活，商業ネットワーク，貿易決済なども貿易史の範疇に属する。むろん，港町の形成[123]，商人の生活，

---

120)　財政＝軍事国家という観点から捉えた場合，南方ヨーロッパは，国家の規模が小さかったため国家が商業活動を保護する役割を十分には果たせなかったと推定される。

121)　この点に関して，より詳しくは，Toshiaki Tamaki, "'Fiscal-Military State', Diaspora of Merchants and Economic Development in Early Modern Northern Europe: Diffusion of Information and its Connections with Commodities",「平成17-19年度　科学研究費補助金（基盤研究(B)）グローバルヒストリーの構築とアジア世界」, 2008年, 69-86頁。

122)　海上貿易に限定すればshippingは「海運業」と訳せるが，陸上・河川貿易を含めるなら，「輸送業」とすべきである。

123)　これについては，深沢『海港と文明』をみよ。

海上生活とジェンダー[124]，自然環境の問題なども入ってくるであろうが，これらはむしろ，海事史（maritime history）の領域に属するであろう。また，貿易史は商業史の一部であるが，この二分野を正確に区別することは不可能である。貿易史が，経済史の一部を構成することはいうまでもない。

　ともあれ本書の視点から重要なのは，貿易と海運業の二分野であり，この点について，もう少し詳しく説明しよう。ある国の貿易額が増えるということは，基本的にはあくまで当該国で生産ないし輸入された商品の輸出額が増大するということにすぎない。それは，取引される商品の増加ということはできるが，別の国の船舶で輸送されるなら，海運業が発達したということにはならない。貿易増で一見利益があがったように考えられようが，膨大な輸送料を支払わなければならないのなら，利益額は減少する。より正確な表現を用いるなら，貿易収支黒字の増加以上に，貿易外収支赤字が増加し，最終的な国際収支は黒字にはならないかもしれない。これは，貿易の増大と海運業の発達は，本質的には別だということを暗示する。しかしまた，この二つの分野を含まないような貿易史研究はありえない。必要なことは，ここに述べたように，貿易と海運業の相違点と，この二つがオーバーラップする点を区別することであろう。これまでの研究では，おうおうにして，貿易の発展と海運業の発達とを区別してこなかった点に，重大な問題があるように思われる。

　ところで，ここまでは国家というマクロな視点からの議論であった。では，商人というミクロな視点からはどのようなことがいえるのであろうか。

　商人がさまざまな手数料収入により利益を得ていたなら，それはマクロ経済学の次元でいうと貿易外収支にあたる。したがって商人の委託事業の研究は，本来ならよりマクロな次元での国家の経済状況の研究と大きく重なるはずである。もし商人の取引記録がすべて残存しいていたなら，貿易統計による研究と商人文書による研究が完全に融合する。史料状況から考えて，それはありえない話ではあるが，今後，このような視

---

124) David Kirby and Merja-Liisa Hinkkanen, *The Baltic and the North Seas*, London and New York, 2000.

点の研究の進展が望まれよう。いわばここで量的研究と質的研究が連動するはずだからである。

　貿易史が本来目指すべき方向は，マクロ的視点とミクロ的視点，質的研究と量的研究の融合であると私は考える。それは少なくとも，一つの出発点になろう。ただし，それが非常に困難なことも確かである。

　商人の記録は断片的であり，ごく少数の商人の記録をいくら丹念に分析しても，その結果得られる成果が，どこまで一般化できるかはなかなかわからない。たとえば「代表的商人」と簡単にいうが，それは史料の残存状況によって決定されるにすぎず，全体を「代表する」ということ自体，実は極めて恣意的な発言でありうる。いうまでもなく，失敗した商人の記録はなかなか残りにくい。すでに述べた通り，一般に近世において，商会の規模はごく小さく，1-2人のところも決して珍しくはないが，そのような商人の記録はあまり残らない。そもそも公文書に比べて，私文書の残存状況ははるかに悪い。したがって商人に関して，歴史家は，極めて限定された史料しか入手できないのである。このようななかで商人世界の全体像を構築することは，現実には一般に考えられる以上に困難だといわざるをえない。なおかつ問題なのは，史料が残存する商会自体，少なくとも規模の面では例外的に大きいと考えられることであろう。しかも例外的な商人をもとに論を立てるとすれば，大きく誤った判断を下すことになる。

　個々の商人の記録をどれほど大量にいくら精緻に研究したところで，それは一企業の研究でしかありえない。それに対し貿易統計は，個別商人の研究を昇華し，貿易のトレンドとその全体像をより正しく理解することができると考えられる。個々の商人の研究は商業の実態の事例としては大いに役立つが，それが全体のトレンドを代表しているとあまり期待すべきではないであろう。1人の商人の活動を詳細に研究すればするほど，他の商人との偏差が大きくなる可能性も考慮に入れなければならない。個々の商人を詳細に研究すれば，その商人の特性の研究となってしまうかもしれない。細部から全体をみるというミクロストリアはいうは易く，行なうは難しの典型的な研究スタイルである。商人の具体的活動の研究は，どこまでいっても個人史であり，貿易統計による裏付けがあってはじめて，貿易活動全体が見渡せると考えるべきではないか[125]。

個人史は，商人史になりえても，貿易史ではありえない。商人史は貿易史の一部ではあっても，貿易史そのものではない。

ともあれ，経済史研究を進めていくなら，貿易外収支が非常に重要であったという問題に逢着せざるをえない。たとえばオランダは確かに毛織物工業・農業でも栄えたが，中継貿易がとりわけ重要だった。輸送料・手数料による（貿易外収支に属する）収入が，オランダ経済の根幹を支えたはずである。この研究が，同時に重商主義時代のヨーロッパ経済の解明にとっても重要なことはいうまでもない。

たとえば重商主義者として知られるロジャー・コークはこう主張した。オランダは自由貿易のため，非常に安価に商品が輸入できる。他方イングランドは，航海法のため，商品を安価に輸入することはできず，オランダと比較して巨額の損失を出している。また，オランダは輸送料として多額の銀を獲得している。それは，オランダが自由貿易を行なっているからである。イングランドもオランダと同様自由貿易を採用すれば，ヨーロッパの国々がイングランド船を使い，輸送料として銀を入手することができるであろう[126]。

コークの主張は今日の目からみれば自由貿易そのものなので，ここでは彼を自由貿易主義者として扱う。小林昇も「マンやいはゆるトーリー・フリー・トレードの理論的チャンピオンたち（チャイルド，バーボン，ダヴナント，ノースら）は，自由貿易の思想に近いどころではなく，時として，あるいは一貫して，かなりハッキリと自由貿易を主張している」と述べている[127]。またマグヌソンがいうように，いわゆる重商主義者のなかには保護貿易を主張したものだけではなく，自由貿易の重要性を強調したものもいた[128]。

このような自由貿易主義者と重商主義者の主張は，実は根本的には共通している。それは，どちらもイングランドと比較して，オランダが貿

---

125) 貿易史を個人史に収斂させることはできない。そうすれば，国家や社会というより大きな枠組みを捨象することになりかねないからである。それは，商人史であっても貿易史とは呼べないものになろう。
126) Roger Coke, *The Discourse of Trade,* London, 1670 (rep. New York, 1971).
127) 小林『重商主義の経済理論』247 頁。
128) Magnusson, *Mercantilism.*

第8節　貿易史とは何か？

易のみならず海運業の面で，圧倒的に有利だと実感していた点である[129]。重商主義者は，保護貿易の方がイギリスにとって有利であると論じた。逆に自由貿易主義者コークは，自由貿易により，イギリスは海運業を強化できると述べたのである。自由貿易主義者も，海運業による利益を重んじるという点では，重商主義者とまったく同じであった。

しかもここでコークが論じていることには，商品の輸出を増大させることだけではなく[130]，海運業を発展させ，輸送料収入を増加させることも含まれている。これは，貿易史研究における輸送料の重要性を示す近世史料であろう。歴史研究としては，いわゆる重商主義者を，この面から捉え直すべきなのである[131]。それはまた，商業資本主義と重商主義時代がオーバーラップする理由を説明するものと期待される。さらにまた，経済史家と経済学説史研究者の対話の場となるはずである。

---

129) それは，著名な重商主義者トーマス・マンの書物にもあてはまる。トーマス・マン著（渡辺源次郎訳）『外国貿易によるイングランドの財宝』東京大学出版会，1965年。

130) 「イングランド王国を富裕にするには，外国貿易をするほかない」と，コークは述べている。Coke, *The Discourse of Trade*, p. 4.

131) 歴史学の立場からみれば，重商主義研究は，当時のヨーロッパ経済の状況をあまり理解していないように思われるかもしれない。これは，学問による立場の相違もあり，簡単に結論が出せる問題ではない。しかし，重商主義者が富と貨幣を同一視したということ——そのこと自体，マグヌソンは否定するが——についても，そのような主張が正しいと感じられた時代背景があったはずである。また歴史学研究としては，その理由を探求することが重要なはずである。随分と古い見解を持ち出すことになるが，17世紀の重商主義者が初期独占と結びつき，市民革命以後は固有の重商主義が本源的蓄積を促進したという旧来の見解は，少なくとも経済史の立場からは支持できない。本章執筆の動機の一つは，歴史学の立場から重商主義の意味を捉えなおし，それを経済学説史にも反映させてもらいたいという気持ちであった。以前とは違い，この二つの学問には大きな壁ができてしまったように思われるからである。

補論 Ⅰ

経済発展と国家の役割
――国家財政と商人のネットワーク――

───────

はじめに

　第1章ですでに述べたように，本書の理論的バックグラウンドの一つを形成するのは，ダグラス・ノースに代表される新制度学派の経済理論である。ノースはいう[1]。

　　制度は社会におけるゲームのルールである。あるいはより形式的に言えば，それは人々によって考案された制約であり，人々の相互作用を形づくる。したがって，制度は，政治的，社会的，あるいは経済的，いずれであれ，人々の交換におけるインセンティヴ構造を与える。

　経済が発展するためには，それに適した経済制度の構築は欠かせない。人間がモノとモノを交換することこそ商業行為であり，その促進のためには，制度的革新が不可欠である。制度には，自然発生的にできるもの，地域のなかからできるもの，さらに国家ないし国家間の取り決めによって形成されるものなどがある。
　本論の目的は，経済を発展させるための制度の役割を，国家と商人のネットワークの観点から分析することにある。まずそのために，近年目覚ましく発展している財政史研究の動向を紹介する。それは，国家財政

───────
　1) ダグラス・C・ノース著（竹下公視訳）『制度・制度変化・経済成果』晃洋書房，1994年，3頁。

の効率性こそが，国家運営の効率性を示すと考えられているばかりか，国家のイニシアティヴこそが，近世においてさえ経済発展で大きな役割を果たしたと想定されるからである。それでは，国家はどのようにして経済を発展させる役割を担うのかという問題を，イギリス・フランスの例にそくして述べたい。ここで考察の対象とする事柄は，専門家には自明のことだと思われるかもしれないが，財政史と商業史の関係を考察するためにも，本論での議論は重要であると思われる。また，近世ヨーロッパの財政史研究に関する日本の学界の理解は，決して満足いく水準のものとはいえない。ここでは通説的な，「財政＝軍事国家」の理解とは違ったヨーロッパの国家財政の構図を提示したい。

第1節　後発国イギリスの財政

開発経済学においては，後発国の経済発展には，たとえばガーシェンクロンの論にみられるように，国家の役割が非常に重要になる[2]。また比較的最近まで，イギリスの工業化は，自生的なものであり，国家による介入がほとんどないままに産業革命が発生したとされていたが，今日ではこのような図式は通用しない。現実には，18世紀の間にイギリス政府の規模は大きく膨らみ，中央集権化が進んだということが，定説になっている[3]。ジョン・ブルーワが，この時代のイギリスを「財政＝軍事国家」と呼んだことは，現在では広く知られる。

ここで注意しておきたいことは，18世紀初頭のイギリスは，ヨーロッパ経済のなかで決して「最先進国」とはいえなかったことである。オランダが「最初の近代経済」であった以上，イギリスの地位は上昇しつつあってもまだ二番手にすぎなかったことは，大いに強調すべきであろ

---

2)　この問題については，以下の文献を参照。玉木俊明「ガーシェンクロン著『歴史的観点からみた経済的後発性』の今日的意義」『京都マネジメントレビュー』第8号，2005年，85-98頁。

3)　ジョン・ブルーワ著（大久保桂子訳）『財政＝軍事国家の衝撃——戦争・カネ・イギリス国家　1688-1783』名古屋大学出版会，2003年。Stephen Conway, *War State, and Society in Mid-Eighteenth Century-Century Britain and Ireland*, Oxford, 2006, pp. 33-55.

第1節　後発国イギリスの財政

う。つまり18世紀イギリスの経済発展のパターンは後発国のそれであった。したがって政府の経済への介入が、オランダ以上に強くてもあたり前であった。国家財政の規模が急激に拡大していったのは、当然であった。産業革命は確かにイギリスからはじまったが、そのイギリスが、後発型の経済発展のパターンしかたどりえなかったことは明記しておくべきである。

　経済学で「後発国の工業化」という場合、基本的に現代世界を分析するための概念である。しかし、近世における後発性を議論するなら、特に商業資本主義の立場からは、工業化ではなく、貿易発展を対象とすべきである。これまで先発国と後発国の関係は、もっぱら工業化を軸に議論されてきたといってよいだろう。しかし、工業化にかぎらず、商業面から後発国の経済発展を考察するのも有効である。

　イギリスの政府が肥大化した理由は、戦費調達にあった。フランスとの戦争を遂行するために第二次百年戦争の間に、数多くの戦争をしなければならなかった。

　しかしイギリスとフランスの二国の財政を比較すると、かならずしもイギリスの方が明らかに優れていたようには思われない。1788年の時点においてさえ、イギリス政府は名目GNPの約1.8倍の借金をしていたといわれる[4]。実際、18世紀においては、イギリスはただ一度の例外を除き、戦争の度に巨額の借金をしている（表Ⅰ-1参照）。イギリス国民1人あたりの税負担は、フランスよりずっと大きかったといわれる[5]。

　イギリスはこのような借金漬けの財政状態にあったが、フランスとの戦争に勝ち抜き、やがてヘゲモニー国家となった。戦争中に借金をして、それを平時に返していくというファンディング・システムがうまく機能していたからにほかならない。

　イギリス財政がフランス財政と比べて優れていた点は、まずマサイアスとオブライエンの共同執筆論文によって明らかにされた[6]。表Ⅰ-2に

---

　[4]　D. R. Weir, "Tontines, Public Finance and Revolution in France and England, 1688-1789", *Journal of Economic History*, Vol. 49, 1989, p. 98.

　[5]　Peter Mathias and Patrick Karl O'Brien, "Taxation in Britain and France, 1715-1810: A Comparison of the Social and Economic Incidence of Taxes Collected for the Central Governments", *Journal of European Economic History*, Vol. 6, No. 3, 1976, pp. 601-650.

表 I-1　18 世紀イギリスの戦争と借金

(単位:ポンド・スターリング)

	戦争のための総出費	借金率(%)
1688-97	32,643.8	33
1702-13	50,685.0	31
1718-21	4,547.3	0
1739-48	43,655.2	31
1756-63	82,623.7	37
1776-85	97,599.6	40
1793-1815	831,446.4	26

出典) L. Neal, "Interpreting Power and Profit in Economic History: A Case Study of Seven Years War", *Journal of Economic History*, Vol. 37, 1977, p. 31

みられるように，18世紀においてイギリス財政は主として間接税に依存していたのに対し，フランスは直接税の比率が高かった。もう少し詳しく述べると，イギリスは間接税のなかでも，特に内国消費税による税収を高めていったのである。

1690年代において，イギリスの国家歳入のなかで最大の地位を占めていたのは地租であった。しかしそれ以降，内国消費税の比率が著しく拡大する。地租と内国消費税を比較すると，後者の方が経済発展以上に増加する。フランスはたとえ経済発展をしたとしても，あまり税収の伸びは期待できなかった。イギリスは借金をしても，内国消費税による歳入増によって返済することが可能であったが，フランスにはそれが不可能であった。

さらにオブライエンは，「イギリス税制のポリティカル・エコノミー」で，以下のように主張した。18世紀のイギリスは「商業革命」により目覚ましく貿易量を増大させたことは事実だが，輸入品に関税をかけるというよりも，むしろ内国消費税として国内で生産された商品に課税し，その税収をもとに借金の返済をしていこうと試みた。同税は貧民の生活必需品を慎重に避けながら主に奢侈品にかけられた。すなわち，所得に

---

6) Mathias and O'Brien, "Taxation in Britain and France, 1715-1810".

第1節　後発国イギリスの財政

表 I-2　イギリス―フランスの直接税・間接税比率

(単位：％)

	直接税		間接税		その他	
	イギリス	フランス	イギリス	フランス	イギリス	フランス
1715	27	61	69	34	4	5
1720	26		69		5	
1725	20	48	76	47	4	5
1730	24	48	73	47	3	5
1735	17	59	81	37	2	4
1740	26	48	73	47	1	5
1745	32	57	66	39	2	4
1750	28		71		1	
1755	21	46	76	45	3	9
1760	26		72		2	
1765	22	54	75	42	3	4
1770	18	50	75	45	7	5
1775	18	49	77	47	5	4
1780	21	45	73	51	7	4
1785	18	48	76	46	6	6
1790	17	38	75	51	8	11

出典）Peter Mathias and Patrick Karl O'Brien, "Taxation in Britain and France, 1715-1810: Acomparison of the Social and Economic Incidence of Taxes Collected for the Central Governments", *Journal of European Economic History*, Vol. 6, No. 3, 1976, p. 622.

対して弾力的である商品とサーヴィスにかけられたのである。需要の所得弾力性が高いということは，長期的には，当該製品に対する需要が，所得の増加以上のスピードで増大することを意味しており，たとえばビール，石炭，石鹸，皮革，ガラスなどがこれにあたる。イギリスの税収が貧民に大きな課税負担をかけることなく経済発展以上のスピードで増大した理由は，このように所得弾力性の高い商品に内国消費税をかけたことにあった[7]。

7）パトリック・オブライエン著（秋田茂・玉木俊明訳）「イギリス税制のポリティカル・エコノミー」『帝国主義と工業化　1415～1974――イギリスとヨーロッパからの視点』ミネルヴァ書房，2000年，165-204頁。

イギリスの国家財政には，重税に耐えながら経済成長を促す効果があった。これこそが，財政＝軍事国家の根幹をなした。

第2節　フランスの財政状況

イギリスと比較したフランスの財政状況は，一見，あまり悪くはなかった印象を受ける。しかしフランスの財政史研究の第一人者であるリチャード・ボニーは，こう主張する。

　17世紀初頭から18世紀初頭にかけフランスの支出は大きく増大し，その主要な要因は戦争であった。さらに17世紀前半から18世紀にかけ，フランスの財政政策は大きく混乱した。頻繁に蔵相が変わったことが，その一因となった。フランス財政が破綻したのは，必要な時に信用が得られなかったからである。しかし1783年の時点では，フランスの負債額はイギリスよりも少なかった。だが税収に占める利払い額の比率は，フランスはイギリスよりも高かったのである。借金返済のために，アンシアン・レジーム期とフランス革命期のフランスでは財政危機が常態になっており，何度も債務不履行を繰り返すことになった。フランス革命の際ネッケルがアシニア紙幣を導入したため，大インフレが生じたのである。さらにナポレオン戦争以後も，フランス政府の支出は大きく増えたのである。

　ボニーはまた，フランス革命の際に，歳入が急速に拡大したことを示している[8]。またフランス国家財政史の動向紹介論文では，フランスでは官職売買への関心が，他国よりもはるかに強かったと指摘している[9]。彼は，フランスが直接税を中心とするアンシアン・レジーム期の財政制度から脱し，近代的国家財政制度へ転換する時点を，1789年ではなくナポレオン戦争が終了する1815年以降のことであると主張する[10]。実

---

　8) Richard Bonney, "The State and its Revenues in Ancien Regime in France", *Historical Research*, Vol. 65, 1992, pp. 150-176.
　9) Richard Bonney, "What's new about the new French Fiscal History?", *Journal of Modern History*, Vol. 70, No. 3, 1998 pp. 639-667.
　10) Richard Bonney (ed.), *The Rise of the Fiscal State in Europe, c. 1200-1815*, Oxford,

際フランスで消費税が重要になるのは，19世紀のことである[11]。

　さらにボニーは，フランスでは1710年に十分一税が導入されたけれども，当時の政治状況や社会的要因のため，直接税による歳入は増えなかったという[12]。

　また表Ⅰ-2からも明らかなように，フランスの主要な税は地租であり，これは消費税とは異なり，経済が発展する以上に税収が増えるということが期待できる税ではない。消費税による税収が増えず，さらに国家歳入そのものがイギリスほど増えなかったフランスは，何度も財政危機に瀕したのである。

　重要なのは借金の額そのものではなく，借金の返済を容易にするようなシステムの構築であり，この点で，フランスはイギリスより劣っていたといわざるをえない。フランスの財政制度は，イギリスよりはるかに経済発展に適してはいなかった。

お わ り に

「近代世界システム論」の立場からは，オランダの衰退のあと，イギリスとフランスは次のヘゲモニー国家を目指して争い，それにはイギリスが勝利した。オランダより経済発展が遅れていたことから考えても，イギリス経済を，後発国型に分類すべき根拠がある。中央集権化が進んだことも，経済的後発地帯ということに関連していよう。

　17世紀においてはオランダがヨーロッパ最大の経済大国であったがゆえに，中央集権化する必要はなく，国家の経済への介入も少なかった。オランダの国制は，神聖ローマ帝国の末裔といってよいほど地方分権的であった。とはいえ先発国であるオランダには，中央集権国家になる必要性はなかった。しかし他国は，オランダに対抗するために，国家が経

1999.

　11） Wantje Fritschy, "The Efficiency of Taxation in Holland", *Economy and Society of the Low Countries*, Working paper, 2003-1.

　12） Richard Bonney, "Le secret de leurs familles: the Fiscal and Social Limits of Louis XIV's dixieme", *French History*, Vol. 7, No. 4, 1993, pp. 383-416.

済に深く介入し，程度の差はあれ，国家主導型の経済発展をした。だからこそさまざまな国が中央集権化していったのであり，この点で，西欧であれ北欧であれ，同じような国家構造を有していたということができる。それはまた，国家による商業活動の保護につながった[13]。それゆえ，重商主義政策が必要になったと考えられよう。それは，いわばオランダ以外のヨーロッパ諸国の経済的後発性の現れなのである。さらに国制史からみれば，重商主義政策により国家が形成されたという側面がある。だからこそ，「財政＝軍事国家」論は，新たなタイプの国制史だと解釈できるのである。

なるほど，商人は国家の存在をあまり意識していなかったのかもしれない。商人が商業で必要とする資金は，知人の金融業者から借りることができる程度の額であり，なにも国家から借金したわけではない。商業書簡には，戦争のことがあまり書かれていない可能性もある。だからこそ一見，商業活動と国家とは無関係にみえるかもしれない。一次史料から構築される商人像は，そのようなものであろう。商業史の研究者は，そういう結論に陥りがちである。しかしこれは，歴史家のなかには，一次史料偏重のため，社会全体の構造にまで目を向けていないものもいる証拠になろう。

経済発展における国家の役割を軽視すべきではない。もし国家が商業活動を保護しなかったなら，近世ヨーロッパの経済発展はなかったであろう。国家は，軍事力により商業を保護し，経済発展に必要な公共財を提供したとオブライエンはいう。換言すれば，経済発展に必要な「制度」を産み出したのが，国家による政策であり，最大の成果をおさめたのがイギリスであったと力説しているのである。これが，現在のヨーロッパの経済史学界で基本的に支持されている学説だといってよい[14]。

17世紀の戦争と異なり，18世紀の戦争はヨーロッパ以外の地域でも行なわれた。イギリスとフランスが18世紀の戦争で中心となったのは，

---

13) スウェーデン史において，国家の商業活動の保護の重要性を説くのがレオス・ミュラーである。レオス・ミュラー著（玉木俊明・根本聡・入江幸二訳）『近世スウェーデンの貿易と商人』嵯峨野書院，2006年。

14) この点をめぐる最新の議論として，Rafael Torres Sánchez (ed.). *War, State and Development. Military Fiscal States in the Eighteenth Century,* Pamplona, 2007.

おわりに

この二国がそれに耐えうる規模の国家財政を有していたからにほかならない。このように考えると，経済を発展させるという点で，フランスの財政制度は，イギリスと比較すると劣っていたが，他の国よりは効率的だったかもしれないのである。

両国の財政史研究は，国家の枠組みを超えた広がりをもつ。なぜなら，戦争に必要な資源は，国外からも大量に導入しなければならなかったからである。それは，ある程度は他国にもあてはまる。国境を超えて活躍した代表例として商人があげられる以上，国家と商人ないし国制と商人の関係も，当然，視野に入れて研究すべきである。この点の重要性については，日本では二宮宏之が晩年に強調した。さまざまな社団は必ずしも国家の枠組みに統合される運命にあったのではなく，商人や金融業者は，国家の方針にも反して連携したというのである[15]。フランスの社団は，六角形の国土を超えた広がりをもった活動をしていた。それが，他国にあてはまらないはずはない。本来，ソシアビリテ論は，国家と結びつくのではなく，国家を超えて人々を結びつける作用をしていたはずだからである。ソシアビリテ論を，一国の範囲にとどまらせてよい理由はあるまい[16]。

このように「国家の方針に反する」可能性のある社団を国家のシステム内部に取り込むことこそが，実は国家の運営には非常に重要だったはずである。別言すれば，国境を超えた社会的結合を国家のシステムの一部にすることが必要であった。ヨーロッパは領土を拡大し，イギリスをはじめとして，いくつもの国が「帝国」を形成した。それは，もともと国家を超えた存在であった一部の社団を，本国を中心とする帝国システムの内部に統合していく過程を意味した。国境を超えた社団は，国家のシステムの中に包摂された。そのなかに，貿易商人もいたはずである。帝国史研究には，このような視点も重要なのではないか。なぜならそれは，帝国の形成と国民国家の誕生，さらには帝国と本国との強い絆を説明できるからである。ヨーロッパ諸国の帝国形成と国民国家の誕生は，ほぼ同時期に進行した事象であった[17]。その際，国家財政の問題が大き

---

15) 二宮宏之『フランス　アンシアン・レジーム論』岩波書店，2007年，24頁。
16) ソシアビリテ論については，二宮宏之編『結びあうかたち——ソシアビリテ論の射程』山川出版社，1995年。

く関係している点に注目すべきであろう。この点で，イギリスが最大の成功をおさめた国家だといえるだろう。また，イギリスは，オランダ人，ユグノー，ドイツ人など，多くの商人の移住先でもあった。たとえば彼らの商業活動に深く関係する関税収入は，イギリス財政においても重要な位置を占めた。本書では，イギリスにさまざまな商人が移住したプッシュ要因を主要な分析の対象とし，プル要因についてはあまり論じないが，おそらくそのなかに，ファンディング・システムの成立が入れられよう。

　ところでウォーラーステインによれば，17世紀のオランダ国家は，経済面では，国の内外で十分強力であったために，重商主義政策は必要としなかった。また軍事面でも，オランダ艦隊は十分に強力であった[18]。しかしオランダの軍事力に関しては，アムステルダムが武器貿易の中心であり，そのため戦略・戦術に関する情報が比較的容易に入手できたことを看過してはならない。アムステルダムは，軍事情報が集約される地でもあったかもしれないのである。なにも強力な，あるいは規模の大きな軍隊をもつことが，軍事強国になる唯一の手段ではなかったのである。オランダ商人のもつ情報は，必ずしも商業だけにかぎられていたはずがなかったことを，ここで強調しておきたい[19]。また，プロイセンを典型とする近世の軍事国家像も時代遅れであろう[20]。強力な軍隊は，場合によっては巨額の軍事費の支出を意味し，国家財政に大きな負担を及ぼす。スウェーデンが，その一例であろう。同じ軍事力をもつ国家であれば，軍隊が小さいほど経済効率は良い。そのためには，軍事情報を握ることが，極めて大切なことだったはずである。

　ここから想起されるように，ヨーロッパ近世の軍事国家像は，大きな

　17）　この問題についての示唆に富む論考として，山室信一「『国民帝国』論の射程」山本有造編『帝国の研究』名古屋大学出版会，2003年，87-128頁。

　18）　I・ウォーラーステイン著（川北稔訳）『近代世界システム　1600～1750――重商主義と「ヨーロッパ世界経済」の凝集』名古屋大学出版会，1993年，63，66-67頁。

　19）　むろん，マウリッツによる軍政改革の重要性も指摘しなければならない。

　20）　この点に関しては，Marjolein 't Hart, *The Making of a Bourgeois State: War, Politics, and Finance during the Dutch Revolt*, Manchester and New York, 1993; また，財政面を無視して，主権国家を論じることも不可能であろう。国家を成立させるのは，国家歳入にほかならないのだから。日本では，「財政＝軍事国家」が人口に膾炙したにもかかわらず，この点の認識は薄いといわざるをえない。

おわりに

転機をむかえている。現実に武器貿易に関与した商人がもつ情報こそ，戦争の勝利に必要なストラテジーの形成に欠かせないものだったと考えられる。武器も情報も商品として大きな価値をもつ。それはオランダが 17 世紀に「黄金時代」にいたった要因の一つになったと推測できるからである。

第2章

地中海からバルト海へ

――1600年頃のヨーロッパ経済の中心の移動――

はじめに

　ヨーロッパ大陸は，北はバルト海，南は地中海によって囲まれている。
　この二つの海のうち，日本では地中海の研究は比較的多いものの，バルト海の研究はかなり少ない。「地中海世界」という言い方はよくされるが，「バルト海世界」[1]という表現はあまり用いられない。地中海一帯を統一した世界とする見方は，おそらく高校の教科書レベルでもあたり前となっているであろうが，バルト海地方に関しては，西洋史の専門家のあいだでさえ，統一した経済圏を形成していたという認識は薄いであろう。日本の西洋史学界では，バルト海地方の歴史についての関心は極めて低いように思われる[2]。
　そもそも近世北欧史の研究者自体の数が少ない日本の歴史学界の現状を考えれば[3]，ハンザとの関係を除いては，バルト海地方の研究はあまり進められてこなかったといってよかろう。さらに少なくとも比較的最

　1） David Kirby, *Northern Europe in the Early Modern Period: The Baltic World 1492-1772,* London and New York, 1990; David Kirby, *The Baltic World: Europe's Northern Periphery in an Age of Change,* London and New York, 1995.
　2） バルト海貿易の特徴を表した好論文として，A. Maczak and Henryk Samsonowicz, "La zone baltique: l'un des éléments du marché européen", *Acta Poloniae Historica,* No. 11, 1965, pp. 71-99.
　3） この分野における日本での唯一のまとまった研究として，入江幸二『スウェーデン絶対王政研究――財政・軍事・バルト海帝国』知泉書館，2005年。

近までは，ハンザの衰退とともに，バルト海貿易そのものも盛んではなくなっていった，場合によっては消滅したという印象がもたれていたのではないか。

　もっともウォーラーステインの「世界システム論」が日本に紹介されてから[4]，状況はいくぶん変化した。彼の書物により，バルト海地方の注目度が上がってきたことは間違いない。しかしそれも「周辺」としてのバルト海地方であって，この地方は，中核国であるオランダやイギリスに収奪される地域として位置づけられている。そこにはバルト海地方そのものがもつ重要性や，同地方に対するポジティヴな意義づけが欠如しているといってよい。

　バルト海地方は，ヨーロッパ経済において非常に重要な地域だった。少なくとも，この地域の重要性は，無視できないはずである[5]。本章では，ともすれば地中海や大西洋にのみ目が向きがちであった日本の西洋史研究のあり方に対して，大きな反省を迫りたい。分析対象とする時代は，16世紀後半から17世紀前半にかけてである。その主要な理由の一つは，近世になってバルト海貿易が重要になってきたこととオランダの台頭は深く結びついており，それはまたウォーラーステインがいう「ヨーロッパ世界経済形成」にとっても，非常に重大なインパクトを与えたからである。

　ウォーラーステインによれば，「近代世界システム」は，16世紀中頃のヨーロッパで生まれた。異論はかなり多いにせよ，このシステムこそが，現在の世界を形成したと私は考えている。やがて行論から明らかになろうが，オランダにとっても，バルト海地方との貿易は経済活動の根幹をなしていた。バルト海貿易が，オランダの「母なる貿易」(moederne-

---

　　4）　I・ウォーラーステイン著（川北稔訳）『近代世界システム——農業資本主義とヨーロッパ世界経済の成立』I・II，岩波書店，1981年。I・ウォーラーステイン著（川北稔訳）『近代世界システム——重商主義と「ヨーロッパ世界経済」の凝集』名古屋大学出版会，1993年。I・ウォーラーステイン著（川北稔訳）『近代世界システム　1730s〜1840s——大西洋革命の時代』名古屋大学出版会，1997年。

　　5）　ツェルナックによれば，バルト海は紀元800年頃には歴史的な重力場を形成しており，第二の地中海とさえ呼べるものであった。そしてバルト海の重要性は，時には地中海のそれを上回ることさえあった。V. K. Zernack, "Das Zeitalter der Nordischen Kriege von 1558 bis 1809 als frühneuzeitliche Geschichitsepoche", *Zeitschrift für Historische Forschung,* Bd. 1, 1974. S. 58-59.

gotie）と呼ばれていたことからも，それは証明できよう[6]。

　ではヨーロッパ経済からみて，この時代にバルト海地方はどのような点で重要であったのだろうか。このような問いを発する本章はいわば，本書前半部の見取り図を提示する。

第1節　イタリアの没落——地中海世界の衰退

　おおまかにいって，1600年頃を境として，地中海諸国，特にイタリアが衰退し，イギリス・オランダなどの北大西洋諸国が勃興したということは，大局的にはそう間違ってはいないであろう。オームロッドの言によれば，1600年頃に，かつてはアントウェルペンが占めていたヘゲモニーの地位を，アムステルダムが担うようになった。それは単にアントウェルペンからアムステルダムへの活動拠点の移動を示すばかりではなく，ヨーロッパ経済全体が拡大していた時代に，南方ヨーロッパから北西ヨーロッパへと，重力の中心が永続的かつ大規模に移動したことを意味した[7]。もちろん，これは長期的・漸次的過程であり，急激に生じたものではないことは確かである。ともあれこの過程は，長期的には，地中海貿易が衰退し，大西洋貿易，やがてアジアとの貿易が台頭したことを意味すると一般には理解されている[8]。

　確かに，19世紀（近代）まで含めた長期的視点でみれば，大西洋経済台頭の意義は疑うべくもない[9]。ポメランツによれば，新大陸からの産

---

　6) これに対する反対意見としては，J. I. Israel, *Dutch Primacy in World Trade, 1585-1740*, Oxford, 1989; この書物は，オランダでは非常に批判されている。根本的な批判点としては，イズラエルは，注であげた文献を正確に利用していないことが多いということがある。イズラエルの問題点として，邦語文献では，山本大丙「商人と『母なる貿易』——17世紀初期のアムステルダム商人」『史観』第152冊，2005年，52-73頁。

　7) David, Ormrod *The Rise of Commercial Empires: England and the Netheralnds in the Age of Mercantilism, 1650-1770*, Cambridge, 2003, p. 5.

　8) ヤン・ド・フリースによれば，「ユーラシアとの以前からのネットワークがすぐさま消滅したわけではなかった」のである。Jan de Vries, "Connecting Europe and Asia: a Quantitative Analysis of Cape-route Trade, 1497-1795", in Dennis Flynn, Arturo Giráldes and Richard von Glahn (eds.), *Global Connections and Monetary History, 1470-1800*, Aldershot, 2003, p. 36.

　9) Ralph Davis, *The Rise of the Atlantic Economies*, Ithaca, New York, 1973 など。

品こそが、ヨーロッパをアジアよりも富裕にした決定的要因であった[10]。しかしこれはあまりに長期的な見方であり、近世だけに論を限定すれば、また違った視点が必要になる。少なくとも北大西洋諸国の台頭を、大西洋経済の興隆とすぐに結びつけるわけにはいかないのである。さらにポメランツのアプローチ自体の問題点も指摘せざるをえない。レオス・ミュラーの言葉を借りれば、ポメランツは地域間交易を軽視し、大陸間の市場関係だけに焦点をあて、国家や制度の役割を無視ないし軽視する。彼は国民国家にも、国家間の貿易にも関心がない[11]。したがって、ポメランツの議論によってヨーロッパの勃興を実態的にどれほど分析できるのか、疑問視せざるをえない。

16世紀前半、ヨーロッパ経済の中心はイタリア、特にヴェネツィアであった。アジアからの香辛料が、地中海をへてヴェネツィアに輸送された。同国はこの貿易によって栄えた。フレデリク・レインによれば、新航路——喜望峰を通るインド洋ルート——の発見により一時的にポルトガルが優位に立ったが、やがてこの航路の方が地中海経由の航路よりも輸送費が高く、結局地中海ルートを使うヴェネツィアが復活する[12]。レインのこの論文については、のちにウェイクが、度量衡の換算を間違っていると批判したが[13]、レインの説は、基本的に現在もなお支持されているようである。マクニールの言によれば、ヴェネツィアは、東西ヨーロッパのかなめとして繁栄していた[14]。

---

10) Kenneth Pomeranz, *The Great Divergence: China, Europe, and the Making of the Modern World Economy,* Princeton, N. J, 2000.

11) レオス・ミュラー著（玉木俊明・根本聡・入江幸二訳）『近世スウェーデンの貿易と商人』嵯峨野書院、2006年、1頁。

12) F. Lane, "Venetian Shipping during the Commercial Revolution", *American Historical Review,* Vol. 38, No. 2, 1933, pp. 219-239; Philippe Haudrère, *Les Compagnies des Indes orientales: Trois siècles de rencontre entre Orientaux et Occidentaux 1600-1858,* Paris, 2006, p. 49 からも、ペルシア湾を経由したルートでの輸入の重要性が示唆される。

13) C. Wake, "The Changing Pattern of Europe's Pepper and Spice Imports, ca 1400-1700", *Journal of European Economic History,* Vol. 8, No. 2, 1979, pp. 361-403; また、単位の換算の問題に関しては、以下の文献も参照。N. Steensgaard, *The Asian Trade Revolution of the Seventeenth Century: The East India Company and the Decline of the Caravan Trade,* Chaicago, 1974.

14) W・H・マクニール著（清水廣一郎訳）『ヴェネツィア——東西ヨーロッパのかなめ——1081-1797』岩波書店、1979年。とはいえオム・プラカシュによれば、17世紀の比較的早い段階で、イギリスとオランダの東インド会社の活躍により、レヴァントルートとポル

第 1 節　イタリアの没落

　ところが 16 世紀後半になると，ヴェネツィアに代表されるイタリア経済は衰微しはじめる。ヴェネツィアに代わってヨーロッパ経済の中心都市となったのはブリュッヘ，次いでアントウェルペンであり[15]，やがてアムステルダムとなった。地中海諸国は衰退し，北大西洋諸国が台頭するのである。さらに一般には，大西洋経済の台頭と共に，北西ヨーロッパ諸国の経済が勃興するとされる。

　地中海諸国から北大西洋諸国へとヨーロッパ経済の中心が移動した[16]ことを扱った興味深い研究として，ラップの論文がある[17]。ラップによれば，ヨーロッパの貿易市場が移行した理由について，これまで暗黙の前提があった。それは，地中海から北大西洋へとヨーロッパ貿易の中心が変化したのは，地理上の「発見」の結果であり，技術面・組織面などの内生要因は，ヨーロッパの貿易の中心が北西へとシフトしたことにおいては，二義的な役割しかもってはいなかったという前提である。しかしラップの考えでは，北大西洋諸国が勃興し，地中海諸国が衰退したのは，前者が新市場である大西洋に近接していたからではなく，旧市場である地中海を奪い取っていったからである。新大陸との植民地貿易の興隆は，ヨーロッパ市場の内部で，北大西洋諸国が優位を占めるようになったから起こったのであり，その逆ではない。アムステルダムやロンドンの黄金時代は，大西洋経済の開発ではなく，地中海市場を侵略したために発生した[18]。

　ラップはイギリスとヴェネツィアの毛織物競争に焦点を絞って論を展開する。ラップの主張によれば，ヴェネツィアは「成熟した経済」であ

トガルのヨーロッパ-アジア間貿易は衰退する。1622 年の時点で，ポルトガルはヨーロッパに輸出される胡椒の 20％しか供給しておらず，残りはイギリス・オランダの東インド会社が供給した。Om Prakash, "International Consortiums, Merchant Networks and Portuguese Trade with Asia in the Early Modern Period", Paper presented at Session 37 of the XIV International Economic History Congress, Helsinki, 21-25 August 2006.

　15）　アントウェルペンに関する邦語文献として，中澤勝三『アントウェルペン国際商業の世界』同文館，1993 年。

　16）　Vgl. Michael North, *Kommunikation, Handel, Geld und Banken in der frühen Neuzeit,* München, 2000, S. 14-15.

　17）　R. T. Rapp, "The Unmaking of the Mediterranean Trade Hegemony: International Trade Rivalry and the Commercial Revolution", *Journal of Economic History,* Vol. 35, No. 3, 1975, pp. 499-525; したがって，新制度学派の影響は強くなかったということになろう。

　18）　Rapp, "The Unmaking of the Mediterranean Trade Hegemony", pp. 499-501.

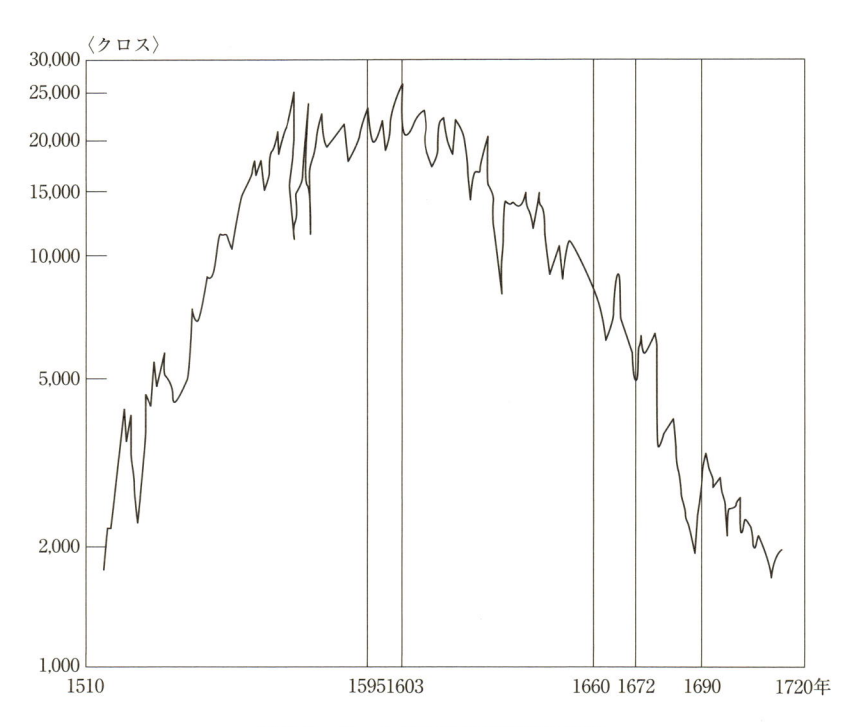

図 2-1　ヴェネツィアの毛織物生産量

出典）R. T. Rapp, *Industry and Economic Decline in Seventeenth-Century Venice,* Cambridge Mass., and London, 1976, p. 101.

り，イギリスは「発展途上の経済」である。後者が前者を追い落とすためには非常に安い値段で商品＝毛織物を販売する必要があり，そのため品質を落とした。一方，ヴェネツィアの主眼は，品質維持におかれていた。イギリスはヴェネツィアの商標を真似し，ヴェネツィア製毛織物と比べると粗悪な毛織物を売り，ヴェネツィア市場を脅かした[19]。

　これは，後発国が先発国にキャッチアップする過程に似ている。イギリスは，ヴェネツィアにキャッチアップするために，このような方法を採用した。ラップは，意識的にであれ無意識的にであれ，キャッチアップ理論を歴史学に適用したのである。この論文に対し，ブローデルは，

---

19) Rapp, "The Unmaking of the Mediterranean Trade Hegemony", pp. 501-522.

最近読んだ最も素晴らしい研究という評価を下した[20]。

　ラップはイタリア経済の没落を，毛織物生産量の減少をとおして論じる。この点は，イタリアの衰退を扱った，チポッラの古典的作品「イタリアの没落」と同じである[21]。チポッラの意見はこうだ。イタリアではギルドの力が強く，すでに流行遅れになった品質の良い高価な毛織物（旧毛織物）を伝統的手法で生産していた。それに対し，イギリス，オランダは新しいタイプの比較的安価な毛織物（新毛織物）を地中海で販売することで，イタリアの市場を侵食していった。それに加え，イタリアの税金と労働コストは高く[22]，結果的に，毛織物はますます高価になったと推測される。

　実際，図2-1にみられるように，1600年頃をピークとして，ヴェネツィアの毛織物生産量は減少する。イギリス産業革命がはじまるまで，ヨーロッパ最大の工業製品は毛織物であったのだから，一見この種の議論——毛織物生産量の減少でイタリアの経済的没落を主張すること——は説得的に思われよう。イタリアおよびヴェネツィアにとって，毛織物生産が重要だったことは言をまたない。この当時，ヨーロッパに，毛織物ほど重要な工業製品は存在しなかった。したがってイタリアの没落を，毛織物生産に象徴させることは決して無意味ではない。とはいえ，毛織物生産に焦点を絞る必然性があるとはいえない。百歩譲って毛織物生産に代表させることに妥当性があるとしても，生産量減少の理由として，イギリスがヴェネツィアの商標をつけた粗悪品を販売したことや，ギルドの規制が強かったことがどれほど重要であったのかはわからない。しかも現在の研究では，ギルドが経済発展の阻害要因であったという見解は否定されつつある[23]。

　また，どのような消費者であれ，たとえヴェネツィアの商標をつけたとしても，長期間ヴェネツィア製品ではないと気づかないとは考えがた

　20）　フェルナン・ブローデル著（金塚貞文訳）『歴史入門』太田出版，1995年，129頁。
　21）　C. M. Cipolla, "The Decline of Italy", *Economic History Review*, 2nd ser., Vol. 5, No. 2, 1952, pp. 178-187.
　22）　Cipolla, "The Decline of Italy", pp. 182ff.
　23）　たとえば，S. R. Epstein and Maarten Prak (eds.), *Guilds, Innovation and the European Economy, 1400-1800*, Cambridge, 2008.

い。また，粗悪品と高級品のマーケットはそもそも異なる。したがって，ヴェネツィア製毛織物は，高級品として，イギリス製毛織物は低級品として，別々のマーケットに適合していたと判断すべきであろう。

ラップとチポッラのアプローチは内生要因を重視しているが，外生要因も当然，考慮に入れられるべきである。内生要因だけで，イタリアの没落を説明することは不可能である。おそらくこの点に，二人の論の大きな限界がある。また仮に内生要因で論を展開するにしても，新制度学派の用語を用いるなら，取引費用の点で，イギリスとオランダよりイタリアの方が高かったことが重要だったかもしれない。毛織物に絞って論を展開すること自体，現在では時代遅れと考えられよう。現実世界では，あらゆる取引，あらゆる経済的行為にコストがかかるのはいうまでもない。彼らには，この点の認識が欠けている。

内生要因を無視するわけではないが，ここでひとまず外生要因からのアプローチを試みよう。そもそも毛織物生産量が減少したからイタリア経済が衰退したのか，イタリア経済の力がなくなったから結果的に毛織物生産量が少なくなったのかという点の区別が，これまでの議論では曖昧であったように思われる。しかしどちらかといえば，おそらく無意識のうちに，ラップもチポッラも，さらに一般的にも，前者の見解を支持しているように見受けられる。だが私は，後者の立場からの考察をしたい。すなわち毛織物の生産量減少は，イタリア経済衰退の直接的原因ではなく結果であり，外生要因のため，結果的に毛織物生産量は下がったと考える。

毛織物生産以外に，イタリアにとって重要な産業に，造船業および海運業があったことはいうまでもない[24]。イタリア毛織物生産の減少は，むしろヨーロッパの海運業の中心がイタリアからオランダにシフトしたために生じたと考えた方が良いかもしれない。少なくともイタリアの輸送費を大きく上昇させるような外生要因があって，イギリス・オランダの毛織物と比較してイタリアの毛織物は高価になった可能性がある。さらに，これまでのアプローチの大きな限界は，輸送費をあまり考慮に入

---

24) F. C. Lane, *Venetian Ships and Shipbuilders of the Renaissance*, Baltimore and London, 1994.

第1節　イタリアの没落　　　　　　　　　　　79

れなかった点にあるのではないか。むろん，イタリア全体の輸送費と，イギリス・オランダ全体の輸送費を比較することは現在のところ不可能である。しかしこれまでの歴史研究では，総コストに占める輸送費の比率があまり問題になってこなかったことも事実である[25]。重要なのは，販売地における商品価格であり，生産地におけるそれではない。輸送費の大小で，産地間の価格差は簡単に逆転する。少なくともこの問題について，これまでの歴史学・経済史学は，さほど注意を払ってこなかったように思われる[26]。それが重大な欠落であったことは，第1章ですでに論じた。特に近世のように輸送にさまざまな困難が生じやすい時代の輸送費の重要性について，軽視すべきではない。それどころか今日においてさえ，輸送費は無視できるほど低いわけではない。たとえばアメリカで5ドルの書籍を購入して，日本への輸送費が10ドルしたとしても不思議ではない。しかもこの場合，もし取引される商品の額だけからなる貿易統計を作成したとすれば，現実に5ドルでこの書籍を購入できたと考えられるかもしれない。

　実際に輸送費がどれだけであったのかを正確に把握することはできないが，たとえばミルヤ・ファン・ティールホフは，バルト海地方とオランダの穀物貿易において，利益額に占める輸送費の比率を次のように推計した。1610-20年は34％，1684-88年は33％，1724-28年は42％である[27]。

　むろん，これはただ一つの事例にすぎない。しかも，イタリアの事例ではない。この事例からどこまで一般論を引き出せるのかということについては，慎重な態度をとるべきであろう。しかしそれでもなお，総コストに占める輸送費の高さは，疑いようがない[28]。

　これと同様なことは，ヘンリ・ローズヴェアの手によるイングランドの貿易商会デヴィド＆メアスコ家（David & Marescoe）の史料集からも

25）　重要な例外として，N. Steensgaard, *The Asian Trade Revolution of the Seventeenth Century*.
26）　この問題については，本書の第3章で詳しく取り扱う。
27）　ミルヤ・ファンティールホフ著（玉木俊明・山本大丙訳）『近世貿易の誕生――オランダの「母なる貿易」』知泉書館，2005年，198頁。
28）　Cf. D. C. North and R. P. Thomas, "An Economic Theory of the Growth of the Western World", *Economic History Review*, 2nd ser., Vol. 23 No. 1, 1970, pp. 12-13.

うかがえる。この商会は，17世紀中頃のイングランドがスウェーデンから輸入する銅の多くを扱ったといわれており，イギリスのバルト海貿易の商業関係を分析するには，格好の素材を提供する。同商会の通信文を読むかぎり，委託手数料が——正確に計量することは不可能だが——重要な収入源であり，近世は，総コストに占める委託手数料・商品の輸送費の割合が今日と比較して著しく高かったことも疑えないのである。一例をあげよう。ファン・バール家（Van Baerles）のために，1664年7月から69年12月にかけ14の商品の委託販売をし，最終的に£5,576 18s 2dの報酬をもらった。そして，ロンドンから振り出されるアムステルダム引受手形が，£1,702 11sであった[29]。さらにこれは，アムステルダムの金融市場の重要性を示す一つの証拠にもなる。

　このようなかぎられた事例から全体を判断するという冒険を，ここではせざるをえない。そして上述のように考えてみると，ヨーロッパ海運業の中心がオランダに移ったことが，イタリアの毛織物生産量の低下をもたらしたのかもしれないということも考えられよう。外生要因を重視する本章の立場からは，その可能性は捨てきれないのである。理論上，イタリア船の輸送費が上昇したため，イギリス・オランダと比較して毛織物価格が高価になったということは，十分にありえる。またそう考えた方が，ラップのもう一つの論点，すなわち北大西洋諸国が勃興し，地中海諸国が衰退したのは，前者が大西洋の市場を開発したからではなく，地中海市場を侵食したためであったという説と親和性があるように思われる。地中海から北大西洋へと貿易航路の中心がシフトしたのは地理上の発見の結果であるという前提がこれまでとられてきたかどうかはともかく，北大西洋諸国の興隆を，ヨーロッパ内部の市場で優位を占めた結果だとするラップの論は，傾聴に値する。

　北大西洋諸国の勃興をいつの時点にするかははなはだ困難であるが，比較的遅く，イタリアの毛織物生産がピークに達した1600年頃だと想定しても，この当時，新大陸がヨーロッパ諸国にとって大きな経済的意義をもっていたとは考えにくい。アジアに対してヨーロッパが優位にな

---

29) H. Roseveare (ed.), *Markets and Merchants of the Late Sventeenth Century: The Marescoe-Daivid Letters, 1668-1680*, Oxford, 1991, pp. 72-73.

第1節　イタリアの没落　　　　　　　　　81

った原因を，新大陸の資源が有効に活用できたからだとするポメランツでさえ，その時期を 1750 年頃においた[30]。パトリック・オブライエンにいたっては，イギリス産業革命以降になってはじめて，新大陸の食材が大量にヨーロッパに流入したと主張する[31]。新大陸からの輸入がたとえ少量であったとしても，それまでヨーロッパにはなかった商品が新大陸から流入すれば，ヨーロッパ経済に大きな影響を及ぼしたという考えも当然成り立つであろう。しかしながら，1600 年頃に新大陸の物産がヨーロッパ経済に重大な影響を与えたとは考えられない。

　この頃に貴金属がヨーロッパに大量に流入していたことは確実であるが[32]，それ以外の新大陸の天然資源が利用可能であったとは思われない。地理上の「発見」と，新大陸の天然資源が利用可能になったということは，むろん別問題である。また新大陸をヨーロッパ製品の市場であると想定した場合でも，そもそもメイフラワー号のアメリカ大陸到着が 1620 年であることを想起すれば，1600 年頃の新大陸に大量の需要を求めることには無理がある[33]。イギリスの場合，王政復古以降の「商業革命」[34]によってはじめて，新大陸の資源が大きく流入すると考えるべきであろう。しかもその量が一段と大きくなるのは，フランス，スペイン，ポルトガルも同様であるが，18 世紀後半のことであった[35]。したがって

---

30) Pomeranz, *The Great Divergence*.

31) P. K. O'Brien, "A Critical Review of a Tradition of Meta-Narratives from Adam Smith to Karl Pomeranz", in P. C. Emmer, O. Pétré-Grenouilleau and J. V. Roiman (eds.), *A Deus ex Machina Revisited: Atlantic Colonial Trade and Euopean Economic Development*, Leiden-Boston, 2006, p. 20.

32) J. Hamilton, *American Treasure and the Price Revolution in Spain, 1501-1650*, Cambridge, Mass., 1934.

33) Cf. F. J. Fisher, "London's Export Trade in the Early Seventeenth Century", *Economic History Review*, 2nd ser., Vol. 3, No. 2, 1950, p. 157.

34) イギリス「商業革命」については，R. Davis, "English Foreign Trade, 1660-1700", *Economic History Review*, 2nd ser., Vol. 4, 1954, pp. 150-166; R. Davis, "English Foreign Trade, 1700-1774", *Economic History Review*, 2nd ser., Vol. 15, 1962 pp. 285-303; R. Davis, *A Commercial Revolution: English Overseas Trade in the Seventeenth and Eighteenth Centuries*, London, 1974; 邦語文献としては，とりわけ，川北稔『工業化の歴史的前提――帝国とジェントルマン』岩波書店，1983 年，第 3，4，5，8 章を参照。また，浅田実「17 世紀英国商業史の課題――商業革命と重商主義にまつわる問題によせて」『イギリス史研究』12 号，1972 年も参照

35) 本書，第 7 章参照。

ラップの主張通り，北大西洋諸国の興隆は，ヨーロッパ内部の市場を地中海諸国から奪い取っていった結果だと判断すべきである。

　しかしラップは，地中海諸国から北大西洋諸国へのヨーロッパ経済の中心の移動を，キャッチアップ理論にもとづき，単に経済的後進地帯が先進地帯に追い付く事例研究と捉えている。しかしこのようなキャッチアップ理論は，およそすべての経済理論と同じく，時代や地域による偏差を考察の対象にしない。つまり当時のヨーロッパ経済に関する特徴の把握は，彼の場合も一面的であるといわざるをえない部分がある。後発国が先発国に追い付くことを理解するためにも，この当時のヨーロッパ経済の特徴について，さらに詳しく理解しなければならない。そのためには，食糧・天然資源の問題について考慮にする必要があろう。それこそが，16世紀後半から17世紀前半にかけてのヨーロッパ経済が直面した危機だったからである。いわば生態的アプローチが重要になる。このようなアプローチはまた，ヨーロッパ経済の中心が地中海諸国から北大西洋諸国へと移行する外生要因が何であったのかを明らかにし，バルト海地方の重要性を説明するであろう。

第2節　ヨーロッパの食糧危機

16世紀から17世紀中頃まで，ヨーロッパ全土で人口がかなり増大したことは，今日では歴史学界の定説となっているように思われる。たとえば，かつて「価格革命」は，スペイン領アメリカから多量の貴金属が流入したために物価騰貴であるとされた，とする貨幣数量説の見解がとられていたが[36]，今日では，人口増大により食糧価格が高騰した，という見解の方が主流である[37]。価格革命と呼ばれる現象自体存在しておらず，

　36）　つまり，フィッシャーの交換方程式 MV = PT（M = 通貨供給量，V = 通貨の流通速度，P = 物価，）を，P = MV/T とした。取引量と通貨の流通速度が一定であれば，物価の上昇は，通貨供給量の伸びに比例する。したがって貴金属流入により通貨供給量が増加したことから，物価が上昇した，とされた。E. J. Hamilton, "American Treasure and the Rise of Capitalism", *Economica*, Vol. 9, No. 27, 1929 pp. 249-266.

　37）　ハミルトン流の価格革命論に疑問を投げ掛けているものに，J. D. Gould, "The Price Revolution Reconsidered", *Economic History Review*, 2nd ser., Vol. 16, No. 2, 1964, pp. 249-266;

第2節　ヨーロッパの食糧危機　　　　　　　　　　　　　83

人口増のため農作物価格が工業製品の価格以上のスピードで上昇したという見方が一般的なのである。では，人口はどの程度増大したのか。

　モルズによれば，1500年頃8,100万人であったヨーロッパの人口は，1600年頃には約1億400万人に達した[38]。100年間で，およそ22％増である。この程度の人口増であれば，今日の感覚では，あまり大した増大ではない。しかし食糧生産性が非常に低い近世においては，大幅な人口増だといって，過言ではない。人口がいくら増大しても，それにともなって食糧生産が増大すれば，食糧価格は上昇しない。つまり問題となるのは人口増大そのものではなく，あくまでも，人口増によって食糧供給が不足し，食糧不足が生じる点にある。

　実際，食糧価格そのものも上昇している。たとえばヨーロッパの小麦価格は，16世紀の初頭頃から上昇しはじめ，金に換算した場合，1600年頃に頂点に達した[39]。さらに銀に換算した場合の穀物価格は，地中海地方においては，1600年頃に最高になった[40]。グラマンによれば，この頃，地中海全域に食糧不足が発生していた[41]。17世紀初頭のイタリア商人は，外国船の進出を許すほかなかった。ジェノヴァ，ヴェネツィア，

D. I. Hammerström, "The Price Revolution of the Sixteenth Century: Some Swedish Evidence", *Scandinavian Economic History Review*, Vol. 5, No. 2, 1957, pp. 118-154; C. M. Cipolla, "La prétendue révolution des prix l'expérience italiane", *Annales E. S. C.*, t. X, 1955, pp. 513-516；R・B・アウスウェイト著（中野忠訳）『イギリスのインフレーション――テューダー・初期ステュアート期』早稲田大学出版部，1996年；しかし，貨幣数量説が完全に否定されたわけではない。M. D. Board, "Explorations in Monetary History: A Survey of the Literature", *Explorations in Economic History*, Vol. 23, 1986, p. 373f: 現在の研究状況から明らかなことは，ハミルトンは，1630年以降の銀の流出量低下の程度を，あまりに過大視していたことである。Carlos Marichael, "The Spanish-American Silver Peso: Export Commodity and Global Money of Ancien Regime, 1550-1800", in Steven Topik, Carlos Marichal and Zephyr Frank (eds.), *From Silver to Cocaine: Latin American Commodity Chains and the Building of the World Economy, 1500-2000*, Durham and London, pp. 34-35.

　　38) J. Mols, "Population in Europe 1500-1700", in Carlo M. Cipolla (ed.), *Fontana Economic History of Europe*, II, Glasgow, 1970, p. 28.
　　39) F. Braudel and F. C. Spooner, "Prices in Europe from 1450 to 1750", in E. E. Rich and C. H. Wilson (eds.), *Cambridge Economic History of Europe*, IV, London and New York, 1967, p. 464.
　　40) F. C. Spooner, "The European Economy. 1609-1650", in J. P. Cooper (ed.), *New Cambridge Modern History*, IV, London and New York, 1970, p. 87.
　　41) K. Glamman, "European Trade, 1500-1700", in Carlo M. Cipolla (ed.), *Fontana Economic History of Europe*, II, Glasgow, 1970, p. 17.

リヴォルノは，穀物を大量に輸出していたダンツィヒと定期的に事業を行なうようになった[42]。

食糧不足は，程度の差はあれ，ヨーロッパ全土でみられた現象であった。とはいえ地域による偏差を正確に知ることは，残念ながら困難である。それでもなお，北大西洋諸国と比べると，地中海諸国の方が食糧不足が深刻であったことは，間違いない。それは，地中海地方は元来食糧の自給自足が可能であったが[43]，16世紀末になるとそれが不可能になったこと，さらには，オスマン帝国でも食糧は自給自足できなくなり，輸入が増えたことからも明らかであろう。

地中海地方では，1570年頃から，外国船が活躍しはじめる。表2-1はブローデルとロマーノが作成したもので，リヴォルノ港に入港する船舶数を表している[44]。リヴォルノは自由港であり，外国の商人に良い施設を提供できたために発展した[45]。表2-1に示されているように，アムステルダム，ダンツィヒ，ハンブルクからの船舶数が大幅に上昇している。しかも小麦，とりわけ北欧小麦——おそらくバルト海地方，特にポーランドから——の輸入量が急増していることは，注目に値する。これは単に一時的な食糧不足ではなく，地中海地方の慢性的食糧不足を意味した[46]。

では，北大西洋諸国の場合はどうだったのか。ここでも食糧価格が高騰し，食糧事情は悪化している。しかし地中海諸国と違う点は，他地域の船舶ではなく，北大西洋諸国に属するオランダ船が活躍していたことである。地中海諸国の方が，食糧不足は深刻な問題であったようだ。グ

---

42) Marie-Christine Engels, *Merchants, Interlopers, Seamen and Corsairs: The 'Flemish' Community in Livourno and Genoa (1615-1635)*, Hilversum, 1997, p. 74.

43) 石坂昭雄「オランダ共和国の経済的興隆と17世紀のヨーロッパ経済——その再検討のために」『北海道大学 経済学研究』第24巻，第4号，1974年，35頁。

44) この時代のリヴォルノ港に関する邦語文献として，松本典昭「16世紀トスカーナ経済——フィレンツェ・ペシア・リヴォルノをめぐって」『文化史学』第42号，1986年，115-120頁。以下の文献も参照。松本典昭『メディチ公国と地中海』晃洋書房，2006年。

45) M.- C. Engels, "Dutch Traders in Livorno at the Beginning of the Seventeenth Century: The Company of Joris Jansen and Bernard van den Broecke", in C. Lesger and L. Noordegraaf (eds.), *Entrepreneurs and Entrepreneurship in Early Modern Times: Merchants and Industrialists within the Orbit of the Dutch Staple Market*, The Hague, 1995, p. 62.

46) ティールホフ『近世貿易の誕生』50頁。

第2節　ヨーロッパの食糧危機

表2-1　リヴォルノ港に入港した船舶数

(単位：隻)

年度	ルアン	カレー	ディエプ	モスクワ	アムステルダム	ダンツィヒ	ハンブルク	リューベック	エムデン	アントウェルペン	イングランド
1573-74	-	-	2	-	-	-	-	-	-	-	12
1577-78	-	-	1	-	-	-	-	-	-	-	7
1578-79	-	-	-	-	-	-	-	-	-	-	9
1580	-	2	-	-	-	-	-	-	-	-	2
1581	-	-	-	-	-	-	-	-	-	1	13
1582	-	-	-	1	-	-	-	-	-	-	10
1583	-	-	-	-	-	-	-	-	-	-	4
1584	-	-	-	-	-	-	-	-	-	-	6
1585	-	-	-	-	-	-	-	-	-	1	8
1590-91	1	-	-	-	12	7	12	-	-	-	6
1591-92	-	-	-	-	37	8	33	9	2	-	3
1592-93	-	-	-	-	29	14	14	2	3	-	16

出典）F. Braudel et R. Romano, *Navires et Marchandise à l'entrée du port du Livourne (1547-1611),* Paris, 1950, p. 50f.

ラマンはいう。「16世紀後半，地中海地方は，必需品のある部分について，ますます外部に依存するようになっていった。この時期においては，西地中海の穀物状況は悪化していった。飢饉と飢えが地中海諸都市を襲った」[47]。

　人口増大と共に，都市の成長がおこった。それはまた近代化のメルクマールの一つとして，歴史における都市化の意義を強調した，ヤン・ド・フリースの研究からも明らかである[48]。また表2-2をみればわかるように，人口4万人以上の都市が，16世紀初頭には26であったのが，17世紀の転換期には42に，17世紀末には47になっている。さらに，巨大都市の出現にも注目すべきであろう。16世紀末には，人口20万-40万人の都市はなかったが，1600年頃には3都市が出現している。17世紀末には，人口40万人以上の都市さえ現れている。都市の数が増加

---

47) Glamman, "European Trade", p. 16.
48) Jan de Vries, *European Urbanization, 1500-1800,* London, 1984.

表 2-2　人口 4 万人以上のヨーロッパ都市数

人口数	16 世紀初頭	16 世紀末から 17 世紀初頭	17 世紀末
40 万人以上	0	0	3
20-40 万人	0	3	1
15-20 万人	3	3	1
10-15 万人	2	6	7
6-10 万人	5	10	14
4-6 万人	16	20	21

出典）J. Mols, "Population in Europe 1500-1700", p. 32f.

し，都市の人口数，さらには都市の人口比率が増えたことは確かである[49]。このことはまた，農作物の生産をせず，その消費のみを行なう人々の数と比率が増大したことを示す。このような状況は，どういった経済変動をもたらすのであろうか。

　この問いに答えるヒントとして，フィッシャーのロンドン大学教授就任講演がある[50]。イギリス経済史上「暗黒時代」と呼ばれる 16-17 世紀について，フィッシャーはわれわれにとって興味深い指摘をしている。それは，人口が 5-6 万人から 50 万人へと急増したロンドンの成長と，それまで後進地帯であった西部・北部が発展したため国内交易が発達したことである。ロンドンは食糧をはじめとする生産物の市場として発展し，西部と北部の工業人口の増加は，食糧品に対する需要を産み出し，単なる地方市場以上のものを創出した。フィッシャーはこの講演でその他非常に示唆に富む指摘をしているが，われわれの目的のためにはこれで十分であろう。フィッシャーのこのテーゼをヨーロッパ全体に敷衍すれば，全ヨーロッパ的な都市数・都市人口の増大があったのだから，農作物輸送の必要性が急速に増したはずである。

　このような時代においては，食糧の供給地を確保することの重要性は，

　49）ベロックによれば，ヨーロッパの都市人口は，1500 年には全人口の 10.7% だったのが，1700 年には 12.2% になった。Paul Bairoch, *Cities and Economic Development: From the Dawn of History to the Present*, Chicago, 1985, Table 11. 1.

　50）F. J. Fisher, "The Sixteenth and Seventeenth Centuries: The Dark Ages in English Economic History?", *Economica*, Vol. 26, 1962, pp. 2-18; またこの論文の紹介として，船山栄一「イギリス経済史における 16・17 世紀」船山栄一『イギリスにおける経済構造の転換』未来社，1967 年，217-241 頁がある。

改めて指摘するまでもない。
　この点から考えると，イタリア諸都市がおかれていた状況は極めて悪かった。穀物の輸出はおろか，自給自足すらままならない状況にあったからである。イタリア諸都市が衰退する要因の一つは，食糧の輸出が重要になる時代において，それまで地中海内部で自給自足できていた食糧を外部から輸入せざるをえなかった点にある。なおかつ，それがイタリア船ではなく，外国船によって行なわれていたことは，イタリア商業の観点からも，大きな問題であった。なぜなら非常に大きな利益をもたらすはずの海運業を，他国の手に握られていたからである。

第3節　ヨーロッパの森林資源枯渇

　食糧危機は，人口増加と都市化によって発生した。そして人口の増大は，エネルギーの供給源（工業用の原料および燃料）である森林資源の枯渇をももたらした。人間が生活していくためには，何かのエネルギー源が必要である。現代でいえば，それは主として石油であろう。それ以前は石炭であった。そして近世においては，森林資源——木材および木炭——だったのである。木材は，当然のことながら，石炭と石油以前の時代においては主要燃料源として機能していた[51]。木材は，鉄，セメント，石炭——近年はプラスチックも——によって一部代替されるまでは，天然資源の中で最も用途が多かった[52]。木材の不足は，建設やその他の無数の手工業のために必要な原材料と燃料が，ますます乏しくなることを意味している[53]。人口増のため，エネルギー消費量は増大し，そのためヨーロッパの森林資源は減少していった。さらにまた，増大する人口を養うため，森林を伐採し，穀倉地帯に変えていったこともあろう。チポッラによれば，イタリアのロンバルディアにおいては，都市以外の地域に

---

　51)　A. Maczak, "Convenors' Report, Part I, The Pre-Industrial Period in Europe", in M. Flinn (ed.), *Proceedings of the Seventh International Economic History Congress*, Edinburgh, 1978, p. 5.
　52)　Maczak, "Convenors' Report", p. 6.
　53)　マクニール『ヴェネツィア』175頁。

おいてさえ,樹木が土地全体に占める割合は,1555年には僅か9%にすぎなくなっていた。そしてフランスにおいては,1500年頃には,森林地が全体の33%を占めていたのが,1650年頃には25%に減少している。その一方で,森林の質は目にみえて悪化していった[54]。

また木を燃やしてできる灰,さらに灰汁は,ガラス産業と石鹸製造に欠かすことができなかった。しかも石鹸のみならず灰も,毛織物製造になくてはならないものであった。毛織物製造には大量の油が必要であった。油で,糸の滑りをよくするのだ。油を使うと毛織物が汚れる。灰は,その汚れを落とすのに必要とされた。イタリアの毛織物生産の減少には,森林地の枯渇による灰・灰汁生産の減少も一因となっていたのかもしれない[55]。

森林資源の減少は,人口増加だけが原因だったわけではない。また,エネルギーの枯渇だけを意味するわけでもない。前工業化時代の天然資源に関する最大の問題は,建築用木材に関してであった。また森林資源の枯渇は,船材の不足——造船・海運業の危機——でもある。船材の不足は,人口増大ではなく,むしろ海運業の成長によってもたらされたものであろう。周知のように,中世後期から近世にかけて,イタリア商業は目覚しい発展を遂げた[56]。それは当然,木材を主とした森林資源の枯渇をもたらしたであろう。そもそも燃料として使われるのは雑木であり,造船で用いられる樫材などとは種類を異にしている。ところが16世紀中,ヴェネツィアにおいて樫林の破壊が続くのを嘆く声が聞かれた[57]。造船用の樫材が不足していたのである[58]。またヴェネツィアの後背地で森林資源が枯渇しても,ヴェネツィアの私営の造船業主は,近隣地域に船材のために十分な森林資源を見いだすことはできなかった[59]。

---

54) Carlo M. Cipolla, *Before the Industrial Revolution: European Society and Economy, 1000-1700*, 2nd edition, New York and London, 1981, p. 112.

55) E. Ashtor, "Levantine Alkali and European Industries", *Journal of European Economic History*, Vol. 12, No. 3, 1983, pp. 475-522; cf. R. T. Rapp, *Industry and Economic Decline in Seventeenth-Cetuty Venice*, Cambridge, Mass., 1976, pp. 107-137.

56) 斉藤寛海『中世後期イタリアの商業と都市』知泉書館,2002年。

57) マクニール『ヴェネツィア』175-176頁。

58) F. C. Lane, *Venice: A Maritime Republic*, Baltimore and London, 1973, p. 384.

59) Lane, *Venetian Ships and Shipbuilders of the Renaissance*, p. 221f.

17世紀の終り頃，ヴェネツィア港を航行する船舶数は増大した。しかし，造船業は回復しなかった。造船のための資材をみつけることがますます困難になり，1550-90年のあいだに，ヴェネツィアにおける船舶建造の費用は4倍になったが，船乗りの賃金と物価の上昇率は2倍になったにすぎない。ヴェネツィアの貿易で，ヴェネツィア製ではない船舶の割合が増えた[60]。ヴェネツィアは，造船業・海運業において，危機的状況に立たされていたものと考えられる。

　さらに森林産品（forest products）と呼ばれるピッチ，タール，灰，灰汁などは，当然ながら木が原料であった。ピッチとタールは，船材と船材との間にできる空間を密閉するため，船材をコーキングするために必要な物資であった。そのためヨーロッパの海運業・造船業の発展とともに，ピッチ・タールに対する需要が高まっていく[61]。この点においても，ヴェネツィアをはじめとするイタリア海運業がおかれた不利な立場が想像できる。

　イタリアが，毛織物の販売でイギリス・オランダに敗北しつつあったことは，すでに第1節で示した。イタリア商業が，イギリス・オランダとの競争に敗れていったことは，イタリアがヨーロッパ海運業の中心ではなくなっていったことと関係があろう。イタリアの造船コストが高くなっていったことは確実である。輸送費もまた，上昇していった。さらに，毛織物製造に必要な燃料源である雑木も不足していったので，毛織物製造コストは上昇したと考えられる。

第4節　危機からの脱出

　さて，第2-3節でみたように，16世紀後半からヨーロッパ全土で，二つの経済的危機があった。それは，食糧危機と，森林資源の枯渇である。これらの危機からの脱出方法と，その時期について，ここで論じたい[62]。

---

　60)　Lane, *Venice: A Maritime Republic*, pp. 384-385.
　61)　J. K. Fedorowicz, *England's Baltic Trade in the Early Seventeenth Century*, Cambridge, 1980, pp. 115-7.
　62)　Cf. D. Sella, "European Industries 1500-1700", in Carlo M. Cipolla (ed.), *Fontana*

まず食糧危機からの脱出法であるが，食糧生産量の増大，人口増の停止ないし人口の減少，新たな食糧供給地の確保，新しい食品の導入のいずれかが想定される。だがこの時代，食糧生産量がそれほど増加したとは思えない。人口増は，ヨーロッパ全体でみると，17世紀中頃になるまでは続いたというのが，現在の研究動向である。また，ヨーロッパ以外に食糧供給地が発見されたわけではない。新しい食品――ジャガイモなど――の本格的な導入はまだはじまっていない。

フェルプス＝ブラウンとホプキンズによれば，アルザス，イングランド南部，フランスにおいては，1650年頃までは，長期的にみて，生活水準は低下しつつある[63]。さらにホショフスキーの研究では，東欧・中欧においても，1650年頃までは食糧価格は上昇しつつある[64]。むろん，地域により，事情はまちまちである。したがって，正確な判断を下すことはもとより不可能である。しかし現在の研究状況を総合すれば，ヨーロッパ全体でみた場合，食糧不足がほぼ解決したのは，17世紀中頃のことと考えられよう。さらに上述の四つの解決策のうちどれが決め手になったのかは別として，ヨーロッパ内部での食糧供給地の確保こそが急務であったと推測される。

次に森林資源の枯渇――工業用の原材料・燃料と船材の枯渇――からの脱出法を考えてみよう。まず工業用の原材料・燃料の不足からの脱出法については，基本的に二通り考えられる。一つは，それまで利用不可能であったかほとんど利用されていなかった資源を，技術革新によって大量に利用できるようにすること。もう一つは，それまでも利用されていた資源を，別の地域にみつけて開発することである。すなわち前者の場合，木炭から石炭へという主要燃料源の転換，後者においては，新たに森林資源を有する地域を発見・開発することが，主たる対応策として想定されるのである。

前者の「技術革新」という点について考察する場合，まず想起される

Economic History of Europe, II, Glasgow, 1970, pp. 41-48.

63) E. H. Phelps-Brown and S. V. Hopkins, "Wage-Rates and Prices: Evidence for Population Pressure in the Sixteenth Century", *Economica*, Vol. 24, 1957, pp. 289-306.

64) S. Hoszowski, "L'Europe centrale devant la révolution des prix XVIe et XVIIe siècles", *Annales E. S. C.*, t. 16, 1961, pp. 441-456.

第4節　危機からの脱出

のは，J・U・ネフの「早期産業革命論」であろう。彼がイギリスで森林資源不足のため燃料が枯渇し，16世紀から17世紀にかけ石炭採掘量が急増したと主張したことは，周知の事実である[65]。しかしながら，たとえ彼の見解を百パーセント認めたとしても，イギリスが17世紀中に木材・木炭から石炭へと，主要燃料源を転換させたと考えるべきではない。それは，産業革命が発生した18世紀後半のことであった[66]。ましてやその他の国においては，もっと後になっておこったことである。石炭産業の発展と，石炭が木材・木炭に代わり主要燃料源になったということは，別問題である。たとえば今日原子力エネルギーが発達してはいるが，依然として主要燃料源は石油である。石炭産業の発展は重要ではあるが，この時代の基本的燃料源は，まだ木材・木炭であったことは確実である。

　では，船材に関してはどうか。ここでもやはり船材用の森林資源供給地の重要性は，依然として続いた。木造ではなく鉄の船が登場するのは，はるかに後の時代である。船舶用資材（naval stores）を供給する森林資源の重要性は，18世紀になっても衰えることがなかったと思われる。

　新たな森林資源供給地としては，新大陸をあげることができる。しかし新大陸からヨーロッパへと木材を運搬することは，当時の海洋航行技術では，コストがかかりすぎたであろう。実際18世紀のイギリスにおいてさえ，新大陸からの木材輸入はコストが膨大であり，ノルウェーから輸入する木材との価格競争に勝てなかった[67]。17世紀後半になると，イギリスは新大陸から灰，灰汁の輸入を増やしたという意見もある[68]。仮にそうだとしても，17世紀後半のことにすぎない。貴金属以外の新大陸の産品が大量に流入するのは，いかに早くても，17世紀後半以降のイギリス「商業革命」の時代であったと判断すべきである。17世紀転換期においては，貴金属以外の新大陸の資源が，ヨーロッパ人に大量

---

65) J. U. Nef, *The Rise of the British Coal Industry,* London, 1932.
66) B. Thomas, "Was There Energy Crisis in Great Britain in the 17th Century?", *Explorations in Economic History,* Vol. 23, 1986, p. 143.
67) 川北稔『工業化の歴史的前提——帝国とジェントルマン』岩波書店，1983年，244-245頁。
68) C. H. Wilson, "Treasure and Trade Balances: The Mercantilist Problem", *Economic History Review,* 2nd ser., Vol. 2, 1949, p. 155.

に利用可能だったとは考え難い。したがって、ヨーロッパ内部での新たな森林資源供給地を開発する必要があったものと思われる。

　食糧不足、森林資源の枯渇は、地中海地方のみならず、ヨーロッパ全土を襲ったものである。それゆえイタリア諸都市のみならず、ヨーロッパ各地でこの二つの危機から脱出する方法が模索された。イタリアにとって不運だったことは、この危機にうまく対処できなかったことである[69]。逆にいうと、北大西洋諸国にはそれができた。これが、この二地域の運命を分けたのである。

第5節　地中海からバルト海へ

　前節の分析から明らかなように、食糧不足、森林資源枯渇という二つの危機に対処するためにヨーロッパ人に残された方法は、ヨーロッパ内の資源を活用することだけであった。

　このような状況にあって、非常に重要な地位を占めだしたのがバルト海地方であった。バルト海地方には非常に多くの森林資源が残されており、16世紀後半からヨーロッパ最大の木材供給地帯となった[70]。しかもピッチ、タール、亜麻、麻、帆布、索類、鉄などの船舶用資材の供給地域でもあった。イタリアにおいて船舶の建造費が高騰し、結果的に輸送費が上昇していると想定される時代にあって、安価な船材を手に入れることは、イタリアが手中に収めていたヨーロッパにおける中継貿易の拠点としての機能を奪うことに通じるはずである。また、地理的・気候的・歴史的要因から、地中海地方の製材用資源は、バルト海地方のそれよりも速く枯渇した。とりわけそれは、船材にあてはまった[71]。

　そのうえ、当時のバルト海地方の経済的中心であったポーランドは、ヨーロッパ随一の穀倉地帯であった。バルト海地方が輸出することができた穀物は、およそ75万人の人々を養うほどにすぎなかった。しかし

---

　69)　むろん、それはイタリア諸都市の内生要因にも由来しよう。しかしここでは、すでに述べた通り、外生要因に焦点をあてている。
　70)　Sella, "European Industries 1500-1700", p. 44f.
　71)　Lane, *Venetian Ships and Shipbuilders of the Renaissance*, p. 232.

第 5 節　地中海からバルト海へ

需要や供給の変化が比較的僅かであったとしても，バルト海地方から穀物が輸出されるような地域においては，その影響は比較的大きなものになったはずである[72]。また，ポーランドの土壌の生産性は低かったと考えられるけれども，ボグツカによれば，ポーランドでは貴族層シュラフタ (szlachta) の勢力が非常に強く，彼らは穀物輸出によって巨額の利益を得ていたため，穀物の余剰を外国に販売することができた。彼女の見解では，1550 年代から 1660 年代にかけて，ポーランドの穀物は，西ヨーロッパの人々が生存していくために欠かせなかった。彼女によれば，バルト海貿易におけるこのような「穀物の時代」(グレインステージ) は，17 世紀中頃まで続いた。そして 17 世紀後半から 18 世紀にかけて，西ヨーロッパと南ヨーロッパの食糧事情は急速に変化し，バルト海地方の穀物への需要は減少したという[73]。この時代をボグツカは，「原材料の時代」と名づけた。1600 年頃を境として木材価格の上昇スピードが穀物のそれを上回るが[74]，それでも 17 世紀中頃までは，穀物の方が重要であったようだ。なぜなら，オランダにとってバルト海地方の穀物貿易は，1540 年から 1650 年には「拡張の時代」を迎えたからである[75]。

　換言すれば，16 世紀中頃から 17 世紀中頃までの 1 世紀間は，穀物と森林資源——特に船舶用資材——のうち，穀物輸出がヨーロッパ経済にとって大切であった，ということができよう。バルト海地方にとって，船材の重要性は穀物ほどには大きくなかった。なぜなら石坂昭雄によれば，バルト海地方の船材は，羽目板，内張板，板材に集中しており，造船用の丸材はほとんど輸出していなかったからである[76]。ただ，リーガがマスト材の供給地として重要だったことは，付け加えておかなければならない[77]。さらに，第 3 章からも明らかになることだが，エーアソン

---

72) Glamman, "European Trade", p. 44f.
73) M. Bogucka, "The Role of Baltic Trade in European Development from the XVIth to the XVIIth Centuries", *Journal of European Economoic History,* Vol. 9, No. 1, 1980, p. 6f.
74) Bogucka, "The Role of Baltic Trade", p. 10.
75) ティールホフ『近世貿易の誕生』42-48 頁。
76) 石坂昭雄「オランダ共和国の経済的興隆とバルト海貿易 (1585-1660) ——ズント海峡通行税記録の一分析」日蘭学会編，栗原福也，永積昭監修『オランダとインドネシア』山川出版社，1986 年，80 頁。
77) Sven-Erik Åström, "English Timber Imports from Northern Europe in the Eighteenth Century", *Scandinavian Economic History Review,* Vol. 18, Nos. 1-2, 1970, pp.

海峡航行船に占める，オランダ船（より正確にはオランダ人を船長とする船）の比率は極めて高い。「穀物の時代」のバルト海貿易を支配していたのは，オランダであった。

オランダがヨーロッパ最大の経済大国として台頭した背景には，バルト海地方との穀物貿易があった。それを示す言葉として，ここではこの分野の権威であるミルヤ・ファン・ティールホフの言葉を引用しよう[78]。

> 穀物貿易は，オランダの食糧供給と労働市場にとって直接重要であった。それに加えて，オランダ以外の地域にまで影響を与え，オランダ商人が利益を獲得するために巨額の資金を投資することを可能にした。……
>
> 通常，この部門の利益は，奢侈品の売買への投資による目もくらむほどの利益とは比べものにならないほど低かった。しかし，穀物貿易による利益は毎年毎年，さらには商人の世代が変わっても流入した。この貿易は，多くの投資家が金を獲得する機会を提供した。しかも，数百年にわたる長期間にわたって，これは変わることなく続いた。穀物貿易の影響は，ありとあらゆる部門に及んだ。だからこそ，たとえこの一事をもってしても，近世オランダ経済の根幹をなしたとみなされるのは当然のことなのである。

このような見解に対しては，周知のように，イズラエルによる反論がある。バルト海貿易のような「かさばる商品」の貿易ではなく，アジアなどとの奢侈品の取引こそが，オランダ経済にとって重要だったと主張したのだ[79]。しかしバーバーがいうように，1666年になってもアムステルダム証券取引所の資金の四分の三が，バルト海貿易に投資されていたのなら[80]，イズラエルの主張は，少なくとも17世紀中頃までは支持できない[81]。

12-32.

78) ティールホフ『近世貿易の誕生』4頁。
79) J. Israel, *Dutch Primacy in World Trade, 1585-1740*, Oxford, 1989, *passim*.
80) V. Barbour, *Capitalism in Amsterdam in the Late 17th Century*, Baltimore, 1962, p. 27.

第5節 地中海からバルト海へ

　イタリア諸都市が衰退する原因の一つに，上述のような経済事情が反映していたものと思われる。結局，バルト海地方の穀物貿易をオランダが握ったことが，オランダの台頭とイタリアの相対的地盤沈下の大きな要因となった。

　地中海諸国から北大西洋諸国へと，ヨーロッパ経済の中心が移動したといわれ，それはまた，定説となっている。さらに前者は地中海経済を，後者は大西洋経済を開発したことによって可能となった，とされる。しかし地中海から大西洋へと，ヨーロッパ経済の中心が直接移動したのではなく，地中海からバルト海をへて，大西洋へと移動したのである。地中海においてはイタリアが，大西洋においてはイギリスが，バルト海においてはオランダが，貿易の中心になった。

　そして穀物貿易に関しては，ティールホフが詳細に実証したように，16世紀後半から17世紀前半にかけては，アムステルダムが他を圧倒する集散地であった[82]。バルト海地方の穀物貿易は，アムステルダムに集中していたからである[83]。

　しかし1545年の時点では，図2-2に示されているように，明らかにアントウェルペンの方がアムステルダムよりも（商品）輸出額が多い。この図は穀物の数値だけを表したものではないが，このほかの研究からも確実なことは，1550年代にアムステルダムがバルト海地方から穀物を大量に輸入するようになり[84]，アムステルダムが急激に台頭したことである。アントウェルペンもバルト海貿易に参画していたが，アムステルダムほどには，この貿易から受けるインパクトは大きくなかったのである。アントウェルペンが取引した地域としては，ドイツの後背地，中欧，イングランド，イベリア半島などがあった。そして低地地方の物産のみならず，イングランド製毛織物，ポルトガルからの香料などの商品

　81）イズラエルの知名度が国際的に高いのは，一つには，イギリスの著名な出版社から上梓しているからである。現実に彼の著作を読まなくても，出版社名から信頼している人もいるであろう。

　82）ティールホフ『近世貿易の誕生』。

　83）J. H. Kernkamp, "Scheepvaart- en handelsbetrekkingen met Italië tijdens de opkmst der Republik", *Economisch-Historische Herdrukken*, 1964, p. 211.

　84）Milja van Tielhof, *Hollandse graanhandel, 1470-1570: Koren op Amsterdamse molen*, Den Haag, 1995.

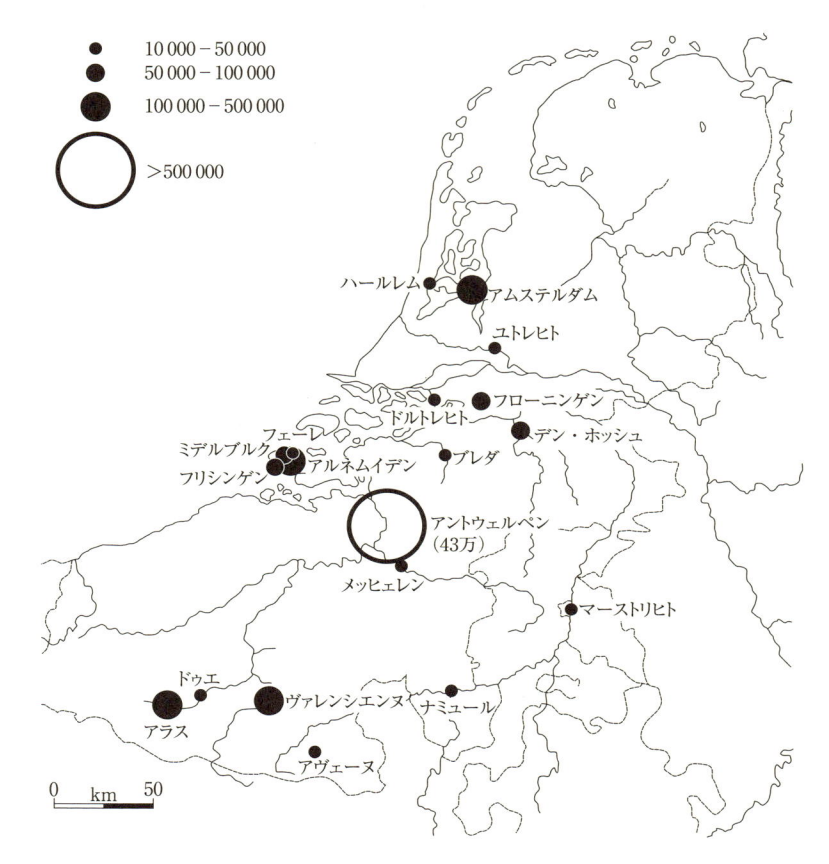

図 2-2 低地地方からの輸出額 1545 年 2 月―9 月（ギルダー）

出典）Clé Lesger, *The Rise of the Amsterdam Market and Information Exchange: Merchants, Commercial Expansion and Change in the Spatial Economy of Low Countries, c. 1550-1630*, Aldershot, 2006, p. 27.

が取引された。

　それに対し 1580 年代のアムステルダムの輸出入額は，表 2-3 に示されているように，バルト海地方の比率が極めて高い。アムステルダムとアントウェルペンの貿易構造は大きく違っていた。アムステルダムの貿易構造は，単にアントウェルペンの後継者にとどまらないほど異なっていた。アムステルダムの台頭とバルト海貿易の間には，切っても切れない関係があったと推定される。オランダのヘゲモニーは，いわばこうし

第5節　地中海からバルト海へ

表 2-3　アムステルダム市場の商品の輸出先と輸入先（％）

	輸入	輸出	輸入	輸出
	1580		1584	
ノルウェー	9.7	5.4	3.3	5.3
バルト海地方	64.5	23.9	69.1	34.8
*クライネ・オースト	20.4	47.4	22.5	33.3
ホラント	–	–	0.8	–
ブラバント	–	–	1.4	–
フランドル	0.7	2.7	0.0	–
ラインラント	–	10.3	–	0.0
ブリテン諸島	1.7	4.1	1.7	2.0
フランス（大西洋岸）	1.6	0.4	0.5	17.9
スペイン	0.1	–	0.1	0.1
ポルトガル	0.9	–	0.2	2.6
西方（特定されず）	–	5.5	–	4.0
不明	0.4	0.3	0.4	0.0
合　　計	100.0	100.0	100.0	100.0

出典）　Clé Lesger, *The Rise of the Amsterdam Market and Information Exchange: Merchants, Commercial Expansion and Change in the Spatial Economy of Low Countries, c. 1550-1630*, Aldershot, 2006, p. 66, Table 2.1.
＊オランダ以東でバルト海より西側の地域。ハンブルクが最も重要な貿易港。

た状況のもとで成立したのである[85]。

---

85)　ウォーラーステインによれば，オランダは1625年から1675年にヘゲモニー国家として機能していた（ウォーラーステイン『近代世界システム 1600～1750』47頁）。ウォーラーステインではなくとも，17世紀中頃のオランダが大いなる繁栄期を迎えていたことは認めざるをえまい。この点については，次のタールトの言葉が正鵠を射ていよう（マーヨレイン・タールト著（玉木俊明訳）「17世紀のオランダ——世界資本主義の中心から世界のヘゲモニー国家へ？」松田武・秋田茂編『ヘゲモニー国家と世界システム——20世紀をふりかえって』山川出版社，2002年所収，20頁）。
　　ウォーラーステインは1625年から1675年をオランダがヘゲモニーを握った時代だと指摘した。この時代は実際，オランダ史上の最盛期だとみなされている。概して，ウォーラーステインが言及している時代には，オランダ経済は国内交易・国際貿易において非常に繁栄し，工業は発達し，農業は栄え，初期的な金融制度が発達し，漁業の生産性は高かった。これらはすべてほぼ同時代におこり，人口増大，都市化の伸展，移入民をもたらす大きな革新によって維持されたのである。研究者によっては，黄金時代の開始をもっと早める者もいるかもしれない。すべての部門と貿易で他国より優れていたといえなかったにせよ，全体としてみれば，オランダ共和国は少なくともこの数十年間において，幾つかの経済部門で，めったにないほどの成長率を同時に経験していた。そのため，17世紀の間，比類ないほどの資金が（人口1人あたりで計算すると）蓄積されたの

次章では,「穀物の時代」のバルト海貿易の構造を分析し,それが16世紀後半から17世紀前半にかけてのヨーロッパ経済の変動とどのような関係にあったのかを述べたい。

　　である。

# 第 3 章

「穀物の時代」のバルト海貿易　1561-1657 年
——『エーアソン海峡通行税台帳　前編』の分析——

は じ め に

　第2章でみたように，16世紀後半から17世紀前半にかけて，ヨーロッパ最大の経済問題は，穀物供給であった。各地で飢饉がおこり，食糧価格は高騰した。穀物事情が極度に悪化したのは，16世紀後半のことであり，この状況は，1600年頃に頂点に達する。ヨーロッパ人はバルト海地方，主としてポーランドの穀物なしでは，生存が困難な状況にあった[1]。ポーランド経済の黄金時代は，まさにこの時代であった。したがって「穀物の時代」のバルト海貿易の研究とは，かなりの程度，貿易面からみたポーランド経済の盛衰の分析を意味する。
　ポーランドの著名な経済史家マリア・ボグツカは，「16-17世紀はしばしばバルト海貿易の時代と呼ばれる」と述べた[2]。彼女がポーランド人だということを割り引いて考えても，これは，決してオーバーな表現ではない。バルト海地方，なかでもポーランドとの穀物貿易を支配することは，西欧経済でヘゲモニーを握る主要素の，少なくとも一つになっていたことは間違いない。
　バルト海地方の食糧の生産性は低かったが，ポーランドの貴族階級であるシュラフタ（szlachta）が外国に大量の穀物を輸出し，膨大な利益

---

1)　Maria Bogucka, "The Role of Baltic Trade in European Development from the XVIth to the XVIIth Centuries", *Journal of European Economic History,* Vol. 9, No. 1, 1980, p. 8.
2)　Bogucka, "The Role of Baltic Trade", p. 5.

を得ていた。

　またバルト海地方は，森林産物——主に船舶用資材（naval stores）——や鉄・銅・真鍮などの鉱物資源の供給地域でもあった。本章で扱われている時代においては，バルト海地方は，西欧への穀物・船舶用資材・鉱物資源の供給地域として機能し，そのなかで最も重要だったのは穀物であった。しかし，穀物に代わって，船舶用資材や鉱物資源の輸出の方が重要になってくる。それにつれ，バルト海地方の経済的中心が，ポーランドからスウェーデンに移る。ポーランドでは穀物輸出のために森林を伐採して穀倉地帯に代えており，そのため森林資源は減少していた[3]。ましてや鉱物資源においては，ポーランドはスウェーデンほどには豊富ではなかった。

　近世のヨーロッパ経済において，バルト海地方との貿易は，このように重要であった。にもかかわらず，16-17世紀のバルト海貿易の研究は，日本ではほとんどなされてこなかった。この時代のバルト海貿易研究は，日本の経済史研究の大きなエアポケットといってよいかもしれない。かつてJ・リスクは，「バルト海貿易の重要性はしばしば見逃されて来たし，あるいはほんの僅かな理解しかえられなかった」[4]といったが，この言葉はヨーロッパより，むしろ日本にあてはまる。

　日本の歴史学界では，バルト海貿易は，今日においてもなお，ハンザとの関係で語られることが多い。中世においては，バルト海地方と西欧の商品輸送は，ハンブルク-リューベック間の陸路を通して行なわれていた[5]。デンマークのシェラン島とスカンディナヴィア半島のあいだにあるエーアソン海峡（Øresund）は潮の流れが速く，中世の航海技術では航海困難な難所であったからだ。しかし近世になると，オランダ人がこの海峡を商業用航路として開発することに成功したといわれる。そのため16世紀初頭には，西欧の対バルト海貿易の中心は，リューベックからアムステルダムに変化した[6]。

　3）　J. K. Fedorowicz (ed.), *A Republic of Nobles: Studies in Polish History to 1864*, Cambridge, 1982.
　4）　Jill Lisk, *The Struggle for Supremacy in the Baltic: 1600-1725*, London, 1967, p. 11.
　5）　高橋理『ハンザ同盟——中世の都市と商人たち』教育社，1980年，167頁。
　6）　Michael Roberts, *The Early Vasas: A History of Sweden 1523-1611*, Cambridge,

この海峡を航行する船舶と商品には，デンマーク王室により通行税がかけられた。これは，「エーアソン海峡通行税」と呼ばれる。その原簿は，「エーアソン海峡通行税簿」として，デンマーク王立図書館に残されている[7]。それをバング（Bang）とコースト（Korst）が編纂し，活字化したものが『エーアソン海峡通行税台帳』（以下，『台帳』）[8]である。次節では，この史料について詳しく紹介する。この史料は，バルト海貿易を研究する際に不可欠であるばかりか，近世ヨーロッパの貿易統計史料として，最も重要なものと考えられるからである[9]。

第1節　『エーアソン海峡通行税台帳』

　エーアソン海峡は，デンマーク領であり，15世紀前半，デンマーク国王エーリック7世が，ここを航行する船舶に通行税をかけた。この海峡を航行する船長は，海峡が一番狭くなるヘルシンゲールを根拠地とする税関の役人に船舶に対する税を支払わなければならなかった。最初は課税対象は船舶だけであったが，1561年からは，ほとんどの商品に税がかけられるようになり，それは1857年まで続いた[10]。税金は，商品によって異なり，基本的にラスト（1ラスト＝約2トン）を単位としてかけられた[11]。その通行税による収入は，他国の人々の羨望の的になるほ

1968, p. 11；ただ，今日の研究では，すでに16世紀以前に，エーアソン海峡を利用した航海が行なわれていたとされる。ただし，私見では，陸上ルートは18世紀前半まではまだ軽視すべきではなかった。これについては，第7章をみよ。

　7）「エーアソン海峡通行税簿」は最近，マイクロフィルムで販売されるようになった。さらにこの記録のデータベース作成も決定した。

　8）Nina Ellinger Bang and Knud Korst (eds.), *Tabeller over Skibsfart og Varetransport gennem Øresund 1497-1660*, 3 Vols., Copenhagen and Leipzig, 1906-1933（以下，『台帳　前編』）; Nina Ellinger Bang and and Knud Korst (eds.), *Tabeller over Skibsfart og Varetransport gennem Øresund 1661-1783 og gennem Storebælt 1701-1748*, 4 Vols., Copenhagen and Leipzig 1930-1953（以下，『台帳　後編』）。

　9）最近，バルト海地方の文書館に関するガイドが上梓された。Bes Lennar, E. Frankot and H. Brand (eds.), *Baltic Connections: Archival Guide to the Maritime Relations of the Countries around the Baltic Sea (including the Netherlands) 1450-1800*, 3 Vols., Leiden, 2007.

　10）ミルヤ・ファン・ティールホフ（玉木俊明・山本大丙訳）『近世貿易の誕生――オランダの「母なる貿易」』知泉書館，2005年，40頁。

　11）Pierrick Pourchasse, *Le commerce du Nord: Les échanges commerciaux entre la*

ど巨額であった[12]。この記録をもとに，20世紀前半に約半世紀の歳月を
かけて編纂されたのが，『エーアソン海峡通行税台帳』である。ポーラ
ンド人の著名な経済史家のモンチャックが，「『台帳』は，その出版以来，
16-18世紀のヨーロッパ経済史の基本史料として，歴史家の好奇心をそ
そってきたものである」[13]といったほど，この史料は著名である。

　ミルヤ・ファン・ティールホフにいたっては，『台帳』を，「バルト海
貿易研究のバイブル」と呼んだ[14]。編者の一人であるバングは，「『台
帳』の一つ一つの欄が，ヨーロッパの歴史の一章をなしている」と，そ
の序文で述べた。これまでのバルト海貿易の研究のほとんどが，『台帳』
を基本史料としていることが，本史料の重要性の証拠となる。ただ例外
としてはカプランの研究があり，彼は物価史の史料として使えない点に，
最大の問題点を見いだしている[15]。しかし，そのため彼の書物には，大
量の商品の流れを長期の時系列で把握できるという，『台帳』の特長を
活用できない大きなマイナス面がある。『台帳』に関する研究史は膨大
であり，その蓄積こそがまた，この史料の重要性を証明している。これ
まで，ファン・ブラーケル[16]，シェーファー[17]，クリステンセン[18]，ユン
ゲル[19]，ジャナン[20]，クノッパース[21]，チポッラ[22]，ティールホフ[23]，プ

France et l'Europe septentrionale au XIIIe siècle, Rennes, 2006, p. 34.

12) C. E. Hill, *The Danish Sound Dues and the Command of the Baltic: A Study of International Relations,* Durham, 1926, p. vii.

13) A. Maczak, "Die Sundzollregister als eine preisgeschichtliche Quelle 1557 bis 1647", *Jahrbuch für Wirtschaftsgeschichte,* Teil III, 1970, S. 179.

14) ティールホフ『近世貿易の誕生』39-41頁。

15) Herbert Kaplan, *Russian Overseas Commerce with Geat Britain during the Reign of Catherine II,* Philadelphia, 1995.

16) S. van Brakel, "Schiffsheimat und Schifferheimat in den Sundzollregister", *Hansische Geschichtsblätter,* Bd. 21, 1915, S. 211-228.

17) Dietrich Schäfer, "Die Sundzoll-Tabellen", *Hansische Geschichtsblätter,* Bd. 48, 1923, S. 162-164.

18) A. E. Christensen, "Das handelsgeschichtliche Wert der Sundzollregister: Ein Beitrag zu seiner Baurteilung", *Hansische Geschichtsblätter,* Bd. 56, 1934 und 1935, S. 28-142.

19) W. S. Unger, "De Sonttabellen", *Tijdschrift voor Geschiedenis,* Vol. 41, 1926, pp. 137-155; W. S. Unger, "De Publikatie der Sonttabellen voltooid", *Tijdschrift voor Geschiedenis,* Vol. 71, 1958, pp. 147-205; W. S. Unger, "Trade through the Sound in the Seventeenth and Eighteenth Centuries", *Economic History Review,* 2nd ser., Vol. 12, No. 2, 1959, pp. 206-221.

20) P. Jeannin, "Les comptes du Sund comme source pour la construction d'indices

第1節 『エーアソン海峡通行税台帳』

ルシャス[24]，ケルサル[25]らによって史料批判がなされて来た。次に彼らの研究から判明する問題点を紹介しながら，本史料集の特徴について述べたい。

『台帳』は，前編（1497-1657）と後編（1661-1783）に分かれる。全7巻で，合計すると，3200頁を越える大部の史料集である。本書では，この史料集全体をさす場合には『台帳』，前編を指す場合には『台帳前編』，後編を指す場合には『台帳　後編』と略す。『台帳』には，エーアソン海峡を航行した船舶の船籍（より正確には，船長の居住地──以下，本書で『台帳』を用いて「船籍」という場合，船長の居住地を指す），船舶に積載されていた商品とその量が記載されている。

前編から論じると，船舶に関しては，1497年，1503年，1528年，1536-48年，1557-1657年（1559年，1561年，1570-73年，1632年，1634年を除く），商品は1562-1657年（1632年，1634年を除く）の期間が書かれている。後編には，1661-1783年の船舶，商品が掲載されている。またそれ以降の1784-95年のデータは，ヨハンセンによってまとめられている[26]。1845年の穀物貿易のデータに関しては，山本大丙がまとめている[27]。

次いで，前編と後編の相違に言及しよう。どちらにも，エーアソン海峡を航行した船舶の船籍と船舶数，商品とその量が記載されている点に違いはない。しかし前編に比べ，後編では掲載商品が限定されている。

---

générax del' activité économique en Europe (XVe-XVIIIe siècle)", *Revue historique*, t. 231, 1964, pp. 50-102 et pp. 307-340.

21) J. Knoppers, "A Comparison of the Sound Accounts and the Amsterdam Galjootsgeldregisters", *Scandinavian Economic History Review*, Vol. 29, No. 2, 1976, pp. 93-113.

22) Carlo M. Cipolla, *Between History and Economics: An Introduction to Economic History*, London, 1991, pp. 44, 106-107（イタリア語版からの訳書として，カルロ・マリアン・チポッラ著（徳橋曜訳）『経済史への招待』国文社，2001年）。

23) ティールホフ『近世貿易の誕生』39-41頁。

24) Pourchasse, *Le commerce du Nord*.

25) Philip Kelsall, *Crisis and Change: The Development of Dutch-Danish Maritime Trade, 1639-1755*, Ph. D. Thesis, University Århus, 2007, pp. 37-42;また，オランダのデータベースもある。http://www.nationaalarchief.nl/sont/

26) H. C. Johansen, *Shipping and Trade between the Baltic and Western Europe, 1784-1895*, Odense, 1983.

27) 山本大丙「1845年におけるバルト海地域の穀物輸出」『早稲田大学大学院文学研究科紀要』第44輯，1999年，117-128頁。

前編では，イングランド，スコットランド，フランスの船舶で運搬された商品の合計額は，年度によっては（1565年，1575年，1585年，1595年，1605年，1615年，1625年，1635年，1646年）書かれていたが，後編では，商品の金額に関する情報はない。したがって後編の場合，物価史の史料としては，利用価値がない。クリステンセンによれば，『台帳』の記録は，船舶については正確であるが，商品に関しては不正確である[28]。前編の場合，商品の記載は，たとえば「エーアソン海峡を西航した商品」として，「ダンツィヒからライ麦が3万ラスト」となっているにすぎず，それが現実にどこに向かったのかは不明である。

船舶についての問題点を述べると，前編では到着予定港が書かれておらず，積出港だけが書かれているにすぎない。また船籍は，船長の居住地が記載されており，必ずしも実際の船籍と一致しているとはかぎらないし，どの国にチャーターされたのかも不明である。たとえば，「オランダ船」とあっても，それをチャーターしたのがイングランド人なのかフランス人なのかはわからない。つまりは，オランダ人が船長となっている船ということしか意味しない。

前編においては，デンマーク，スウェーデンの両沿岸，リューベック，ヴェンド諸都市（ヴィスマル，ロストク，ストラールズント）の船舶が自己の貨物を運搬する場合には関税が免除されており，そのためこの種の船舶と貨物の記載はない。ティールホフによれば，穀物に関して最大の不正を行なったのは，オランダ人船長であった。羽目板より穀物の方が通行税額が高かったので，穀物ではなく，羽目板を積載していると主張することがあったからである。しかし1618年に通行税徴収のための徹底的な改革がなされ，数値はかなり信頼がおけるようになった。したがって，この年以降のデータの信憑性は高いといわれる[29]。また，1633-1755年という長期間，帳簿の基本的性格は変わらなかった[30]。

以上に述べた欠陥にもかかわらず，『台帳』が，少なくとも長期的トレンドの分析という点では，バルト海貿易で最も信頼のおける統計史料

---

28) A. E. Christensen, *Dutch Trade to the Baltic about 1600*, Copenhagen and The Hague, 1941, pp. 32, 82.

29) ティールホフ『近世貿易の誕生』41頁。

30) Kelsall, *Crisis and Change*, p. 38.

であることに疑いの余地はない。その点において，研究者の意見は一致している。本書でも，この史料の前編の分析を中心の一つにして，論をすすめる。しかしその前に，現段階でのバルト海貿易に関する研究史に言及する必要がある。

第2節　研究状況

16世紀後半から17世紀前半にかけてのバルト海貿易に関しては，ボグツカ[31]，モンチャック[32]，マウォヴィスト[33]らのポーランド人による優れた研究が目立つ。第2章で論じたように，この時代のポーランドはバルト海地方の経済的中心であり，それを反映してか，ポーランドにおけるバルト海貿易研究はすこぶる盛んである。しかし彼らの視点は，17世紀後半以降にはあまり及んでいないように思われる[34]。

---

31) Bogucka, "The Role of Baltic Trade", pp. 5-20; M. Bogucka, "Merchants' Profits in Gdansk Foreign Trade in the First Half of the 17th Century", *Acta Poloniae Historicae*, No. 23, 1971, pp. 73-90; M. Bogucka, "Amsterdam and the Baltic in the First Half of the 17th Century", *Economic History Review*, 2nd ser., Vol. 29, No. 3, 1973, pp. 433-447; M. Bogucka, "The Baltic and Amsterdam in the First Half of the 17th Century", in *The Interactions of Amsterdam and Antwerp with the Baltic Region, 1400-1800*, Leiden, 1983, pp. 51-57; M. Bogucka, *Baltic Commerce and Urban Society, 1500-1700*, Aldershot, 2003.

32) Maczak, "Die Sundzollregister", pp. 179-220; A. Maczak, "The Sound Toll Accounts and the Balance of English Trade with the Baltic Zone, 1565-1646", *Studio Historiae Oeconomicae*, Vol. 3, 1968, pp. 93-113; A. Maczak, "Ths Balance of Polish Sea Trade with the West, 1565-1646", *Scandinavian Economic History Review*, Vol. 18, No. 2, 1970, pp. 107-142; A. Maczak, *Miedzy Gdańskiem a Sundem: Studio nad handelem bałtyckim od połowy XVI do połowy XVII*, Warszawa, 1972.

33) Marian Małowist, "The Problem of Inequality of Economic Development in Europe in the Latter Middle Ages," *Economic History Review*, 2nd ser., Vol. 19, No. 1, 1966, pp. 15-28.

34) Edmund Cieślak, "Bilan et structure du commerce de Gdansk dans la seconde moitié du XVIIIe siècle", *Acta Poloniae Historica*, Vol. 23, 1971, pp. 105-118; Edmund Cieślak, "Sea-borne Trade between France and Poland in the XVIIIth Century", *Journal of European Economic History*, Vol. 1, No. 2, 1977, pp. 49-62; Edmund Cieślak, "Aspects of Baltic Sea-borne Trade in the Eighteenth Century: The Trade Relations between Sweden, Poland Russia and Prussia", *Journal of European Economic History*, Vol. 12, No. 2, 1983, pp. 239-270; また最近，リトアニアとスウェーデンの関係をめぐる博士論文が出版されたが，貿易史にも関係するものの，基本的には政治史の色彩が濃い。Andrei Kotljarchuk, *In the Shadows of Poland and Russia: The Grand Duchy of Lithuania and Sweden in the European Crisis of the mid-17th*

バルト海貿易で最も活躍していたオランダに関する研究は，意外にも少ない。書物になったものとしては，1941年に出版されたデンマーク人クリステンセン[35]の記念碑的業績と，2002年に出されたミルヤ・ファン・ティールホフによる穀物貿易を扱った書物が目立つ程度である[36]。オランダの「母なる貿易」といわれるわりには，バルト海貿易の研究が進んでいるとはいいがたい[37]。しかも，穀物貿易への研究の偏りがみられる。

　イギリスに関しては[38]，1579年に創設され，イングランドのイーストカントリー貿易を独占していたイーストランド会社の史料集が，セラーズによって1906年に編纂された[39]。16世紀後半のイングランドのバルト海貿易についてはズィンス[40]が，17世紀前半についてはフェドロヴィッチが[41]，17世紀後半についてはオストレームの書物がある[42]。また，イングランドの民富とバルト海貿易の関係を描いたヒントンの書物は，

Century, SöderternUniversity Doctoral Dissertation, 2006.
35) A. E. Christensen, *Dutch Trade to the Baltic about 1600.*
36) ティールホフ『近世貿易の誕生』（原著は2002年に上梓）。
37) オランダの世界貿易を論じたイズラエルは，バルト海貿易のようなかさばる商品の取引は，アジアや新世界産の「高価な商品の貿易」（rich trade）と比べると，オランダ経済に利益を与えなかったと主張する（Jonathan I. Israel, *Dutch Primacy in World Trade, 1585-1740,* Oxford, 1989.）。しかし彼の見解は，オランダ国内では支持されてはいない。また山本大丙は，イズラエルが使ったとされるのと同じ傭船契約書をみて，イズラエルが傭船契約書を適切に使用しているとは考えがたいと主張する（山本大丙「商人と『母なる貿易』──17世紀初期のアムステルダム商人」『史観』第152冊，2005年，52-73頁）。近年，オランダのフローニンゲン大学でハンザ・リサーチセンターができ，活発に研究を続けている。Hanno Brand (ed.), *Trade, Diplomacy and Cultural Exchange: Continuity and Change in the North Sea Area and the Baltic ca. 1350-1750,* Groningen 2005; Hanno Brand and Leos Müller (eds.), *The Dynamics of Economic Culture in the North Sea and Baltic Region (c. 1250-1700),* Groningen, 2007.
38) イギリスのバルト海貿易に関する研究史については，第6章をみよ。
39) M. Sellers (ed.), *The Acts and Ordinances of the Eastland Company,* London, 1906.
40) H. Zins, *England and the Baltic in the Elizabethan Era,* Manchester, 1972.
41) J. K. Fedorowicz, "Anglo-Polish Commercial Relations in the First Half of the Seventeenth Century", *Journal of European Economic History,* Vol. 5, No. 2, 1976, pp. 359-378; J. K. Fedorowicz, *England's Baltic Trade in the Early Seventeenth Century: A Study in Anglo-Polish Commercial Diplomacy,* Cambridge, 1980.
42) Sven-Erik Åström, "From Cloth to Iron: The Baltic Trade in the Late 17th Century", Part I: 'The Growth, Stucture and the Organization of the Trade", *Commentationes Humanum Litterarum,* XXIII, 1, 1963, Helesinki, pp. 1-260.

この分野の草分けといってよい[43]。スコットランドについては，T・C・スマウト以来目立った業績はない[44]。

ハンザ諸都市が活発に活動していたドイツにおいては，みるべき業績はあまりないように思われる。ハンザの衰退以降のドイツのバルト海貿易に関する研究としては，『台帳』とケーニヒスベルクの貿易統計を比較した，ケンパスの博士論文が重要であろう[45]。さらに，ケーニヒスベルクとアムステルダムの関係をめぐる博士論文が書かれており，木材の輸出を扱っている[46]。

フランスについては，ジャナンが，さまざまな港の貿易を，貿易統計（量的側面）・商人研究（質的側面）で詳細に研究した[47]。それ以外の研究としては，18世紀を中心とするピエリク・プルシャスの研究しかみあたらない[48]。

スウェーデンについては，クルト・サムエルソンの博士論文[49]以来，ストックホルム商人の研究はほとんど進んでいなかった。ただし1998

---

43) R. W. K. Hinton, *The Eastland Trade and the Common Weal in the Seventeenth Century*, Cambridge, 1959; さらに最近，イギリスとバルト海をめぐる論文集が刊行された Patrick Salmon and Tony Barrow (eds.), *Britain and the Baltic*, Gateshead, 2003.

44) T. C. Smout, *Scottish Trade on the Eve of Union, 1660-1707*, London and Edinburgh, 1963; 貿易史ではないが，Steve Murdoch, *Denmark-Norway and the House of Stuart, 1603-1660*, East Lothian, 2003; Steve Murdoch, *Network North: Scottish Kin, Commercial and Covert Associations in Northern Europe, 1603-1746*, Leiden, 2006; 近年スティーヴ・マードックとアレクシア・グロースジャン夫妻により，スコットランドの移民が，北海・バルト海地方で活躍したことが明らかになりつつある。Steve Murdoch (ed.), *Scotland and the Thirty Years' War, 1618-1648*, Leiden, 2001; Alexia Grosjean and Steve Murdoch (eds.), *Scottish Communities Abroad in the Early Modern Period*, Leiden, 2005.

45) Horst Kempas, *Seeverker und Pfundzoll im Herzogtum Preussen: Ein Beitrag zur Geschichte des Seehandels im 16. und 17. Jahrhundert*, Inaugural-Dissertation zur Erlangung der Doktorwürde der Philosophischen Fakultät der Rheinishcen Friedrich-Wilhelms-Universität zu Bonn, 1964.

46) K. C. Jou, *Le Commerce des bois entre Königsberg et Amsterdam*, Thèse, Paris, 1992; また，ミヒャエル・ノルトの論文がある。Michael North, "Waldwarenhandel und-Produktion", in *The Interactions of Amsterdam and Antwerp with the Baltic Region, 1400-1800*, Leiden, 1983, pp. 73-83.

47) Pierre Jeannin, *Marchands du Nord: espaces et trafics à l'époque moderne*, Paris, 1996.

48) Pourchasse, *Le commerce du Nord*.

49) Kurt Samuelsson, *De stora köpmanshusen i Stockholm 1730-1815: En studie i svenska handelskapitalismens historia*, Stockholm, 1951.

年にレオス・ミュラーの書物[50]が出版されてから，商人＝企業家論が，スウェーデンでも論じられるようになった[51]。またデンマークでは，デンマークとオランダの貿易関係を扱ったケルサルによる博士論文がある[52]。

日本に目を向けると，オランダのバルト海貿易に関しては，石坂昭雄の業績がある[53]。その研究は，基本的に量的分析からなりたっている。さらに近年，山本大丙がいくつかの論文を発表している[54]。彼は量的分析のみならず，オランダのバルト海貿易に従事したメノー派のネットワークにまで言及している。スウェーデン史に関しては福本治がスウェーデンの商船隊に関する論文を著し[55]，さらに根本聡が，ストックホルムの水上交通について論じている[56]。16-17世紀のイギリスのバルト海貿易に関しては，私の論文がある[57]。

---

50) Leos Müller, *The Merchant Houses of Stockholm, c. 1640-1800: A Comparative Study of Early-Modern Entrepreneurial Behaviour*, Uppsala 1998.

51) レオス・ミュラーの研究のいくつかは，日本語に翻訳されている。レオス・ミュラー著（玉木俊明・根本聡・入江幸二訳）『近世スウェーデンの貿易と商人』嵯峨野書院，2006年。さらにロシアに関して，以下の文献を参照。J. T. Kotilaine, *Russia's Foreign Trade and Economic Expansion in the Seventeenth Century: Windows on the World*, Leiden, 2005; W. Kirchner, *Commercial Relations between Russia and Europe 1400 to 1800*, Bloomington, 1966.

52) Kelsall, *Crisis and Change*.

53) 石坂昭雄「オランダ共和国の経済的興隆と17世紀のヨーロッパ経済——その再検討のために」『北海道大学　経済学研究』第24巻，第4号，1974年，1-66頁。石坂昭雄「オランダ共和国の経済的興隆とバルト海貿易（1585-1660）——ズント海峡通行税記録の一分析」日蘭学会編，栗原福也，永積昭監修『オランダとインドネシア』山川出版社，1986年，63-89頁。

54) 山本大丙「商人と『母なる貿易』」。山本大丙「貿易ルートの統合——17世紀初期のオランダ・バルト海貿易」小倉欣一編『ヨーロッパの分化と統合——国家・民族・社会の史的考察』太陽出版，2004年，177-201頁。

55) 福本治「『バルト帝国』の貿易政策（1645-1700年）——オランダへの従属からの脱却の試み」『北欧史研究』第13号，1996年，69-85頁。

56) 根本聡「ストックホルムの成立と水上交通」『歴史学研究』第756号，2001年，56-76頁。根本聡「海峡都市ストックホルムの成立と展開——メーラレン湖とバルト海のあいだで」村井章介責任編集『シリーズ港町の世界史１　港町と海域世界』青木書店，2006年，365-397頁。

57) 玉木俊明「イギリスのバルト海貿易（1600-1660年）」『文化史学』47号，1991年，72-92頁。「近世バルト海貿易におけるイギリス＝ポーランド関係」『北欧史研究』11号，1994年，1-14頁。バルト海貿易に関連する邦語文献としては，その他，栗原福也「オランダ共和国成立期のアムステルダム商業の一面——バルト海貿易について」『一橋論叢』1955年，4月号，1955年，27-51頁。比嘉清松「イギリスのバルト海貿易とスウェーデン，ロシアの貿易政策との関係について（17世紀中頃-18世紀中頃）」『尾道短期大学研究紀要』第15集，

第2節 研究状況

　スカンディナヴィア全体に関しては，世界システム論の影響もあり，同地域がヨーロッパ世界経済に組み込まれる過程が描かれるようになった。マールベリの著作[58]，リュスタッドの編著[59]が，その代表である。彼らの著作は，あまりに理論が先行しているという印象を与えがちであり，実証的には問題が多い。

　本章で取り扱う時代のバルト海地方の経済的中心はポーランドであり，そのため主としてポーランド人による貿易統計を使った研究が主流を占めていた。しかし近年になって，その他の国々の商人研究も盛んになっている。量的研究に偏っていたものが，質的研究にも目が及ぶようになってきたということができよう。さらに，世界システム論の影響も無視できない。

　その世界システム論によれば，近代世界は工業国である「中核地域」とそこに原材料を送る「周辺」地域からなる。バルト海地方は西欧に原材料を輸出しており，その意味で「周辺」に属していた。ウォーラーステインの考えでは，バルト海地方の代表的な二国――ポーランドとスウェーデン――のうち，ポーランドが「周辺」化し，スウェーデンがそうならなくて済んだのは，前者と異なり後者の国家機構が強力であったため，強力な重商主義政策を展開し，工業開発のテコにすることができたからである[60]。

　ウォーラーステインの議論については，オブライエンを代表とする批判も多い[61]。このような人々のウォーラーステインへの批判は，根本的

1966年，89-109頁。

　58) John P. Maarbjerg, *Scandinavia in the European World-Economy, ca. 1570: Some Local Evidence of Economic Integration,* New York, 1995.

　59) Göran Rystad (ed.), *Europe and Scandinavia: Aspects of the Process of Integration in the 17th Century,* Lund, 1983; バルト海貿易全体を扱った文献としては，基本的に政治史の角度から描かれた，デヴィッド・カービーの書物が目立つ程度である。D. Kirby, *Northern Europe in the Early Modern Period: The Baltic World 1492-1772,* London and New York, 1990; また，海事史研究の視点からは，カービーとヒンカネンの書物がある。D. Kirby and Merja-Liisa Hinkkanen, *The Baltic and the North Seas,* London and New York, 2000.

　60) I・ウォーラーステイン著（川北稔訳）『近代世界システム――農業資本主義とヨーロッパ世界経済の成立』I・II，岩波書店，1981年，222-225頁。

　61) たとえば，Patrick K. O'Brien, "European Economic Development: The Contribution of the Periphery, 1492-1789", *Economic History Review,* 2nd ser., Vol. 35, No. 1, 1982, pp. 1-18; 最近の実証研究で，ウォーラーステイン流の従属理論に対する批判的なものに，P. C.

に，ヨーロッパの発展にとって他の地域が与えた影響は少なかったという観点から出されている。しかし，いわゆる「収奪された地域」が，どの程度発展性を阻害されたのかという視点ではない。その点に，彼らの考え方の大きな問題点があると指摘せざるをえない。これでは，収奪された側から論を展開する従属理論の支持者の主張と，噛み合わなくて当然だろう。

　一方ウォーラーステインの構想そのものも，工業化以降の社会のモデルを，前工業化社会にあてはめているという問題点があるように思われる。第2章で主張したように，近世ヨーロッパ経済で輸送費用が大きなウェイトを占めているとすれば，「中核」と「周辺」ないし「半周辺」の関係は，輸送をどこが握るかということと大きな関係があるはずである。本章は，この問題に関するおおまかな見取り図を提示することを目標とする。すなわち，少なくとも商業資本主義の時代においては，他国の船舶が商品を輸送するということが，場合によっては輸送を請け負わせた国の経済に負の要因をもたらす可能性があることを示したい。

　これまでのバルト海貿易の研究は，基本的にナショナルヒストリーの枠内で語られてきた。しかしここでは，バルト海貿易を，よりいっそう西欧経済の変化と関連させて捉えたい。「穀物の時代」のバルト海貿易の様相を，『台帳　前編』をもとにして描き出したい[62]。

第3節　船舶からみた変遷

バルト海地方と貿易していた国は多いが，そのなかで最大のシェアを誇っていたのは，周知のようにオランダであった（表3-1参照）。ユンゲルの計算では，1497-1660年に40万隻以上の船舶がエーアソン海峡を航

Emmer, O. Pétré-Grenouilleau and J. V. Roitman (eds.), *A Deus ex Machina Revisited: Atlantic Colonial Trade and European Economic Development,* Leiden-Boston, 2006.

　62)　バルト海地方と西欧との貿易は，海上ルート以外に陸上ルート経由でもかなり盛んに行なわれていたようである。しかし現在の史料状況では，陸上ルートによる貿易量の算出は不可能である。陸上ルートの史料整理が進めば，バルト海貿易の全体像が変化する可能性は高い。Fedorowicz, *England's Baltic Trade,* p. 73.

第3節 船舶からみた変遷

行しており，そのうち59%がオランダ（ホラント・ゼーラント・フリースラントなど）の北部7州からのものである[63]。

オランダがバルト海貿易で使用していた船舶は，周知のようにフライト船と呼ばれる非武装商業船で，輸送コストが桁外れに低かった[64]。イングランド商人がバルト海地方から木材を輸入する際，フライト船にゆだねたという記録が残っていることがそれを示している[65]。フライト船の積載スペースはほぼ正方形であった。そのため積載量は多く，しかも軽かった[66]。地中海地方と異なり，バルト海地方には海賊はあまりおらず，したがって武装商業船の必要はなかった。フライト船の一乗組員あたりのトン数は，19世紀の大西洋航行用船舶のそれとよく似たものだったという意見もある[67]。

オランダ船の多くは，ダンツィヒからアムステルダムに向かった。さらにそこから，他地域に輸送された。本章で論じている時代の西欧は，貿易面からみれば，この「ダンツィヒ-アムステルダム枢軸」を中心に動いたといって過言ではなかろう[68]。

バルト海を航行する船舶数は，1591-1600年をピークとして，その後低下する傾向にある。三十年戦争が要因に数えられるだろうが，その影響を過大視してはならない。表3-2に示されているように，船舶の大型化も，要因の一つであろう[69]。

東航船（エーアソン海峡を通り東に向かう船舶）と西航船（エーアソン海

---

63) Unger, "Trade through the Sound", p. 205.

64) オランダの造船業発達については，Richard W. Unger, *Dutch Shipbuilding before 1800: Ships and Guilds,* Assen, 1978.

65) Fedorowicz, *England's Baltic Trade,* p. 119.

66) Richard W. Unger, *The Rise of the Dutch Shipbuilding Industry, ca. 1400 to ca.1600,* Ph. D. Dissertation, Yale University, 1971, p. 155.

67) D. C. North, "Sources of Productivity Change in Ocean Shipping, 1500-1850", *Journal of Ecomnomic History,* Vol. 75, No. 4, 1958, p. 155.

68) ダンツィヒはリューベックの支配から逃れ，西欧諸国と直接取引することを中世末期から願っていた。阿部謹也『ドイツ中世後期の世界』未来社，1974年，228頁。

69) 表3-2からはオランダ船しかわからない。オランダ船の大きさが最大だったとはいえ，船舶数も最も多かったので，全体の傾向を示していると考えて問題あるまい。1650年代にはポーランド・スウェーデン戦争があったので，長期のトレンドをみる場合，1650年代は除外する必要があるかもしれない。この戦争については，さしあたり，英語文献で，Robert Frost, *After the Deluge: Poland-Lithuania and the Second Northern War 1655-1660,* Cambridge, 1993. をみよ。

表 3-1　エーアソン海峡航行船（東航船・西航船の合計）

(単位：隻)

	全体	オランダ	東フリースラント	ブレーメン	スコットランド	イングランド	フランス
1560-69*	31,578	21,438	1,907	441	668	898	317
1574-80	29,636	14,374	3,918	453	900	1,295	426
1581-90	50,362	26,575	3,925	499	988	2,081	904
1591-1600	55,538	32,296	4,460	812	1,316	1,833	668
1601-10	45,025	27,167	1,844	808	1,201	1,873	693
1611-20	48,958	34,180	1,570	531	978	1,890	406
1621-30	34,357	21,675	645	308	1,110	1,508	240
1631-40*	28,174	16,287	264	367	1,008	2,049	235
1641-50	35,966	18,446	312	693	718	1,758	106
1651-57	19,710	12,431	453	269	163	481	5

	ハンブルク	リューベック	ロストク	ヴィスマル	ストラールズント	ポンメルン	ダンツィヒ
1560-69*	1,199	728	485	117	358	889	1,005
1574-80	76	1,203	1,235	524	916	1,074	660
1581-90	968	1,600	3,274	508	1,203	-	777
1591-1600	1,097	1,486	3,019	345	1,149	1,057	1,096
1601-10	409	1,276	2,242	212	1,238	791	691
1611-20	300	785	2,190	174	1,750	688	286
1621-30	504	1,032	1,149	53	1,288	909	421
1631-40*	18	1,130	504	15	407	561	397
1641-50	445	1,750	528	14	792	259	925
1651-57	225	935	479	68	787	446	289

	エルビング	東プロイセン	スウェーデン	ノルウェー	デンマーク	その他
1560-69*	112	163	108	145	389	291
1574-80	8	168	131	240	1,013	1,611
1581-90	78	268	435	512	2,746	3,021
1591-1600	102	147	294	683	2,246	1,432
1601-10	8	52	265	941	1,938	1,376
1611-20	-	2	87	896	1,349	896
1621-30	1	18	533	794	1,378	613
1631-40*	14	12	540	1,138	1,986	1,242
1641-50	83	7	528	1,269	2,370	4,963
1651-57	13	59	479	344	761	1,023

出典）『台帳　前編』。

＊）1561, 1632, 1634 年のデータが欠如。

第 3 節　船舶からみた変遷

表 3-2　オランダ船の大きさ

(単位：隻)

	100 トン以上	30-100 トン	30 トン未満
1574-80	284	10,999	3,091
1581-90	278	23,062	3,235
1591-1600	698	29,958	1,640
1601-10	3,116	22,777	1,274
1611-20	7,468	25,744	968
1621-30	10,626	10,584	465
1631-40＊	11,507	4,514	266
1641-45	7,867	768	115

出典)　『台帳 前編』。
＊)　1632, 1634 年のデータが欠如。

表 3-3　東航船・西航船, バラスト船・貨物積載船比率

(単位：隻)

	東航船	バラスト船	貨物積載船	西航船	バラスト船	貨物積載船
1560-69＊	15,709	9,800	5,909	15,869	189	15,680
1574-80	14,855	7,695	7,160	14,781	376	14,405
1581-90	25,148	14,406	10,742	25,214	466	27,747
1591-1600	27,654	16,923	10,731	27,884	359	27,525
1601-10	22,610	10,828	11,782	22,415	371	22,044
1611-20	24,522	12,635	11,869	24,436	429	24,007
1621-30	17,148	6,426	10,722	17,209	682	16,527
1631-40＊	14,127	5,018	9,109	14,047	444	13,603
1641-50	17,814	6,763	8,824	18,152	386	11,478
1651-57	9,764	2,438	3,204	9,746	116	5,470

出典)　『台帳 前編』。1561, 1632, 1634 年の全データ, 1650-53 年のバラスト船, 貨物積載船のデータが欠如。そのため, 1641-50 年と 1651-57 年は, バラスト船と貨物積載船の合計が, 西航船数, 東航船数と一致していない。

峡を通り西に向かう船舶) を比較すると, 東航船の方が圧倒的にバラスト船 (バラストだけを積載している船舶) の比率が高い (表 3-3 参照)。1562-1657 年においては, 東航船のバラスト船と貨物積載船の比率と西航船でバラスト船の比率は 6.5 対 3.5 である。それに対しこの時代の西航船におけるバラスト船の比率は, 2% 程度にすぎない。いうまでもなく, これは, バルト海地方の輸出品が輸入品よりもかさばる商品だから

表3-4 バルト海地方の主要港からの出港地別西航船数

(単位：隻)

年平均	ダンツィヒ	エルビング	ケーニヒスベルク	リーガ	デンマーク	スウェーデン	全体
1560-69*	1,090	11	143	135	84	7	1,763
1574-80	931	86	325	146	143	19	2,112
1581-90	1,231	120	323	141	122	32	2,521
1591-1600	1,505	110	431	228	137	34	2,788
1601-10	1,193	79	425	79	150	39	2,242
1611-20	1,059	78	485	116	167	45	2,444
1621-30	409	33	439	52	221	93	1,721
1631-40*	574	13	277	241	227	102	1,756
1641-50	691	27	226	297	173	97	1,815
1651-57	334	29	181	300	126	110	1,421

出典）『台帳 前編』。
 *） 1561，1632，1634年のデータが欠如。

である。あとで述べるように，バルト海地方の主要輸出品は穀物・木材・灰・灰汁・ピッチ・タール・亜麻・麻などであり，輸入品は，塩・ニシン・ワイン・香辛料などであった。

したがって，おおまかにいえば，西欧からの船舶が商品かバラストを積んでエーアソン海峡を通りバルト海地方に入り，そしてバルト海地方の商品を積んだ船舶がエーアソン海峡を通り西欧に向かうというパターンをとっていたと推定される。バラスト船の比率は，時代が下るにつれ下がっている。東航船に関して，1651-57年のバラスト船と貨物積載船の比率は2.7対7.3となり，貨物積載船が増える。

次に西航船をみよう（表3-4参照）。ここに書かれているのは，バルト海地方の代表的な貿易港からエーアソン海峡を通り西航した船舶数である。この時代のバルト海地方の貿易港としては，ダンツィヒ，リーガ，ケーニヒスベルク，イングランドのイーストランド会社の根拠地があったエルビングなどが有名である[70]。

---

70) エルビングについては，以下の文献を参照。J. K. Fedorowicz, "The Struggle for Elbing Staple: An Episode in the History of Commercial Monopolies", *Jahrbücher für Geschichte Osteuropas*, Bd. 27, 1979, S. 220-230; Michael North, "A Small Baltic Port in the Early Modern Period: The Port of Elbing in the Sixteenth and Seventeenth Century", *Journal of European Economic History*, Vol. 13, No. 1, 1984, pp. 117-127.

「穀物の時代」においては，ダンツィヒがバルト海地方の貿易港の中心であった。これは，この都市がポーランド最大の河川網を有するヴィスワ川の河口に位置し，当時，バルト海地方きっての穀物輸出港だったからである[71]。ダンツィヒはバルト海内の「流通・分配拠点」(distribution center) として機能していた。とはいえ，16世紀中頃までのヴェネツィアとは異なり，自国船はあまり使われていなかったようである。ダンツィヒで活躍していたのは，オランダ船であった。しかし1591-1600年をピークとして，ダンツィヒからの西航船は急速に減少する。

ここで注目すべきことが二つある。第一に，17世紀の第1四半期におけるケーニヒスベルクからの西航船数の急増である。この貿易港はプロイセン領に属していたのだから，プロイセン勃興の経済的要因の一つがここにみられるであろう。ケーニヒスベルクの主要輸出品は亜麻・麻であり，穀物輸出が圧倒的に多かったダンツィヒとは根本的に違っている[72]。

第二に，スウェーデンからの西航船数の増大である。スカンディナヴィア半島からの船舶だけにかぎっても増加が目立つが，1621年にスウェーデン領となったリーガからの西航船を加えると，ポーランド（ダンツィヒとエルビング）からの西航船数を，1651-57年には超える。あるいはこれを単にリーガの台頭と考えた方がよいかもしれない。

次節では，上述の変化をもたらした商品の輸出入のトレンドをみていきたい。

第4節 輸　　出

『台帳』は物価史の史料としては欠陥が多く，そのままでは使うことができない[73]。しかし，それを修正する研究もある。表3-5と表3-6は，

---

71) ダンツィヒは，「北方のヴェネツィア」とよばれることもあった。Maria Bogucka, *Das alte Danzig: Alltagsleben von 15. bis 17. Jahrhundert,* München1980, S. 223-235.

72) ケーニヒスベルクとその他の東プロイセン地域の輸出額は，1605，1615，1625，1635，1646年のうち1615年を除いて，亜麻，麻の輸出額が，穀物よりも多い。Maczak, *Miedzy Gdańskiem a Sundem,* p. 108, tabela 39.

モンチャックが作成したもので、ポーランド（ダンツィヒとエルビング）の海上貿易による輸出入額を示している。これらの表では、バルト海貿易で取引された主要な商品の、ポーランドでの取引額が示されている。ここに掲載されている商品がバルト海貿易で取引されたすべての商品でないのが残念であるが、主要なものは網羅しているので、表3-5・3-6に出てくる商品の分析だけでも十分な意味がある。

　ここから読み取れることは、輸出面では穀物、輸入面では毛織物の占める割合の高さである。ポーランドに関するかぎり、バルト海貿易とは、おおまかにいえば、穀物を輸出し毛織物を輸入することだとみなせよう。そして、輸入額の方が上昇率が高い。

　ポーランドは、本章で扱われている時代のバルト海地方の経済的中心地域であったが、バルト海地方全体からすれば、これらの表は、輸出面では穀物の比率が高すぎることは否めまい。とはいえ、現在、これ以上の研究はなく、また、ポーランド以外で重要な貿易地域であるケーニヒスベルク、スウェーデンとの差異をみることで、バルト海貿易の変遷を読み取ることもできる。表3-5・3-6をベースに、バルト海地方の輸出入をみていくのはこのような理由からである。

　表3-7・3-8に出現する商品について、私が『台帳』から輸出入それぞれの数字を算出したのが表3-7と表3-8である。本節では、表3-5、3-6・3-7・3-8を参照しながら、具体的にバルト海貿易の変遷をみていきたい。

　表3-7・3-8に描かれている国名は、商品が輸出された国ではなく、輸送を請け負った国を表している。輸出港と輸送国とはかなり違っていることが多い。換言すれば、オランダ船で輸送されることが多い。それは、バルト海諸国の経済的変化と非常に大きなかかわりがあった。

　表3-5には多くの商品名が書かれているが、これらの商品は、基本的に次のように分類することができる。穀物（ライ麦、小麦）、森林資源（内張板、オーク材、灰、灰汁、ピッチ、タール、亜麻、麻）、鉱物資源（オスムンド鉄、鉄、鋼）、その他（羊毛、毛織物、獣皮）である。ここでまず

---

73) ただし、最近マイクロフィルムによって原史料が出版されたので、計算は可能になった。とはいえ、それにはかなりの年月が必要であり、また現在のところ、その利用は私の能力をはるかに超える。

第4節　輸　　出

表3-5　ポーランド（ダンツィヒとエルビング）の輸出額

（単位：リースダーレル）

	穀物 (ライ麦・小麦)	木材 (オーク材・内張板)	亜麻・麻	ピッチ・タール	灰・灰汁	鉱物資源 鉄・オスムンド鉄・鋼鉄	羊毛	繊維製品	獣皮	合計
1565	1,316.2	91.2	112.4	39.3	140.2	23.4	－	5.3	5.2	1,733.2
1575	550.5	41.4	171.8	38.7	79.6	16.5	－	11.2	0.7	910.4
1585	441.9	56.7	154.1	56.1	140.9	24.7	8.0	0.0	1.2	875.6
1595	1,193.1	130.9	103.4	95.3	82.2	24.8	8.0	7.4	0.0	1,645.1
1605	922.4	56.8	154.1	40.3	171.8	31.7	14.4	8.5	42.8	1,442.8
1615	1,047.3	120.2	54.4	52.6	172.5	8.3	7.4	1.8	－	1,464.5
1625	1,246.8	16.8	89.9	23.3	105.0	26.6	49.9	1.6	2.9	1,561.5
1635	1,920.7	13.3	52.6	22.1	233.6	1.7	22.4	22.4	77.3	2,366.1
1646	1,521.1	16.5	129.8	18.5	171.0	46.1	176.0	28.6	40.4	2,158.0

出典）　A. Maczak, "The Balance of Polish Sea Trade with the West, 1565-1646", p. 135., Table 10.

表3-6　ポーランド（ダンツィヒとエルビング）の輸入額

（単位：リースダーレル）f.o.b. 西欧船

	塩	ニシン	ラインワイン	他のワイン	植民地物産	毛織物	獣皮	合計
1565	59.5	52.8	38.6	14.8	2.7	74.2	24.3	266.9
1575	71.0	7.1	32.6	19.1	8.4	132.8	24.2	295.2
1585	47.4	32.0	26.7	24.7	2.9	364.5	32.1	530.3
1595	92.9	125.5	30.4	168.5	11.7	412.6	20.3	861.9
1605	122.4	180.4	65.8	162.8	11.2	563.6	32.0	1,138.2
1615	77.1	161.7	31.3	61.9	5.4	441.2	16.4	795.0
1625	92.9	290.9	48.8	137.3	8.7	661.0	11.8	1,251.4
1635	90.8	143.4	30.2	56.3	190.3	568.5	25.1	1,104.6
1646	65.2	282.5	51.5	74.0	102.0	775.1	8.1	1,358.5

出典）　A. Maczak, "The Balance of Polish Sea Trade with the West, 1565-1646", p. 136, Table 12.

目につくのは，オランダの輸送量の多さである。バルト海地方の輸出は，オランダが担っていた。

(1)　穀　　物

バルト海地方最大の輸出品であった穀物のなかで，最も量が多いのはラ

第3章 「穀物の時代」のバルト海貿易 1561-1657年

表3-7 バルト海地方

商品	単位	輸送国	1562-69	1574-80	1581-90
穀物	ラスト	全体	51,457.6	31,651.2	37,096.6
		オランダ	41,646.2	17,905.8	20,132.5
木材	ハンドレッド	全体	3,517.7	2,000.1	2,786.2
		オランダ	3,019.2	1,252.6	2,036.8
亜麻・麻	ラスト	全体	3,117.9	2,379.2	2,702.0
		オランダ	1,400.5	996.7	950.4
		イングランド	710.2	786.5	1,440.9
ピッチ・タール	ラスト	全体	5,687.9	5,592.4	5,124.3
		オランダ	3,516.7	2,283.0	2,687.7
灰・灰汁	ラスト	全体	8,463.8	7,547.9	7,612.8
		オランダ	6,685.4	4,645.2	5,583.4
鉄	シップポンド	全体	3,278	1,685.7	4,337.0
		オランダ	250.0	317.0	383.1
		スウェーデン	3.0	3.4	45.0
		スコットランド	252.1	346.3	541.3
銅	シップポンド	全体	15.3	1.7	19.9
		オランダ	14.8	–	0.4
		スウェーデン	–	–	–
羊毛	シップポンド	全体	72.4	34.9	65.5
		オランダ	67.9	17.9	34.0
繊維製品	ピース	全体	66.1	248.3	1,615.6
		オランダ	0.8	79.4	322.3
		イングランド	18.8	140.3	884.9
獣皮	ピース	全体	81,620.4	14,292.9	14,292.9
		オランダ	55,417.3	6,934.3	10,623.1

出典）『台帳 前編』

*) 1632, 34年のデータが欠如。「全体」とは，バルト海地方からエーアソン海峡を通っ
す。単位の換算については，基本的に，A. E. Christensen, *Dutch Trade to the Baltic*
1ラストは約2トン。亜麻・麻は1ラスト＝6シップポンド，灰汁は1ラスト＝12シ
なお，亜麻と麻は『台帳』では，「亜麻」，「麻」，「亜麻と麻」の3つの欄に分かれて
「亜麻と麻」の欄の数値を入れると，オランダの比率が高まる。

イ麦であった。以下，小麦，大麦，ミールと続く。ライ麦の輸出量が圧倒的に多く，小麦の4-10倍であるが，小麦はライ麦の約2倍の価格であるので，輸出額は比較的接近している。小麦とライ麦を合わせると，年平均3万-7万ラストほどが，バルト海地方から西欧に輸出されている。これらの穀物の70％強がダンツィヒから輸出されている。その大

第4節　輸　　出　　　　　　　　　　　　　　　119

からの輸出品（年平均）

1591-1600	1601-10	1611-20	1621-30	1631-40*	1641-50	1651-57
54,308.4	51,296.3	63,677.7	39,993.2	55,551.8	67,297.4	35,102.7
35,051.2	38,285.2	53,589.2	31,601.8	42,098.4	38,142.0	25,960.7
3,056.2	2,404.1	3,066.9	1,520.4	974.3	827.0	258.2
2,443.7	2,083.2	2,855.9	1,363.1	832.0	733.3	208.1
3,907.1	3,879.5	3,646.5	7,164.2	9,357.5	7,244.7	4,144.5
1,497.1	1,776.3	1,953.3	4,539.8	5,048.6	4,130.6	1,732.8
1,777.6	1,758.4	894.2	2,121.2	3,324.9	1,882.4	865.1
6,097.3	5,642.9	5,065.5	5,886.6	6,883.4	6,101.6	3,599.4
3,852.1	3,943.7	3,643.1	4,122.8	4,717.1	4,746.2	2,363.0
8,920.5	8,691.5	8,072.8	4,580.6	4,588.3	3,314.5	1,479.0
7,508.3	7,371.9	7,438.4	3,937.3	3,325.3	2,642.9	1,254.1
7,698.3	7,089.0	3,339.7	12,721.1	31,963.4	48,027.1	40,614.6
923.1	1,035.5	1,161.6	8,916.3	16,087.8	18,053.9	14,019.5
22.5	19.2	58.0	1,150.2	6,701.5	20,572.7	18,198.6
956.1	790.8	820.1	2,441.5	5,537.1	3,817.9	1,463.9
19.5	17.5	869.9	2,059.1	4,495.4	4,058.1	2,088.1
0.4	13.0	824.7	1,734.4	3,003.9	530.6	349.0
-	-	-	113.5	1,134.4	3,087.4	1,602.1
274.9	495.2	499.6	944.6	1,646.7	2,834.7	3,907.3
67.5	205.6	333.9	788.2	1,233.4	2,410.3	3,568.0
5,028.9	4,071.7	3,021.8	4,824.7	13,475.6	20,837.2	10,559.8
669.1	414.5	1,360.1	1,753.7	2,063.3	9,703.9	3,590.0
3,476.1	3,097.5	1,498.9	2,069.4	9,929.3	8,870.2	3,046.3
56,683.7	68,699.2	111,795.7	196,763.3	103,653.3	80,771.0	76,056.7
35,526.2	48,606.3	97,553.5	130,257.6	61,650.3	62,798.6	67,827.3

て西欧に輸出された全部を意味する。その下の国名は，商品の輸送を請け負った国を指
about 1600 に依拠している。
ップポンドで換算した。
掲載されている。この表は，「亜麻」および「麻」の欄を合計している。

半がオランダ人によってアムステルダムに送られていた。
　オランダは自国では穀物をほとんど生産せず[74]，かなりの量をバルト

---

74) K. Glamann, "European Trade 1500-1700", in C. M. Cipolla, (ed.), *The Fontana Economic History of Europe*, II, Glasgow, 1972, p. 72; Jan de Vries, *The Dutch Rural Economy in the Golden Age, 1500-1700*, New Haven, 1974.

表 3-8 バルト海地方の

商品	単位	輸送国	1562-69	1574-80	1581-90
塩	ラスト	全体	30,580.7	22,556.9	22,074.9
		オランダ	20,289.9	11,240.2	12,188.2
ニシン	ラスト	全体	2,868.6	5,013.5	2,931.1
		オランダ	2,190.8	3,033.0	1,317.9
ワイン	樽	全体	3,295.6	2,189.0	2,905.4
		オランダ	2,319.4	1,384.6	1,766.9
植民地物産	ポンド	全体	13,183.9	23,248.9	17,735.0
		オランダ	5,918.3	227.1	355.0
		イングランド	3,718.8	8,570.6	4,429.6
		フランス	293.8	13,147.0	11,149.4
毛織物	ピース	全体	10,062.8	9,514.7	20,605.9
		オランダ	195.1	316.3	978.9
		イングランド	7,396.1	8,273.9	17,909.1
獣皮	ピース	全体	969,428	897,223	944,367
		オランダ	45,737	197,000	24,840
		イングランド	638,373	621,958	802,956
		スコットランド	231,757	202,045	152,311

*) 1632, 34年のデータが欠如。
注) 獣皮については，1デガー deger = 10 ピースで算出。輸出の際は，デガ
    ので，この換算をした。ワインは，ラインワインとその他のワインの合計を

海地方からの輸入に頼っていたが，むろん，再輸出することも多かった。アムステルダムはヨーロッパの穀物貿易の中心であった。「オランダ人はアムステルダムに穀物庫を設け，そこに常に穀物を貯蔵していた。それは最低70万クォーターに達していたといわれる」[75]という同時代のイギリス人の発言もある。バルト海地方の穀物相場の変動は，一般にオランダの経済変動のパターンと一致していたとさえいわれる[76]。

　ポーランドは，穀物輸出においてオランダに大きく依存していたといってよい。確かに国内流通ではポーランド商人が活躍していたが，ポーランドは，オランダ船なしでは穀物を輸出できなかった。それはやがて，ポーランド商業に大きな影を落とすことになる。

---

75) J. Thirsk and J. Cooper (eds.), *Seventeenth Century Economic Documents*, Oxford, 1972, p. 466.
76) Glamann, "European Trade", p. 19.

輸入品（年平均）

1591-1600	1601-10	1611-20	1621-30	1631-40*	1641-50	1651-57
24,849.8	27,022.2	25,848.5	28,594.7	25,001.9	26,318.1	18,366.1
14,735.9	17,346.4	22,952.9	23,446.7	19,631.1	20,625.2	12,739.1
5,891.1	9,210.7	9,308.7	8,397.4	8,752.3	8,368.3	4,055.1
4,771.4	7,877.1	8,058.8	6,774.1	6,737.2	7,542.2	3,201.1
3,717.6	7,362.2	6,554.4	9,343.1	7,020.2	6,130.6	4,701.8
2,110.5	4,013.3	5,475.3	7,686.2	5,049.0	3,363.7	2,664.0
15,812.0	47,686.0	70,527.0	192,795.3	1,439,606.0	1,635,638.0	983,727.0
−	23,347.6	42,252.8	172,019.9	1,184,087.0	1,456,988.0	843,711.0
5,368.0	3,148.8	9,692.5	7,117.1	21,194.9	45,068.8	20,140.6
7,922.1	2,788.0	2,716.0	511.1	22,815.6	8,440.0	1,142.9
31,875.4	39,132.7	45,127.9	65,318.8	77,723.8	56,867.8	26,377.9
2,672.4	6,512.1	13,830.0	30,497.3	38,092.0	32,778.0	12,470.7
27,735.5	31,936.8	30,752.8	31,227.2	32,856.6	17,367.1	7,954.3
951,673	1,053,322	1,071,758	59,228	746,542	328,596	121,663
24,027	38,240	59,397	77,050	13,309	8,933	3,433
849,181	869,064	938,038	312,783	417,204	137,975	42,147
104,121	118,405	130,754	173,385	218,903	106,074	30,297

−で示されているデータは少ないので無視したが，輸入の場合は多い載せた。

(2) 森林資源

ダンツィヒからの輸出量が終始多かった穀物と異なり，森林資源の場合，その割合は減少の傾向にある。ここでは主としてそのことをみてみたい。またバルト海地方からの輸出量自体，木材，灰・灰汁に関しては，17世紀になると減少している。

さて，これらのうちまず木材について言及しよう。内張板，オーク材共に，当初はダンツィヒからの輸出がほとんどであった。1562-69年には，内張板の65.7％，オーク材の75％が，ダンツィヒから輸出されている。ところがケーニヒスベルクとリーガ——とりわけ後者——からの輸出量が増える[77]。これはおそらく，リーガが1626年にスウェーデン

---

77) 17世紀のリーガの貿易については，G. Jensch, *Der Handel Rigas im 17. Jahrhundert: Ein Beitrag zur livländischen Wirtschaftsgeschichte in schwedischer Zeit*, Riga, 1930.

領となったこととに関係していよう。1640年代には，内張板の57.5%，オーク材の36%がリーガから輸出されていることから，ダンツィヒの地盤沈下は明らかである。

しかしながらこれは，ダンツィヒ近辺で木材が枯渇していったのではなく，もともとリーガからダンツィヒに輸出され，そこから西欧に出されていたのが，リーガから直接西欧に輸出されるようになったことを示すものだと考えるべきであろう。

ところで，木材の輸出量自体減少しているのであるから，ダンツィヒからの木材の輸出の比率が減少しても，大した問題ではないかもしれない。しかしダンツィヒのライ麦価格は，1ラストあたり1565年は26リースダーレル，1646年が28.4リースダーレルとほとんど変わらないのに対し，オーク材の価格は4倍強に，内張板の価格は5倍強になっている[78]。したがって，ダンツィヒにとっては大きな痛手だったと考えてよかろう。とはいえ，それ以上にダンツィヒ経済に痛手だったことは，亜麻・麻，ピッチ・タールの輸出量が減ったことであろう。

亜麻・麻は帆布，亜麻糸，索具となるので，海運上極めて重要なものであった。亜麻・麻の輸出量は，1650年代を除いて，百年間にわたり，さほど変わっていない。

ところが，輸出港には大きな変動がある。表3-6にみられるように，ダンツィヒの輸出量が減少し，まずエルビング，次いでケーニヒスベルク，リーガの輸出量が増大する。前節でケーニヒスベルク，リーガからの西航船数が増大していることを示したが，それには亜麻・麻の輸出量の上昇が大きく寄与したと考えられる。ケーニヒスベルクとその他の東プロイセンを合わせると，亜麻・麻輸出額は，1615年は9万6,900リースダーレル，1635年は29万8,000リースダーレルであり，ポーランドの輸出額を大きく超えている。亜麻・麻の輸出において，ダンツィヒは完全にケーニヒスベルク，リーガに抜かれる。

ダンツィヒの輸出量減少は，ピッチ・タールについてもあてはまる。ピッチの輸出は1620年代頃から減少しているが，タールの輸出増がそれを補っている。ピッチ・タールの輸出港もまた，当初はダンツィヒが

---

78) Maczak, *Miedzy Gdańskiem a Sundem*, p. 77, tabela 23.

第4節　輸　　出

中心である。たとえばピッチをみると，1562-69 年においては，全体の 91.3％がダンツィヒから輸出されている。ところがエルビングとケーニヒスベルクの比率が上昇し，ダンツィヒの比率は落ちる。1641-50 年には，ダンツィヒから輸出されるピッチは，バルト海地方全体の 34.2％にすぎなくなる。

　タールは当初ダンツィヒ，リーガから輸出される場合が多い。1562-69 年はそれぞれ，年平均 1,904 ラスト，2,199 ラストである。1620 年代からは，スウェーデン，フィンランドからの輸出が目立つ。1621-57 年においては，バルト海地方全体のタール輸出に占めるスウェーデンの割合は 35.9％，フィンランドが 43.8％になり，ダンツィヒを完全に抜く[79]。

　このように，ピッチ・タール共に，ダンツィヒの輸出量は減少する。ここにもまた，ダンツィヒの中継貿易港としての衰退がうかがえる。

　灰，灰汁については，この傾向にあてはまらない部分もある。灰汁は，1595 年以前には，『台帳　前編』には記載されていない。『台帳　前編』をみるかぎり，この二つのうち，16 世紀は灰，17 世紀には灰汁の輸出量が圧倒的に多い。

　灰輸出量が最も多いのは，当初はダンツィヒであり，1562-69 年には，バルト海地方全体の 58％が輸出されている。その後ケーニヒスベルク，リーガの輸出の割合が増加する。1611-20 年は，ダンツィヒ，ケーニヒスベルク，リーガからの灰輸出の割合は，それぞれ 32％，29.1％，33.7％である。その後，ケーニヒスベルクが増え，1631-40 年には，46.4％を占める。

　それに対し灰汁の輸出港は，ずっとダンツィヒがトップである。次にケーニヒスベルクが来る。1611-57 年を通して，バルト海地方全体に占めるダンツィヒとケーニヒスベルクから輸出される灰汁の割合は，それぞれ 62.3％，26.9％である。

---

[79]　フィンランドのタール輸出の重要性については，Åke Sandström, *Mellan Torneå och Amsterdam: En undersökning av Stockholms roll som förmeldeare av varor i regional-och utrikeshandel 1600-1650*, Stockholm, 1990.

(3) 鉱物資源

まず鉄から論じよう。『台帳』に登場する商品のなかで,鉄は極めてドラスティックな変化をする。

初めのうちは,鉄の輸出量はさほど多くない。しかもダンツィヒからの輸出がほとんどすべてである。スウェーデンで産出されていた鉄は,まずダンツィヒに輸出され,次いで西欧に輸出されたようである[80]。ダンツィヒからの鉄輸出量は,1574-80年は,年平均1,450シップポンドであり,1652-69年をみると,年平均3,147シップポンドである。ところが,1620年代以降スウェーデンから直接輸出される鉄の量が増える。1621-57年には,スウェーデンから直接輸出される鉄の量は,バルト海地方全体の鉄輸出量の92.8%を占める。

最後に銅について述べよう。表3-5には銅が書かれていないが,それはこの表がポーランドの輸出額を示しているからであって,鉄と同様,スウェーデンの占める割合はすこぶる高い。

銅輸出量は,1611-20年以降急速に増大している。最初はオランダ船で輸送されることが多いが,やがてスウェーデン船で輸出される割合の方が多くなる。この特徴は,鉄と同じである。ブローデルによれば,17世紀前半はいわば「銅の時代」ともいうべき時代であって,銀の代わりに,銅が貨幣として大量に用いられるようになった。1625年,スウェーデンが銅本位制を採用したのは,このことが背景にあったからにほかならない[81]。

新大陸からの銀輸入量も1600年頃ピークに達し[82],その後低下する。そのため17世紀前半は銀が不足し,銅が貨幣として用いられるようになった。このような時代背景にあって,ヨーロッパで銅の生産を行なっていたのはほとんどスウェーデンにかぎられていたことは,スウェーデンの経済的地位向上に大いに役立ったであろう。

以上から推測されるように,バルト海地方全体の鉱物資源の輸出額は,

---

  80) スウェーデンの鉱物資源については,本書,第4章をみよ。
  81) Eli F. Heckshcer, *An Economic History of Sweden,* Cambridge, Mass., p. 88.
  82) E. J. Hamilton, *American Treasure and the Price Revolution in Spain, 1501-1650,* Cambridge, Mass., 1934, p. 42.

大幅に修正しなければならない。バルト海地方からスコットランドに輸出された鉄と鋼の価格をもとに，バルト海地方全体の鉄と鋼の輸出総額を算出すると，1646 年の場合，約 70 万リースダーレルに達しており，鉱物資源の輸出額は，穀物にかなり接近している。これはそのまま，バルト海地方におけるスウェーデン経済の興隆を意味する。

このように，1630 年代以降，鉱物資源の占める割合は急速に上昇しつつあることがわかる。しかも鉱物資源はダンツィヒではなく，スウェーデンから輸出される量が多くなっていった。その中心となったのが，ストックホルムである。スウェーデンの鉄輸出量は，1620 年代から急速に上昇することになる[83]。

(4) その他

その他の商品は羊毛，繊維製品（多くが麻織布），獣皮である。ここではこの順に論じたい。

バルト海地方からの羊毛輸出量は，16 世紀中も増加していが，それほど顕著には増えていない。急激に羊毛輸出が伸びるのは，17 世紀の第 2 四半期に入ってからである。1646 年には，ポーランドからエーアソン海峡を通る輸出品のなかでは，亜麻・麻を上回る輸出額になっている。

この羊毛の輸出港は，ダンツィヒ，シュテッティンが中心であった。ダンツィヒのバルト海貿易全体に占める比率の低下とは異なり，羊毛の場合，ダンツィヒの地位はむしろ上昇する。1641-50 年には，バルト海地方全体から輸出される羊毛の 86.1％がダンツィヒから輸出されている。スペイン産の羊毛と違い，バルト海地方の羊毛は高価ではなく，比較的安価な毛織物の製造に適していた。

繊維製品に話題を移そう。繊維製品の輸出量は当初は非常に少ないが，急激に上昇している。繊維製品も，輸送の大半はオランダ人とイングランド人の手によって行なわれた。初めのうちはイングランド人が輸送する量の方が多いが，1641-50 年になるとオランダ人が逆転する。この傾

---

83) Chris Evans and Göran Rydén, *Baltic Iron in the Atlantic World in the Eighteenth Century*, Leiden, 2007, p. 31.

向は，羊毛と同じである。輸出港としては，ダンツィヒ，ケーニヒスベルクが代表である。バルト海地方の繊維製品は質は高くなく，広幅毛織物を指す klæde という言葉はほとんど用いられていない。ダンツィヒもケーニヒスベルクも，繊維製品の輸送は外国人に依存していた。

さて最後に獣皮である。獣皮の輸送もまた，オランダ船でなされることが多い。そして輸出港をみると，当初はナルヴァが中心である。1562-69 年は，バルト海地方全体の輸出量 69.7％を占めている。次にシュテッティンが増える。1610-20 年には，バルト海地方全体の 63.2％がシュテッティンから輸出されている。その後ダンツィヒが上昇し，1641-50 にはバルト海地方全体の 62.8％を輸出している。

ここにみられるように，羊毛，繊維製品，獣皮に関しては，バルト海地方の輸出量に占めるダンツィヒの比率が上昇している。しかしやはり，ダンツィヒの輸出はオランダの手に握られている。羊毛は，オランダ以外の輸出先がなかったと考えるべきかもしれない。したがって羊毛，繊維製品の輸出増は，ダンツィヒのオランダへの依存を強めたことを示していると考えられよう。

第 5 節　輸　　入

バルト海地方の輸入品の種類は，輸出品ほど多くない（表 3-8 参照）。そのなかで，金額的に最も多いのが毛織物である。その他，塩，ニシン，ワインの割合も比較的大きい。植民地物産が増加傾向にあることにも，目を向けるべきであろう。バルト海貿易で取引される商品のなかで，イングランド製毛織物と植民地物産だけが奢侈品であった。

輸出品と同様，オランダの輸送量が圧倒的に多い。しかも，その比率は上昇しつつある。とりわけ，毛織物にその傾向は顕著に現れる。ポーランド最大の輸入品は毛織物であったので，基本的に毛織物の変化が，バルト海地方の輸入面での変化を表しているはずである。

(1) 毛織物

その毛織物であるが，本章で扱われる時代においては，ヨーロッパ最大

第5節　輸　　入　　127

の毛織物輸出国はイングランドであった。バルト海貿易もその例に漏れない。ところが，イングランドのバルト海地方への毛織物輸出量は1600年頃に頭打ちになる。それとは対照的に，オランダのバルト海地方への毛織物輸出量は増大し，1630年代には逆転してしまう。毛織物の貿易は，劇的な変化をみせるのである。これはいったい，なぜなのだろうか。この問題について，ここで詳しく論じよう。

　この時代，イングランドからの輸出毛織物の多くは未仕上げのまま，ロンドンからアントウェルペンに，マーチャント・アドヴェンチャラーズによって輸出されていた。1585年にアントウェルペンが陥落すると，新市場を求めることを余儀なくされた。だが，バルト海地方に輸出される毛織物は，それとは完全に趣を異にしている。また，バルト海地方に毛織物を輸出していたのは，マーチャント・アドヴェンチャラーズではなく，1579年に創設されたイーストランド会社であり，アントウェルペンではなく，エルビングに輸出されていた。

　イングランドからバルト海地方への輸出毛織物は完成品が多く，しかもその大半がサフォークで生産された[84]。輸出量は，1600年頃から停滞する。だが，当初は高級品の広幅毛織物が多かったが，カージーがそれを上回る。そして1630年代には突如としてより薄手で安価な新毛織物の輸出が増大し，1641-50年には，バルト海地方に輸出される毛織物が大きく低下するなか，新毛織物が最大の比率を占めるようになる（表3-9参照）。

　イギリス史では，フィッシャー以来，ヨーロッパ北部では新毛織物は売れなかったとされているが[85]，『台帳　前編』から判断するかぎり，バルト海地方との貿易においては，これはあたらない。1620年代の輸

　　84）　B. E. Supple, *Commercial Crisis and Change in England, 1600-1642*, Cambridge, 1959, p. 263.
　　85）　F. J. Fisher, "London's Export Trade in the Early Seventeenth Century", *Economic History Review*, 2nd ser., Vol. 3, No. 2, 1950, pp. 151-161; フィッシャーに対する批判として，ブレンナーは，イギリスの毛織物輸出低下は，イギリスのハンザの輸出量低下であったと主張する。Robert Brenner, *Merchants and Revolution: Commercial Change, Political Conflict, and London's Overseas Traders, 1550-1653*, Princeton, 1993, p. 7; 16世紀中頃の貨幣鋳造に関しては，J. D. Gould, *The Great Debasement: Currency and the Economy in Mid-Tudor England*, Oxford, 1970; また，以下の文献もみよ。C. E. Challis (ed.), *A New History of Royal Mint*, Cambridge, 1992.

表 3-9 イングランドからバルト海地方に輸出される
毛織物の種類（年平均）

	単位	1574-80	1581-90	1591-1600	1601-10	
毛織物全体	ピース	8,273.9	17,909.1	27,735.5	31,963.8	
広幅毛織物	ピース	3,781.4	6,629.1	11,058.1	10,119.7	
カージー	ピース	3,572.9	9,761.7	15,555.7	21,121.5	
ダズン	ピース	693.1	1,336.0	1,103.4	619.5	
新毛織物	ピース	226.5	182.3	18.3	76.1	
	単位	1611-20	1621-30	1631-40*	1641-50	1651-57
毛織物全体	ピース	30,752.8	31,227.2	32,856.6	17,367.1	7,954.3
広幅毛織物	ピース	8,034.1	2,059.0	5,996.7	4,967.4	2,455.1
カージー	ピース	21,480.0	21,995.5	14,428.9	4,108.8	1,153.1
ダズン	ピース	1,163.7	1,163.7	3,751.1	1,386.9	1,359.3
新毛織物	ピース	75.0	75.0	8,709.9	6,094.0	2,986.8

出典) 『台帳 前編』。1632, 34年のデータが欠如。

出不況をみれば，それはさらに明らかになる。

1620年代初頭，イギリスで毛織物輸出不況があったことは，イギリス経済史の常識に属する。ロンドンからイングランド商人によって輸出される毛織物の総量は，1618年の10万2,300クロスから，1620年には8万5,700クロスに，1622年には7万5,000クロスに低下した。この輸出不況が生じた直接の原因は，周知のごとくサプルによってこう主張されている。

ポーランドで悪鋳がおこり，そのためイングランドに比べてポーランドの通貨価値が下がった。つまり，ポンド高・グロッシェン安の状況が生じた。それゆえ，イングランドからポーランドへの輸出が難しくなり，輸出不況が発生したのである，と[86]。

ロンドンからの毛織物輸出量は短期間に回復しているので，サプルによれば，この不況は短期的なものであった[87]。しかしまたサプル自身，悪鋳だけが毛織物輸出量低下の原因とはかぎらないといっている。しかもサプルの分析では，毛織物工業の長期的位置づけは捨象されているの

---

86) Supple, *Commercial Crisis and Change in England,* pp. 73-98.
87) ロンドンからイングランド商人が輸出する毛織物量は，1626年には9万1,000クロス，1628年には10万8,000クロスに回復している。Fisher, "London's Export Trade", p. 153.

第5節 輸　入

である。
　この不況を単に短期的なものと捉えるなら，表3-8にみられるように，バルト海地方へのイングランドとオランダの毛織物輸出量が，1620年代に逆転する理由が説明できない。サプルの視野は，イングランドだけに向けられている。しかしポーランドの悪鋳は，他の国々にも影響を及ぼしたはずである。そもそも，ポーランドは，なぜ悪鋳をしなければならなかったのだろうか。
　ポーランドが穀物輸出により巨額の利益を得ていたことはすでに述べた。それは基本的にヨーロッパで人口が増大し，食糧が不足したためである。16世紀中頃から17世紀中頃の間で，人口増がピークに達していたのは1600年頃であった。それ以降，人口はあまり増えない。おおまかにいって，ヨーロッパの食糧危機が最悪だったのは，1600年頃だったと考えて差し支えないであろう。穀物輸出による収益が減少した以上，ポーランドの悪鋳は，ポーランドの経済力低下を示すと考えられよう。そのため基本的に奢侈品であるイングランドの毛織物が市場を失っていったのも，みやすい道理である。
　表3-10は，イングランドとオランダが，バルト海地方に輸出する毛織物の種類を示したものである。両国を比較すると，オランダの方が広幅毛織物の輸出量が少ないことが読み取れる。イングランドがバルト海地方に輸出する広幅毛織物は，オランダと比較すると約4倍も多い。オランダはイングランドより安価な毛織物を輸出することで，バルト海地方への毛織物輸出を伸ばした。事実，1616-25年におけるオランダの毛織物輸出額は，イングランドの半額より少し多い程度である。
　ポーランドの通貨価値が下落するということは，ポーランド側からみると，輸入品がますます高価になることを意味する。オランダと比べ，ただでさえ高価なイングランドの毛織物は，ポーランド人にとってあまりにも高価になったのである[88]。
　フェドロヴィッチによれば，この不況によって，イングランドのバルト海貿易政策は，次の二点で変化した。第一に，中継貿易の重視や金銀輸出禁止にみられるように，オランダの排除を行なった。第二に，だん

---
88) Fedorowicz, *England's Baltic Trade*, pp. 161-166.

表 3-10 イングランドとオランダのバルト海地方への輸出毛織物に占める広幅毛織物の割合

(単位：ピース)

	オランダ				イングランド			
	広幅毛織物	%	その他	%	広幅毛織物	%	その他	%
1616	2,110	38.2	3,420	61.8	8,382	30.7	18,884	69.3
1617	1,357	23.1	4,567	76.9	6,869	33.2	13,828	66.8
1618	3,560.5	13.3	23,138.5	86.7	10,330	27.8	26,783	72.2
1619	3,084	8.9	31,674	91.1	7,471	17.5	35,272	82.5
1620	1,595.5	7.1	20,871.5	92.9	4414	17.0	21,595	83.0
1621	757	3.8	19,073	96.2	4,158	22.4	14,419	77.6
1622	1,424	4.9	27,860	95.1	5,087	15.1	28,574	84.9
1623	2,133	3.8	53,916	96.2	11,104	19.1	47,119	80.9
1624	1,717	3.3	50,607	96.7	10,406	18.1	46,980	81.9
1625	2,484	7.9	28,933	92.1	7,475	15.8	39,735	84.2

出典) Fedorowicz, *England's Baltic Trade*, p. 165, table 9. 4.

だん売れなくなっていった毛織物の輸出ではなく，船舶用資材の輸入に重点をおくようになった[89]。それは，ロシアを含めたバルト海地方を原材料の供給地とするイギリス帝国形成の端緒ともいえるであろう。

また 1609-21 年はオランダとスペインの休戦期間であり，この時期にオランダが毛織物輸出を伸長させたことは興味深い。休戦がなければ，オランダはこれほどまでにバルト海地方への毛織物輸出量を増大させることができたかどうか，すこぶる疑問である。

バルト海地方に輸出される毛織物は，16 世紀第 3 四半期にはダンツィヒへ，それ以後 1620 年頃までは，エルビングに向かうものが多い。これは当時までバルト海地方への毛織物輸出の大半を行なっていたイングランドの状況を反映している。1630 年代に突如としてエルビングへの輸出量が低下するが，それはスウェーデン軍のエルビング占領が原因である。そのためにイギリスはダンツィヒやケーニヒスベルクに新たな販路を求めねばならなかったであろう。ダンツィヒの輸入は増大するが，それはイングランド，オランダの輸出量が増大したために生じたと考えられる。

---

89) Fedorowicz, *England's Baltic Trade*, pp.168-172

(2) 塩

　バルト海地方への塩の輸出量は，比較的上下動なく安定していることがわかる。ここで注目すべきことは，オランダの割合が徐々に高まっていることである。バルト海地方が輸入する塩は，イベリア半島——基本的にポルトガル——とフランスのブルターニュ地方でとれたものが多かった[90]。そこからオランダ船で，バルト海地方に運ばれたのである。

　フランスの塩とポルトガルの塩を比較した場合，前者の方がバルト海地方への輸出量が多く，ポルトガルの1.8倍ほどを輸出している。また，船舶としてはオランダ船が多く，輸出港としては，フランス，ポルトガルが多いということは，フランスやポルトガルから直接バルト海地方へ，オランダ船で輸出される場合が多かったことを意味する。

　イベリア半島産の塩をバルト海地方にもちこんだのがスペインではなくオランダであった点に，スペインの海運力の弱さがうかがえる。休戦期間になると，やはりオランダ船によるポルトガルからの塩輸出量が増大する。そして休戦期間がすぎると，それはまた激減している。ポルトガルから，1611-20年には計10万ラストほどが輸出されていたが，1621-30年は約2万4,000ラストの輸出にすぎない。

　また，塩と穀物の結び付きはこれまでしばしば指摘されている。バルト海地方からイベリア半島に向けて穀物が輸出され，イベリア半島からバルト海地方へは塩が輸出された，といわれる[91]。この説がもし正しければ，オランダの船舶はまさに欠くことのできないものだったはずである。

　17世紀に入ると，ほぼ一貫してダンツィヒよりケーニヒスベルクの塩の輸入量が多い。ダンツィヒの輸入量は，ケーニヒスベルクの56％ほどである。穀物のほとんどはダンツィヒから輸出されていたのだから，塩と穀物の輸出入に直接の関係があったとは考えられない。この両方の輸送を受け持ったオランダが果たしていた役割の大きさがわかるであろう。

---

　90) Marian Małowist, "The Economic and Social Development of the Baltic Countries from the Fifteenth to the Seventeenth Centuries", *Economic History Review,* 2nd ser., Vol. 12, No. 2, 1959, p. 184.
　91) Bogucka, "Merchants' Profits", p. 77.

この塩を輸入する地域をみると、1615年以後リーガの輸入量が急上昇し、1646年には6,899ラストとなる。同年のダンツィヒは2,805ラスト、ケーニヒスベルクは8,187ラストの輸入量である。

ただし、塩の輸送による利益率は決して高くはなかった。それどころかオランダは塩をアムステルダムからダンツィヒに輸送する際、1609-48年の場合、年平均7.4%の損害を被ってさえいる[92]。ただし、塩はバラストとして使用されたので、赤字貿易でも、問題は生じなかっただろう。

(3) ニシン

バルト海地方の輸入品のなかで、ニシンの占める割合はかなり大きい。ポーランドに関するかぎり、17世紀になると、輸入総額に占めるニシンの割合は塩よりも高い。

バルト海地方へのニシン輸出量は、1600年頃まで急速に増大し、その後ほぼ一定である。そしてニシンの輸出の大半は、オランダ船によって行なわれていた。しかもその比率は高まる。このニシンは、北海でとれたものと考えられる[93]。オランダはそれをオランダ本国に持ち帰り、その後バルト海地方に向けて輸出していたのであろう。オランダはニシンを塩漬けにする技術を開発していた。オランダのニシン船はニシン工場ともいえるもので、ニシンの腸を取りだし、加工作業を行なった[94]。イズラエルによれば、ニシンは、17世紀のオランダのバルト海貿易を支えるうえで、塩、ワインと共に極めて重要な商品であった[95]。

---

92) 計算方法は、ダンツィヒでの価格からアムステルダムでの価格・輸送料・保険・関税などの諸経費を引いた純益を、アムステルダムでの価格と輸送料・保険・関税などの諸経費の合計で割り、100をかける。Bogucka, "Merchants' Profits", p. 77.

93) A. R. Michell, "The European Fisheries in Early Modern History", in E. E. Rich and C. H. Wilson (eds.), *Cambridge Economic History of Europe*, V, Cambridge, 1977, p. 136, Fig. 2.

94) Jan de Vries and Ad van der Woude, *The First Modern Economy: Success, Failure, and Perseverance of the Dutch Economy, 1500-1815*, Cambridge, 1997, pp. 243-254.

95) Israel, *Dutch Primacy in World Trade*, p. 23; オランダのニシン漁と国際貿易との関係については、W. S. Unger, "Dutch Herring Technology and International Trade in the Seventeenth Century", *Journal of Economic History*, Vol. 40, No. 2, 1980, pp. 253-279; Christiaan van Bochove, "De Hollandse harinvisserij tijdens de vroemoderne Tijd", *Tijdschrift voor sociale en economische Geschiedenis*, Vol. 1, No. 1, 2004, pp. 3-27; Christiaan van Bochove and Jan Luiten van Zanden, "Two Energies of Early Modern Economic Growth?

バルト海地方のニシン輸入量は上昇しており，その輸送は主としてオランダ人が担っていたのだから，オランダの勢力は，バルト海地方が輸入する商品でも大いに伸長しつつあった。しかもバルト海地方のニシン輸入価格は，1565年から1646年にかけ，約2.5倍になっている[96]。オランダの利益額も上昇したことであろう。

(4) ワイン

キリスト教国——とりわけカトリック諸国——にとってワインは必需品である。ポーランドの輸入品のなかで，ワインの割合が大きいのはそのためであろう。『台帳』では，「ラインワイン」と「その他のワイン」に分類されている。どちらも，オランダ船でバルト海地方に持ち込まれるものが圧倒的に多い。とはいえ，オランダがワインの原産地であったわけではもちろんなく，フランス，イベリア半島からオランダに輸出され，同国からバルト海地方に再輸出されたものであることは間違いない。

1560-89年に，フランスとイベリア半島からバルト海地方に向けて出港する船舶のうち，53%がオランダ船であった。この比率は，1600-09年には60%，1610-19年には85%に達している[97]。ラインワインとその他のワインを合計すると，1574-80年以降増えるが，1621-30年をピークとして減少している。オランダもほとんど同様のパターンである。塩やニシンと同じく，ワインの輸出もオランダの独占といってよい状況にあり，しかもオランダが輸送する比率は高まっている。

(5) **植民地物産**

植民地物産とは，胡椒，米，砂糖，インディゴ（染料），タバコなどを指す。胡椒，インディゴはアジアの産品であるし，砂糖，タバコ，また

Herring Fisheries and Whaling during the Dutch Golden Age (1600-1800)", in S. Cavaciocchi (ed.), *Ricchezza del Mare secc XIII-XVIII*, Le Monnier, 2006, pp. 557-574; オランダのニシン漁のデータベースとして，Database Hollandse harringvisseij http://www.iisg.nl/research/haringvisserij.php

96) Maczak, *Miedzy Gdańskiem a Sundem*, p. 78, tabela 24.

97) Hermann Kellenbenz, "Spanien, die nordischen Niederlande und der skandinavisch-baltische Raum in der Weltwirtschaft und Politik um 1600", *Vierteljahrschrift für Sozial-und Wirtschaftsgeschichte*, Bd. 41, 1954, S. 303f.

インディゴの一部はカリブ海，新大陸の植民地から来たものである。米は，イタリア産であろう。ただ終わり頃には，新大陸産の米があったのかもしれない。

　他の商品とは異なり，16世紀の間は，オランダの植民地物産の輸出量は少ない。対照的にフランスが多い。

　この植民地物産は，当初は，（たとえば1566年をみると），「胡椒，米，砂糖」と書かれている。この年のフランスは3,600［重量］ポンドの植民地物産をバルト海地方に輸出しているが，その内訳は，2,800ポンドの胡椒と800ポンドの砂糖である。また1576年には，フランスは3,750ポンドを輸出している。その内訳は米が3,000ポンド，胡椒が550ポンド，砂糖が200ポンドである。これらから判明するように，胡椒と米が，フランスがバルト海貿易の植民地物産の流通で優勢だった時代の二大輸出品である。

　この様子は，17世紀になると変わって来る。オランダの輸出量が急激に上昇するからである。フランスはオランダとは逆に輸出量は伸びなくなる。この差は，どこから来たのだろうか。

　1606年になって，植民地物産にインディゴが加わる。さらに1631年にはタバコが登場する。内訳をみてみよう。たとえば1647年のオランダは，190万8,909ポンドの植民地物産を輸出している。中身は，胡椒が84万3,944ポンド，砂糖が67万7,560ポンド，インディゴが1万5,690ポンド，タバコが2万6,200ポンド，その他が34万5,515ポンドである。オランダの輸出増は，タバコ，インディゴの増加もあるが，胡椒，砂糖の増大の影響が大きい。

　胡椒は東南アジアの，砂糖はカリブ海地方の代表的な物産である。胡椒の輸出増は，オランダが東インド会社を設立したことに大きな原因があろう。オランダ東インド会社がオランダに輸送する商品のなかで胡椒が極めて多かったことはよく知られているが[98]，そのうちのいくらかが，バルト海地方に向かったのである。イングランドの胡椒輸出量も多いが，これもオランダと同じく，東インド会社の創設によるところが大きいと

---

98) Artur Attman, *The Bullion Flow between Europe and the East 1000-1750*, Göteborg, 1981, pp. 38-39; K. Glamann, *Dutch-Asiatic Trade 1620-1740*, Copenhagen and the Hague, 1958, p. 13, table 1 and pp. 73-90.

推測される[99]。このようなことは，オランダ，イギリスの東インド会社に匹敵する組織をもたなかったフランスには不可能であったに違いない。

　砂糖の増大は，オランダ西インド会社のブラジル貿易，アムステルダムがヨーロッパの精糖業の中心であったことで説明できよう。イギリス・フランスはカリブ海に植民地をもっていたが，結局オランダほど精糖業が発達していなかったこと，中継貿易ないし海運業におけるオランダの強さが，このような違いをもたらしたのであろう。

(6) 獣　皮

　バルト海地方への獣皮の輸出は1611-20年にピークに達し，以後，下り坂を迎える。毛織物と同様，イングランドの輸出量が多い。だが毛織物と異なり，オランダに逆転されることはない。イングランドに次いでスコットランドが多い。これらの点で，獣皮は極めてユニークな特徴をもっている。

　獣皮の輸出港はイングランド，次いでスコットランドである。この二国は，自国で生産された商品——獣皮——をオランダの手を介入させずに輸出していた。これは，極めて稀なことである。重商主義時代とはいえ，本章で扱われている時代のバルト海貿易において，オランダ船を排除できたのは，西欧では，この二国だけであった。いわばこの二国が，「穀物の時代」において，重商主義政策に成功したのである。

お わ り に

　以上，バルト海地方を出入りする船舶数・商品量の長期的トレンドを分析して来た。ここから明らかになったことは，輸出面でみれば，スウェーデン，リーガ[100]，ケーニヒスベルクの台頭とダンツィヒの衰退である。

---

99) Attman, *The Bullion Flow*, pp. 47-49; 17世紀前半のイギリス東インド会社については，K. N. Chaudhuri, *The English East India Company: The Study of an Early Joint-Stock Company 1600-1640*, London, 1965.

100) リーガの位置づけは大変に難しい。1621-1721年はスウェーデン領となったことは事実であるが，スウェーデンの国民経済の中に吸収されていたわけではなく，同市の貿易

西航船でみるかぎり，ダンツィヒの没落は，ケーニヒスベルクに追い抜かれた 1620 年代にすでにはじまっていると考えてよい。

　ケーニヒスベルクとスウェーデンは共に輸出額を大幅に上昇させているが，両者の決定的な違いは次の二点にある。第一に，スウェーデンの輸出増は森林資源の影響もあるが，基本的に鉱物資源によっていたのに対し，ケーニヒスベルクの輸出増は船舶用資材によるところが大きかった点である。第二に，スウェーデンは自国船で輸送している量が多いのに対し，ケーニヒスベルクの輸出はオランダ人の手で行なわれていた点である。

　ダンツィヒやエルビング，ケーニヒスベルク，リーガからの輸出品と異なり，スウェーデンの主要な輸出品である鉄や銅については，オランダの輸送量はさほど多くない。このこともまた，バルト海地方において，ポーランドとスウェーデンの経済力が，逆転する要因の一つになったであろう。

　輸入面に話題を変えよう。バルト海地方の輸入品のなかで，輸入量が増大したものはニシンである。それと共に，毛織物の輸出国の中心がイングランドからオランダに移ることが，輸入面での最大の特徴である。イングランド産毛織物より安価だったとはいえ，ポーランドの輸入額の半額以上を占める毛織物輸出量においてイングランドを追い抜くわけであるから，オランダの経済的利益は大きかったはずである。しかも，それ以外の商品もオランダが輸送する割合が高まっている。

　結局，輸出入両面でオランダの伸長は著しいことがわかる。輸出面では，何度もいうがダンツィヒの衰退が目につく。

　ところで，ポーランドの輸出が外国人——主としてオランダ人——の手によって行なわれていたことは，ポーランドにどのような影響を及ぼしたのだろうか。モンチャックの研究[101]をもとにアトマンが作成した表

をスウェーデンの貿易とみなすことには無理がある。そのことは，1721 年以降，リーガがロシア領となってからもあてはまる。森林資源の輸出が多い点で，リーガはスウェーデンよりもむしろケーニヒスベルクに似ている。本書では，基本的に，19 世紀になるまでリーガは独立した経済圏を保ったと考えられる（第 6 章参照）。

　101）　A. Maczak, "Der polnische Getreide Handel und das Problem der Handelsbilanz (1557-1647)", in I. Bog (Hg.), *Der Aussenhandel Ostmitteleuropas 1450-1650*, Köln, 1971, S. 28 ff; Maczak, "The Balance of Polish Trade", pp. 107ff.

表3-11 ポーランド（ダンツィヒとエルビング）の海上貿易収支

(単位：リースダーレル)

	輸出	輸入	差し引き	輸送料と貿易商人の利益額の合計の推計	貿易差額
1565/75/85	1,158	400	758	160	598
1595/1605/15	1,481	956	525	382	143
1625/35/46	1,992	1,302	690	521	169

出典）A. Attman, *The Bullion Flow between Europe and the East 1000-1750*, Göteborg, 1981, p. 75.

3-11をみると，本章で取り扱われる時代においては，バルト海貿易において，ポーランドが黒字を出していたと推測できる[102]。ただしもっとよくみていくと，意外なことがわかってくる。1595年以降，ポーランドが貿易差額で得る利益額より，輸送料と貿易商人の利益額[103]の方が多くなるのである。これは一体何を意味するのだろうか。

西欧の対バルト海貿易は赤字であり，その赤字を補填するため，西欧からバルト海地方に，大量に銀が流出していたといわれる。バルト海地方の最大の貿易相手国はオランダであり，オランダの貿易赤字は膨大であったと思われる。しかし輸送料と貿易商人の利益額（商品を輸出入するためにポーランド側が貿易商人に支払わねばならない金額）がポーランドの利益額を上回っているわけであるから，輸送の多くを担っていたオランダが，輸送料として，ポーランドから巨額の収入を手にしていたと考えてよいであろう。つまり，一見するとオランダはバルト海貿易で大きな損失を出していたと思われるのではあるが，輸送料による収入が，それを大きく取り戻していたと考えられるのである。

ポーランドはオランダに輸送を依存していた。16世紀中は穀物価格

---

102) 表3-5・3-6を参照。
103) モンチャックによれば，好況の年には，イングランド-ポーランド間で価格差が50％の場合，そのうち5分の2が輸送費用と関税であって，残りの5分の3が貿易商人の利益となった。この数値をそのまま西欧とポーランド間の貿易に当てはめれば，貿易商人の利益額は，1565/75/85年が9万6,000リースダーレル，1595/1605/15年が22万9,000リースダーレル，1625/35/46年が31万2,600リースダーレルとなる。むろん，イングランドとポーランド間の数値をそのまま西欧とポーランド間に当てはめることはできないが，しかしポーランドが，貿易商人——ほとんどがオランダ人——に巨額の輸送料を支払わなければならなかったことは確実である。Maczak, "The Balance of Polish Sea Trade", p. 115.

が上昇していたので，ポーランドはたとえ輸送料として多くの金額をオランダに支払ってもよいだけの貿易黒字を産み出していた。だが，17世紀に入ると，穀物不足が西ヨーロッパ全体で解消しはじめ，そのため，ポーランドの穀物は，16世紀ほどの価値をもたなくなる。しかもポーランドでは，輸入ほどには輸出は増加せず，貿易収支は悪化していった[104]。そのうえ，オランダなしでは穀物を輸出することは不可能だったので，ポーランドはオランダへ巨額の輸送料を支払わなければならなかった。だからポーランドは西欧，主としてオランダに従属する傾向があったことがわかろう。

一方スウェーデンは，中継貿易を他国に――ポーランドほどには――握られてはいなかった。そのため，鉄や銅をはじめとする商品の輸出増大による利益を，オランダ船による輸出で失うことは比較的少なかったと想定される。スウェーデンのバルト海貿易の国際収支が不明なのは残念だが，オランダの中継貿易によって利益を奪われる割合が，ポーランドと比べると少なかったことは間違いなかろう。

「近代世界システム」という視点からみると，穀物と鉱物資源という第一次産品のうち，スウェーデンの輸出品である鉱物資源は，ポーランドの輸出品である穀物と違い，オランダの手が介入する割合が少なかった。そのため，ポーランドと異なり，スウェーデンは「中核」国の「周辺」になることをまぬがれたと思われる。輸送費が極めて高いと想定される時代にあっては，原材料輸出国が中継貿易を他国に握られているということは，輸出による利益の多くを奪い取られることを意味するのである。ウォーラーステインは，スウェーデンの重商主義政策を「工業化への貢献」という観点からしか捉えていない。商業資本主義＝重商主義時代においては，原材料輸出国が輸送を他国の手に握られていることそれ自体が――工業化に貢献するかどうかとは別問題として――，「周辺」へと導くことがあると考えるべきだろう。

 ＊『台帳　前編』の数値は，基本的に年平均で算出した。それは，
 すべての年度のデータがそろっているわけではないので，他年度と

---

104) Maczak, "The Balance of Polish Sea Trade", p. 119.

比較しやすくするためである。『台帳　後編』については，全年度のデータがあるので，このような措置はしていない。

また『台帳』で，"Vævede Stoffer" と書かれている商品は，バルト海地方の輸入品については，欧米の研究から毛織物を指していると考えられるので，「毛織物」とした。同じ単語が輸出品に対して使われている場合，「繊維製品」とした。その多くは，亜麻布であった。

〔付記〕 2008 年 5 月，「エーアソン海峡通行税簿」がコンピュータ入力されることが決まった。エーアソン海峡を航行する船舶と商品に関する情報を，すべての人がデジタルアーカイヴ形式で利用することができるようになるはずである。しかし，私見では，本書で論じるトレンドは変わらないであろう。

第 4 章

近世スウェーデンのバルト海貿易
―――「大国時代」を中心に―――

はじめに

　ヴァーサ朝の創始者グスタヴ 1 世ヴァーサ（位 1523-60）からカール 9 世（位 1604-11）までのスウェーデンは，ヨーロッパ北方に位置する辺境国にすぎなかった。しかし 1617 年，ロシアからフィンランド湾岸を奪い取ったスウェーデン国王グスタヴ 2 世・アードルフ（位 1611-32）にとって，ポーランドこそが関心の的になり，1621 年には，ポーランドから，レットラント（ラトヴィア）にあるバルト海地方東部最大の商品集散地リーガ[1]を奪い取ることに成功する[2]。

　それをきっかけに，スウェーデンの領土は急速に拡大した[3]。1648 年に三十年戦争が終了した時には[4]，デンマークに代わり，スウェーデンがバルト海地方の政治的覇権を握った。最盛期である 1660 年頃には，それ以前からのスカンディナヴィア半島の領土はもちろんのこと，レーヴァル，リーガ，ポンメルン，ヴィスマル，ストラールズントまでも，スウェーデンは自らの領土とした（図 4-1 参照）。バルト海は，「スウェ

　1）　Paul Douglas Lockhart, *Sweden in the Seventeenth Century*, London, 2004, p. 43.
　2）　A. Norberg, *Polen i Svensk Politik 1617-1626*, Stockholm, 1974, s. 7.
　3）　グスタヴ 2 世アードルフについては，M. Roberts, *Gustavs Adolphs*, 2 vols., London, 1953, and 1958; 及び，その縮刷版である。M. Roberts, *Gustavs Adolphs*, 2nd edition., London, 1992; さらに，A. Ahnlund, *Gustav Adolf the Great*, rep. Wesport, 1983.
　4）　三十年戦争とスウェーデンとの関係については伊藤宏二『ヴェストファーレン条約と神聖ローマ帝国――ドイツ帝国諸侯としてのスウェーデン』九州大学出版会，2005 年。

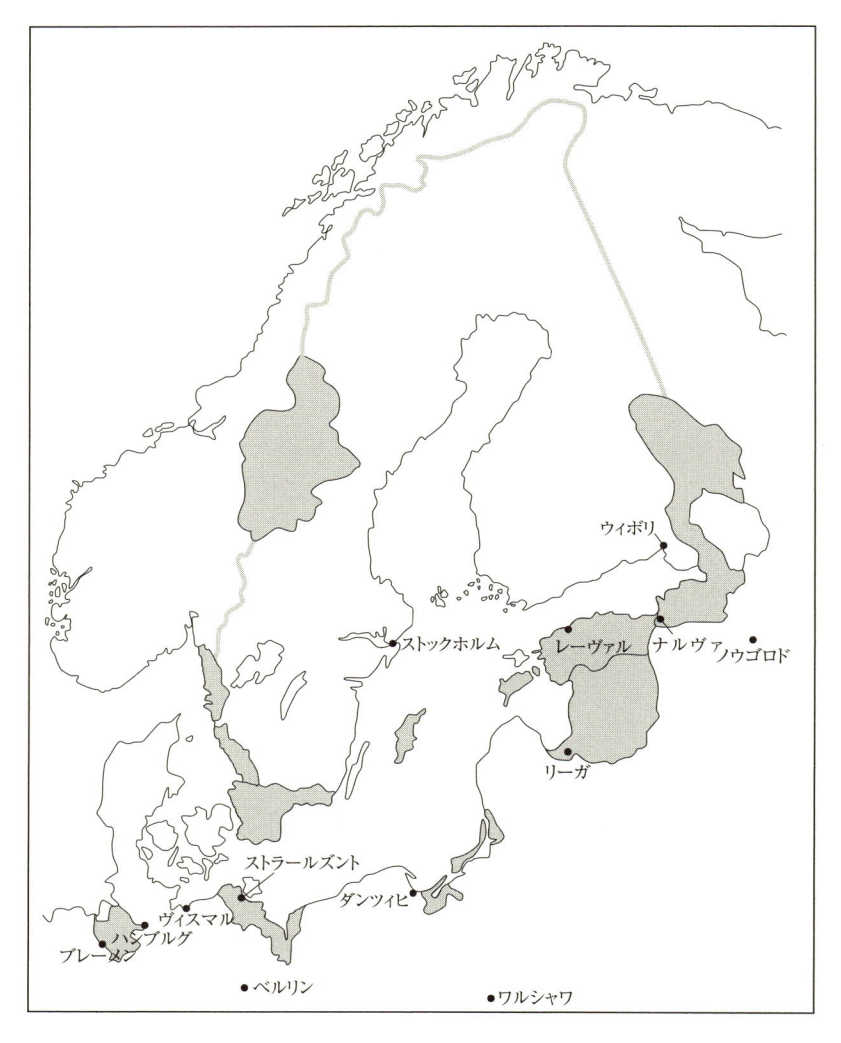

142　第4章　近世スウェーデンのバルト海貿易

図 4-1　スウェーデン地図
注）影の部分はスウェーデンに併合された地域

ーデンの内海」となった。スウェーデンは，いわば本国であるスカンディナヴィア半島の領土と，それ以外にヨーロッパ大陸の領土をもった帝国として出現したのである。

　スウェーデン史上，「大国時代」（stormktstiden 1611-1718）といわれ

はじめに

るこの時代は，大北方戦争（1700-21）により終焉を迎えた[5]。そして「自由の時代」（Frihetstiden 1719-72）と呼ばれる時代となる。レーヴァルとリーガはロシア領に変わり，スウェーデンに代わって，ロシアがバルト海地方の政治的覇者となる[6]。

「大国時代」に，スウェーデンはバルト海をまたぐ「帝国」として機能した。そのため，「バルト海帝国」（Östersjöväldet）と呼ばれることもある[7]。入江幸二の言葉を借りれば，「ここで言う『帝国』とは，植民地支配と金融資本に立脚した19-20世紀のそれではなく，単に『強大な支配を指す言葉』に過ぎない。あるいは近世のハプスブルク家の支配領域のように，異なる言語や文化を持った異民族や，一定の社団特権が認められた多様な地域を包摂する，そのような『帝国』である」[8]。

ただし，「バルト海帝国」なる用語は，スウェーデン本国の研究者の間で使われる言葉とはいいがたい。むしろ，外国人研究者，特に日本人が好んでいるといってよいだろう。ここに，日本と本国の研究の相違点があることを指摘しておかなければならない。スウェーデン人研究者はむしろ，「大国時代」を好んで使う。

1721年にニスタット条約が結ばれ，大北方戦争が終結し，ここに，バルト海帝国は崩壊した。しかしそれは政治的帝国の崩壊ではあっても，経済的帝国の崩壊ではなかった。本章では「バルト海帝国」という用語で，政治的帝国よりむしろ経済的帝国を表したい[9]。付け加えるなら，

---

[5] より正確には，カール12世が戦死した1718年で終わったとみなされることが多い。大国時代のスウェーデンについては，M. Roberts, *The Swedish Imperial Experience, 1560-1718,* Cambridge, 1979; K. Zernack, "Schweden als europäische Grossmacht der frühen Neuzeit", *Historische Zeitschrift*, Bd. 232, 1981, S. 327-357; 入江幸二『スウェーデン絶対王政研究――財政・軍事・バルト海帝国』知泉書館，2005年

[6] S. P. Oaklay, *War and Peace in the Baltic, 1560-1790,* London and New York, 1992, pp. 111-128.

[7] Klaus Richard Böhme, "Builuding a Baltic Empire: Aspects of Swedish Expansion, 1560-1660" in Göran Rystad, Klaus Böhme and Wilhelm C. Carkgren (eds.), *In Quest of Trade and Security: The Baltic in Power Politics, 1500-1990,* Vol. I: *1500-1890,* Lund, 1994, pp. 177-220.

[8] 入江幸二『スウェーデン絶対王政研究』2005年，14-15頁。

[9] 「バルト海帝国」という場合，政治的帝国だけしか論じず，経済的帝国として機能したことを軽んずる傾向があるのは，現在の日本のスウェーデン史研究の問題点であろう。「バルト海帝国」という用語は，スウェーデン一国史の観点から，領土が大きく拡張した意味での「大国時代」という用語とは違い，バルト海地方の一体性を表すことができる。しかしそ

バルト海が、貿易面からみればどのような統一体だったのかということを考察の対象にする。

レオス・ミュラーがいうように、近世スウェーデンの経済・商業発展には、国家が極めて大きな役割を果たした[10]。17世紀以来、スウェーデン国家は、ストックホルムを経済・行政面での中心にしようとしてきた。ストックホルムの貿易には、さまざまな特権が付与された[11]。スウェーデンは、ストックホルムを核として、いわば後発国型の経済発展を遂行しようとしたといえるだろう。スウェーデンの後発性こそ、国家が大きく経済に介入することを促進し、ひいては経済が発展することになった要因であった[12]。スウェーデンは、後発国の利益を十分に享受したのである。

保護貿易の最良の例が、1724年に採用された「航海法」(produktplakatet)である。この法は、イギリスの航海法を模倣したものであり、スウェーデンへの輸出入は、外国船が自国で生産された商品を輸送する場合以外、スウェーデン船しか使用できないと規定した[13]。したがって、政治面における大きな変貌とは対照的に、貿易面からみれば、スウェーデンの政策はほぼ一貫していたといってよい。

本章では、その具体的様相を描写する。特に強調されることは、第一にスウェーデンと西欧との関係、なかでもスウェーデンに外国貿易商人が移住したことである。第二に、スウェーデンがバルト海を内海とした「バルト海帝国」として、経済的に機能していたことである。最後に、「バルト海帝国」のなかでも特に重要な位置を占めたと思われる、リーガとレーヴァルの貿易構造の相違である。このような観点から分析する

れが政治史を中心とする概念を表すとすれば、海外領土の喪失によりこの帝国は崩壊したことになり、18世紀後半まで続くバルト海をまたいだスウェーデン経済の実態を把握できない。バルト海帝国については、古谷大輔「近世スウェーデンにおける帰属概念の展開」近藤和彦編『歴史的ヨーロッパの政治社会』山川出版社、2008年、74-110頁。

10) レオス・ミュラー著（玉木俊明・根本聡・入江幸二訳）『近世スウェーデンの貿易と商人』嵯峨野書院、2006年、44頁。

11) Erik Lindberg, "Mercantilism and Urban Inequalities in Eighteenth Century Sweden", *Scandinavian Economic History Review*, Vol. 55, No. 1, 2007, p. 8.

12) 第1章および補論Ⅰをみよ。

13) Lindberg, "Mercantilism and Urban Inequalities in Eighteenth Century Sweden", p. 16.

ことにより，大国時代のスウェーデンの貿易構造の特徴を浮き彫りにしたい。なお，ここで「大国時代」を考察の中心とするのは，この時代にスウェーデンの政治的帝国化が頂点に達するからである。それ以降は，経済的帝国としての意味がはるかに鮮明になるが，それについては，第6章で少し言及する。

第1節　ストックホルム・ステープル市場

ここでは，バルト海内部で最大の港湾都市の一つとなったストックホルム[14]のステープル市場について論じる。出発点となるのは，日本で最初にこの問題に取り組んだ，根本聡の論考である[15]。

根本は，水上交通を重視する。メーラレン湖は，ヴァイキング時代以前から，港湾都市ストックホルムを支える海運力の源泉であった。近世においては，メーラレン湖北方の後背地が，森林資源のほかに，鉱物資源である鉄と銅を——ベリースラーゲン（Bergslagen）と呼ばれる中央鉱山地帯から——供給し，それはまた，ストックホルムから西欧に輸出されたのである[16]。

さらに，ボスニア湾最奥に注ぐトルネオー川の河口に建った市（いち）も北欧の貿易上重要な場所であった。さらに「ボスニア海域商業強制」により，オーボ市民以外のフィンランド，ニィランド，ローデン，ヘルシングランド，イエストリークランドから来るすべての人々は，ストックホルム以外のいかなる地でも船でも商業を行なってはならない，と決められた[17]。ストックホルムはこのようにして，スウェーデンで最も重要な港

---

14) ストックホルムについては，Staffan Högberg, *Stockholms Historia*, 2 vols., Stockholm, 1981.

15) 根本聡「ストックホルムの成立と水上交通」『歴史学研究』第756号，2001年，56-76頁。根本聡「海峡都市ストックホルムの成立と展開——メーラレン湖とバルト海のあいだで」村井章介責任編集『シリーズ港町の世界史1　港町と海域世界』青木書店，2006年，365-397頁。

16) 根本「ストックホルムの成立と水上交通」56-57頁。根本「海峡都市ストックホルムの成立と展開」367頁。

17) 根本「海峡都市ストックホルムの成立と展開」388頁。

になっていくのである。しかし，サンドストレームの言葉を借りれば，同市は，「非常に小さなケーキのなかの大きなかけら」[18]にすぎなかった。

　伝説によれば，ストックホルムは，1250年代に起源があり，リューベック商人によって建設された。元来は島であったガムラ・スタン（旧市街）を中心に発達する。

　近世のストックホルムは，現在とは違った位置に存在していた。ガムラ・スタンは，今日のストックホルムの中心にある半島のように突き出た部分のことである。近世には，ここに多くの外国人卸売商人が住み，外国貿易に従事した。彼らはSkeppsbro「シェップスブロー＝波止場」に居住していたので，Skeppsbroadeln「波止場貴族」と呼ばれた。より正確には，ガムラ・スタンのシェップスブローに沿って，合計20のブロックに居住していた[19]。彼らが，ストックホルム発展の担い手として活躍した[20]。

　ストックホルムは，近世に急速に発展する。1580年代約8,000人にすぎなかった人口が，1663年には4万人近くにまでなる。18世紀になるとスウェーデンの都市人口の三分の一はストックホルムが占めるようになり，1760年代のストックホルムの人口は，7万人台になる。ストックホルムを中心として，スウェーデンが鉄輸出の急増に成功したことが，その大きな理由となっている[21]。もはや，ストックホルムは「非常に小さなケーキのなかの大きなかけら」ではなく，ヨーロッパでも有数の貿易都市の一つになったのである。では，それはなぜか？

　ストックホルムは，国内産の鉄・銅・真鍮などの鉱物資源と，主としてフィンランドからボスニア湾をへて持ち込まれるピッチ・タールを輸出するステープル市場として台頭する。ストックホルムは，スウェーデン（フィンランドを含む）[22]の産物の輸出をベースとして貿易を拡大して

　18）　Åke Sandström, *Mellan Torneå och Amsterdam: En undersökning av Stockholms roll som förmeldeare av varor i regional-och utrikeshandel 1600-1650,* Stockholm, 1990, s. 20.

　19）　Klas Nyberg, "The 'Skeppsbro Nobility' in Stockholm's Old Town 1650-1850: A Research Program on the Role and Significance of Trade Capitalism in Swedish Economy and Society", Uppsala Papers in Economic History, Research Report No. 49, 2001.

　20）　「波止場貴族」に関する研究としては，Karin Ågren, *Köpmann i Stockholm: Grosshandlares ekonomiska och sociala strategier under 1700-talet,* Uppsala, 2007.

　21）　根本「海峡都市ストックホルムの成立と展開」366-368頁。

いくのである。それは，スウェーデンがヨーロッパ世界経済に組み込まれる過程でもあった。ストックホルムこそは，スウェーデンがヨーロッパ世界経済に組み込まれる際の鍵となった都市だということに，注意しておくべきだろう。

第2節　ストックホルムの発展と外国商人

ストックホルムの発展には，当初から外国人の力が大きく作用していた。リューベック商人が建設したこともあり，ストックホルムの貿易は，当初から，ハンザ商人との関係が深かった[23]。13世紀中頃から，ドイツ商人がスウェーデンに移住するようになった。特にリューベックとの関係が強く，1572年から85年をみると，ストックホルムから輸出される銅の60％以上がリューベックに送られた[24]。さらにストックホルムの輸出は，1600年にはリューベックとダンツィヒというハンザ都市が中心だったのが，1650年にはオランダが中心になる[25]。これに関連して，ミシェル・ド・ヨンは，「グスタヴ1世ヴァーサからグスタヴ2世アードルフにいたるまで（1523-1632），スウェーデン国家と経済は，外国の資本・技術・商業知識・貿易によって徐々に変化した。スウェーデンの勃興が決定的になったのは，グスタヴ2世アードルフと宰相アクセル・オクセンシェーナの，1619-32年の努力によるところが大きかった」[26]という。

22）　この頃のフィンランドの貿易については，Arnold Soom, "Zur Geschichte des Handels zwischen Reval und Finland im 17. Jahrhundert", *Annales Societatis Litterarum Estonicae in Svenica*, IV, Stockholm, 1966, S. 123-133.

23）　ハンザとスカンディナヴィアとの関係については，A. E. Christensen, "Scandinavia and the Advance of the Hanseatics", *Scandinavian Economic History Review*, Vol. 5, No. 1, 1957, pp. 89-117.

24）　Kjell Kumlien, *Sverige och Hanseaterna: Studies i Svensk Politik och Utrikenshandel*, Stockholm, 1953, s. 480.

25）　ミュラー『近世スウェーデンの貿易と商人』35頁。

26）　Michiel de Jong, "Dutch Entrepreneurs in the Swedish Crown Trade, 1580-1630", Hanno Brand, (ed.), *Trade, Diplomacy and Cultural Exchange: Continuity and Change in the North Sea Area and the Baltic ca. 1350-1750*, Groningen, 2005, p. 43.

このような変化は，そのままヨーロッパ世界経済の勢力図の変遷を反映する。すなわち，ハンザの勢力が衰退し，オランダが台頭していくのと同じ軌跡を描いている。そして，オランダからの移民によって，スウェーデンの鉱山資源は大いに開発される。とりわけスウェーデン鉄工業に対して，ルイ・ド・イェール（Louis de Geer）が多大な貢献をしたとされる[27]。

ルイ・ド・イェールは，スウェーデンに渡ったウィレム・ファン・ベスヘ家（Besche）と同様，リエージュの出身であった。このリエージュ・ネットワークが，オランダ，さらにはスウェーデンの経済発展に寄与したのである[28]。

オランダは，もともとドイツやスペインから鉄を輸入していたのだが，三十年戦争の影響で，それが不可能になった。その代役として登場したのが，スウェーデンである。スウェーデンには，鉱物資源開発のための資金——場合によってはノウハウ——が決定的に不足していた。それらを供給したのがオランダであった[29]。ただしここで注意しておかなければならないが，鉱山開発の資金を提供したのがオランダであったとしても，技術的ノウハウを提供したのはリエージュだったことである。アムステルダムは，リエージュの鉱山業のノウハウがスウェーデンに伝わるための仲介者としての役割を果たした。

ルイ・ド・イェールは，スウェーデン鉱山業の発展に尽くした。換言すれば，スウェーデンの製鉄集落（bruk）[30]の開発に，多大な貢献をしたのである。17世紀前半には，スウェーデンからの銅と鉄の最大の輸

---

27) ルイ・ド・イェールについては，E. W. Dahlgren, *Louis de Geer 1587-1652: Hans lif och verk,* 2 vols, 1923, rep. Stockholm, 2002; 邦文文献では，上野喬『オランダ初期資本主義研究』御茶の水書房，1973年，187-246頁。

28) Maj-Btitt Nergård, *Mellan krona och marknad: Utländska och svenska entreprenörer inom svensk järn hantering från ca 1580 till 1700,* Uppsala, 2001, s. 104-154; Magnus Mörner, *Människor, Landskap, Varor och Vägnar: Essäer från svenskt 1600-och 1700-tal,* Stockholm, 2001, s. 64.

29) ミュラー『近世スウェーデンの貿易と商人』第2，3，4章。

30) この問題に関しては，邦文文献として，根本聡「スウェーデン鉄とストックホルム——鉱山業における国家と農民」『ヨーロッパ文化史研究』第6号，2005年3月，75-92頁。brukは，英語ではiron-worksと通常訳されるが，単なる製鉄所ではない。それは一つの集落であり，住居はむろん，場合によっては学校や病院までも含む。したがって，集落としての機能をもつ。

出先はオランダであった。そしてトリップ家をパートナーとして，1610年代から，銅・鉄，さらには鉄製銃器の販売を独占した。1630年代には，毎年1,000挺以上の鉄製銃器を販売することになった[31]。スウェーデンにおけるルイ・ド・イェールと，オランダにおけるトリップ家との共同事業は，オランダの武器市場の発展もうながした。

　トリップ家に関しては，クレインの古典的研究があり[32]。今日まで大きな影響を及ぼしている。トリップ家はいわば「死の商人」であり，鉄・銅などの独占をしたという。しかしながらクレインの研究は，オランダ側の史料にのみもとづいており，本来必要だったスウェーデン側の史料を使っていないという問題点がある。その問題点を克服したのが，ミシェル・ド・ヨンの博士論文である[33]。しかもド・ヨンは，クレインの研究ではあまり取り扱われなかった武器貿易を中心に分析を行なっている。

　1568年の八十年戦争開始時には，武器産業はオランダ経済においてごく僅かな役割しか果たしていなかったが，終了時の1648年には，無視しえないほど巨大なものとなった。オランダ共和国は，直接的にも間接的にも，武器貿易を支援したのである。さらに最大の武器消費者は，オランダ東インド会社（VOC）であった。オランダでは武器産業が発達し，武器貿易商人は，スウェーデン，デンマーク，イングランド，モスクワ，フランス，ヴェネツィアに，場合によっては，敵国のスペインにも武器を売った。オランダの武器製造産業は，急速に発達した。そのため，スウェーデン-オランダ間の貿易が増えた。1630年代には，オランダにとってスウェーデン産の銅は，大砲の製造に欠かせないものとなり，鉄製銃器は，イングランドではなくスウェーデンから輸入されるようになった。バーバーの言葉を借りれば，「三十年戦争のあいだ，アムステルダムのド・イェール家の倉庫は，グスタヴ2世・アードルフの軍隊とオランダ連邦議会のみならず，デンマークやフランスの軍隊にも武器を

　31）　ミュラー『近世スウェーデンの貿易と商人』14-21頁。
　32）　Peter Klein, *De Trippen in de 17e eeuw: Een studie over het ondernemersgedrang op de Hollandse stapelmarkt*, Assen, 1965.
　33）　Michiel de Jong, *'Staat van Oorlog': Wapenbedrijf en Militaire Hervormingen in de Republiek der Verenigde Nederlanden, 1585-1621*, Hilversum, 2005.

提供した。……1627年から41年にかけて，リシュリューは，銅・硝石・火薬・弾丸・マスケット銃・大砲をアムステルダムで購入したのである」[34]。

上述のようなオランダ-スウェーデン複合体（Dutch-Swedish Complex）は武器の製造と貿易を行ない，それがヨーロッパ全土にわたる影響をもちえたのである。ただし，ド・イェールとトリップ家のパートナーシップ関係は1631年に終わり，以降，トリップ家の親族によるパートナーシップ経営で武器貿易がなされるようになる[35]。

しかしながら，オランダの優位は，17世紀後半になると崩れる。スウェーデン鉄が，主としてイングランドに輸出されるようになったからだ[36]。輸出面でみれば，重要な商会はごくかぎられており，1730年代には，7人の主導的商人だけで，スウェーデンの鉄貿易の半分程度を占めていた。その7人のうち，5人がイギリスの出身であった。他方，オランダ出身はクラース・グリル（Claes Grill）ただ1人だけであった[37]。

---

34) Violet Barbour, *Capitalism in Amsterdam in the Seventeenth Century*, Baltimore, 1962, p. 27.

35) Joost Jonker and Keetje Sluyterman, *At Home on the National Markets: Dutch International Trading Companies from the 16th Century until the Present*, The Hague, 2000, p. 60; とはいえ，スウェーデンから鉄や銅を輸入しなければならなかったのだから，あまりにアムステルダムの自立性を強調することはできない。

36) Kurt Samuelsson, *De stora köpmanshusen i Stockholm 1730-1815: En studie i svenska handelskapitalismens historia*, Stockholm, 1951.

37) ミュラー『近世スウェーデンの貿易と商人』68-70頁。クラース・グリルについては，Leos Müller, *The Merchant Houses of Stockholm, c. 1640-1800: A Comparative Study of Early-Modern Entrepreneurial Behaviour*, Uppsala 1998; サムエルソンはまた，スウェーデン商家の信用取引について研究している。ただし，本章での対象よりもあとの時代を考察の対象にしている。それによれば，アムステルダムやハンブルクの商人が手形割引仲買人 discount broker として活躍することがわかる。また，イングランドへの鉄輸出が多かったにもかかわらず，ロンドンへの振出手形はあまりみられなかった。第6章でも述べるように，ハンブルクは重要な金融都市であったことがここからも判明する。おそらく，18世紀の国際貿易におけるロンドン金融市場の役割は過大評価されている。それは，同市場の研究が，ほとんどイギリス側の史料に依拠していたことが原因であろう。Kurt Samuelsson, "Swedish Merchant-Houses, 1730-1815", *Scandinavian Economic History Review*, Vol. 3, No. 2, pp. 163-202; また，スウェーデンの研究においては，鉄輸出商人に占めるユグノーの重要性が軽視される傾向にある。第1章でも触れたように，ストックホルムではユグノーが帰化できたので，この地で鉄の輸出商人として活躍することもあった。Pierrick Pourchasse, *Le commerce du Nord: Les échanges commerciaux entre la France et l'Europe septentrionale au XIIIe siècle*, Rennes, 2006, pp. 210-215; この問題については，以下の文献も参照。Thomas Lindblad,

スウェーデンにおける主要な外国商人がオランダ人からイギリス人に変化することは、オランダからイギリスへという、ヨーロッパ世界経済のヘゲモニーの変化と連動する。次節以降、それを量的分析からも証明したい。

第3節　「バルト海帝国」の貿易構造

1　概　観

本章においては、以下、スカンディナヴィア半島のスウェーデン領――フィンランドを含まず――を「スウェーデン本国」と呼び、ヨーロッパ大陸にあるスウェーデン領を「大陸側領土」とし、これらを併せてスウェーデンと名づけることにする。なお、「大陸側領土」としては、リーガとレーヴァルを特に重視する。ただしこの用語の厳密な使い分けは、本章のみにとどめる。

このような名称を考えたのは、スウェーデンの経済史家には「スウェーデン本国」の経済史という観点しかなく、スウェーデン帝国の経済史という視点に欠けていると思われるからである[38]。17世紀のスウェーデンを「大国時代」と呼べても、「バルト海帝国」とは呼べないのは、スウェーデン人史家の研究姿勢に由来するのかもしれない。確かに、イギリスと比べるならば、本国に対するそれ以外の地域の比率は小さい。しかし歳入面からみても、1699年の時点で約四分の一が「スウェーデン本国」とフィンランド以外の地域から入っており[39]、しかも後述するように、「大陸側領土」からの輸入品は「スウェーデン本国」にとっても必要不可欠なものであったので、「大国時代」のスウェーデン経済史を

Sweden's Trade with the Dutch Republic 1738-1795: A Quantitative Analysis of the Relationship between Economic Growth and International Trade in the Eighteenth Century, Assen, 1982.

　38)　Eli F. Heckscher, *An Economic History of Sweden*, Cambridge, Mass., 1954, *passim*: Lars Magnusson, *Sveriges Ekonomiska Historia*, Stockholm, 1996.

　39)　S. Lundkvist, "The Experience of Empire: Sweden as a Great Power", M. Roberts (ed.), *Sweden's Age of Greatness, 1632-1718*, London, 1973, p. 19.

論ずるのであれば,「大陸側領土」の存在を無視することはできない。また「スウェーデン本国」と「大陸側領土」との交易は,スウェーデンの存在のために大きな役割を果たし,しかもスウェーデンと西欧との貿易とも大きな関連をもったと考えられるのである。

とはいえ,本章の射程には大きな限界があることを認めざるをえない。ここで論ずることができるのは,スウェーデンと西欧——及びバルト海地方の貿易港——との間で取引された商品とその量だけである。商品の移動によって生じた金融決済手段の発達——あるいはその逆——については,極めて大きな問題であるにもかかわらず,触れられることはない[40]。また,「大陸側領土」のなかで重要な役割を果たしたポンメルンも論じられない。これらの問題点については,今後の課題とするほかない。

2 輸 出 入

ここで使用される主要史料は,『エーアソン海峡通行税台帳』(『台帳』)のほか,ボエティウスとヘクシャーが編んだ,『スウェーデン貿易統計』(*Svensk Handelsstatistik* = SHS) である[41]。

表4-1と表4-4は,SHSから作成したもので,「スウェーデン本国」の商品別の輸出入額を表している。この数値には「大陸側領土」のレーヴァル,リーガ,ポンメルン,ヴィスマル,ストラールズントなどの貿易は含まれてはいない[42]。

---

40) この問題については,以下の文献を参照のこと。C. H. Wilson, "Treasure and Trade Balances: The Mercantilist Problem", *Economic History Review,* 2nd ser., Vol. 2, 1949, pp. 152-161; C. H. Wilson, "Treasure and Trade Balances: Further Evidence", *Economic History Review,* 2nd ser., Vol. 4, 1952, pp. 231-242; Eli F. Heckscher, "Multilateralism, Baltic Trade and the Mercantilists", *Economic History Review,* 2nd ser., Vol. 3, 1950, pp. 219-228; J. M. Price, "Multilateralism and/or Bilateralism: The Settlement of British Trade Balances with 'The North' c. 1700", *Economic History Review,* 2nd ser., Vol. 14, 1961, pp. 254-274; J. Sperling, "The International Payments Mechanism in the Seventeenth and Eighteenth Centuries", *Economic History Review,* 2nd ser., Vol. 14, 1962, pp. 446-468; Samuelsson, "Swedish Merchant-Houses, 1730-1815."

41) なおSHSの原史料は,スウェーデンの国立文書館 Riksarkivet に保管されている。

42) スウェーデンの貿易に関する最も基本的な文献として,Staffan Högberg, *Utrikeshandel och sjöfart på 1700-talet: Stapelvaror i svensk export och import 1738-1808*, Lund,

第3節 「バルト海帝国」の貿易構造　153

表4-1 「スウェーデン本国」の輸出品

(単位：%)

	1637	1640	1642	1645	1649	1661	1685	1724	1746/50	1776/80
鉄・鋼鉄	35.4	39.3	43.2	53.6	46.7	58.2	57.0	73.0	73.6	58.0
銅・真鍮	27.3	20.0	33.8	29.8	33.3	24.3	23.5	10.0	6.3	9.7
ピッチ・タール	7.9	10.8	9.4	6.5	6.1	6.0	8.1	7.0	-	12.1
木材	4.1	4.3	3.4	3.2	5.2	4.1	2.4	6.1	5.2	7.2
穀物	16.0	16.8	2.8	1.4	2.7	1.0	0.1	-	-	-
獣皮・毛皮	2.4	2.3	1.8	1.1	1.5	0.8	0.1	-	0.1	0.0
魚	0.1	0.3	0.2	0.1	0.1	0.0	0.5	-	0.0	5.8
バター・脂	-	0.0	-	-	-	-	-	-	0.0	0.0
その他	6.8	6.2	5.4	4.3	4.4	5.6	8.3	3.9	14.8	7.2

出典） B. Boëthius och Eli F. Heckscher (red.), *Svensk Handelsstatistik 1637-1737*, Stockholm, 1938, s. LI.

(1) 「スウェーデン本国」の輸出

まずは，輸出からみていこう。表4-1からまぎれもなく明らかなように，銅・鉄・鋼鉄という，鉱物資源の輸出の割合が極めて大きい。当初は銅の比率も高いが，やがて鉄・鋼鉄が他を圧倒する。鉱物資源に次いで重要なのは，ピッチ・タールである。また，1637年，1640年に関しては，穀物の輸出も多く，16％以上ある。

「スウェーデン本国」から西欧に対しては，基本的に鉱物資源が輸出され，しかもその重要性が高まっていることがここから判明する。ここでは，輸出品の中で比率の高い鉱物資源とピッチ・タール——これらの多くは西欧に輸出された——の輸出についてみていきたい。

ところで，鉱物資源は「スウェーデン本国」のどの港から西欧に送られたのか。「スウェーデン本国」の代表的貿易港であるストックホルムとイェーテボリから輸出される鉄の割合を比較してみよう。1681/85年は82.6対14.4だったのが，1716/20年には，69.6対30.4となる[43]。イェーテボリの比率が高まっていくとはいえ，ストックホルムからの輸出量の方がかなり多い[44]。したがって「スウェーデン本国」から西欧に

1969; R. Vallerö, *Svensk handels- och sjöfartstatistik 1637-1813: En tillkomsthistorisk undersökning*, Stockholm, 1969.

43） B. Boëthius och Eli F. Heckscher (red.), *Svensk Handelsstatistik, 1637-1737*, Stockholm, 1938, p. LVIII.

向けてのこの時代の輸出は，ストックホルムからの鉄を基軸にしていたということができよう。

では「スウェーデン本国」の鉱物資源はいったいどこに輸出されたのか。残念ながら，詳らかなことはわからない。それは，SHS には，商品の輸出量は書かれていても，輸出相手地域は通常書かれてはいないからである。しかしストックホルムからの輸出に関しては，輸出相手港が掲載されているので，次にストックホルムの輸出量をみることにしたい。「スウェーデン本国」の貿易はストックホルムを経由する場合が多かったので，全体の傾向を判断するためにはこれで差し支えない。

まず，ストックホルムから輸出される銅と棒鉄の主要相手先をみてみよう。SHS によれば，銅の場合，輸出先として，1642 年にはオランダが 73％を占めていたのが，1729 年には 19％に低下する。それに対し，1642 年にはまったくなかったルアンが，1729 年には 23％にまで増える。棒鉄に関しては，1642 年にはオランダの比率が 52％，イングランドのそれが 9％だったのが，1729 年にはそれぞれ 16％と 39％になり，逆転する。また，リューベックの比率が高いことにも注目すべきである。1642 年にはストックホルムから輸出される銅の 22％がリューベックに送られている。1694 年には，その比率は 35％に達する。棒鉄に関しては，1646 年には，21％がリューベックに輸出された[45]。16 世紀に入るとハンザの勢力は弱まったが，ハンザの取引量自体は増加した[46]。むろんリューベックの貿易量も増加したが，そのリューベックに，ストック

---

44) 貿易都市としてのイェーテボリの役割は，18 世紀にはさらに大きくなる。1731 年にスウェーデン東インド会社が設立され，同市が根拠地になることからも，それは推察されよう。ただしイェーテボリの国際貿易に関する主立った研究はダールヘーデの手になるものであり，極めて優れているが，17 世紀を扱っているにすぎない。Christina Dalhede, *Handelsfamiljer på Stormaktstidens Europamarknad: resor och resande i internationella förbindelser och kulturella intressen: Augsburg, Antwerpen, Lübeck, Göteborg och Arboga*, 2 Vols., Göteborg, 2001; Christina Dalhede, *Viner Kvinnor Kapital: 1600-talshandel met potential*, Göteborg, 2006; スウェーデン東インド会社については，ミュラー『近世スウェーデンの貿易と商人』第 8，9，10 章をみよ。また，以下の文献も参照。C. Konincxx, *The First and Second Chapters of the Swedish East India Company 1731-1766*, Kortrijk, 1980.

45) Boëthius och Heckscher, *Svensk Handelsstatistik*, s. 646, 647, 658, 746, 748, 775.

46) P. Dollinger, *Die Hanse*, 5. erweiterte Auflage, 1998, Stuttgart, S. 364-486; 谷澤毅「近世初頭のバルト海貿易――リューベックとダンツィヒ」『早稲田経済研究』35 号, 1992 年, 79-93 頁。

第3節　「バルト海帝国」の貿易構造

ホルムの銅が輸出されたのである。この銅は，谷沢毅の推測によれば，リューベックからハンブルクに陸路輸送され，そこから西欧諸国に再輸出された[47]。SHS をみるかぎり，ストックホルムの銅がリューベックに少なからず輸出されたことは間違いなく，谷澤の推論には充分に説得力がある。

しかしながら，銅輸出の重要性は，時代と共に下がっていく。1625 に銅本位制を採用したほど，銅が豊富であった「スウェーデン本国」ではあるが，銅の輸出量は，1631-40 年をピークに減少する傾向にあるからである[48]。スウェーデン経済における銅の重要性も低下した。またヘクシャーによれば，「スウェーデン本国」における銅の生産は，1620 年代には年平均 1,300-1,500 トンほどであったが，最盛期である 1650 年には，3,000 トン近くにまで達した。そして 1680 年代には 1,600-1,900 トンに下がっている[49]。スウェーデン経済において，銅よりも，鉄の方が明らかに重要になって来るのである。

その鉄の輸出に話題を変えよう（表 4-2 参照）。「スウェーデン本国」の鉄は比較的質が高く，この時代は，ヨーロッパの市場をほとんど支配していたとさえいわれる。イギリスで新たな製鉄技術としてパドリング法が導入されたことがきっかけとなり，1760 年代にロシアの鉄輸出が急増するまでは[50]，スウェーデンはヨーロッパで第一の鉄輸出国であった。そのスウェーデンの鉄は，棒鉄の形態で，ストックホルムからヨーロッパ諸国に輸出された。17 世紀後半から，スウェーデン最大の鉄輸出先はイングランドになる。「スウェーデン本国」の輸出品の中で，鉄と鋼鉄の占める比率が上昇傾向にあるのは，「スウェーデン本国」とイングランドの貿易関係が緊密になっていくことの現れであろう。

「スウェーデン本国」の鉄輸出量は，1680 年代から急激に下がってい

---

47)　谷澤毅「近世リューベックのスウェーデン貿易」『北欧史研究』10 号，1993 年，9-23 頁。

48)　Heckscher, *An Economic History of Sweden*, pp. 88-91.

49)　Eli F. Heckscher, "Den europeiska koppermarknaden under 1600-talet", *Scandia*, Vol. 11, 1938, s. 238.

50)　ロシアの鉄輸出については，Ian Blanchard, "Russia and International Iron Markets, ca. 1740-1850", Paper Presented to Conference "Commodity Markets and the Mercantile Contribution to Industrialisation" Held at the University of Glamorgan, 20-21 April 2001.

表 4-2 「スウェーデン本国」の鉄輸出量
（エーアソン海峡経由）

(年平均　単位：シップポンド)

	オランダ	イングランド	全体
1611-20	-	-	3,339.7
1621-30	-	-	12,721.1
1631-40*	-	-	31,963.4
1641-50	-	-	48,027.1
1651-57	-	-	40,614.6
1661-70	-	-	27,912.5
1671-80	18,487.0	37,459.0	68,514.6
1681-90	7,706.1	17,382.5	29,605.6
1691-1700	3,628.0	7,235.5	13,822.7
1701-10	11,246.9	12,156.5	28,183.3
1711-20	42,369.0	53,650.9	107,524.7

出典）『台帳』1632, 34年のデータなし。1667年以前には，『台帳 前編』には輸出先は書かれていないので，「スウェーデン本国」からどこに向かったのかは不明。

る。そして大北方戦争中の1711-20年から急増している。したがって「スウェーデン本国」の貿易にとって，大北方戦争の影響はあまり大きくなかったと考えるべきであろう。

さて，ピッチ・タールに話題を移そう（表4-3参照）。バルト海地方の貿易港としては，ピッチは1641年から，タールは1611年から，「スウェーデン本国」からの輸出量（フィンランドを含む）が最大になる。ピッチ・タールのなかでは，タールの方が輸出量が多く，5倍ほどある。イングランド・オランダへのピッチ・タール輸出量を比較すると，基本的にイングランドの方が少し多い。スウェーデンは1648年にタール会社を創設し，ストックホルム北部とニーエン（Nyen 現サンクト・ペテルブルク）で生産されたピッチ・タールの独占権を得ていた[51]。ただこの会社の勢力は，新大陸からのピッチ・タール輸入が増大することで減少したと考えられている[52]。

ストックホルムは，鉱産資源とピッチ・タールを輸出するステープル市場として大きく台頭した。17世紀前半にはオランダ向けの，後半以

---

51) H. Roseveare, *Markets and Merchants of the Late Seventeenth Century: The Marescoe-David Letters 1668-1680*, Cambridge, 1987, p. 28.

52) この問題については，本書の第6章を参照。

第3節 「バルト海帝国」の貿易構造　　157

表 4-3　「スウェーデン本国」のピッチ・タール合計の
輸出量（エーアソン海峡経由）

(年平均　単位：ラスト)

	オランダ	イングランド	全体
1611-20	-	-	2,104.1
1621-30	-	-	1,204.7
1631-40	-	-	821.4
1641-50	-	-	716.7
1651-57	-	-	342.1
1661-70	-	-	2,130.1
1671-80	1,314.2	1,031.8	2,885.9
1681-90	729.1	1,463.4	2,331.9
1691-1700	169.9	411.0	889.3
1701-10	395.3	428.6	1,057.6
1711-20	100.2	465.2	1,915.3

出典）『台帳』1632, 34 年のデータなし。1667 年以前には，『台帳　前編』には輸出先は書かれていないので，「スウェーデン本国」からどこに向かったのかは不明。

降は，イングランドへの輸出が増大する。ヨーロッパ世界経済という観点からみると，ヘゲモニー国家の移動とともに主要輸出先が変わったように思われるかもしれない。しかし，イギリスがヨーロッパ世界経済の中核になるのは 1815 年以降のことである[53]。むしろスウェーデンとイングランドの結びつきが，イギリスのヘゲモニー形成に役立ったと考えるべきだろう。

(2)　「スウェーデン本国」の輸入

さて，輸入の話題に移ろう。表 4-4 は「スウェーデン本国」の輸入品を表したものである。繊維製品の比率が高いが，その比率は減少傾向にあることがわかる。1685 年と 1724 年には，食糧，とりわけ穀物の比率が急激に高まる。

全体のトレンドを簡単に表すと，以上のようになろう。本節で分析の対象となる商品は，繊維製品，植民地物産（香辛料が含まれる。その他，

---

53)　さしあたり，パトリック・オブライエン著（秋田茂・玉木俊明訳）「不断の関係——貿易・経済・財政国家・大英帝国の拡大（1688-1815 年）」『帝国主義と工業化——イギリスとヨーロッパからの視点』ミネルヴァ書房，2000 年，131-164 頁。

表4-4 「スウェーデン本国」の輸入品

	1637	1640	1642	1645	1649	1661	1685	1724	1746/50	1776/80
繊維製品（完成品）	41.5	37.6	35.5	37.5	38.1	30.0	31.3	13.6	5.6	4.7
毛織物（原材料）	24.0	22.6	17.5	20.0	22.0	17.8	14.2	6.3	0.0	0.0
香料	19.5	29.5	19.5	24.8	20.5	21.8	10.4	14.4	5.8	8.5
食料	16.1	12.2	23.8	21.5	5.6	3.7	30.4	37.5	51.9	41.0
穀物	-	-	0.4	0.2	-	-	12.6	27.0	28.0	24.2
塩	9.5	-	10.2	2.0	-	-	11.0	2.6	4.4	5.7
魚	1.2	1.9	4.8	5.1	5.6	3.7	4.3	3.9	8.2	1.1
動物肉	5.4	10.3	8.4	14.2	-	-	1.2	3.5	4.8	3.5
飲料	13.5	15.5	13.6	14.7	14.0	18.6	8.2	7.9	5.0	4.6

出典) B. Boëthius och Eli F. Heckscher (red.) *Svensk Handelsstatistik 1637-1737*, Stockholm, s. L.

表4-5 「スウェーデン本国」の毛織物・植民地物産輸入量（年平均）

	毛織物（ピース）		植民地物産（ポンド）	
輸入先	オランダ	イングランド	オランダ	イングランド
1671-80	2,490.5	4,063.4	73,254.6	172,431.0
1681-90	122.2	1,971.2	23,246.4	63,153.0
1691-1700	30.7	116.9	27,903.5	107,621.2
1701-10	334.6	47.7	93,454.0	127,954.3
1711-20	7,116.0	251.7	697,790.5	209,918.6

出典) 『台帳 後編』

砂糖，タバコなど），穀物である。

では次に，『台帳』から作成した表4-5を使って商品別にもう少し細かくみていきたい。

ここでは毛織物と植民地物産について，バルト海貿易で最大の貿易量を誇っていたオランダと，二番手であったイングランドの「スウェーデン本国」への輸出量を考察の対象にする。SHSからは，単年度のデータしかわからないので，『台帳 後編』のデータも，年平均で算出している。

SHSをもとにまず繊維製品をみると，1724年にはかなり減少している。バルト海地方が輸入した毛織物は，ほとんどがイングランドとオランダから来たものであった。SHSからはどの国から輸入したのかは不明であるが，「スウェーデン本国」が輸入する繊維製品も，この二国か

ら来た毛織物と考えて差し支えない。
　ここでさらに注意しなければならないのは，「スウェーデン本国」の船舶で輸送された商品は1661-1709年は免税であり『台帳 後編』には記載されていないので，この数値は正確なものとはいえないということである。
　『台帳 後編』の1681-1710年の数値をみると，オランダから「スウェーデン本国」に向かう船舶のうち，オランダ船は290隻であるのに対し，「スウェーデン本国」の船は900隻と，3倍以上ある。
　したがって現実には繊維製品・植民地物産がオランダから「スウェーデン本国」へ輸出された量は，1681-1710年においては，この3倍ほどあったと考えるべきであろう。
　これらのことを考慮に入れると，「スウェーデン本国」への毛織物・植民地物産の輸出に関しては，イングランドの方がオランダより若干多かったといえる程度ではないだろうか。しかし1711-20年になると，両方ともオランダの方が圧倒的に多くなることがわかる。
　続いて穀物に話題を移そう。表4-4から注目すべきことに，穀物の比率が年と共に上昇している。17世紀前半には穀物の輸出が可能であったにもかかわらず，「大国時代」の後半には，「スウェーデン本国」はスカンディナヴィア半島以外の地域から穀物を輸入するようになる。「スウェーデン本国」とフィンランドは穀物を自給自足できたわけではなかった。では，どこから穀物を輸入したのか。これについては，表4-6が参考になる。
　結論から述べると，穀物はリーガ，レーヴァル，ポンメルンなどの「大陸側領土」から輸入された。マイケル・ロバーツによれば，バルト地方（現在のバルト三国付近）は，スウェーデンの穀物庫であった[54]。スウェーデンの帝国を維持させた要因の一つとして，穀物の輸入先をバルト海地方の南岸に求めたことが考えられる。さらに，こうもいえよう。「スウェーデン本国」は主要産業として鉄の役割を増大させ，その一方で，食糧生産の重要性を低下させ，穀物を「大陸側領土」に依存するようになった。スウェーデンの鉄輸出の伸びは，スウェーデンが「帝国

---

　54) Roberts, *The Swedish Imperial Experience, 1560-1718*, p. 105.

表 4-6 「スウェーデン本国」とフィンランドの
ライ麦・モルト輸入量

(単位：1,000 樽)

輸入先	ロシア		プロイセン		ダンツィヒ・エルビング	
	ライ麦	モルト	ライ麦	モルト	ライ麦	モルト
1738/40	52.0	0.6	3.8	0.7	6.8	0.2
1741/50	37.5	0.4	46.1	3.1	21.2	2.8

輸入先	ポンメルン		その他		合計	
	ライ麦	モルト	ライ麦	モルト	ライ麦	モルト
1738/40	23.0	98.8	26.0	4.7	111.6	105.8
1741/50	72.3	108.3	16.7	12.8	193.8	127.4

出典) *Historisk Statistik för Sverige*, Del. 3, *Utrikeshandel 1732-1970*, Stockholm, 1980, s. 138, tabell 1. 9.

化」することによって初めて可能になったのだ，と。「バルト海帝国」という用語は，むしろ経済的帝国を示すために有効なことが判明しよう。

3 「大陸側領土」

(1) はじめに

スウェーデン経済史を「スウェーデン本国」の経済史と捉えるなら，鉱物資源とピッチ・タールの貿易量の分析だけで，輸出の分析はほぼ終わったということができよう。

しかし，スウェーデンを「帝国」と考える本章の視座からは，それでは不十分である。ここではバルト海地方の代表的貿易港で，西欧とも活発に取引を行なっていたリーガ[55]とレーヴァルの西欧諸国への輸出品についての議論を進めることで，この欠落を埋め合わせたい。ここでは，史料の関係から，貿易統計分析の開始を 1671 年からにし，終わりを，大北方戦争開始前夜の 1700 年とする。

リーガ，レーヴァルともにスカンディナヴィア半島の貿易港——スト

---

55) この頃までのリーガの貿易については，F. Benninghoven, *Rigas Entstehung und der frühhansische Kaufmann*, Hamburg, 1961.

第3節 「バルト海帝国」の貿易構造

ックホルム、イェーテボリなど——とは、かなり貿易構造が異なっており、これらをひとくくりで「スウェーデン」の貿易港として論ずることは、現実的とはいえない。しかも政治史的にみても、スカンディナヴィア半島とバルト海南岸のスウェーデン領とはいわば本国と植民地に近い関係が成立しており[56]、統治構造がかなり異なっていた。

「スウェーデン本国」は人口の90%以上が農業に従事するという典型的な農業国であったが、必ずしも穀物の自給はできず、そのため穀物供給地域を必要としていた[57]。リーガ、レーヴァルは、「スウェーデン本国」に穀物を供給した貿易港でもあった[58]。

スウェーデンの領土拡大がとりあえず終息し、スウェーデン内部の結び付きが強まって行った17世紀後半になると、リーガ、レーヴァルのスウェーデン帝国内での経済的役割も大きくなった。1680年に、カール11世により王領地回収政策（reduktionen）[59]が行なわれると、急速にリヴォニアがスウェーデン内部で重要になる。

むろんこの二港の機能はそれにとどまらなかった。このようなバルト海内交易のみならず、バルト海地方以外の国々とも活発に取引を行なっていた。

ここから判明するように、リーガ、レーヴァルの貿易には、主として二つの側面があった。すなわち、西欧との貿易と、スウェーデン帝国内部の交易を中心とするバルト海内交易である。

この二側面からの分析のために、基本的にリーガについてはドゥンスドルフスの論文[60]、レーヴァルについてはソームの著作[61]に依拠しながら論を進める[62]。

---

[56] Sven-Erik Åström, "The Swedish Economy and Sweden's Role as a Great Power", M. Roberts (ed.), *Sweden's Age of Greatness, 1632-1718,* London, 1973, p. 68.

[57] Lundkvist, "The Experience of Empire: Sweden as a Great Power".

[58] Cf. Artur Attman, *The Russian and polish Markets in International Trade, 1500-1650,* Göteborg, 1973; この点において、ポンメルンも重要であったが、私の能力の関係上、言及できない。

[59] Lars Magnusson, *Reduktionen under 1600-talet: Debatt och forskning,* Malmö, 1985; 入江『スウェーデン絶対王政研究』95-125頁。

[60] E. Dunsdorfs, "Der Auszenhandel Rigas im 17. Jahrhundert", *Conventus Primus Historicolum Balticorum Rigae 1937,* Riga, 1938, S. 457-486.

[61] A. Soom, *Der Handel Revals in siebzehenten Jahrhundert,* Wiesbaden, 1969.

(2) 輸出船舶

表4-7は，リーガ，レーヴァルから出港した船舶数を，エーアソン海峡経由（西欧への輸出）とバルト海内交易に分けて載せたものである。

まずこの二港を比較してすぐ気づくことは，リーガの方がレーヴァルよりも輸出船舶数が多いということである。しかしそれは基本的にエーアソン海峡経由の船舶に関してのことであって，バルト海内交易だけをみれば，そこまでの差がないこともわかる。

リーガからエーアソン海峡を経由した輸出船舶数は，1680-99年の20年間で5,769隻あるのに対し，バルト海内交易の船舶数は4,646隻と，エーアソン海峡を経由する船の方が多い。それに対し同じ20年間で，レーヴァルは，バルト海内交易船の数が不明の年度──1685・87・90・91・93・94・97年──を除くと，エーアソン海峡を経由した輸出船舶数が1,261隻，バルト海内交易船が1,661隻と，バルト海交易船の方が多い。ここから判断できることは，輸出面では，リーガは西欧との取引を，レーヴァルはバルト海地方──おそらく「スウェーデン本国」──との取引を重視していたということである[63]。

リーガはレーヴァルより大きな貿易港であり，西欧との結び付きもより強かったといえる。リーガの後背地はドナウ川・ドニエプル川に及び，かなり広範囲だったのに対し[64]，レーヴァルのそれはおそらくエストラ

---

62) その他本章で史料として参照する文献は，S. J. Newman, *Russian Foreign Trade, 1680-1780: The British Contribution*, Ph. D. Thesis, University of Edinburgh, 1985; Boëthius och Heckscher (red.), *Svensk Handelsstatistik*; その他参照すべき文献として，A. Soom, *Der Baltische Getreidehandel im 17. Jahrhundert*, Stochholm, 1961; A. Loit und H. Piirimäe, (Hg.), *Die schwedischen Ostseeprovinzen Estland und Livland im 16.-18. Jahrhundert*, Stockholm, 1993; さらに，ニスタット条約以降のレーヴァルの貿易を扱った書物として，Gottfried Etzold, *Seehandel und Kaufleute in Reval nach dem Frieden von Nystad bis zur Mitte des 18. Jahrhunderts*, Marburg, 1975.

63) 実際，1683年と1684年は，リーガからエーアソン海峡を経て西欧に向かう船舶数はそれぞれ51隻と99隻，スウェーデンに向かう船舶数は87隻と111隻，フィンランド（当時はスウェーデン領）は82隻と20隻である。Newman, *Russian Foreign Trade*, p. 264をみよ。

64) V. V. Dorosenko, "Riga und sein Hinterland im 17. Jahrhundert (Zum Problem der Wechselbeziehungen zwischen Stadt und Land)", *Hansische Studien*, Bd. 4, 1979, S. 155-172; V. V. Dorosenko, "Quellen zur Geschichte der Rigaer Handels im 17.-18 Jahrhundert und Probleme ihrer Forschung", in K. Friedland und F. Irsiegler (Hg.), *Seehandel und*

第3節 「バルト海帝国」の貿易構造

表 4-7 リーガ・レーヴァルからの輸出船舶数

(単位：隻)

	リーガ 合計	リーガ エーアソン海峡経由	リーガ バルト海内	レーヴァル 合計	レーヴァル エーアソン海峡経由	レーヴァル バルト海内
1680	375	239	136	225	68	157
1681	435	211	224	202	125	77
1682	480	363	117	384	158	226
1683	530	358	172	254	116	138
1684	425	276	149	250	138	112
1685	520	306	214		90	
1686	570	348	222	198	64	134
1687	470	343	127		79	
1688	470	337	133	288	108	180
1689	475	225	220	258	70	188
1690	470	202	268		86	
1691	465	250	215		89	
1692	475	229	246	161	103	58
1693	670	322	348		147	
1694	685	375	310		108	
1695	700	294	406	162	106	56
1696	475	195	280	185	55	130
1697	430	195	235		65	
1698	600	308	292	163	71	92
1699	725	393	332	192	79	113
1700	90	25	65		95	

出典）Newman, *Russian Foreign Trade*, p. 241.

ントとその近辺だけだったと思われる。それが，ここにみられるような差異を産み出したのであろう。

(3) リーガの輸出

次に表4-8 をみよう。この表は，リーガからエーアソン海峡を経由して西欧（およびイングランドとオランダ）に向かった船舶と，その船舶に積載されていた主要商品の量を表したものである。ここで分析する商品は，穀物（ライ麦・小麦・大麦・燕麦など）と亜麻・麻と木材である。

リーガを出港地としてエーアソン海峡を航行する船舶からみていくと，

Wirtschaftswege Nordeuropas im 17. und 18. Jahrhundert, Ostfilders, 1981, S. 3-25.

表 4-8 リーガの海上貿易による輸出

	船舶（隻）			エーアソン	エーアソン	エーアソン	リーガ全体	エーアソン	リーガ全体	エーアソン	リーガ全体
		隻		ライ麦	小麦	穀物全体	穀物全体	亜麻・麻計	亜麻・麻計	木材	木材
	イングランド	オランダ	全体	ラスト	ラスト	ラスト	ラスト	シップポンド	シップポンド	ショック	ショック
1671	22	98	202	1,036	401	1,466	2,147	7,749	31,131	11,594	17,525
1672	1	23	73	324	163	562	1,686	5,576	34,198	1,665	4,441
1673	38	50	153	94	328	422	1,876	8,558	48,684	7,409	11,573
1674	31	158	232	1,177	13	1,867	3,673	10,099	54,059	10,346	14,760
1675	59	52	167	3,492	48	4,167	6,672	9,544	41,231	2,779	9,518
1676	56	115	217	4,085	44	4,130	4,891	11,945	56,231	6,236	11,228
1677	66	134	227	4,440	37	4,835	6,578	16,767	49,034	10,908	17,285
1678	43	58	111	583	102	685	1,567	10,794	41,348	3,438	7,225
1679	27	115	171	3,206	119	3,768	8,713	13,694	47,017	7,050	11,347
1680	28	147	239	4,766	102	6,658	10,121	22,725	49,961	7,802	11,270
1681	33	131	210	8,198	310	11,085	14,006	29,916	62,193	4,197	8,159
1682	71	194	344	8,082	248	10,439	11,415	37,593	60,928	10,659	16,980
1683	91	209	358	7,823	135	12,085	13,659	45,882	71,336	7,443	16,849
1684	49	171	275	4,232	48	6,507	9,462	7,869	53,673	6,495	14,311
1685	71	149	307	4,335	49	5,028	7,579	53,008	75,684	3,320	17,989
1686	76	197	351	3,575	55	4,004	6,098	64,041	94,034	12,250	22,114
1687	73	180	347	3,679	8	4,796	6,360	36,870	55,226	9,203	21,770
1688	90	126	335	3,941	72	4,531	7,035	49,580	71,143	11,112	23,965
1689	69	161	254	3,525	9	4,327	6,880	44,447	73,634	3,510	9,785
1690	51	112	203	3,506	164	5,597	7,395	28,166	68,570	1,229	6,443
1691	61	154	247	2,203	62	2,292	3,860	28,608	68,915	2,196	11,049
1692	65	137	229	3,478	68	4,087	5,853	38,826	72,007	1,227	7,751
1693	59	235	322	12,070	11	13,369	19,616	47,156	84,112	1,753	12,339
1694	50	266	372	22,613	116	23,316	31,936	41,233	65,927	2,496	13,073
1695	52	204	297	10,081	229	10,864	15,663	52,332	91,856	1,331	15,142
1696	73	91	196	348	71	524	4,878	29,550	87,427	2,292	14,676
1697	41	128	195	96	14	119	6,696	30,452	53,769	5,961	16,435
1698	49	179	309	2,366	179	2,943	7,579	57,734	85,459	6,695	20,503
1699	89	199	391	6,188	558	8,821	12,115	70,858	100,486	2,904	13,655
1700	3	16	24	185	20	236	40	5,952	16,560	202	964
合計	1,587	4,189	7,358	133,726	3,779	163,530	246,049	917,524	1,865,833	165,698	400,124

注）「リーガ全体」とは，リーガの海上貿易による当該製品の輸出すべてを指し，「エーアソン」とは，エーアソン海峡を経由して輸出される当該商品の総量を指す。

出典）「リーガ全体」については Dunsdorfs, "Der Auszenhadel Rigas im 17. Jahrhundert"；「エーアソン」については，『台帳 後編』。

第3節　「バルト海帝国」の貿易構造

オランダ船が圧倒的に多いことが，まず目につくであろう。『台帳　後編』によれば，1671年にはリーガからエーアソン海峡を経て西欧に向かう船舶全体の約四分の一がフランスに向かっており，比較的多い。その大半はオランダ船によるものである。フランスのバルト海地方への輸送は，オランダによって支配されていた。1691年になるとフランスの比率は，全体の4％程度となり，かなり低くなる。イングランドに関してもこの傾向はあてはまる。すなわち，リーガを出港しエーアソン海峡を通り西欧へ向かう船舶の中で，1671-1700年においては，イングランド船の比率は決して高くはない。そもそもバルト海貿易においては，オランダ船が使用される比率が圧倒的に高かった。『台帳　後編』によれば，1671-1700年にエーアソン海峡を経由して西欧へ向かった船舶数は全体で5万1,263隻，そのうちオランダ船は2万975隻と，40％を超える。

では次に，リーガの輸出品の構成について，表4-8を参考にしながら，もう少し詳しくみていくことにしよう。まず穀物について論じると，小麦と比べて，ライ麦の輸出が圧倒的に多い。リーガのグーツヘルシャフトの作物は小麦ではなくライ麦であったことが知られているが，ここにもそれが反映されているといえよう[65]。

リーガの穀物の多くは，エーアソン海峡を通り西欧へ輸出されたことが，表4-8から確認できる。1680年頃から，リーガの穀物輸出量は増加しているように思われる。さらに1671-1700年にリーガから輸出された穀物全体とエーアソン海峡を経由し西欧に輸出された穀物の量を比較してみると，前者が約24万ラストであり，後者が約16万4,000ラストである。したがってリーガの輸出穀物の66％がエーアソン海峡を通り西欧に輸出されており，そしてそのほとんどがオランダに向かっていたことがわかるであろう（第5章参照）[66]。

リーガがバルト海内の貿易港に輸出した穀物の量については，ソームの研究が参考になる。彼によれば，ライ麦輸出量1万3,739ラストのうち，オランダには1万637ラスト，「スウェーデン本国」へは1,619ラ

---

[65]　A. Soom, *Der Herrenhof in Estland im 17. Jahrhundert*, Lund, 1954.
[66]　Newman, *Russian Foreign Trade*, p. 271.

ストが送られており，ドイツへは706ラスト，デンマークへは250ラスト，ノルウェーへは31ラストである[67]。やはりバルト海の外ではオランダへ，バルト海内では「スウェーデン本国」に輸出されるものが多い[68]。とはいえ，圧倒的にオランダへの輸出が多いことに変わりはない。

さて，次に亜麻と麻に目を転じよう。リーガはバルト海地方第一の亜麻・麻輸出港であった。亜麻と麻はリーガ最大の輸出品であり，17世紀を通して，リーガの輸出額のほぼ60％以上を占めていた[69]。そのリーガの亜麻・麻輸出量について，『台帳　後編』によれば，1671-1700年にリーガからエーアソン海峡を経由して西欧に輸出された亜麻・麻は約91万8,000シップポンドであった。それに対し，リーガ全体の亜麻・麻輸出量は約186万6,000シップポンドであり，約49％がバルト海外の地域に輸出されている。バルト海内の地域では，おそらく「スウェーデン本国」——なかでもストックホルム——に輸出されるものが最も多かったと考えられる。その他には，ロシアに輸出されたものもあったであろう。残念ながら，私が入手しえた史料からは，リーガからの船舶が，バルト海内交易でどの貿易港に向かったのかということは正確にはわからない。リーガの場合，亜麻・麻に関しては，バルト海内交易量の比率が比較的高い。

最後に，木材について述べよう。リーガのマスト材は，イギリスにとって非常に重要だったことはよく知られている[70]。その他の輸出木材としては，羽目板（Klapholz）と樽材（Pipenstpäbe）がほとんどであった。この木材の輸出であるが，リーガ全体で42万5,500ショック（schock）の輸出があった。そのうち，エーアソン海峡を経由して輸出されるものは約16万6,000ショックで，他の製品と比べるとバルト海内交易の比率が高い。とはいえオストレームが実証しているように，木材の輸出に関する『台帳』の史料としての信憑性は疑わしい部分があり[71]，この数

---

67) Soom, *Der Handel Revals*, S. 286.
68) この頃のスウェーデンは穀物貿易に興味を抱くようになっていたのである。A. Soom, "Varutransporterna mellan Sverige och de svenskägda baltiska gårdarna under 1600-talet", *Svio-Estonica*, Vol. 18, 1967, s. 52
69) Dunsdorfs, "Der Auszenhaundel Rigas im 17. Jahrhundert", S. 461.
70) S. -E. Åström, "English Timber Imports from Northern Europe in the Eighteenth Century", *Scandinavian Economic History Review*, Vol. 18, Nos. 1-2, 1970, pp. 12-32

第3節 「バルト海帝国」の貿易構造　　167

値はあまり信用がおけるものではない。

(4) レーヴァルの輸出

表4-9は『台帳 後編』から計算したもので，レーヴァルからエーアソン海峡を経由して西欧に向かった船舶数および商品を示す。レーヴァルからエーアソン海峡を経由した船舶のほとんどはオランダに向かっていることがわかる。おそらくオランダからさらに再輸出された商品も多かったことであろう。

まず穀物からみていこう。レーヴァルの輸出品の中で最も重要なものは，穀物[72]——特にライ麦——であった。そもそも，バルト海地方第一の穀物輸出港はダンツィヒであった。16世紀後半から17世紀前半にかけ，バルト海地方からエーアソン海峡をへて西欧に輸出されるライ麦のうち，半分以上がダンツィヒから輸出されている。ダンツィヒはポーランド第一の貿易港であり，シュラフタは，穀物輸出により膨大な利益を得ていたことはよく知られる[73]。そのダンツィヒのライ麦輸出量は，『台帳 後編』によれば，1671年，1681年，1691年はそれぞれ，1万4,856ラスト，2万7,313.5ラスト，8,491ラストである。レーヴァルの西欧へのライ麦輸出量は，ダンツィヒと比べるとやはり少ない。西欧への輸出先としては，表4-9の船舶数から考えて，オランダが圧倒的に多いものと思われる。

レーヴァルの穀物で，エーアソン海峡を経由し西欧へ輸出されていないものは，「スウェーデン本国」へ輸出されることが多かった。実際，レーヴァルの関税台帳からは，レーヴァルから「スウェーデン本国」に輸出される穀物が多くなっていることが推測される。17世紀の最初の30年間は，レーヴァルから「スウェーデン本国」に輸出される穀物はなかった。ところが，1650年頃からそれが増えはじめる。レーヴァルからの船舶が積載している商品のうち，最も重要なものに穀物があった。17世紀の終わりの数十年間には，ストックホルムとレーヴァルを往来

---

71) Åström, "English Timber Imports from Northern Europe in the Eighteenth Century".
72) Soom, *Der Handel Revals*, S. 28.
73) 本書，第3章参照。

表 4-9 レーヴァルの海上貿易による輸出（エーアソン海峡経由）

	船舶（隻）			ライ麦	小麦	亜麻・麻計	木材
	イングランド	オランダ	全体	ラスト	ラスト	シップポンド	ピース
1671	2	60	72	3,271	3	1,758	172,286
1672		13	18	859	44	87.2	13,196
1673	2	15	20	432	358	137.5	36,679
1674	2	45	52	1,774.5	436	837.2	177,730
1675	8	18	27	1,175	56	474	45,040
1676	10	37	49	3,479		1852	159,025
1677	2	57	62	5,104		1,023.5	159,473
1678	3	34	39	2,184	5	569	142,934
1679	4	39	47	2,283		793	132,055
1680	2	65	68	4,800	20	941	227,683
1681	20	98	125	6,262	127	1,234	237,782
1682	12	136	157	7,204	32	1,652.8	170,501
1683	7	105	116	3,967	29.5	556	185,180
1684	3	111	138	9,909	17	609	111,052
1685	2	77	91	4,302	9.5	492	194,621
1686	5	55	64	2,028	3.5	1,586	332,430
1687	4	72	80	1,773	9.5	847	355,382
1688	3	104	108	1,420	9	723	536,094
1689	2	65	69	4,871	63	1,064	96,967
1690	4	84	90	4,412		1,260.8	135,871
1691	4	79	90	6,321	17.5	334	98,658
1692	3	96	103	8,270	3.2	525	142,970
1693	4	137	150	12,955	11.5	786.5	108,162
1694	1	94	107	7,327	4.5	471	118,683
1695	2	91	103	7,177	3.8	669	133,098
1696	2	50	57	50		4	157,965
1697	2	62	65			573	172,299
1698	2	66	72	393		140.7	184,121
1699	5	59	79	627		152	208,864
1700	3	85	96	2,222		817.8	256,194
合計	125	2,109	2,414	116,852	1,263	22,970	5,202,995

出典）『台帳 後編』

する船舶数が増えるが，おそらくレーヴァルからストックホルムに向かう船舶には大量の穀物が積載されていたであろう[74]。

さらに表4-10から，興味深い事実を知ることができる。この表から，

---

74) Soom, *Der Handel Revals*, S. 50-51.

第3節 「バルト海帝国」の貿易構造

表4-10 レーヴァルからの外国人による穀物輸出 (単位:%)

輸出先	「スウェーデン本国」	フィンランド	オランダ	ドイツ	イングランド	その他	合計
1639	1.8	0.4	73.2	24.6	−	−	100.0
1648	0.4	−	91.6	1.9	1.0	5.1	100.0
1661	8.2	0.7	62.8	25.4	−	2.9	100.0
1671	18.9	6.9	66.1	2.2	1.0	4.9	100.0
1689	49.4	1.5	42.5	6.6	−	−	100.0
1699	72.5	−	7.6	16.8	−	3.1	100.0

出典) A. Soom, *Der Baltische Getreidehandel im 17. Jahrhundert*, S. 298.

外国商人の手によりレーヴァルから輸出される穀物のうち,「スウェーデン本国」に向かうものの比率が急速に増大していることが判明する[75]。「スウェーデン本国」と植民地間の貿易関係は,1690年代に「スウェーデン本国」で不作が続いて起こるまでは,ほとんどみられなかったというスタイルズの主張もある[76]。とはいえ,レーヴァルの穀物輸出に占める「スウェーデン本国」の割合が時代と共に増大しており,レーヴァルが17世紀後半において,すなわち1690年以前に「スウェーデン本国」との経済上の結び付きを,穀物輸出の増大という形で強めていった。17世紀後半において,レーヴァルは,「スウェーデン本国」への穀物輸出を増大させる傾向を示すようになるのである。

穀物の輸出が圧倒的に多いのに対し,亜麻・麻については,エーアソン海峡を経由したレーヴァルの輸出量は,リーガのそれと比べるとかなり少ない。表4-9によれば,1671-1700年の30年間で2万2,970シップポンドと,リーガの3%弱でしかない。とはいえソームによれば,レーヴァルにとって亜麻と麻は,穀物に次いで重要な輸出品であった。もともと亜麻・麻の原産地はロシア領であったが,バルト地方産のものが大幅に増えていく[77]。

レーヴァルから「スウェーデン本国」に輸出される亜麻・麻の量は1661年が170.5シップポンド,1682年が440シップポンド,1698年が124シップポンドと,エーアソン海峡を経由して輸出される量とあまり

---

75) Soom, *Der Handel Revals*, S. 51 の表も,それを示す。
76) A. Stiles, *Sweden and the Baltic, 1523-1721*, London, 1992, p. 123
77) Soom, *Der Handel Revals*, S. 51.

変わらない。
　バルト地方において，木材の輸出港として知られているのはリーガとナルヴァであった。同地方にとって，レーヴァルからの木材輸出は，決して重要なものではなかった。レーヴァルから輸出された木材は，燃料材（Brennholz），建築用木材（Bauholz），丸材（Rundholz）が多かった[78]。

(5) リーガの輸入

　表 4-11 は，エーアソン海峡を経由してリーガが輸入した主要な商品を示したものである。塩は，フランス船による輸入比率が圧倒的に高かったのが，オランダ船と逆転することがわかる。1691 年には，オランダ船での輸入が最も多い。これは，それ以前にはフランスから直接リーガへ輸出されていたのが，オランダを経由するようになったものだと判断することができよう。さらに表 4-12 から，スペイン塩およびフランス塩の輸入量の多さがうかがえる。一般にイベリア半島の塩とフランスの塩（ベイ塩）を比較した場合，後者の方が高品質で，高価であったといわれる。
　フランスとイベリア半島以外で，リーガの塩の輸入先はリューネブルクであった。おそらく中世においては，リューネブルクからの塩は極めて大きな役割をリーガの商業で果たしたと考えられるが，表 4-12 に示されているように，この時代にはリューネブルクからの塩輸入量は非常に少ない。リーガは塩の輸入を西欧に，しかもオランダ人による中継貿易にかなり依存していた。
　毛織物に関しては，当初はオランダからの輸入量が多い。しかし，1671 年と 81 年には，イングランドからの輸入量がオランダからの輸入量を上回っている。もともと 1620 年代の輸出不況以前には，イングランドの方がバルト海地方への毛織物輸出量が多かったのが，この不況を期に逆転した[79]。それがこの時には再逆転したのである。
　植民地物産（砂糖・香料・染料・茶・タバコなど）に関しては，オランダからの輸入量がやはり多く，バルト海貿易に占めるオランダ人の地位

---

78) Soom, *Der Handel Revals*, S. 33.
79) 本書，第 3 章を参照。

第3節 「バルト海帝国」の貿易構造   171

表4-11 リーガのエーアソン海峡経由の輸入

	船籍	商品 隻	塩 ラスト	毛織物 ピース	植民地物産 ポンド
1671	イングランド	7	9	178	1,200
	オランダ	49	14	980	62000
	フランス	33	4,468		7,300
	全体	101	4,648	1,158	71,700
1681	イングランド	14	134	650	72,250
	オランダ	51	406	1,256	119,600
	フランス	19	2,091		
	全体	109	602	1,906	202,050
1691	イングランド	9	56	1,680	45,400
	オランダ	41	959	732	88,350
	フランス	7	342		
	全体	80	2,254	2,412	146,600

出典）『台帳　後編』

の高さが推測される。とはいえ，イングランドもそれと比較して少ないわけではなく，イングランドのバルト海貿易における中継貿易の伸張が読み取れる。

　ワインについては，フランスワインの輸入が多い。17世紀中頃まではバルト海地方の輸入ワインでラインワインの占める比率は高かったが，少なくともリーガに関しては，ラインワインの比率は決して高くはないこれらのワインは，エーアソン海峡を経由してオランダ船でリーガまで運ばれたものと考えられる。

　ビールに関してはリューネブルクビール・ヴィスマルビールなどのドイツからの輸入が多いことがわかる。エーアソン海峡を経由することは，少なかったものと思われる。

　(6)　レーヴァルの輸入

表4-13は，エーアソン海峡を経由したレーヴァルの輸入を表したものである。西欧諸国との取引においては，圧倒的にオランダからの輸入量が多い。レーヴァルにとって，輸入品としては塩がもっとも重要な消費財であった[80]。レーヴァルに関しては，エーアソン海峡をへて輸入される塩は，ほとんどがオランダ人の手で輸送されている。おそらく，イベ

表4-12 リーガの海上貿易による輸入量

年	スペイン塩	フランス塩	リューネブルグ塩	全体	ラインワイン	スペインワイン	フランス・ブラントワイン	リューネブルク・ウィスマルビール
	ラスト	ラスト	ラスト	ラスト	アーメン	樽	オクスホフト	ラスト
1671	504	5,291	18	5,813	337	103	953	2,056
1672	1,259	2,349	16	3,624	330	52	873	2,611
1673			-	3,136	228	78	856	2,850
1674	1,475	3,075	10	4,560	256	85	1,073	1,969
1675	729	6,258	8	6,995	149	112	919	980
1676	4,088		31	4,119	363	183	1,022	1,140
1677	4,487		13	4,500	378	96	1,316	883
1678	2,216		-	2,216	253	136	844	3,180
1679	8,547		24	8,571	258	147	1,882	2,035
1680	4,606		31	4,637	401	60	1,296	2,888
1681	4,321		-	4,321	208	49	1,270	2,498
1682	6,821		27	6,848	444	85	1,631	2,692
1683	6,887		28	6,915	549	72	1,406	2,073
1684	714	4,484	25	5,223	345	120	1,689	3,882
1685	5,210		27	5,237	440	64	1,696	3,902
1686	639	7,200	29	7,868	444	157	2,150	3,715
1687	4,321		-	4,312	282	121	1,857	3,670
1688	7,308		-	7,308	206	90	1,833	3,446
1689	1,834		-	1,834	255	29	1,626	3,702
1690	1,565	1,198	24	2,787	274	105	748	3,786
1691	3,620		-	3,620	311	72	1,934	4,090
1692	6,681		-	6,681	290	98	2,135	4,284
1693	1,484	1,381	40	2,905	226	89	362	282
1694	1,893	2,901	51	4,845	330	111	1,394	292
1695	2,697	5,812		8,509	392	118	1,549	385
1696	2,284	2,042	79	4,405	25	143	1,120	404
1697	1,585	1,300	18	2,903	120	165	708	4,692
1698	3,242	3,580	1	6,823	75	297	1,332	4,188
1699	5,860	4,353	4	10,217	83	299	1,919	7,523
1700	172	508	-	680	1	3	708	390

出典) Dunsdorfs, "Der Auszenhandel Rigasim 17. Jahrhundert", S. 469-470.

リア半島，フランスから輸入される塩が多かったと想定されるが，表4-14にも示されているように，リューベックから輸入されるリューネブルク産の塩もある。しかし，圧倒的に——おそらくエーアソン海峡を

---

80) Soom, *Der Handel Revals*, S. 34.

第3節 「バルト海帝国」の貿易構造　　　173

表4-13　レーヴァルのエーアソン海峡経由の輸入

	船籍	隻	塩 (ラスト)	毛織物 (ピース)	植民地物産 (ポンド)
1671	イングランド				
	オランダ	40	275	466	67,385
	フランス	2	46		
	ポルトガル	5	425		
	全体	47	746	466	67,385
1681	イングランド	14	256	728	46,400
	オランダ	58	947.5	1,335	72,500
	フランス	1	146		
	ポルトガル	4	374.5		
	全体	79	1,828	2,063	118,900
1691	イングランド	5			
	オランダ	31	564	516	62,190
	フランス				
	ポルトガル	9	996		
	全体	36	1,558	516	62,190

出典）『台帳　後編』

経由した——オランダからの輸入が多い。

　毛織物の輸入量は，リーガと比べると少ない。そして，圧倒的にオランダからの輸入が多い点に特徴がある。金額面でみると，レーヴァルの最大の輸入品は繊維製品（毛織物）であった[81]。繊維製品と装身具の輸入額は，1670-71年にレーヴァル全体の輸入額の34％を越えている。そしてレーヴァルを中継港として，ロシアに再輸出される繊維製品も多かったものと思われる[82]。

　植民地物産に関しても，オランダからの輸入量が多い。そして植民地物産のレーヴァルの輸入量は，リーガよりもはるかに少ない。とはいえ，植民地物産の一つであるタバコの輸入量は急増している。1642年には1,942（重量）ポンドにすぎなかったレーヴァルのタバコ輸入量は，1680年には36万9,429ポンドと190倍に増大している。タバコは，イングランドやオランダから輸入されたが，レーヴァルからロシアやフィンランドに再輸出されるものもあった[83]。

---

81) Soom, *Der Handel Revals*, S. 36.
82) Soom, *Der Handel Revals*, S. 38.
83) Soom, *Der Handel Revals*, S. 43.

表 4-14 レーヴァルの塩の輸入先　　　　　　　（単位：ラスト）

	リューベック		他のドイツ都市	オランダ	他の西欧都市	合計
	海塩	リューネブルク塩				
1661	175	94 トン	14	1,022.5	-	1219
1671	24	60	132	582	-	743
1680	57	45	-	673	224	958
1697	41	37	72	214.5	-	331

出典）Soom, *Der Dandel Revals*, S. 36.
注）1 ラスト（海塩）= 18 トン。リューネブルク塩の 1 ラスト = 12 トン。

表 4-15 レーヴァルのワイン輸入先

	ラインワイン（オーム）	フランスワイン（オクスホフト）	スペインワイン（ビーベ）
1661	157	520	82
1671	74	505	42
1680	75	465	4.5
1697	18	324	39

出典）Soom, *Der Handel Revals*, S. 41
単位）1 ビーベ = 2.5 オーム。1 オクスホフト = 1.5 オーム。

　最後にワインについて論じよう。表 4-15 はレーヴァルのワイン輸入量を表したものである。リーガと同じく，ラインワイン，フランスワイン，スペインワインの輸入が多い。おそらくリーガと同様，オランダ船でエーアソン海峡を経由して輸入したものが多かったと想定される。

お わ り に

　本章で取り扱っている時代のスウェーデンは，重商主義を基調としていた。それは，圧倒的に強いオランダの海運力に対抗するためであった。
　また，すでに述べたように，「スウェーデン本国」は西欧，とりわけイギリスへの鉄輸出による余剰で，外国から穀物を購入した。「スウェーデン本国」の穀物輸入地域港として，非常に重要であったものの一つはレーヴァルである。もしレーヴァルをはじめとする「大陸側領土」から「スウェーデン本国」に送られる穀物がなければ，おそらく，スウェ

おわりに

ーデンの食糧事情は悪化したであろう[84]。

　ここから考えて，次の結論を出すことができよう。すなわち，イギリス 17 世紀末には「スウェーデン本国」から大量の鉄を輸入していた。その余剰で，「スウェーデン本国」は「大陸側領土」から穀物を購入することができた。イギリス-「スウェーデン本国」-「大陸側領土」はこのようにして結びつきを強めていったのである。少なくとも，「スウェーデン本国」は，バルト海地方内部から穀物を輸入した。イギリスがスウェーデン本国から鉄を輸入しているからこそ，17 世紀後半から 18 世紀初頭にかけてのスウェーデンは，バルト海にまたがる領土を有する「帝国」として機能しえたのである。

　「帝国化」したスウェーデンは，輸出のなかでも，鉄の輸出に重点をおいた。鉄は船舶用資材として，また軍事物資として使用された。もし「スウェーデン本国」からの鉄の輸出がなければ，西欧の商業的発展・軍事的発展はなかったかもしれない。しかも「スウェーデン本国」は，18 世紀末には穀物を「大陸側領土」から輸入した。スウェーデンは「帝国化」し，「大陸側領土」から穀物を輸入することで「スウェーデン本国」で穀物を生産するという負担を軽減し，鉄を輸出したのである。すなわち，もしスウェーデンが「帝国化」せず，穀物を「スウェーデン本国」で生産しなければならなかったとすれば，鉄の輸出はあまり増大せず，西欧諸国——とりわけイギリス——の商業的・軍事的発展も遅れたであろう，と。

　スウェーデンは，おそらくイギリスとの関係を強めることで，ヨーロッパ世界経済に組み込まれていった。それは，衰退するオランダに代わって，スウェーデンがイギリスとの貿易を望んだ結果であった。「スウ

84）　スウェーデン史家マイケル・ロバーツによれば，これまでのスウェーデンの歴史研究において，17 世紀スウェーデンの帝国主義的発展は，スウェーデンに敵対的な近隣の勢力網を打破するためであると主張している旧学派 (old school) と，バルト海のヘゲモニーを握ろうとするためのものだとする新学派の二つの見解が対立している (Roberts, *The Swedish Imperial Experience*, pp. 3-27.)。しかし，スウェーデンは不足している穀物を輸入するために領土を拡大したという視点も重要である。そもそも穀物の輸入がなければ，スウェーデンという国家は維持できなかったのである。この論争については，根本聡「16・17 世紀スウェーデンの帝国形成と商業——バルト海支配権をめぐって」『関西大学論叢』第 3 号，2000 年，1-19 頁。

ェーデン本国」が西欧に鉄を輸出し，その「スウェーデン本国」に，「大陸側領土」が穀物を輸出するという形態で組み込まれたのである。「スウェーデン本国」と「大陸側領土」の関係は，ヨーロッパ世界経済のサブシステムとして機能した。それは，「バルト海帝国」の誕生によって成立した経済システムが，「バルト海帝国」の政治システムの終焉後も作用していたからである。また，ストックホルムの貿易では外国人が活躍し，それがこの首都の貿易を拡大することにつながった。さらに，ストックホルムが鉄・銅・ピッチ・タールのステープル市場として台頭することで，ボスニア湾もヨーロッパ世界経済に組み込まれた。

　また，レーヴァルの方がリーガよりもバルト海内交易，特に「スウェーデン本国」との交易量の割合が高かった。リーガはスウェーデン領であった17世紀末も比較的独立度が高く，「スウェーデン本国」よりもむしろ西欧と深く結びついていた。レーヴァルは，とりわけ穀物の輸出を通して「スウェーデン本国」の従属傾向を強めた。このように，「大陸側領土」の「スウェーデン本国」に対する経済的結びつきは，地域によって違った。リーガの独立性の高さは，この都市がロシア領になってからも続くことになる（第6章参照）。

　スウェーデンは，オランダとイギリスによってヨーロッパ世界経済の一部となっていった。さらにオランダ人とイギリス人の決定的な違いは，前者が積極的にスウェーデン鉱山の開発に乗り出したのに対し，後者は単なる貿易相手にとどまった点にある。

　スウェーデンがバルト海地方の政治的覇権を握っていた時代は，大北方戦争で終わった。そしてスウェーデンに取って代わって，ロシアがバルト海地方の政治的覇権を握った。しかしスウェーデン＝「スウェーデン本国」の貿易構造は基本的に変わらなかった。18世紀末になっても，スウェーデンは，穀物を輸入せざるをえなかった[85]。ストックホルムが輸入する穀物のうち，1751/55年にはロシアの占める割合が60％であったが，1781/85年には86％になる[86]。おそらく，ロシア領のリーガから

---

　85) 1769-71年の「スウェーデン本国」（この頃は，スウェーデンと同義語）の穀物輸入額は，総輸入額の約三分の一を占めていた。*Historisk Statistik för Sverige Del. 3 Utrikeshandel 1732-1970,* Stockholm, 1980, s. 158; 18世紀スウェーデンの穀物貿易については，K. Åmark, *Spannmålshandel och Spannmålspolitik i Sverige 1719-1830,* Stockholm, 1915.

の輸入が増大したことと思われる。

　ヨーロッパ大陸の領土を失った「スウェーデン本国」には，鉄しか輸出するものがなくなった。しかしまた同時に，「スウェーデン本国」の鉄が，ヨーロッパ市場では圧倒的に優勢だったことも事実なのである。大北方戦争後のスウェーデンは，西欧からみれば，鉄という原料の供給国として重要な地位を占めた。それはロシアによって取って代わられる1760年代まで続いたのである。

---

　86) Högberg, *Utrikeshandel och sjöfart på 1700-talet*, s. 201, tabell 7: 6.

補論 II

スウェーデンの貿易と
フィンランド・イェーテボリの関係

はじめに

「大国時代」(Stormaktstiden) の次の時代のスウェーデンは,「自由の時代」(Frihetstiden) と呼ばれる[1]。国制的には,強力な絶対王政国家を形成したファルツ家の支配からの「自由」を求めた時代という意味でもある。その次は,グスタヴ3世の統治を中心とする「グスタヴの時代」(Gustavianskatiden 1772-1809) である。

本論は,これらの時代のスウェーデン貿易を考察の中心に据える。政治史的には,絶対主義,自由主義,絶対主義と変遷したが,貿易面では一貫して保護主義政策がとられた。対象とする時代は第5章と重なるが,ここではスウェーデンの貿易と国際・国内経済の関係に関するラフなスケッチを提示する。

近世のスウェーデン貿易では,ストックホルムが突出した地位を占めていたことはいうまでもない。16-17世紀においては,スウェーデンのなかで,圧倒的に取引額が多い貿易港であった。しかし徐々にではあるがその地位は低下し,ヘクシャーがつとに論証したように,輸入面に関してはイェーテボリの重要性が増す[2]。しかしそれと比較すると,ヘクシャーがあまり目を向けなかったことは,たぶん,タール輸出を通じたボスニア湾の自立化傾向であろう。この二つの現象により,ストックホルムの地位は相対的に低下した。本論では,その様相を,世界経済・ス

---

1) Michael Roberts, *The Age of Liberty, 1719-1772*, Cambridge, 1986.
2) Eli F. Heckscher, *Svereiges Economiska Historia från Gustav Vasa*, Tjerdje boken, *Den Moderne Sveriges Grundläggning 1720-1815*, Stockholm, 1949, tab. 1.

ウェーデン経済の変化と関連させて論じたい。

第1節　東ボスニア湾の自立化

すでに第4章で，17世紀中頃の東ボスニア湾の経済的・商業的重要性については触れた。この点での画期的研究として，オーケ・サンドストレームの業績があげられる[3]。ボスニア湾の最奥に位置するトルネオーと，当時ヨーロッパ最大の商業都市であったアムステルダムの貿易関係について論じた本書の上梓により，ボスニア湾研究は飛躍的に進歩した。サンドストレームの考えでは，トルネオーからアムステルダムまでの地域で，一つの経済圏が形成されていたのである。ただし，本書以降，これといった業績が出ていないのも事実である。スウェーデン史家としてはレオス・ミュラー[4]が，そしてオランダ史家の立場からミシェル・ド・ヨンが[5]，本書に対して非常に高い評価を出しているのが目立つ程度である。日本では，唯一，根本聡が本書の価値を正当に評価しているといえよう[6]。

ボスニア湾は，とりわけストックホルムとイギリス経済にとって重要であった。ストックホルムは，ボスニア湾から輸入されるピッチ・タールを再輸出することで利益を得た。イギリスの対外的発展のために，同湾のピッチ・タール——特に後者——が不可欠であった。確かに，イギリスは新大陸からタールの輸入を増大させようとしたが，フィンランド産のタールの輸入量の方が多かった[7]。換言すれば，フィンランドは，

---

    3)　Åke Sandström, *Mellan Torneå och Amsterdam:En undersökning av Stockholms roll som förmeldeare av varor i regional-och utrikeshandel 1600-1650*, Stockholm, 1990.
    4)　レオス・ミュラー著（玉木俊明・根本聡・入江幸二訳）『近世スウェーデンの貿易と商人』嵯峨野書院，2006年。
    5)　Michiel De Jong, '*Staat van Oorlog*': *Wapenbedrijf en Militaire Hervormingen in de Republiek der Verenigde Nederlanden, 1585-1621*, Hilversum, 2005.
    6)　根本聡「海峡都市ストックホルムの成立と展開——メーラレン湖とバルト海のあいだで」村井章介責任編集『シリーズ港町の世界史1　港町と海域世界』青木書店，2006年，365-397頁。
    7)　北米植民地及びヨーロッパ産のイングランドにおけるピッチ・タール交易については，Kustaa Hautala, *European and American Tar in the English Market during the Eighteenth*

第 1 節　東ボスニア湾の自立化

表Ⅱ-1　スウェーデンからのタール輸出量

(単位：1,000 樽)

	ストックホルム		東ボスニア		全体
1738/40	28.3	65%	–	–	43.4
1741/50	47.8	73	–	–	65.1
1751/60	65.3	79	–	–	83.0
1761/70	68.7	77	3.6	4%	88.7
1771/80	68.8	69	14.5	14	100.5
1781/90	79.2	64	25.3	20	124.5
1791/1800	84.0	63	32.5	24	134.0
1801/08	87.9	62	33.4	24	142.3

出典）Staffan Högberg, *Utrikeshandel och sjöfart på 1700-talet: Stapelvaror i svensk export och import 1738-1808*, Lund, 1969, s. 161, Tabell 5:4.

　中核国イギリスだけではなく，ウォーラーステインによって「半周辺」と位置づけられたスウェーデンによっても従属化された。しかし東ボスニア湾は，やがてスウェーデンからの独立傾向を強める。
　表Ⅱ-1 に示されているように，スウェーデンからのタール輸出量は増加するが，それ以上に東ボスニアからの輸出増が目覚ましい。17世紀前半にはまだ，東ボスニアからステープルであるストックホルムにピッチ・タールを輸出しており，そこから海外に向けて再輸出されていた。1764 年には「ステープルの自由」が議会を通過し，ストックホルムを代表とするステープルを通さずに輸出できるようになる[8]。フィンランドは，1765 年から外国貿易に直接従事できるようになったのである[9]。18 世紀末には，フィンランドは直接外国貿易に乗り出す。タールの輸出増がその現れである。
　フィンランドはタールをイギリスに輸出していたが，イギリスの貿易統計史料である Customs 3 には「フィンランド」という分類はない。それはフィンランドが 1809 年まではスウェーデン領であり，同年にロ

---

and Early Nineteenth Centuries, Helsinki, 1963
　8) Aulis J. Alanen, "Stapelfriheten och Bottniska Städerna 1766-1808", *Svenska Litteratursällskapets Historiska och litteraturhistoriska studier 30-31*, Helsingfors, 1956, s. 107; 原文には 1764 年とあるが，1765 年の誤り。
　9) Jari Ojala, "Approaching Europe: The Merchant Networks between Finland and Europe during the Eighteenth and Nineteenth Century", *European Review of Economic History*, Vol. 1, No. 3, 1997, pp. 323-352.

シア領となり，1917年にロシアから独立したからである。そのため，イギリス経済に対するフィンランドの重要性は目立たない。つまりイギリスの史料では，タールの正確な輸入地域がわからないという問題点がある。しかしアラネンの研究からも，（対イギリスというわけではないが）ボスニア湾の自立化傾向が読みとれる。逆にいえば，ストックホルム・ステープル市場の重要性が低下する[10]。

1760年代になると，ストックホルムのステープル機能が低下し，フィンランドの貿易都市が独立傾向を高めるように思われる[11]。しかし，スウェーデンの歴史学界においても，フィンランドの経済的重要性は理解されているとはいい難い。またフィンランドの学界は，自国の独自性を強調する傾向があるうえ，近世の貿易史研究はあまり行なわれていないという問題点を感じる。たとえば最近出版されたフィンランド経済史も，叙述を19世紀からはじめている[12]。スカンディナヴィア全体をみても，英文の文献では，スウェーデン系フィンランド人のオストレームの研究が目立つにすぎない[13]。

とはいえ，フィンランド経済史については，私の能力の限界もあり，ここでは，おおまかな見取り図を書くにとどまる。

ヒントとなるのは，オストレームの『タールから木材へ』である[14]。オストレームはこのモノグラフで，フィンランドの主要輸出品が，18世紀後半から19世紀前半にかけ，タールから木材に変化したと主張した。これらは，ボスニア湾からもともとストックホルムに輸送されていたものである。どちらも，森林資源である点で共通している。フィンラ

---

10) タールについては，A. Alanen, *Der Aussenhandel und die Schiffahrt Finlands im 18. Jahrhundert,* Helsinki, 1957, S. 131; また，木材に関しては，フィンランドからの輸出量が多い。Alannen, *Der Aussenhandel und die Schiffahrt Finlands,* S 163.

11) これは，本書176頁の叙述と関係する。

12) Jari Ojala, Jari Eloranta and Jukka Jalava (eds.), *The Road to Prosperity: An Economic History of Finland,* Helsinki, 2006.

13) Sven-Erik Åström, "The Role of Finland in the Swedish and National War Economies during Sweden's Period as a Great Power", *Scandinavian Journal of History,* Vol. 11, No. 2, 1986, pp. 135-147.

14) Sven-Erik Åström, "From Tar to Timber. Studies in Northeast European forest Exploitation and Foreign Trade 1660-1860", *Commentationes Humanum Litterarum,* LXXXV, Helsinki, 1988.

ンドでは，比較的最近にいたるまで森林資源に関連する産品の輸出が極めて重要であった。それは，17世紀以来変わることなく続いた現象でもあった。

　フィンランドの工業化は，製紙業と共にはじまった。それを考えるなら，ボスニア湾の自立化が，長期的にみればフィンランドの工業化を成功させたというべきであろう[15]。

第2節　イェーテボリの台頭

イェーテボリに関する研究は，ストックホルムのそれと比較するとずいぶん遅れている。しかし近年，クリスティーナ・ダールヘーデ（Christina Dalhede）が目覚ましい業績をあげており[16]，イェーテボリ商業の発展について多くのことが判明しつつある。この都市は1621年に建設され，それにはオランダ人が多いに寄与した[17]。さらに，スコットランド商人の活躍も見逃すことはできない。ここからもある程度類推できるであろうが，当初は，北海貿易が重要であった。またダールヘーデが詳細に実証したように，リューベックとの関係も強かった[18]。さらにはアウクスブルクとの貿易関係も無視できないものがあった。このことからオランダを除けば，ドイツとの関係が強かったことが判明する。

　図Ⅱ-1が示しているのは，リューベックの貿易相手都市である。ここからも，リューベックの取引相手として，イェーテボリの貿易が，すでに17世紀に非常に発展していたことがわかるであろう。ただし，イェーテボリの発展は，期待されたほどではなかった。同市はアムステル

　15）　またここでは，フィンランドを代表する携帯電話会社のノキアNOKIAが，元来は製紙産業に従事していたことを指摘しておきたい。

　16）　Christina Dalhede, *Augsburg und Schweden in der frühen Neuzeit: europaische Beziehungen und soziale Verflechtungen: Studien zu Konfession, Handel und Bergbau*, St. Katharinen, 1998; Christina Dalhede, *Handelsfamiljer på Stormaktstidens Europamarknad: resor och resande i internationella förbindelser och kulturella intressen: Augsburg, Antwerpen, Lübeck, Göteborg och Arboga*, 2 Vols., Göteborg, 2001; Christina Dalhede, *Viner Kvinnor Kapital: 1600-talshandel met potential*, Göteborg, 2006.

　17）　Herman Lindqvist, *A History of Sweden*, Stockholm, 2001, p. 157.

　18）　Dalhede, *Handelsfamiljer på Stormaktstidens Europamarknad*.

184　補論 Ⅱ　スウェーデンの貿易とフィンランド・イェーテボリの関係

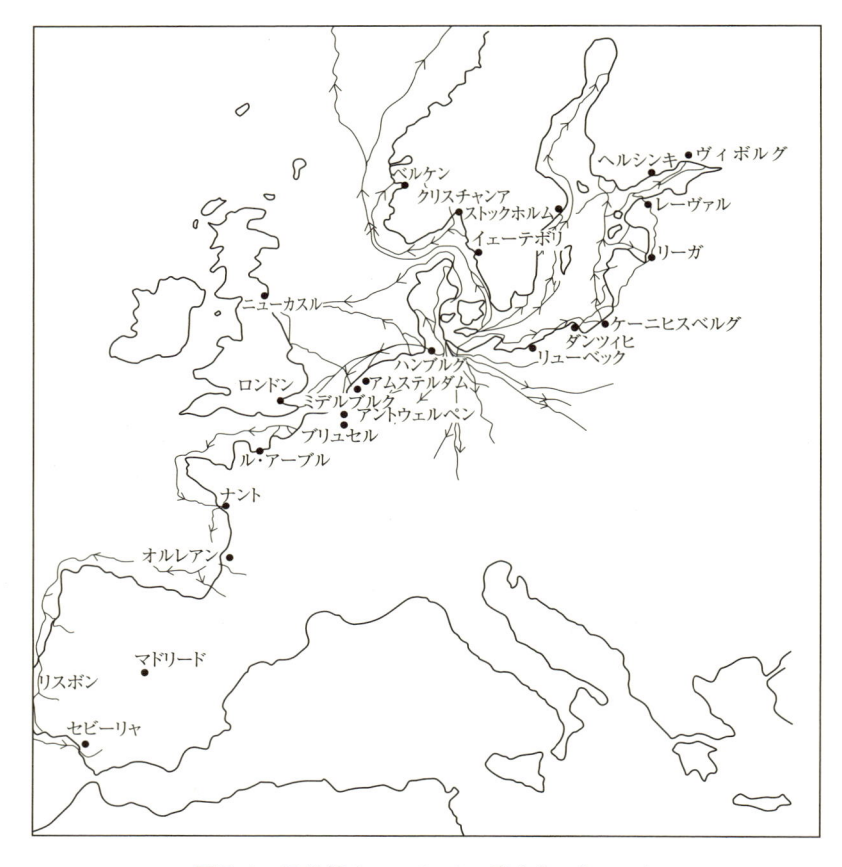

図Ⅱ-1　17世紀リューベックの商人ネットワーク
出典） Christina Dalhede, *Viner Kvinnor kapital: 1600-talshandel met potential*, Göteborg, 2006, s. 14.

ダムに匹敵するほどの穀物ステープルになると思われていたからである[19]。

　イェーテボリの地位は，おそらく1731年にスウェーデン東インド会社が創設されたことにより，大きく上昇する[20]。この会社自体は他国の

　19）　Eli F. Heckscher, *An Economic History of Sweden*, Cambridge, Mass., 1968, p. 111.
　20）　スウェーデン東インド会社については，C. Koninckx, *The First and Second Chapters of the Swedish East India Company 1731-1766*, Kortrijk, 1980；ミュラー『近世スウェーデンの貿易と商人』，第8，9，10章。

第2節　イェーテボリの台頭

表Ⅱ-2　ラストに換算したストックホルムと
イェーテボリの輸出量 1738-1808 年

(単位:ラスト)

	ストックホルム		イェーテボリ	
1738/40	25,964	73%	9,830	27%
1741/45	30,366	75	10,007	25
1746/50	27,903	71	11,529	29
1751/55	30,726	72	11,764	28
1756/60	32,276	72	12,501	28
1761/65	36,061	63	20,990	37
1766/70	31,255	63	17,973	37
1771/75	32,704	62	19,736	38
1776/80	30,852	58	22,388	42
1781/85	40,613	60	27,274	40
1786/90	37,020	56	28,262	44
1791/95	32,100	50	32,662	50
1796/1800	30,586	54	26,448	46
1801/05	32,194	58	23,511	42
1806/08	29,617	50	29,281	50

出典）Högberg, *Utrikeshandel och sjöfart på 1700-talet*, s. 37, Tabell 2: 2.

　東インド会社と比較すると極めて小さく，年間1隻程度の船舶を広東に送る程度であった。しかし，首都ストックホルムではない都市に同社の根拠地がおかれたことは，スウェーデンの対外貿易にとって，ストックホルムの位置が不便であったことの現れであったろう。ストックホルムの経済的地位が，スウェーデン東インド会社設立で低下したことは間違いない。

　表Ⅱ-2は，貿易税であるラスト税を単位とした，ストックホルムとイェーテボリの貿易の比率を示したものである。ここからも，イェーテボリの台頭とストックホルムの比率の低下が読み取れる。しかも，ラストに換算した輸出量は，1738/40年にはストックホルムとイェーテボリはそれぞれ2万5,964ラスト，9,830ラストであった。それが，1806/08年には，それぞれ2万9,617ラスト，2万9,281ラストとなり[21]，ここからもイェーテボリの台頭がわかる。

---

21)　輸出入量についても，同様の傾向がみられる。Staffan Högberg, *Utrikeshandel och*

大西洋経済の台頭と共に，イェーテボリの地位はさらに上昇する。同市とハンブルクとの商業関係が強かったことも，その一因となった。少なくともイェーテボリとハンブルクの商業関係は，ストックホルムとハンブルクのそれよりも強かった。18世紀中頃，ドイツ出身のジャン・アブラハム・グリルは，アムステルダムをへてストックホルムに移住したが，もしハンブルクに行ったなら，イェーテボリを選んだかもしれない。イェーテボリは，北海貿易圏[22]における重要な貿易都市でもあり，大西洋経済・アジア経済の台頭で巨額の利益を享受した貿易港でもあった。地理的関係もあり，後者の点で，ストックホルムは遅れをとらざるをえなかった。また鉄の輸出港としても，イェーテボリの地位は上昇する。

おわりに

スウェーデン経済は，1760年代に転換期をむかえた。それは，イギリスへの鉄輸出量でロシアに追い抜かれたためでもあるが，農業革命がおこったことにもよる。つまりスウェーデンは，貿易だけではなく，農業，さらにはプロト工業化による利益にも目を向けたからである[23]。ストックホルムが貿易面で衰退するのは，そのためでもある。これは，企業家精神の後退ではなく，むしろ新たな利潤獲得の機会を目指した結果であると，スウェーデンの歴史学界では受け取られているようである。しかしまた18世紀においては，都市住民の貧富の差が拡大した[24]。

スウェーデンの国民経済の立場からみれば，これは大西洋・アジア経済と国内経済発展の重視を意味する。確かにスウェーデン経済にとって，

---

sjöfart på 1700-talet: Stapelvaror i svensk export och import 1738-1808, Lund, 1969, s. 39-40.

22) 現在，レックス・ヘールマー・ファン・フォスによるプロジェクトが進行中である。Close encounters with the Dutch: The North Sea as near-core region for a nascent modern world (1550-1750) http://www.iisg.nl/research/northsea.php

23) この点に関しては，Lars Magnusson, *An Economic History of Sweden*, London and New York, 2006, pp. 1-56 をみよ。

24) Erik Lindberg, "Mercantilism and Urban Inequalities in Eighteenth-Century Sweden", *Scandinavian Economic History Review*, Vol. 55, No. 1, pp. 1-19.

フィンランド経済の自立化傾向は痛手であったろう。しかし同時に，スウェーデン経済は，大西洋経済・アジア経済との関係の強化という流れに適合する方向でも動いていたのである。しかも国内経済，特にプロト工業化への投資は，世界システムからみた場合,「周辺化」をまぬがれる方向で作用したかもしれない。19世紀スウェーデンの経済発展については，このような角度からの考察が欠かせないはずである[25]。

---

25) 最近の研究によれば，スウェーデンの1人あたりGDPは18世紀の間にはほとんど増加せず，19世紀中頃に大きく上昇した。Edvinsson Rodney, "Annual Estimates of Swedish GDP in 1720-1800", Ratio Working Papers, No. 70, 2005.

第5章

「原材料の時代」のバルト海貿易　1661-1780年
——『エーアソン海峡通行税台帳　後編』の分析——

は じ め に

　1655-1660年のポーランド-スウェーデン戦争により，スウェーデンがバルト海地方最大の政治的勢力を誇る国家となり，以後，ポーランドは凋落する。

　このような政治的な動きには，経済的動向がそのまま反映している。すなわち，ポーランドに代わって，スウェーデンがバルト海地方の経済的中核になるのである。

　近代のバルト海地方（ロシアも含む）は，一般に西欧への第一次産品の輸出地域として知られる。ウォーラーステインがバルト海地方を「中核」に収奪される「周辺」ないし「半周辺」と位置づけたのも，そのためにほかならない。

　本章で扱われる時代のバルト海貿易は，ボグツカによって，「原材料の時代」と呼ばれた[1]。より正確にいえば，穀物の重要性は衰え，船舶用資材——亜麻・麻・亜麻布・ピッチ・タール・木材・鉄——の重要性が高くなっていくのである。

　おそらく一般的に，この時代はヨーロッパ経済の収縮局面として知られていよう。その理由の一つとして，エーアソン海峡を通って西欧に輸送される穀物が減少したことがあげられる。

1）　本書，第2章参照。

とはいえ，それはバルト海貿易全体の変貌の一部分しか示しておらず，ボグツカがいうように原材料の輸出が増えているのであるから，単純にバルト海貿易が衰退したということはできない。さらに，植民地物産の流入が増えていることから，バルト海地方の経済的変化は，ヨーロッパ世界経済拡大の一面も表しているのである。バルト海地方の経済的重要性が低下したとすれば，それは大西洋経済の勃興による，ヨーロッパ経済内での相対的地盤沈下を表すはずである。

しかも最近の研究によれば，18世紀を通してエーアソン海峡を航行する船舶とその商品にかけられた通行税による収入は増加する[2]。たとえば，1700-09年の合計収入は72万2,483リースダーレルであり，これが1770-79年には377万8,716リースダーレルにまで上昇する[3]。これは，基本的にはバルト海地方への植民地物産の流入と，船舶用資材の輸出増を意味する。さらにバルト海地方にとって，西欧との貿易収支は黒字だったので，船舶用資材の需要の増加が目覚ましかったと想定される。それには，どのような意味があったのか？

本章の課題は，バルト海貿易の変質を，ヨーロッパ経済の転換と関連づけて論じることにある。

ヨーロッパ世界経済の中核あるいは，「黄金時代」というどちらの表現を用いるにせよ，17世紀中頃のオランダがヨーロッパ最大の経済大国であったことに疑いの余地はない。そして当時のオランダ経済にとって，バルト海地方との穀物貿易が最も重要だったこともほぼ確実であろう[4]。オランダからイギリスないしフランスへと徐々にヨーロッパ世界経済の中核が移動していくことに，バルト海貿易の盛衰が重要でなかったはずはない。とはいえフランスの商品はバルト海地方に輸出されていたものの，同地方との海運を積極的に展開していたわけではないので[5]，バルト海貿易を論じるにあたっては，基本的にオランダからイギ

---

2) Ole Degn, "Tariff Rates Revenues and Form of Accounts of the Sound Toll, 1497-1857", Unpublished Paper, 2006, pp. 11-53.

3) Degn, "Tariff Rates Revenues and Form of Accounts of the Sound Toll, 1497-1857", p. 18, Table 2.

4) ミルヤ・ファン・ティールホフ著（玉木俊明・山本大丙訳）『近世貿易の誕生——オランダの「母なる貿易」』知泉書館，2005年。

5) Pierrick Pourchasse, *Le commerce du Nord: Les échanges commerciaux entre la*

第1節　『エーアソン海峡通行税台帳 後編』の特徴

リスへのヘゲモニー移行との関連が重要になる。

　本章では，まずバルト海地方を行き来する船舶の数を計算し，全体のトレンドを提示する。次いで，バルト海地方の商品の輸出入について分析し，バルト海貿易の変遷を具体的に示したい。さらに，オランダに代わってヨーロッパ最大の経済大国になりつつあったイギリスのバルト海貿易の特徴を明らかにする。それはまた，17世紀オランダのバルト海貿易とは異なった構造を示し，イギリスが形成しつつあった新たな経済システムの存在を暗示するであろう。

　しかし具体的な分析に移る前に，本章で使用する『エーアソン海峡通行税台帳　後編』（以下，『台帳　後編』）の性格について，少し説明する必要がある。すでに第3章で史料紹介をしているので，ここでは本章の分析と関係あることを叙述するにとどめたい。

第1節　『エーアソン海峡通行税台帳 後編』の特徴

　この『台帳　後編』は，1661-1783年を扱っている。ただし1781-83年は，アメリカ独立戦争時の武装中立同盟の影響で，オランダ（と思われる）船舶が著しく減少しており，統計的に信頼がおけない。本章での対象年代を1661-1780年とするのは，そのためである。

　『台帳　後編』の問題点としては，第一に，この時代のスウェーデンでは，ストックホルムに次いで大きな貿易都市であったイェーテボリからの記録がない。したがって，スカンディナヴィアで生産されたが，バルト海地方の港から輸出入されなかった商品のデータは存在しない[6]。ただし，イェーテボリを単に北海の港だと考えるなら，この欠点はさほど大きなものではないかもしれない。しかしイェーテボリの後背地がもしバルト海地方にまで達していたとすれば，いくらかの問題が生じる。この点については，現在のところ確固とした結論を下すことは不可能である。

France et l'Europe septentrionale au XIIIe siècle, Rennes, 2006
　6) イェーテボリの貿易統計として，Ivan Lind, *Götegorgs Handel och Sjöfart 1637-1920*, Göteborg, 1923.

第二に，エーアソン海峡のほか，大ベルト（Storebælt）と小ベルト（Lillebælt）を通る船舶もあったが，後編の1701-48年の大ベルトを除き，『台帳』には記載がない。しかし『台帳　後編』によれば，1701-48年に大ベルトを航行したイングランド船数（東航船・西航船合計）は27隻に過ぎず，ここを航行する船の大半はデンマーク船であった。したがって，エーアソン海峡航行船だけをもとにバルト海貿易の船舶数の変動を論じても，差し支えないであろう。

　第三に，1661-1709年には，スウェーデンとヴェンド諸都市が通行税を免除されている。脱税，過少申告もあったはずだが，その詳細は不明である[7]。さらに，リューベック-ハンブルク間の陸上ルートが使われる場合もあった。

　第四に，船籍により税率が異なっていたため，船籍の詐称が生じた可能性がある。たとえばカルンスラップによれば，1739-41年に，リューベック，ダンツィヒ，ブレーメンの船舶には1隻あたり62.2リースダラーの通行税がかけられていたのに対し，デンマーク，ノルウェー，ヴェンド諸都市のそれは16.29リースダーであった。したがって，通行税の安い地域出身の船長を使った可能性もある[8]。とはいえ，その比率は当然ながらわからない。

　前編と違い，後編では，1669年から到着予定港が書かれている。したがってどの港からどの港へ，どういう商品がどれだけ送られていたか——より正確には，エーアソン海峡を通過する際にどう申告されていたのか——を知ることができるのは，後編だけである。ただし本章では到着予定港には触れず，バルト海地方を出入りする船舶数と，主要な商品の輸送量だけに論を限定する。

　では，以上のような史料の特徴を踏まえたうえで，具体的に貿易の推移をみていこう[9]。

　7）　石坂昭雄「オランダ共和国の経済的興隆とバルト海貿易（1585-1660）——ズント海峡通行税記録の一分析」日蘭学会編，栗原福也・永積昭監修『オランダとインドネシア』山川出版社，1986年，66頁。

　8）　J. Karnstrup, "Svigagtig angivelse: Øresundtolen i 1700 tallet", *Toldhistorisk Tidsskrift*, 1979, s. 27.

　9）　この時代の『エーアソン海峡通行税台帳』の分析については，W. S. Unger, "De publikatie der Sonttabellen voltooid, *Tijdschrift voor Geschiedenis*, Vol. 71, 1959, pp. 147-205.

第2節　輸　出　入

1　船　舶

　表5-1は，バルト海地方からの輸出船舶数を表したものである。ここから判明するように，当初（1661-70）はオランダ船の割合がかなり高く，50％を超える。それと比較すると，イングランド船ははるかに少なく，5％未満である。しかし1761-70年になると，オランダ船とイングランド船の比率はそれぞれ35％，17.6％となり，両者の差異は著しく縮小する。オランダ船の比率は大幅に低下する。また，スウェーデン船の比率の高さにも注目すべきである。たとえば1691-1700年をみると，オランダ船が5,631隻，イングランド船が1,322隻，スウェーデン船が3,468隻と，イングランド船より多い。1701-20年には，スウェーデン船数は大北方戦争の影響のため大きく低下するが，1721-30年には復活する。これは，スウェーデンの重商主義政策の成功を物語る。

　スウェーデンとともに，デンマーク（ノルウェーとシュレスヴィヒ-ホルシュタインを含む）の台頭も目立つ。特に1741-60年のシュレスヴィヒ-ホルシュタインの伸びは目覚ましい。ただしここで注意しなければならないが，ノルウェーとシュレスヴィヒ-ホルシュタインを含むデンマーク船の貿易は，国際貿易というより沿岸交易の可能性が高く，この数値をそのまま他国のそれと比較することは危険である。それは，デンマークほどではないにせよ，ある程度スウェーデンにもあてはまる。

　とはいえ，もしスウェーデンの沿岸航行が盛んだったとすれば，それはバルト海内交易に使用されるスウェーデン船の比率の高さを推測させる。スウェーデンは1721年のニスタット条約により，多数のバルト海南岸の領土を喪失した（第4章参照）。とはいえそれによって，スウェーデン貿易がネガティヴな影響を受けたとは考えられないことが，表5-1からも読み取れよう。おおまかな構図として，バルト海地方と西欧との長距離貿易においてはオランダ船とイングランド船とスウェーデン船が，バルト海内交易においてはスウェーデン船が活躍していたことが想像で

表 5-1　バルト海地方からエーアソン

船籍	1661-70	1671-80	1681-90	1691-1700	1701-10	1711-20
オランダ	6,130	5,690	9,410	5,631	3,552	4,170
イングランド	566	2,145	2,414	1,322	629	1,487
スウェーデン	1,540	1,235	2,323	3,468	2,659	16
ノルウェー	347	331	901	1,013	712	153
デンマーク	399	588	904	1,563	1,306	264
シュ-ホル	1,973	101	189	199	132	60
全体	11,821	12,406	19,178	17,281	11,226	8,123

＊）「シュ-ホル」とは，「シュレスヴィヒ-ホルシュタイン」のこと。
出典）『台帳 後編』。

表 5-2　エアーソン海峡を経由した

船籍	1661-70	1671-80	1681-90	1691-1700	1701-10	1711-20
オランダ	4,952	3,678	5,622	2,791	2,289	3,368
イングランド	566	2,024	1,643	716	449	1,278
スウェーデン	1,737	1,290	2,381	3,283	2,452	17
ノルウェー	308	484	1,306	1,303	1,083	377
デンマーク	469	692	1,124	1,976	2,292	403
シュ-ホル	86	102	190	173	93	64
全体	10,558	10,251	14,737	13,366	11,143	7,267

＊）「シュ-ホル」とは，「シュレスヴィヒ-ホルシュタイン」のこと。
出典）『台帳 後編』。

きるのである。さらに，デンマーク及びノルウェーの船舶は，スカンディナヴィア半島西部を中心とする沿岸交易に従事していたと考えられよう。

　表5-2は，バルト海地方の輸入船舶数を表したものである。表5-1と表5-2に記録されているのは，バラスト船ではなく，商品を積載した船の数である。輸出船舶数と比較すると，輸入船舶数は少ない。それは，輸出品の方がかさ張る商品なので，輸入船にはバラストが積載されていた可能性が高いからである。

　輸入船舶数は，特に1750年代から上昇する傾向にある。さらにここでも，オランダ船の比率が高い。しかし，輸出船ほどには高くはない。1661-70年におけるオランダの輸入船の割合は，46.9％である。しかしその比率は，1771-80年は，17.8％に落ちる。それに対し，イングランド船の比率は，同期間に5.4％から12％と，2倍以上に上昇する。しか

海峡を経由した西航船舶数（貨物積載船）
(単位：隻)

1721-30	1731-40	1741-50	1751-60	1761-70	1771-80
8,023	8,542	7,574	9,183	11,097	11,045
3,144	3,231	3,077	3,773	5,566	8,402
1,741	2,248	1,842	2,740	4,089	5,531
630	854	1,223	1,404	1,592	1,723
823	822	1,274	1,295	2,088	2,331
263	457	2,869	4,017	1,207	1,159
17,971	19,071	22,217	27,092	31,705	39,734

バルト海地方への東航船舶数（貨物積載船）
(単位：隻)

1721-30	1731-40	1741-50	1751-60	1761-70	1771-80
4,516	4,550	3,778	4,203	5,204	4,440
1,950	2,208	1,692	2,099	2,393	2,996
1,689	2,622	1,808	2,774	3,890	4,920
895	1,293	1,411	1,702	1,744	1,880
1,247	1,159	1,460	1,723	2,084	2,234
218	419	861	1,349	977	2,906
13,336	14,642	14,108	17,358	20,173	25,064

しそれよりはるかに目に付くのは，スウェーデン船数とデンマーク（ノルウェーとシュレスヴィヒ-ホルシュタインを含む）船数の多さである。スウェーデン船に関しては，大北方戦争の影響のためか，1711-20 年には17 隻と極端に少ないが，それ以外の年には比率が高い。1661-70 年の比率が 16.5％であったのが，1771-80 年には，19.6％と，若干伸びている。デンマーク船は，1661-70 年には全体の 4.4％だったのが，1771-80 年には 8.9％になる。ノルウェー船とシュレヒヴィヒ-ホルシュタイン船の数値を加えると，比率はそれぞれの年度で 8.2％から，28％である。1771-80 年の数値をみると，オランダの船舶数を超える。

しかもヨハンセンの研究を参照すると，1784-95 年には，イギリス船が 3 万 9,844 隻，一方，オランダ船は 1 万 6,810 隻となる[10]。ヨハンセ

---

10) H. C. Johansen, *Shipping and Trade between the Baltic Area and Western Europe*

ンの数値にはスコットランド船が含まれていることを考慮しても，オランダの衰退に疑いの余地はない。さらに山本大丙によれば，1845年にバルト海地方からエーアソン海峡を経由して西欧に向かう船舶数は全部で8,618隻であった。これは，18世紀の年平均よりもはるかに多い。そのうち1,820隻がイギリス船で，ポンメルン船が1,048隻であるのに対し，オランダ船はわずか423隻しかない[11]。

　1661-1780年に関しては，輸出の場合と同様，スウェーデン船とノルウェー船，デンマーク船，シュレスヴィヒ-ホルシュタイン船は沿岸交易の色彩が濃く，この数値が，単純にそれぞれの国・地域の海運力の強さを表すとはかぎらない。それ以外に，中立貿易の重要性を指摘しておかねばならない。スウェーデンに関しては，レオス・ミュラー[12]が，デンマークに関しては井上光子[13]が，中立貿易の重要性を主張している。戦争中に，スウェーデン船やデンマーク船を利用した場合もあった。そのために，両国の船で輸送される商品が増えたのである。また，戦旗をスウェーデンやデンマークの旗に変え，中立船を装った可能性もある。その場合，現実にはこの両国の船を使用したわけではなかった。それでもなお，スウェーデン船，デンマーク船，シュレスヴィヒ-ホルシュタイン船の数値は驚異的ですらある。

　さらに表5-3（a,b）は，エーアソン海峡を航行する船舶のバラスト船・貨物積載船数，出港地を示したものである。

　東航船の方が，圧倒的にバラスト船の比率が高い。これは，第3章の分析と一致する。しかし，東航船におけるバラスト船の比率は，1661-70年が29.5％，1771-80年が48.7％と，大きく増加する。オランダ船の比率が低下し，イングランド船，北欧船の比率が上昇するのは，表5-2でみたとおりである。

　次に，東航船の出港地について論じよう（表5-3b）。注目すべきは，

1784-95, Odense, 1983, p. 18.
　11）山本大丙「1845年におけるバルト海地域の穀物輸出」『早稲田大学大学院　文学研究科紀要』第44輯，1998年，120頁。
　12）レオス・ミュラー著（玉木俊明・根本聡・入江幸二訳）『近世スウェーデンの貿易と商人』嵯峨野書院，2006年，149-180頁。
　13）井上光子「デンマーク王国の海上貿易——遅れてきた重商主義国家」深沢克己編著『近代ヨーロッパの探究9　国際商業』ミネルヴァ書房，2002年，317-347頁。

第2節 輸出入

表5-3a エーアソン海峡を航行する船舶のバラスト船・貨物積載船・出港地
1661-70　　　　　　　　　　　　　　　　　　　　　　（単位：隻）

船　籍	合計	東航	西航	東航バラスト	東航貨物	西航バラスト	西航貨物
オランダ	13,529	6,814	6,715	2,695	4,119	111	6,604
イングランド	1,331	662	669	312	350	43	626
スウェーデン	3,492	1,738	1,754	0	0	0	0
ノルウェー	714	346	368	68	278	35	333
デンマーク	1,290	627	663	136	491	91	572
全　体	26,100	12,956	13,144	3,821	6,284	372	9,808

1671-80

船籍	合計	東航	西航	バラスト	貨物	バラスト	貨物
オランダ	11,759	5,952	5,807	2,847	3,105	136	5,671
イングランド	4,415	2,217	2,198	572	1,645	63	2,135
スウェーデン	2,531	1,292	1,239	2	0	0	7
ノルウェー	958	502	456	34	468	157	299
デンマーク	1,600	837	763	94	743	96	667
全　体	25,929	13,066	12,863	1,684	3,294	198	4,650

1681-90

船籍	合計	東航	西航	バラスト	貨物	バラスト	貨物
オランダ	19,018	9,563	9,455	4,778	4,785	49	9,406
イングランド	4,883	2,432	2,451	1,469	963	43	2,408
スウェーデン	4,704	2,381	2,323	0	0	0	0
ノルウェー	2,616	1,348	1,268	66	1,282	509	759
デンマーク	2,759	1,382	1,377	137	1,245	345	1,032
全　体	40,106	20,097	20,009	7,176	9,509	1050	15,528

1691-1700

船籍	合計	東航	西航	バラスト	貨物	バラスト	貨物
オランダ	11,533	5,820	5,713	3,487	2,333	56	5,657
イングランド	2,648	1,317	1,331	856	461	15	1,316
スウェーデン	6,752	3,284	3,468	0	0	0	0
ノルウェー	2,644	1,347	1,297	116	1,231	317	980
デンマーク	5,160	2,622	2,538	418	2,204	850	1,688
全　体	36,537	18,146	18,391	5,473	7,225	1308	11,307

1701-10

船籍	合計	東航	西航	バラスト	貨物	バラスト	貨物
オランダ	7,277	3,699	3,578	1,750	1,949	33	3,545
イングランド	1,269	634	635	274	360	8	627
スウェーデン	5,111	2,452	2,659	0	1	0	17
ノルウェー	2,169	1,092	1,077	29	1,063	374	703
デンマーク	4,791	2,416	2,375	99	2,317	990	1,385
全　体	26,088	12,927	13,161	98	536	47	732

第5章 「原材料の時代」のバルト海貿易　1661-1780年

1711-20

				東　航		西　航	
船　籍	合計	東航	西航	バラスト	貨物	バラスト	貨物
オランダ	8,799	4,489	4,310	1,463	3,026	154	4,156
イングランド	3,196	1,619	1,577	377	1,242	103	1,474
スウェーデン	40	23	17	7	16	1	16
ノルウェー	688	381	307	6	375	128	179
デンマーク	883	474	409	13	461	86	323
全　体	17,548	8,921	8,627	2,135	6,786	563	8,064

1721-30

船　籍	合計	東航	西航	バラスト	貨物	バラスト	貨物
オランダ	16,121	8,063	8,058	4,713	3,350	39	8,019
イングランド	6,467	3,245	3,222	1,474	1,771	91	3,131
スウェーデン	3,901	2,064	1,837	430	1,634	112	1,725
ノルウェー	1,776	904	872	17	887	257	615
デンマーク	3,109	1,521	1,588	90	1,431	541	1,047
全　体	37,963	19,014	18,949	7,827	11,187	1,091	17,858

1731-40

船　籍	合計	東航	西航	バラスト	貨物	バラスト	貨物
オランダ	18,497	9,269	9,228	6,135	3,134	23	9,205
イングランド	7,443	3,730	3,713	1,715	2,015	109	3,604
スウェーデン	5,594	2,898	2,696	371	2,527	254	2,442
ノルウェー	2,504	1,306	1,198	17	1,289	313	885
デンマーク	3,465	1,670	1,795	126	1,544	413	1,382
全　体	43,692	21,887	21,805	9,281	12,606	1154	20,651

1741-50

船　籍	合計	東航	西航	バラスト	貨物	バラスト	貨物
オランダ	15,219	7,618	7,601	4,316	3,302	28	7,573
イングランド	6,258	3,145	3,113	1,599	1,546	40	3,073
スウェーデン	4,028	2,013	2,015	215	1,798	71	1,944
ノルウェー	2,925	1,482	1,443	33	1,449	235	1,208
デンマーク	5,227	2,483	2,744	171	2,312	489	2,255
全　体	41,687	20,591	21,096	7,502	13,089	923	20,173

1751-60

船　籍	合計	東航	西航	バラスト	貨物	バラスト	貨物
オランダ	18,404	9,215	9,189	5,885	3,330	7	9,182
イングランド	8,647	4,352	4,295	2,414	1,938	52	4,243
スウェーデン	6,171	3,021	3,150	306	2,715	168	2,982
ノルウェー	3,395	1,726	1,669	33	1,693	161	1,508
デンマーク	6,360	3,235	3,125	195	3,040	330	2,795
全　体	52,739	26,336	26,403	10,553	15,783	761	25,642

第2節　輸出入

1761-70

船　籍	合計	東航	西航	東航バラスト	東航貨物	西航バラスト	西航貨物
オランダ	22,275	11,160	11,115	7,122	4,038	22	11,093
イングランド	11,223	5,630	5,593	3,449	2,181	28	5,565
スウェーデン	8,302	4,049	4,253	203	3,846	206	4,047
ノルウェー	3,611	1,830	1,781	98	1,732	195	1,586
デンマーク	6,792	3,259	3,533	226	3,033	245	3,288
全　体	64,140	31,730	32,410	13,513	18,217	772	31,638

1771-80

船　籍	合計	東航	西航	東航バラスト	東航貨物	西航バラスト	西航貨物
オランダ	22,162	11,105	11,057	7,853	3,252	14	11,043
イングランド	16,931	8,496	8,435	5,827	2,669	31	8,404
スウェーデン	10,999	5,276	5,723	403	4,873	233	5,490
ノルウェー	4,026	2,020	2,006	100	1,920	305	1,701
デンマーク	7,183	3,599	3,584	353	3,246	103	3,481
全　体	80,151	39,747	40,404	19,356	20,391	766	39,638

出典）『台帳　後編』

　ここでもスウェーデン船の出港地がスウェーデンであり，デンマーク船の出港地がノルウェーである場合が多いことである。これは，スウェーデン船がバルト海地方からエーアソン海峡を経由して大西洋側のスウェーデン領に行ったこと，さらに，デンマーク船が，バルト海地方からエーアソン海峡を通りノルウェーに向かったことを意味する。

　西航船の出港地に目を向けると，まず目立つのは，ダンツィヒから出港するオランダ船の多さである。また，ケーニヒスベルク，リーガ，スウェーデンを出港地とする船舶数も多い。さらに，サンクト・ペテルブルグの数値が急速に上昇し，しかもその多くがイングランド船であることが目を引く。かつ，スウェーデンを出港地とする船舶の多くがスウェーデンに向かい，デンマークを出港地とする船舶は，デンマーク，ノルウェー船である場合が多い。デンマークとスウェーデンの場合，基本的には沿岸交易であったことが，この表と表5-2から確認される。おそらくスウェーデンの沿岸航行は，同国の国民経済形成に寄与したであろう。

　さらにまた，あとで述べるように，イングランドに向かうスウェーデン船の数も増加したものと思われる。バルト海貿易が低調であったと考えることはできない。むしろ，貿易は活発化していたとしかいいようが

東航船出港地 　　　　　　　　　　　表 5-3b　エーアソン海峡を航行する
1661-70

船　籍	デンマーク	スウェーデン	ノルウェー	スコットランド	イングランド
オランダ	41	9	42	6	12
イングランド	2	0	1	0	615
スウェーデン	4	830	75	21	117
ノルウェー	2	0	316	1	5
デンマーク	136	38	193	6	17
全　体	233	1,220	1,069	241	1,004

1671-80

船　籍	デンマーク	スウェーデン	ノルウェー	スコットランド	イングランド
オランダ	57	52	62	8	6
イングランド	5	58	71	8	1,223
スウェーデン	13	693	83	16	119
ノルウェー	3	2	440	1	5
デンマーク	142	63	249	11	20
全　体	238	1,131	1,074	495	1,538

1681-90

船　籍	デンマーク	スウェーデン	ノルウェー	スコットランド	イングランド
オランダ	35	41	54	8	2
イングランド	4	11	7	10	2,096
スウェーデン	21	1,137	585	8	144
ノルウェー	10	10	1,289	2	9
デンマーク	137	23	661	5	22
全　体	218	1,619	2,684	495	2,544

1691-1700

船　籍	デンマーク	スウェーデン	ノルウェー	スコットランド	イングランド
オランダ	19	25	72	1	26
イングランド	0	7	7	16	1,159
スウェーデン	36	1,072	526	54	288
ノルウェー	6	8	1,142	39	51
デンマーク	172	26	1,056	26	41
全　体	256	1,520	2,866	523	1,793

第 2 節　輸　出　入

船舶の出港地

ハンブルク	北西ドイツ	オランダ	フランス	ポルトガル	リューベック
24	43	5,418	849	251	21
7	0	6	15	10	13
54	11	342	113	157	90
0	0	17	2	1	8
10	4	83	18	5	10
278	426	6,306	1,363	474	312
31	41	4,975	449	236	21
20	3	159	517	138	26
18	10	141	112	83	47
0	1	25	5	1	5
15	1	91	54	17	12
172	280	5,659	1,664	519	293
106	147	7,645	1,149	336	10
7	1	81	118	79	18
17	6	268	87	102	39
0	1	6	14	1	3
33	9	108	140	28	12
377	666	8,518	2,000	611	215
18	13	5,170	273	187	23
6	2	87	5	22	5
20	14	563	408	294	96
0	4	47	44	2	6
8	22	387	527	102	49
100	367	7,900	1,738	747	311

1701-10

船　籍	デンマーク	スウェーデン	ノルウェー	スコットランド	イングランド
オランダ	39	18	24	0	11
イングランド	0	5	0	2	580
スウェーデン	32	682	455	30	235
ノルウェー	6	2	802	62	62
デンマーク	162	13	1,447	4	53
全　体	260	1,167	2,853	527	1,111

1711-20

船籍	デンマーク	スウェーデン	ノルウェー	スコットランド	イングランド
オランダ	97	42	174	0	31
イングランド	4	13	24	67	1,115
スウェーデン	0	20	0	0	0
ノルウェー	3	2	352	0	3
デンマーク	19	8	221	0	7
全　体	158	208	875	624	1,286

1721-30

船籍	デンマーク	スウェーデン	ノルウェー	スコットランド	イングランド
オランダ	62	8	15	1	11
イングランド	4	7	12	28	2,714
スウェーデン	59	1,118	19	9	47
ノルウェー	9	7	794	8	4
デンマーク	166	24	761	1	15
全　体	329	1,292	1,704	661	2,951

1731-40

船籍	デンマーク	スウェーデン	ノルウェー	スコットランド	イングランド
オランダ	35	5	33	0	7
イングランド	14	1	38	45	3,067
スウェーデン	114	1,475	62	1	43
ノルウェー	6	4	1,238	4	6
デンマーク	173	6	814	1	31
全　体	360	1,552	2,321	531	3,417

1741-50

船籍	デンマーク	スウェーデン	ノルウェー	スコットランド	イングランド
オランダ	14	7	169	0	5
イングランド	4	5	33	13	2,819
スウェーデン	125	528	103	5	68
ノルウェー	7	8	1,371	13	16
デンマーク	176	11	1,319	8	111
全　体	333	663	3,313	422	3,395

第 2 節　輸　出　入

ハンブルク	北西ドイツ	オランダ	フランス	ポルトガル	リューベック
6	3	3,089	414	83	10
1	0	38	1	5	3
3	8	337	348	315	56
4	12	5	131	3	23
1	8	114	283	56	8
17	214	4,406	1,514	552	204
20	76	3,274	548	210	14
4	2	61	131	175	12
0	0	3	0	0	0
0	2	0	12	0	4
0	0	6	29	0	6
46	173	3,530	1,363	423	276
104	179	6,566	876	217	4
15	19	57	96	273	15
14	0	512	135	149	4
4	0	14	52	9	14
11	6	126	152	14	12
294	716	8,009	2,045	700	209
139	320	7,265	1,290	138	46
55	15	77	69	146	10
15	0	461	336	270	19
1	0	15	28	2	13
24	16	192	137	20	28
347	728	8,873	2,445	649	222
117	46	5,343	1,669	198	10
73	19	82	22	25	1
21	1	286	298	335	15
1	0	14	35	14	20
63	2	211	212	86	21
448	536	6,838	3,166	810	169

1751-60

船籍	デンマーク	スウェーデン	ノルウェー	スコットランド	イングランド
オランダ	23	6	195	7	8
イングランド	5	4	46	19	3,892
スウェーデン	38	1,631	83	3	101
ノルウェー	0	0	1,635	2	10
デンマーク	152	12	1,829	8	86
全体	231	1,718	4,092	528	4,790

1761-70

船籍	デンマーク	スウェーデン	ノルウェー	スコットランド	イングランド
オランダ	15	61	52	3	59
イングランド	19	6	4	34	5,068
スウェーデン	6	2,617	34	5	97
ノルウェー	15	0	1,736	6	15
デンマーク	198	21	1,700	3	51
全体	265	3,110	3,764	952	6,108

1771-80

船籍	デンマーク	スウェーデン	ノルウェー	スコットランド	イングランド
オランダ	5	126	21	1	158
イングランド	24	16	5	50	7,852
スウェーデン	5	3,459	62	2	169
ノルウェー	12	4	1,832	5	18
デンマーク	106	35	1,559	11	61
全体	182	4,026	3,814	1,758	9,885

西航船出港地

1661-70

船籍	メクレンブルク	ストラールズント	シュテッティン	ダンツィヒ	ケーニヒスベルク
オランダ	18	8	271	2,373	1,231
イングランド	2	4	1	114	162
スウェーデン	20	23	5	85	36
ノルウェー	3	4	2	187	32
デンマーク	1	3	1	84	15
全体	364	514	436	3,484	1,751

第 2 節　輸 出 入

ハンブルク	北西ドイツ	オランダ	フランス	ポルトガル	リューベック
277	101	6,491	1,810	177	12
71	22	70	65	74	2
16	3	234	324	387	16
2	2	22	28	6	8
63	6	227	268	162	18
658	822	8,038	3,601	909	151

559	423	7,178	2,201	323	17
142	90	78	55	44	6
29	0	235	297	443	26
1	1	4	40	3	7
69	4	148	269	173	34
1,236	1,377	8,426	4,000	1,035	174

264	112	8,305	1,109	388	18
116	29	109	86	32	6
37	4	292	387	330	35
7	0	21	51	5	7
123	13	201	286	200	34
1,003	1,254	10,722	3,173	1,126	229

リーガ	ナルヴァ	サンクト・ペテルブルク	フィンランド	スウェーデン	デンマーク
695	72	–	167	530	255
87	27	–	1	139	39
72	6	–	1	1,238	139
6	0	–	0	11	104
29	0	–	0	72	428
1,057	114	–	194	2,322	1,046

1671-80

船　籍	メクレンブルク	ストラールズント	シュテッティン	ダンツィヒ	ケーニヒスベルク
オランダ	22	4	94	1,794	1,077
イングランド	1	15	5	260	411
スウェーデン	6	20	4	52	22
ノルウェー	2	9	0	63	36
デンマーク	3	6	6	42	33
全　体	201	239	203	2,831	1,815

1681-90

船　籍	メクレンブルク	ストラールズント	シュテッティン	ダンツィヒ	ケーニヒスベルク
オランダ	25	19	184	2,856	1,317
イングランド	1	6	1	380	254
スウェーデン	3	5	2	65	4
ノルウェー	10	23	1	194	111
デンマーク	2	7	3	87	49
全　体	251	341	362	4,408	2,000

1691-1700

船　籍	メクレンブルク	ストラールズント	シュテッティン	ダンツィヒ	ケーニヒスベルク
オランダ	3	3	67	1,135	996
イングランド	0	2	0	145	161
スウェーデン	6	3	26	178	54
ノルウェー	8	36	8	213	229
デンマーク	3	5	6	163	180
全　体	182	322	463	3,032	2,052

1701-10

船　籍	メクレンブルク	ストラールズント	シュテッティン	ダンツィヒ	ケーニヒスベルク
オランダ	1	5	30	967	976
イングランド	0	0	0	76	256
スウェーデン	3	17	14	76	75
ノルウェー	3	16	10	154	240
デンマーク	22	6	3	45	158
全　体	196	403	554	1,861	1,936

1711-20

船　籍	メクレンブルク	ストラールズント	シュテッティン	ダンツィヒ	ケーニヒスベルク
オランダ	1	11	113	1,023	904
イングランド	2	1	5	209	254
スウェーデン	1	2	0	2	0
ノルウェー	0	9	3	42	26
デンマーク	2	1	11	5	7
全　体	79	39	170	2,069	1,450

第2節　輸出入

リーガ	ナルヴァ	サンクト・ペテルブルク	フィンランド	スウェーデン	デンマーク
1,001	61	−	106	504	254
385	162	−	26	689	71
102	9	−	4	767	191
9	1	−	0	4	314
35	1	−	0	39	553
1,793	241	−	147	2,317	1,438
1,972	355	−	205	493	109
647	371	−	13	611	40
60	3	−	7	1,337	776
24	0	−	0	2	861
47	3	−	0	58	1,063
2,985	763	−	232	2,960	2,874
1,353	406	−	117	199	132
441	302	−	1	214	10
209	36	−	24	2,093	631
32	5	−	0	22	683
111	11	−	7	56	1,853
2,587	881	−	170	2,860	3,354
464	39	−	244	194	60
79	3	−	1	142	15
112	3	−	25	1,675	493
13	0	−	1	5	570
21	0	−	0	52	2,011
864	53	−	313	2,368	3,168
683	36	−	70	100	723
167	13	−	143	8	611
0	0	−	0	0	12
2	0	−	0	0	1
2	0	−	0	0	12
911	49	−	232	110	1,632

1721-30

船籍	メクレンブルク	ストラールズント	シュテッティン	ダンツィヒ	ケーニヒスベルク
オランダ	30	28	633	2,160	1,131
イングランド	9	2	126	584	255
スウェーデン	13	129	2	95	15
ノルウェー	10	25	1	253	70
デンマーク	23	9	20	37	71
全体	236	347	938	4,285	1,953

1731-40

船籍	メクレンブルク	ストラールズント	シュテッティン	ダンツィヒ	ケーニヒスベルク
オランダ	48	351	228	722	715
イングランド	6	92	41	198	147
スウェーデン	153	26	18	4	11
ノルウェー	22	13	19	111	74
デンマーク	7	32	41	39	39
全体	332	606	728	1,639	1,218

1741-50

船籍	メクレンブルク	ストラールズント	シュテッティン	ダンツィヒ	ケーニヒスベルク
オランダ	104	2	250	1,561	1,029
イングランド	8	0	25	395	130
スウェーデン	28	53	6	29	22
ノルウェー	27	11	7	318	140
デンマーク	19	13	48	132	129
全体	312	121	854	3,567	1,919

1751-60

船籍	メクレンブルク	ストラールズント	シュテッティン	ダンツィヒ	ケーニヒスベルク
オランダ	81	4	413	2,837	1,290
イングランド	4	2	28	515	184
スウェーデン	59	51	12	176	24
ノルウェー	13	17	12	313	116
デンマーク	21	11	95	219	97
全体	352	122	1,129	5,633	2,185

1761-70

船籍	メクレンブルク	ストラールズント	シュテッティン	ダンツィヒ	ケーニヒスベルク
オランダ	46	2	865	2,702	1,902
イングランド	1	0	89	517	262
スウェーデン	10	34	17	290	75
ノルウェー	16	1	5	344	112
デンマーク	25	7	47	496	198
全体	254	177	1,420	6,137	3,343

第2節 輸出入

リーガ	ナルヴァ	サンクト・ペテルブルク	フィンランド	スウェーデン	デンマーク
1,367	964	349	350	255	75
541	187	547	42	754	83
67	1	3	8	1,352	96
13	4	36	3	7	374
54	16	6	0	120	1,137
2,231	1,193	1,075	422	2,847	1,798
1,930	666	597	279	41	9
539	119	424	476	384	48
14	2	2	1,393	939	36
46	5	18	21	313	316
161	42	9	39	669	550
2,953	947	1,171	2,344	2,772	1,012
1,461	1,221	471	357	199	42
713	194	1,026	15	549	34
41	0	17	13	1,727	37
89	5	24	2	47	616
428	87	40	11	143	1,500
3,048	1,537	1,713	480	3,214	2,261
1,714	758	600	431	132	21
1,016	247	1,541	107	515	72
107	6	26	26	2,486	103
77	8	42	5	35	874
347	85	50	31	74	1,781
3,673	1,164	2,448	726	3,680	2,943
2,261	642	605	441	55	67
1,106	364	1,859	323	373	41
92	15	25	39	3,412	103
71	0	30	2	9	1,073
279	87	57	38	39	1,726
4,380	1,150	2,917	1,127	4,305	3,104

1771-80

船籍	メクレンブルク	ストラールズント	シュテッティン	ダンツィヒ	ケーニヒスベルク
オランダ	27	0	478	1,340	1,274
イングランド	90	11	167	452	404
スウェーデン	77	122	13	203	142
ノルウェー	14	1	9	206	110
デンマーク	92	7	32	147	173
全体	861	370	1,438	3,831	3,285

ない。

では次節では，商品の動きを具体的に追ってみたい。

2 輸出—商品

表5-4は，バルト海地方の主要輸出品と，それを運搬した船舶の船長の居住地を書いたものである。ここでも，オランダ，イングランド，スウェーデン，ノルウェー，デンマーク，シュレスヴィヒ-ホルシュタインに限定して論を展開する。

a **穀物** ここでは，ライ麦と小麦を取り上げる。輸送量には大きな変動があり，これといった傾向はつかめない。まず，小麦に比べてライ麦が多いことが著しい特徴である。そして，オランダ船で運ばれる量が圧倒的に多い。

この時代はイングランドからの穀物輸出量が拡大し，バルト海地方から輸出される穀物の相対的価値が低下したことは，オームロッドによりすでに証明されている[14]。また，ミルヤ・ファン・ティールホフによれば，穀物がアムステルダムを通らずに目的地まで輸送される「通過貿易」(voorbijvaart) が行なわれるようになっており，アムステルダムは穀物の貯蔵庫ではなく，穀物輸送を指揮する情報センターとなってい

---

14) David Ormrod, *English Grain Exports and the Structure of Agrarian Capitalism, 1700-1760*, Hull, 1985.

リーガ	ナルヴァ	サンクト・ペテルブルク	フィンランド	スウェーデン	デンマーク
2,662	459	955	423	20	89
1,144	271	2,524	426	308	83
161	36	99	45	4,272	146
71	0	43	5	5	1,469
358	48	159	29	23	1,984
5,289	836	4,619	1,311	5,199	3,909

た[15]。

　いずれにせよ，オランダの穀物輸出量の多さには，目を見張るものがある。しかし穀物輸送による利益は，「穀物の時代」よりはずっと低かったはずである。しかしまた，穀物輸送の重要性は時代と共に低下したであろうが[16]，この貿易がオランダ経済にとって絶えず重要だったことも推測できよう。

　b **亜麻・麻・繊維製品**　亜麻・麻に目を向けると，当初はオランダ船とイングランド船による輸送が拮抗している。1661-70年には，亜麻に関しては，オランダ船の輸送量が2万2,516シップポンド，イングランド船のそれが2万3,476シップポンドと，ほとんど変わらない。1721-30年には，それぞれ4万4,848シップポンド，12万4,411シップポンドと，圧倒的にイングランド船による輸送の方が多い。さらに1751-60年には，オランダ船の輸送量が5万2,289シップポンド，イングランド船のそれが27万1,061シップポンドとなる。オランダ船の約

　15）　Clé Lesger, *Handel in Amsterdam ten tjide van de opstand: Kooplieden, commerciele expansie en verandering in de ruimtelijke economie van de Nederlanden ca. 1550-ca.1630*, Hilversum, 2001, pp. 209-249；及び，その英訳 *The Rise of the Amsterdam Market and Information Exchange: Merchants, Commercial Expansion and Change in the Spatial Economy of Low Countries, c. 1550-1630*, Aldershot, 2006, pp. 214-263.

　16）　J. A. Faber, "The Decline of the Baltic Grain-Trade in the Second Half of the Seventeenth Century", in W. G. Heers, L. M. J. B. Hesp, L. Noordegraaf and R. C. W. van der Voort (eds.), *From Dunkirk to Danzig: Shipping, and Trade in the North Sea and the Baltic, 1350-1800*, Hilversum, 1988, pp. 31-51.

第5章 「原材料の時代」のバルト海貿易 1661-1780年

表5-4 エーアソン海峡を通した

1661-70 (船籍)	ライ麦 (ラスト)	小麦 (ラスト)	亜麻 (ラスト)	亜麻 (シップポンド)	麻 (ラスト)
オランダ	201,201	70,565	717	18,214	9,690
イングランド	1,620	829.7	3,360	3,316	1,833
スウェーデン	1,540	777.5	0	74.4	0
ノルウェー	4,151	289.8	7	398.8	37
デンマーク	1,289	140	19	801	15
シューホル	41,374	14,744	594	4,455.9	2,149.5
全 体	243,496	74,211.7	6,112	31,360.4	13,070.0

1671-80	ライ麦	小麦	亜麻	亜麻	麻
オランダ	231,923	94,487	1,318	9,937	14,435
イングランド	14,617	1,958	3,302	15,881	8,576
スウェーデン	368.8	5	0	14	0
ノルウェー	8,410	184.5	95.8	1,202	573
デンマーク	5,320	730.1	36	2,273	136
シューホル	1,855	522.4	0	60.5	27
全 体	415,620.5	175,145.5	5,254.3	100,874.0	48,511

1681-90	ライ麦	小麦	亜麻	亜麻	麻
オランダ	372,812	151,785	2,290	37,807	23,438
イングランド	6,362	1,360	1,713	48,612	21,630
スウェーデン	374	18	0	3	60
ノルウェー	8,410	184.5	95.8	1,202	573
デンマーク	5,320	781.1	36	2,273	136
シューホル	1,855	99.4	8	60.5	28.5
全 体	335,622.5	115,396.5	4,440.5	83,925	39,903

1691-1700	ライ麦	小麦	亜麻	亜麻	麻
オランダ	240,366	76,604	915.5	13,105	25,037
イングランド	1,043	0	1,319	51,619	21,402
スウェーデン	842	209	2	41	73
ノルウェー	9,994	991.9	145.5	970.9	686
デンマーク	16,592	8,136	247	1,268.9	338
シューホル	4,635	872	30	1,669	195
全 体	332,561.5	110,731.2	3,909.0	80,032.6	53,333.5

第2節　輸出入

バルト海地方の主要輸出品

麻 （シップポンド）	繊維製品 （ピース）	木材 （ピース）	灰 （ラスト）	灰汁 （シップポンド）	鉄 （シップポンド）
22,432	53,072	922,350	12,173	44,524	148,893
4,695	50,231	99,288	0	16,248	61,638
163	0	11,312	1	384	8,453
461	45	1,404	57	440	635
392	0	6,451	13	1,134	499
2,468.3	17,672	175,004	1,728.8	12,998	43,840
35,144.2	158,611	1,468,754	13,184.8	82,893	281,298.0

麻	繊維製品	木材	灰	灰汁	鉄
42,350	61,775	1,638,754	10,367	53,786	229,791
56,571	139,412	629,195	283	20,746	400,994
13	0	7,885	0	753	221
2,000	35	6,680	0	158	249.5
1,045.6	1,259	160,099	102.3	623	1,646
337	70	48,077	26.5	0	79
247,457.1	588,998	6,120,851	11,340.5	42,051	310,565.5

麻	繊維製品	木材	灰汁	鉄
128,444	80,099	4,812,237	21,650	80,386
109,795	357,776	597,455	16,061	171,322
224	0	8,768	84	5,998
2,000	35	6,680	158	249.5
1,045.6	1,259	160,099	623	1,646
337	70	48,177	0	139
205,737.6	489,974	5,738,350	38,698	275,218.0

麻	繊維製品	木材	灰	灰汁	鉄
120,948	106,874	3,515,601	10,740	12,095	33,518
121,542	464,882	570,236	39	7,419	82,408
520	1440	61,347	0	0	7,068
3,029	637	65,754	25	113	2,412
2,986	6,359	292,887	544	846	3,008
448	3,740	56,278	142	431	2,601
264,549	825,029	5,198,029	12,696	31,474	167,982.0

1701-10	ライ麦 (ラスト)	小麦 (ラスト)	亜麻 (ラスト)	亜麻 (シップポンド)	麻 (ラスト)
オランダ	148,554	56,714	1,929	12,097	17,014
イングランド	30	0	4,514	11,220	8,760
スウェーデン	88	38	0	185	0
ノルウェー	5,237	757.8	91	340.5	696
デンマーク	3,704	795	106.5	1,668	132.5
シューホル	1,128	337	1	45.9	19.2
全体	152,648	59,348.1	7,706.5	39,369.9	27,211.3

1711-20	ライ麦	小麦	亜麻	亜麻	麻
オランダ	149,914	44,019	1,802	15,846	11,554
イングランド	1,922	505	5,607	24,088	4,752
スウェーデン	39	0	0	0	0
ノルウェー	2,640	10.2	53	94.6	29
デンマーク	439.7	64	58	20.4	48
シューホル	613	56	17.3	380.7	0
全体	177,827.9	51,551.8	9,122.0	51,858.2	18,546.6

1721-30	ライ麦	小麦	亜麻	亜麻	麻
オランダ	199,030	82,497	1,543	35,590	12,905
イングランド	11,265	4,106	3,615	102,721	3,623
スウェーデン	4,139	387.1	11	2,702	21
ノルウェー	8,712	143	193	1,769	458
デンマーク	1,638	42.7	430	1,652	531
シューホル	2,234	428	6.8	502	88
全体	283,417.5	102,874.7	6,963.5	166,696.1	20,376.3

1731-40	ライ麦	小麦	亜麻	亜麻	麻
オランダ	156,025	80,810	1,375	50,208	8,804
イングランド	2,101	4,160	4,410	131,048	1,860
スウェーデン	2,233	342.8	35.5	4,931	30.3
ノルウェー	7,631	1,169.5	76	1,941	428
デンマーク	1,208.2	387.4	458	4,694	276
シューホル	3,731	746.5	10	817.4	0
全体	206,660.5	101,480.6	6,755.5	221,251.6	16,004.8

第2節 輸出入

麻 (シップポンド)	繊維製品 (ピース)	木材 (ピース)	灰汁 (シップポンド)	鉄 (シップポンド)
34,646	82,091	1,794,863	23,964	119,140
17,750	139,526	152,568	19,921	83,883
294	0	33,263	390	28,510
349	1,525	72,351	308	1,218
293.9	5,616	176,726	762	3,717
74	0	34,512	0	141
47,404.9	457,299	2,550,495	89,210	311,261.5

麻	繊維製品	木材	灰	灰汁	鉄
71,973	135,613	1,260,554	16,739	24,981	483,060
96,817	370,296	581,559	813.5	47,494	588,903
0	0	36	26	0	0
81.5	0	0	0	8	117
7.3	40	3,215	0	0	898
50	0	16,030	2	0	878
181,199.1	586,055	2,708,672	20,430.8	90,933.5	1,258,003.0

麻	繊維製品	木材	灰	灰汁	鉄
286,539	443,873	4,702,507	13,112	39,977	118,520
342,534	1,780,965	986,866	411	69,906	687,730
2,463	6,793	1,025,431	3,975	1,259	405,849
4,658	624	25,815	0	318	150
1,795.7	5,817	59,443	125.3	818	1,484.1
864	4,072	52,526	164	60	647
674,546.4	2,356,388.5	7,583,417	20,843.2	126,935.7	1,369,059.1

麻	繊維製品	木材	灰	灰汁	鉄
255,718	481,025	9,230,704	9,697	39,378	27,921
420,233	1,287,394	1,335,644	1,908	36,835	896,796
1,236	1,004.5	1,568,958	4,648	800.2	569,283
4,097	7,236	53,059	68	359	1,434
2,855.2	297	71,841	33.5	322.8	641
5,795	6,083	114,594	91.2	0	850
725,876.5	1,964,758.5	14,043,935	20,204.7	89,189.0	1,678,740.0

第5章　「原材料の時代」のバルト海貿易　1661-1780年

1741-50	ライ麦 (ラスト)	小麦 (ラスト)	亜麻 (ラスト)	亜麻 (シップポンド)	麻 (ラスト)
オランダ	90,259	51,742	2,719	35,062	7,534
イングランド	1,243	525	4,495	204,209	1,971
スウェーデン	2,317	387	403	9,918	69
ノルウェー	11,174	1,089	211	4,294	563
デンマーク	2,880	621.7	748	12,991	394
シュ-ホル	15,570.8	6,272	1,473	32,697.4	1,558.5
全 体	162,208.2	75,301.3	13,877.4	388,816.6	17,031.5

1751-60	ライ麦	小麦	亜麻	亜麻	麻
オランダ	126,288	88,208	2,536	37,073	17,825
イングランド	695	2,028	2,972	253,769	2,547
スウェーデン	5,399	1,417	401	15,752	42.5
ノルウェー	6,497	1,631	185	7,021	288
デンマーク	3,246	1,169	680	32,125	261
シュ-ホル	22,697	13,985.9	4,041	147,321.8	3,254
全 体	213,804	132,076.8	13,345	564,522	28,322.7

1761-70	ライ麦	小麦	亜麻	亜麻	麻
オランダ	210,615.6	104,507.8	3,412.7	56,591.7	22,400.4
イングランド	8,284	12,055.5	2,827	341,806.7	3,418
スウェーデン	12,132.4	1,281.2	63	11,951.5	5
ノルウェー	13,488.5	1,237.8	33	6,251.5	211
デンマーク	17,405.3	1,593.6	388.7	28,484	340.5
シュ-ホル	12,614.7	3,522.5	3,991.3	102,794.7	889
全 体	376,074.1	161,360.0	13,327.7	640,948.4	33,091.0

1771-80	ライ麦	小麦	亜麻	亜麻	麻
オランダ	188,446.2	111,216.1	1,291.3	156,796.6	16,575.6
イングランド	12,537	22,196.4	1,861.2	386,343.1	1,608
スウェーデン	13,822.8	6,571.6	207.2	18,021.4	99
ノルウェー	10,153.4	1,227.7	0	10,502.5	59.2
デンマーク	8,423.8	4,328.6	75	28,626.1	144
シュ-ホル	9,273.7	9,878.1	908.4	124,504.9	158
全 体	338,932.4	228,198.6	6,120.8	881,902.0	28,698.4

出典）『台帳 後編』
＊）「シュ-ホル」とは，シュレスヴィヒ-ホルシュタインのこと。
＊＊）「亜麻」「麻」ともに1ラスト＝6シップポンドで換算。

第 2 節　輸 出 入　　　　　　　　　　　　217

麻 (シップポンド)	繊維製品 (ピース)	木材 (ピース)	灰 (ラスト)	灰汁 (シップポンド)	鉄 (シップポンド)
328,996	327,990	9,626,972	11,312	51,359	54,270
728,236	1,643,377	949,655	2,986.5	41,907	905,646
5,194	8,509	2,198,660	2,503	64.5	679,214
10,922	5,089	87,967	52.5	754.5	3,175.4
7,179	16,334	220,717	170	2,240	2,267
151,158.4	298,089	1,650,377	3,336.5	14,234	241,213
1,291,061.1	2,686,550	16,810,558	28,277.1	138,724.0	2,252,462.4

麻	繊維製品	木材	灰	灰汁	鉄
508,213	485,625	9,836,639	11,909	115,210	83,986
909,080	2,017,925	2,734,172	2,871	26,899	1,123,406
10,918	15,420	2,454,965	1,412	1,191.7	641,992
11,693	13,484	98,784	36	385	2,398
7,540	8,461	149,457	42.3	1,773.2	1,727
183,191.4	343,778	2,501,993	3,088.9	30,257.7	245,455
1,701,312.6	3,481,355.5	20,318,670	28,549.7	212,097.6	2,334,672.0

麻	繊維製品	木材	灰	灰汁	鉄
516,628.2	603,845.4	10,928,735	10,871.9	110,331.4	109,280.9
897,286.5	2,257,086	8,015,747	1,121.5	5,613.9	1,860,699.7
11,547.5	11,389	4,251,019	1,425.4	1,575.8	981,278.1
10,852.9	11,864	62,009	59	289.9	1,119.8
7,672.2	24,032	212,973	97	2,786.4	3,222.9
18,337.6	24,032	354,314	91	1,574.3	6,971.4
1,557,029.0	3,684,136.7	27,762,781	22,798.6	165,574.0	3,221,567.5

麻	繊維製品	木材	灰汁	鉄
646,720.6	767,517	11,840,634	102,665.5	137,379.7
1,170,768.8	1,933,536.5	8,766,850	10,993.5	2,214,585.8
29,877.3	26,363.7	11,987,090	1,341.2	1,231,472
13,629.8	10,887.5	70,933	463.5	573.9
18,870.8	15,564	312,917	2,364.8	3,226
25,950.2	6,757	189,113	1,908.5	11,894.5
2,094,258.4	3,701,857.6	37,070,601	218,277.9	3,983,466.3

5倍の輸送量を，イングランド船が輸送している。

　バルト海地方からの麻の輸出量は，亜麻以上に上昇する。麻輸出量は，1661-70年と1761-70年を比較すると，20倍近い伸びを示す。16世紀後半においては亜麻の輸出量の方が多かったが，逆転するのである。それは麻の方が水はけが良く，索具やロープ・帆布により適しているからであろう。

　麻は，当初はオランダ船での輸出量が最も多い。1661-70年は，バルト海地方から輸出される麻の71％をオランダ船が輸送している。それが1721-30年になるとオランダ船が36万3,969シップポンド，イングランド船が36万4,272シップポンドと，イングランド船の方が若干多い。それが1751-60年にはオランダ船による輸送が61万5,163シップポンド，イングランド船の輸送が92万4,362シップポンドと逆転する。

　繊維製品の多くが亜麻布だったので，表5-4に出てくる数値は，おおむね亜麻布の輸出量だと考えてよい。1661-70年と1761-70年を比較すると，バルト海地方全体の輸出量は，23倍以上になる。1661-70年には，オランダ船とイングランド船の輸送量はほとんど変わらなかったが，1691-1700年には，イングランド船の輸送量は46万4,882ピース，オランダ船の輸送量は10万6,874ピースと，イングランド船がオランダ船の4倍以上になる。1761-70年には，イングランド船が225万7,086ピースなのに対し，オランダ船は60万3,845ピースと，差は拡大する。ここでも，イングランド船による輸送増が目立つ。

　亜麻と麻——特に後者——の輸送量増加は，少なくとも一部分は，両国の海運業の発展の相違を表す。18世紀になると，イギリスの海運業が目覚ましい発展を遂げたことはいうまでもない。この世紀に関しては，オランダはおそらく，イギリスと比較すると，海運業はあまり発展しなかった。オランダの亜麻・麻・亜麻布輸入地域がバルト海地方以外にあったにせよ，この差は，両国の海運業発展の差異に由来すると考えるべきであろう。

　　c　**木材**　　バルト海地方から輸出される木材としては，オーク材，内張板，マスト材などがある。本章で対象とする時代においては，オランダ船による輸送量が絶えず最も多い。しかし，その比率は徐々に下が

る。

　たとえば1661-70年には，バルト海地方からエーアソン海峡を通り西欧に輸出される木材の63%がオランダ船によって輸送されている。それに対し，イングランド船の比率は6.8%である。ところが1751-60年には，オランダ船は48.4%と低下し，イングランド船が13.5%と，倍増する。イギリス「商業革命」をささえたのは，バルト海地方から輸出される船舶用資材であった。さらに，スウェーデン船の比率が大きく増え，1661-70年の0.8%から，1771-80年には32.3%にまで上昇する。これは，スウェーデン産の木材をスウェーデン船で輸送するようになったことの現れだと推測できる。1724年に実施された「スウェーデン航海法」[17]の成果がここに現れていると考えられよう。18世紀のスウェーデンは，保護貿易政策によって経済を発展させたのである。

　d　灰・灰汁　　灰・灰汁は，近世ヨーロッパ最大の工業製品であった毛織物製造・ガラス製品の製造に欠かせないものであった[18]。したがってこれらの製品の輸入は，当輸入国の工業発展と関係している。

　灰から論じよう。1661-70年には，イングランド船は灰をまったく輸送していない。オランダ船の輸送量が全体の92.3%を占める。この面でのオランダの優位は，1751-60年になっても変わらない。しかし，比率はバルト海地方からの輸出量全体の41.7%にまで低下する。

　灰汁もまた，当初はオランダ船による輸送が多い。1661-70年には，バルト海地方からの灰汁輸出のうち，53.7%をオランダ船が占める。それに対して，イングランド船の比率は19.6%，シュレスヴィヒ-ホルシュタイン船の比率は，15.7%である。

　この様子はやがて大きく変わり，1711-20年になると，大北方戦争の影響があるとはいえ，オランダ船による輸送の比率が27.5%，イングランド船のそれが52.2%と逆転する。さらに1751-60年には，再びオランダ船による輸送の比率が50%を超える。

---

17)　「スウェーデン航海法」に関しては，本書の第4章をみよ。
18)　本書，第3章参照。

表 5-5　エーアソン海峡を通したバルト海地方の輸入品

1661-70 船籍	塩 (ラスト)	ニシン (ラスト)	ラインワイン (オーム)	他ワイン (樽)	毛織物 (ピース)	植民地物産 (1000ポンド)
オランダ	149,017	25,535	21,277	6,763	195,627	15,068
イングランド	2,637	50	0	704	127,662	1,400
ハンブルク	4,383	86	253	2,123	530	467
リューベック	14,846	461	166	332	3,293	217
ダンツィヒ	3,372	74	24	144	14,058	275
スウェーデン	1,964	129	87	3	674	20
デンマーク	1,318	491	11	105	607	255
シューホル	388	74	91	20	207	9
全体	189,600	28,921	22,213	10,743	357,900	18,188

1671-80	塩	ニシン	ラインワイン	他ワイン	毛織物	植民地物産
オランダ	120,310	18,987	17,512	6,717	217,503	16,872
イングランド	73,223	1,458	582	1,878	155,124	7,320
ハンブルク	7,781	1	31	218	112	178
リューベック	17,652	300	27	198	176	840
ダンツィヒ	12,229	345	269	179	14,241	1,692
スウェーデン	769	86	248	0	1,453	119
ノルウェー	725	1,445	28	44	598	113
デンマーク	4,145	1,610	260	245	635	162
シューホル	974.5	2,112	0	215	938	69
全体	258,349	29,537	19,387	10,230	401,091	27,964

1681-90	塩	ニシン	ラインワイン	他ワイン	毛織物	植民地物産
オランダ	185,210	29,395	17,149	6,804	408,872	23,620
スコットランド	7,002	3,886	22	26	2,788	2,571
イングランド	20,869	219	37	1,894	185,889	7,809
ハンブルク	2,085	36	30	177	636	195
リューベック	9,742	295	6	127	82	370
ダンツィヒ	8,489	286	145	378	26,680	2,481
スウェーデン	1,002	24	2	12	400	61
ノルウェー	946	1,974	0	19	0	18
デンマーク	2,266	1,514	917	143	580	206
シューホル	1,057	121	8	20	23	81
全体	249,357	38,518	18,667	10,539	636,388	38,795

第 2 節 輸出入

1691-1700	塩	ニシン	ラインワイン	他ワイン	毛織物	植民地物産
オランダ	94,062	17,358	5,687	7,073	218,817	19,132
スコットランド	3,826	4,752	0	43	934	32
イングランド	6,411	169	0	506	146,578	6,271
ハンブルク	1,129	30	0	115	8	7
リューベック	5,955	1,115	0	139	90	95
ダンツィヒ	22,599	1,102	221	1,478	19,926	2,531
スウェーデン	1,716	108	19	122	138	507
ノルウェー	4,390	3,465	269	142	13,544	444
デンマーク	49,627	1,941	2,419	433	6,935	3,932
シューホル	3,606	178	176	59	1,808	398
全体	208,934	30,909	9,039	11,810	421,279	35,666

1710-10	塩	ニシン	ラインワイン	他ワイン	毛織物	植民地物産
オランダ	110,243	3,258	5,725	2,015	120,307	18,342
スコットランド	3,238	6,613	0	11	853	101
イングランド	3,278	248	0	220	134,382	5,762
ハンブルク	1,506	0	0	115	0	38
リューベック	6,331	234	0	97	930	229
ダンツィヒ	14,528	149	5.3	173	2,534	926
スウェーデン	1,708	206	0	24	120	95
ノルウェー	12,709	906	19	384	386	180
デンマーク	24,654	1,153	1,002	5,084	6,368	4,004
シューホル	683	126	0	0	18	108
全体	186,319	13,408	6,864	8,704	272,147	30,530

1711-20	塩	ニシン	ラインワイン	他ワイン	毛織物	植民地物産
オランダ	132,406	11,998	12,292	6,009	172,743	28,877
スコットランド	7,294	13,017	0	81	1,991	240
イングランド	44,231	989	203	1,025	118,606	11,392
ハンブルク	1074	11	1	59.2	38	113
リューベック	11,058	265	0	386	644	602
ダンツィヒ	25,687	473	59	346	1,719	629
スウェーデン	76	5	0	0	2	25
ノルウェー	1,718	204	0	23	12	21
デンマーク	149	102	78	4	134	98
シューホル	728	90	0	0	12	0
全体	229,812	29,303	12,877	9,366	298,373	43,364

第 5 章 「原材料の時代」のバルト海貿易　1661-1780 年

1721-1730	塩	ニシン	ラインワイン	他ワイン	毛織物	植民地物産
オランダ	119,609	13,955	11,920	4,074	189,855	32,776
スコットランド	5,636	10,037	12	280	1,416	902
イングランド	38,904	1,281	36	2,420	128,126	16,448
ハンブルク	2,796	126	46	200	2,519	1,454
リューベック	13,057	126	42	6,848	1,271	2,292
ダンツィヒ	23,615	746	164	1,233	4,808	1,645
スウェーデン	36,258	2,082	2,915	2,040	88,987	11,656
ノルウェー	5,765	1,449	330	373	630	245
デンマーク	5,410	1,559	2,127	3,295	3,695	3,234
シューホル	625	236	1,517	178	1,594	962
全　体	262,426	34,826	20,402	22,839	438,673	76,144

1731-40	塩	ニシン	ラインワイン	他ワイン	毛織物	植民地物産
オランダ	118,391	12,859	8,184	6,594	159,779	33,248
スコットランド	4,307	6,166	21	65	929	617
イングランド	30,518	1,402	36	1,348	155,308	13,559
ハンブルク	766	247	87	245	1,685	1,073
リューベック	6,806	66	30	11,307	277	2,284
ダンツィヒ	19,288	1,274	292	867	16,950	2,898
スウェーデン	59,255	2,361	2,715	5,359	49,429	13,792
ノルウェー	3,667	7,385	333	799	379	569
デンマーク	5,415	1,718	1,788	3,371	4,915	4,082
シューホル	1,630	552	2,683	345	5,721	3,143
全　体	266,348	39,603	19,185	33,950	434,476	85,559

1741-50	塩	ニシン	ラインワイン	他ワイン	毛織物	植民地物産
オランダ	153,976	9,328	6,063	7,972	233,825	29,813
スコットランド	1,619	4,310	0	2	164	265
イングランド	7,972	886	153	947	313,915	9,609
ハンブルク	1,119	18	78	923	1,171	2,224
リューベック	18,401	268	23	9,068	1,750	4,750
ダンツィヒ	41,140	544	510	3,003	42,305	5,909
スウェーデン	83,092	2,880	1,811	8,924	35,096	19,599
ノルウェー	6,743	10,413	329	332	1,280	2,897
デンマーク	10,503	4,579	1,615	5,437	9,324	3,935
シューホル	8,205	2,189	2,842	1,822	9,881	4,548
全　体	355,380	42,275	16,658	44,782	693,946	100,940

第2節 輸出入

1751-60	塩	ニシン	ラインワイン	他ワイン	毛織物	植民地物産
オランダ	134,470	12,384	5,258	18,425	143,784	31,415
スコットランド	1,323	4,508	0	64	820	756
イングランド	16,025	1,928	11	3,760	297,136	18,935
ハンブルク	783	152	43	623	622	3,170
リューベック	6,453	177	187	6,961	408	3,679
ダンツィヒ	45,722	448	167	2,672	60,579	9,752
スウェーデン	83,131	23,390	521	15,288	43,848	19,240
ノルウェー	2,827	11,876	68	848	4,231	577
デンマーク	7,131	4,462	1,956	6,194	8,511	6,771
シューホル	14,563	3,460	2,783	5,127	18,116	4,756
全体	338,755	72,743	14,100	66,466.5	608,896	128,437

1761-70	塩	ニシン	ラインワイン	他ワイン	毛織物	植民地物産
オランダ	151,789	9,175	7,012	36,325	120,405.5	71,338
スコットランド	1,438	797	0	426	176	2,726
イングランド	15,956	339	5	2,655	357,972	34,109
ハンブルク	408	535	82	701	224	8,792
リューベック	2,167	388	166	2,781	15	1,379
ダンツィヒ	45,614	262	209	2,117	104,887	19,843
スウェーデン	95,812	73,377	776	15,261	4,183	21,782
ノルウェー	2,845	5,289	1	1,217	1,051	1,428
デンマーク	9,427	4,093	1,144	6,351	15,405	7,232
シューホル	13,719	674	707	6,141	2,908	4,587
合計	381,535	116,274	13,107	81,181	659,334	218,185

1771-80	塩	ニシン	ラインワイン	他ワイン	毛織物	植民地物産
オランダ	122,044	12,385	3,996	27,081	137,952	8,686,625
スコットランド	825	782.1	0	491	610	796,431
イングランド	41,215	420	6	4,277	413,608	6,070,436
ハンブルク	1,078	121	13	401	15	1,105,385
リューベック	2,359	113	568	2,759	505	279,355
フィンランド	32,274	1,793	76	1,995	1,832	2,947,368
スウェーデン	87,908	37,894	464	24,054	35,158	72,802
ノルウェー	2,009	1,177	50	1,480	1,931	868,612
デンマーク	11,145	701	1,004	7,268	12,007	2,087,358
シューホル	58,533	3,865	858	18,380	74,541	31,287,378
合計	426,331	73,971	9,769	114,948	784,739	62,849,623

*)「シューホル」とは，シュレスヴィヒ-ホルシュタインのこと。「他ワイン」とは，その他のワイン（ラインワイン以外）のこと。
出典）『台帳 後編』

e　**鉄**　近世に入ってから，鉄はスウェーデン最大の輸出品であった。その鉄の多くが，イングランドに輸出されたことはよく知られている。

しかし表 5-4 をみると，1661-70 年には，オランダ船の鉄輸送量は，イングランド船のそれよりも多い。しかしこの頃にはスウェーデンの鉄輸出の中心はオランダからイングランドへと移っていたので，オランダ船は現実にはイングランドに鉄を輸出していたと考えられる。この様相は，1671-80 年になると大きく変化する。バルト海地方から輸出される鉄としてはイングランド船での輸送の方が，オランダ船による輸送よりも多くなるからである。

18 世紀に入ると，バルト海地方からの鉄輸出量は急激に増加する。さらに，18 世紀の間に，イングランド船での輸送量が最も多いものの，スウェーデン船による輸送も急激に増える。これもまた，スウェーデンの重商主義政策が成功したことを意味するものであろう。

3　輸入─商品

表 5-5 は，バルト海地方が輸入する商品とその量を表したものである。輸出品と比較すると，種類は少ない。掲載されている商品は，塩，ニシン，ラインワイン，毛織物，植民地物産である。ここでは，これらの商品をどの国が輸送したのかという点をみていく。

a　**塩**　まず塩については，1661-70 年をみると，オランダ船による輸送量が圧倒的に多い。全体の 78.6％ をオランダ船が輸送している。しかしその比率は，その直後に急減し，1671-80 年には 46.6％，1691-1700 年には 45％，1731-40 年には 44.4％，1771-80 年には 28.6％ にまで下がる。

それとは対照的に，比率を上昇させたのはまずイングランド船である。1661-70 年の比率は僅か 1.4％ であったが，1671-80 年には 28.3％ になる。ただし，その後この数値は低下する。それ以上に比率を増加させたのはスウェーデン船であり，その増加ぶりは，まさに目覚ましいものがある。1661-70 年の比率は 1％ 程度にすぎない。ところが 1731-40 年に

なると，スウェーデン船の比率は 22.2％に上昇する。1771-80 年には，輸入量は増えるが比率は少し低下し，20.6％となる。

　ヘーグベリが示したように，エーアソン海峡経由でスウェーデンが輸入した塩のうち，当初はフランスとスペインからの輸入が多いが，1771-80 年にはポルトガルからの比率が増える[19]。また，フランスの北方貿易は黒字であったが[20]，スウェーデンへの塩の輸出が大きく寄与としていることは間違いない[21]。

　b **ニシン**　ニシンの輸送においても，当初はオランダ船の活躍が目立つ。1661-70 年においては，オランダ船の比率は 88.3％と極めて高い。オランダは，ニシンの加工を船舶で行なうためのニシン船を開発しており，ニシン漁によって大きな利益をえていた。しかしオランダ船の比率は早くも 1671-80 年には，64.3％になる。1731-40 年には，44.4％，1771-80 年には 28.6％にまで低下する。

　これに代わって台頭するのが，スウェーデン船であり，1761-70 年の比率は 63.1％，1771-80 年のそれは 51.2％である。これは，同国の沿岸漁業の発展の現れであろうと考えられるが，具体的にどのようにして発展したのかはわからない。また，ニシンの輸送量の変動は大きいが，全体としては増加傾向にあり，オランダ船による輸送の比率が低下していく点に大きな特徴がある。オランダは，収益の重要な源泉を失っていったのである。

　c **ワイン**　『エーアソン海峡通行税』では，バルト海地方が輸入するワインは，「ラインワイン」と「その他のワイン」に分けられる。まず，ラインワインについてみていくことにする。

---

19)　Staffan Högberg, *Utrikeshandel och sjöfart på 1700-talet: Stapelvaror i svensk export och import 1738-1808*, Lund, 1969, s 222-229.
20)　Pourchasse, *Le commerce du Nord*.
21)　ピエリク・プルシャスによれば，フランスがバルト海地方に輸出する塩の多くはロワールから輸出された。Pierrick Pourchasse, "La concurrence entre sels ibériques, français et britanniques sur le marches du Nord au XIIIe siécle", in Jean-Claude Hocquet et Gildas Buron (dir.), *Le sel de la baie: Histoire, archéologie des ethnologie sels atlantiques*, Rennes, 2006, p. 326.

ラインワインもまた，オランダ船による輸送が圧倒的に多い。1661-70 年をみると，実に 95.8％をオランダ船が輸送している。この比率は，これまで述べた商品と比較するとあまり下がらない。1681-90 年には 91.9％と若干低下するが，1711-20 年には 95.4％になる。しかし 1751-60 年には 37.3％，1771-80 年には 40.9％になる。

　しかし，オランダ船の比率が最も高いことも事実である。オランダ船を脅かすような国・地域はない。

　「その他のワイン」についても，オランダ船による輸送が多いことはいうまでもない。1661-70 年には，その比率は 63％と，ラインワインと比較すると低いものの，他国・都市を圧倒して多い。1681-90 年には，その比率は 64.6％とさらに高い。しかし 1721-30 年になると，4,074 樽の輸送であり，比率は 17.8％と著しく減少する。この 10 年間をみると，リューベック船による輸送が 6,848 樽で 30％と，リューベック船に抜かれる。1771-80 年には，オランダ船の輸送が 2 万 7,081 樽，スウェーデン船とシュレスヴィヒ-ホルシュタイン船の輸送がそれぞれ 2 万 4,054 樽，1 万 8,380 樽と，オランダ船の比率が 23.5％となる。長期的にみて，オランダ船の輸送比率低下は明らかであろう。

　d　**毛織物**　すでに第 3 章で，1620 年代にイングランドに代わってオランダが最大のバルト海地方への毛織物輸出国になったと述べた。それ以降，どのような変化を示したのだろうか。

　1661-70 年をみると，オランダ船の輸送が 19 万 5,627 ピース，イングランド船のそれが 12 万 7,662 ピースと，オランダの方が多い。バルト海地方の輸入量の比率でみると，それぞれ 54.7％と 35.7％である。しかも 1681-90 年においては，オランダ船の輸送が 40 万 8,872 ピース，イングランド船の輸送が 18 万 5,889 ピースと，圧倒的にオランダによる輸送の方が多い。ここでの比率は，64.2％と 29.2％である。オランダ船の方が，イングランド船よりもバルト海地方への毛織物輸送量が多いという傾向は，おおむね 1730 年代まで続く。

　1741-50 年になるとこの傾向は逆転し，イングランド船による輸送の方が多くなる。これはオランダ（ライデン）の毛織物工業衰退を意味するものかもしれない。ともあれその後，この傾向はさらに拡大する。

第2節　輸 出 入　　　　　　　　　　　　　　　　227

　1771-80年には，オランダ船によるバルト海地方への毛織物輸送量は13万7,952ピース（17.6%），イングランド船による輸送量は，41万3,608ピース（52.7%），後者の方が圧倒的に多くなるが，その理由についてはわからない。

　e　**植民地物産**　『台帳 後編』には，植民地物産は単にkolonialvarerとしか書かれておらず，具体的にそれが何を指すのかはわからない。しかも，「ポンド」という重量単位で表示されているだけである。この時代は，ヨーロッパ全体で大西洋貿易が拡大した時代でもある。したがって「植民地物産」の内容は，基本的に新大陸の物産，ついでアジアの物産が多いことと推測される。

　1661-70年には，バルト海地方が輸入する植民地物産は1,818万8,000ポンドであり，オランダ船の輸送量が1,506万8,000ポンドと，82.8%がオランダ船による輸送である。イングランド船による輸送は，7.7%でしかない。オランダ船の輸送量の比率は低下するがそれでも高く，1721-30年になっても43%を占める。一方，イングランド船の割合は21.6%である。

　バルト海地方が輸入する植民地物産の総量は，1741-50年が1億94万ポンド，1751-60年が1億2,843万7,000ポンド，1761-70年が2億1,818万5,000ポンドと大幅に増える。ところが1771-80年には，628億4,962万3,000ポンドと，驚異的な増加を示す。1771-80年に関しては，1771年の数値が異常に高く，おそらく誤植だと思われるので，ここではそれを除いた9年間の数値を示すことにする。バルト海地方の植民地物産の輸入総量が2億9,263万7,000ポンドであり，オランダ船による輸送量が6,580万8,000ポンド，イングランド船のそれが3,370万3,000ポンド，スウェーデン船のそれが3,562万9,000ポンドと，スウェーデン船の台頭が目立つものの，圧倒的にオランダ船による輸入量が多い。これは，オランダの海運業がまだかなり強かったことを反映するものであろう[22]。

　22）　本章で取り扱われている時代以降のバルト海貿易については，Kalvi Ahonen, *From Sugar Triangle to Cotton Triangle: Trade and Shipping between America and Baltic Russia, 1783-1860*, Jyväskylä, 2005.

おわりに

　以上の分析から，オランダの衰退とイングランドの台頭が浮かび上がる。ただこの時代はまだオランダ船の方が多く，ヨハンセンの研究を参照すれば，1780年代からイングランド船の方がオランダ船よりも多くなるが[23]，すでに述べたように1781-83年のデータには信憑性がおけない。したがって，彼の研究自体どこまで信頼できるのかわからない。とはいえ少なくとも19世紀になると，イングランド船の優位は動かなくなる。

　イギリスが帝国化・工業化への道を歩んでいたこと，さらにオランダにとって穀物の輸送が依然として大切だったことがうかがえる。しかし，通過貿易が増加する以上，アムステルダムの情報センターとしての地位が上昇していったと，想定せざるをえない。

　さらにここではイングランドとスコットランドをあわせて，「イギリス」とすることはしなかった[24]。もしそうすればイギリスの台頭はよりはっきりとするであろうが，少なくともこの時代のバルト海貿易については（また北海貿易においても），この二国 two nations の貿易構造は違っており，ひとくくりで「イギリス」とすることはできないように思われる。

　さらに，スウェーデン船数の上昇も目立つ。イングランドへの鉄輸出や，フランス，イベリア半島からの塩の輸入だけでなく，沿岸交易が盛んになっていったことが推測される。沿岸交易の増加は，デンマーク，ノルウェー，シュレスヴィヒ-ホルシュタインにもあてはまる。

---

　23) H. Johansen, *Shipping and Trade between the Baltic Area and Western Europe 1784-95*.

　24) ミヒャエル・ノルトによれば，すでに1450年頃から，イングランドとスコットランドのバルト海貿易の構造は異なっていた。イングランドと同様スコットランドも同地方に毛織物を輸出していたが，イングランド製のものと比較して，粗悪品であった。Michael North, "The Role of Scottish Immigrants in the Economy and Society of the Baltic Region in the Sixteenth and Seventeenth Centuries", in Walter Minchinton (ed.), *Britain and Northern Seas, Some Essays: Papers presented at the Fourth Conference of the Association for the History of the Northern Seas, Dartington, Devon, 16-20 September*, 1985, Pontefract, 1988, p. 21.

おわりに

　では次章では，この時代のイギリスのバルト海貿易の構造転換を示したい。それは，オランダのバルト海貿易を機軸とする経済圏から，大西洋貿易を機軸とする経済圏へと，ヨーロッパ世界経済が転換していく様相を描くのに適しているからである。

第6章

イギリスのバルト海・白海貿易 1661-1780年
――オランダとの比較を中心に――

はじめに

近世・近代のイギリス史が帝国史として捉えられるということは，今日では定説となっているといってよい[1]。経済史という側面に限定すれば，

---

[1] 近世・近代イギリスの帝国史については，近年極めて研究が盛んであり，ここで詳細に言及することは不可能である。それゆえ，代表的な研究にのみ言及するにとどめたい。1989年に「イギリス帝国史研究会」（ホームページの URL は，http://wwwsoc.nii.ac.jp/jabich/index.html）が発足してから，特にこの分野の進展は目覚ましい。イギリス帝国に関する研究は近現代のものが多いので，ここであげる文献もその時代まで含める。まず邦文文献の最も先駆的業績として，鈴木成高『歴史的国家の理念』弘文堂，1941年。ただし鈴木の先駆的業績は，現在のイギリス帝国史研究では忘れられている。最近の業績としては，川北稔『工業化の歴史的前提――帝国とジェントルマン』岩波書店，1983年。川北稔『民衆の大英帝国――近世イギリス社会とアメリカ移民』岩波書店，1990年。木畑洋一『支配の代償――英帝国の崩壊と「帝国意識」』東京大学出版会，1987年。P・J・ケイン，A・G・ホプキンズ著（竹内幸雄・秋田茂訳）『ジェントルマン資本主義と大英帝国』岩波書店，1994年。P・J・ケイン，A・G・ホブキンズ著（木畑洋一・旦裕介・竹内幸雄・秋田茂訳）『ジェントルマン資本主義の帝国』Ⅰ・Ⅱ，名古屋大学出版会，1997年。木畑洋一編著『大英帝国と帝国意識――支配の深層を探る』ミネルヴァ書房，1998年。北川勝彦・平田雅博編著『帝国意識の解剖学』世界思想社，1999年。川北稔・木畑洋一編『イギリスの歴史――帝国＝コモンウェルスの歩み』有斐閣，2000年。山本正『王国と植民地――近世イギリス帝国のなかのアイルランド』思文閣出版，2001年。秋田茂『イギリス帝国とアジア国際秩序――ヘゲモニー国家から帝国的な構造的権力へ』名古屋大学出版会，2003年。井野瀬久美恵『植民地経験のゆくえ――アリス・グリーンのサロンと世紀転換期の大英帝国』人文書院，2004年。木畑洋一・秋田茂・木村和男・佐々木雄太・北川勝彦編著『イギリス帝国と20世紀』全5巻，ミネルヴァ書房，2004年-。ただし，イギリス帝国史研究では，「公式」，「非公式」を問わず，イギリス帝国内に属さなかった地域の研究は少ない。また，たとえイギリスの「非公式」帝国に属さなかった地域の研究を行なう場合でも，英文史料を用いることが大半である。いわば，

王政復古以後の百年間あまりがイギリス経済史上「商業革命」の時代と呼ばれ,ヨーロッパ以外の世界——とりわけ新大陸——との貿易量が飛躍的に増大した時期であったことも,もはや旧聞に属する[2]。

そのイギリスの海外発展を論じる際に,新大陸との関係が重要視されることが多い。しかしながら,それを支えたバルト海地方との貿易に言及されることはあまりない。しかもこの分野はイギリス本国においてさえ決して研究が進んでいるとはいえず,まだまだ未開拓の領域である。17-18世紀のイギリスのバルト海貿易に関してはフィンランド人オストレームの精力的な研究に非常に依存しており[3],その他にはヒントン(Hinton)[4],ケント(Kent)の研究[5]が目立つにすぎない[6]。日本では,英

「拡大された国内史」(extended national history) としての色彩が濃い。したがって,イギリス帝国外の地域との関係の考察が欠ける点で,大きな限界があり,グローバルヒストリーにつながるような広さがない。

2) イギリス「商業革命」については,Ralph Davis, "English Foreign Trade, 1660-1700", *Economic History Review*, 2nd ser., Vol. 7, No. 2, 1954, pp. 150-166; Ralph Davis, "English Foreign Trade, 1700-1774", *Economic History Review*, 2nd ser., Vol. 15, No. 2, 1962, pp. 285-303; Ralph Davis, *A Commercial Revolution: English Overseas Trade in the Seventeenth and Eighteenth Centuries*, London, 1967; 川北『工業化の歴史的前提』第3,4,5,8章.浅田実「17世紀英国商業史の課題——商業革命と重商主義にまつわる諸問題によせて」『イギリス史研究』12号,1972年,10-18頁.

3) Sven-Erik Åström, "The English Navigation Laws and the Baltic, 1660-1700", *Scandinavian Economic History Review*, Vol. 8, No. 1, 1960, pp. 3-18; Sven-Erik Åström, *From Stockholm to St. Petersburg: Commercial Factors in the Political Relations between England and Sweden, 1675-1700*, 1962, Helsinki; Sven-Erik Åström, "From Cloth to Iron: The Anglo-Baltic Trade in the Late 17th Century", Part I: "The Growth, Structure and the Organization of the Trade", *Commentationes Humanum Litterarum*, XXIII, 1, 1963, Helsinki pp. 1-260; Sven-Erik Åström, "From Cloth to Iron: The Anglo-Baltic Trade in the Late 17th Century", Part II: "The Customs Accounts as Accounts Sources for the Study of Trade", *Commentationes Humanum Litterarum*, XXXVII, 3, 1965, Helsinki pp. 1-86; Sven-Erik Åström, "English Timber Imports from Northern Europe in the Eighteenth Century", *Scandinavian Economic History Review*, Vol. 18, Nos. 1-2, 1970, pp. 12-32; Sven-Erik Åström, Technology and Timber Exports from the Gulf of Finland", *Scandinavian Economic History Review*, Vol. 23, No. 1, 1975, pp. 1-14; Sven-Erik Åström, "Foreign Trade and Forest Use in Northeastern Europe, 1660-1860", in A. Maczak, and W. N. Parker (eds.), *Natural Resources in European History: A Conference Report*, Washington, 1978, pp. 43-64; Sven-Erik Åström, "North European Timber Exports to Great Britain 1760-1810", in P. L. Cottrell and D. H. Aldcroft, (eds.), *Shipping Trade and Commerce: Essays in Memory of Ralph Davis*, Leicester, 1981, pp. 81-97; Sven-Erik Åström, "From Tar to Timber: Studies in Northeast European Forest Exploitation and Foreign Trade 1660-1860", *Commentationes Humanum Litterarum*, LXXXV, Helsinki 1988.

4) R. W. K. Hinton, *The Eastland Trade and the Common Weal in the Seventeenth*

はじめに

露通商関係を扱った鈴木健夫の論文[7]がある。

これらの研究のなかでは，オストレームのものが，現在もなお17世紀後半以降のイギリスのバルト海貿易研究の水準を示していることは間違いない。本章との関係では，おそらく『毛織物から鉄へ』が代表作である[8]。この書物でオストレームは，その書名から推察されるように，以下のように主張している。17世紀前半はイングランド側の黒字貿易であり，イングランドは毛織物輸出を重要視してバルト海貿易を行なっていた。しかし後半になるとイギリス側の赤字になり，あまり売れない毛織物の輸出にではなく，鉄の輸入に重点をおくようになった。このようなオストレームの主張は，はたしてどこまで妥当性をもちうるのであろうか。本章では，彼の主張の可否を中軸に据えながら，イギリスのバルト海貿易について論じる。

ところで，われわれはともすれば，イギリスという国は「帝国」内部ですべての資源を調達できたように考えがちである。しかし「帝国」を維持・発展させるために，イギリスはバルト海地方から大量の船舶用資材 (naval stores)——亜麻・麻 (索類の素材として使用)・亜麻布・木材・鉄 (錨や釘として使用) など——を輸入することが必要不可欠だっ

Century, Cambridge, 1959.

 5) H. S. K. Kent, "The Anglo-Norwegian Timber Trade in the Eighteenth Century", *Economic History Review*, 2nd ser., Vol. 8, No. 2, 1955, pp. 62-74; H. S. K. Kent, *War and Trade in the Northern Seas: Anglo-Scandinavian Economic Relations in the Mid-Eighteenth Century*, London and New York, 1973.

 6) このほかに参照すべき文献として，W. G. Heers et. al (eds.), *From Dankirk to Danzig: Shipping and Trade in the North Sea and the Baltic, 1350-1850*, Hilversum, 1988; Arcadius Kahan, "Eighteenth Century Russian-British Trade: Russian's Contribution to the Industrial Revolution in Great Britain", in A. G. Cross (ed.), *Great Britain and Russia in the Eighteenth Century: Contacts and Comparisons Proceeding of an International Conference held at University of East Anglia, Norwich, England, 11-15 July, 1977*, Newtonville, Mass., 1979, pp. 181-189; S. J. Newman, *Russian Foreign Trade, 1680-1780*, Ph. D. Thesis, University of Edinburgh, 1985; H. H. Kaplan, "Russia's Impact on Industrial Revolution in Great Britain during the Second Half of the Eighteenth Century: The Significance of International Commerce", *Forschungen zur osteuropäische Geschichte*, Bd. 29, 1981, S. 7-59; Arcadius Kahan, *The Plow, the Hammer and the Knout*, Chicago, 1985.

 7) 鈴木健夫「イギリス産業革命と英露貿易——最近の研究動向から」鈴木健夫他著『「最初の工業国家」を見る眼』1987年，145-178頁。

 8) Åström, "From Cloth to Iron", Part I.

た[9]。もしバルト海地方からの輸入品がなければ,イギリス「帝国」は存在しなかったかもしれないとさえ考えられるのである。

「商業革命」期のイギリス,とりわけイングランドは,バルト海地方との取引を盛んに行なうことで,オランダが中心であった17世紀の経済システムとは異なるシステムの形成に成功する[10]。それは,「第一次重商主義帝国」である。さらに,イギリスは工業化への道を歩んでいた。本章では,イギリスの輸入面を軸に,その形成過程が示されるはずである。また,オランダからイギリスへとヘゲモニーが移行しつつあった。物流のみならず,金融・情報面でも変化が生じた。オランダとの比較が重要なポイントになるのは[11],これらの理由からである。

18世紀のバルト海地方は,スウェーデンに代わってロシアが,バルト海地方最大の経済的・政治的大国になる。そのロシアにとって,西欧世界との貿易は,バルト海地方のサンクト・ペテルブルクだけではなく,白海に臨むアルハンゲリスクも重要な貿易港であった。したがって白海貿易も考察の対象に据える。

第1節　使用史料

本書で使用する主要史料である『エーアソン海峡通行税台帳』の大きな問題点として,この史料から直接貿易収支を算出することは不可能だということがある[12]。しかしイギリスの貿易に関しては,その弱点を補う史料がある。それが Customs 3 である。この史料の性格について,ここで述べておく必要があろう。

---

9) 船材の目張りのために使用されたピッチ・タールは,この時代には主として新世界から輸入されるようになっていたので,本章では触れられない。Sven-Erik Åström, *From Stockholm to St. Petersburg*, p. 142.

10) この点に関しては,「財政＝軍事国家」の議論が参考になる。さしあたり,補論Iを参照のこと。

11) この時代のオランダのバルト海貿易については,Thomas Lindblad en P. de Buck, "De scheepvaart en handel uit de Oostzee op Amsterdam en de Republiek, 1722-1780", *Tijdschrift voor Geschiedenis* Vol. 96, 1983, pp. 536-562.

12) ただし『台帳』の原史料がマイクロフィルムで出版されたので,それは可能になった。ただし原史料は膨大な量になるので,正確な計算にはかなりの時間がかかるであろう。

第1節　使用史料

　輸出入総監（Inspector Generals of Imports and Exports）は，イギリスの港で輸出入された商品の会計を維持するためにできた官職であり[13]，1696年から1782年まで存在した。その義務は，イングランドとウエールズで輸出入された商品の量と額（1772年からはイギリス全体）を季間で計測し，1年間の合計を出すことにあった。その史料として残っているものが，イギリス史上最も有名な貿易統計のCustoms 3である[14]。Customs 3にはロンドンとアウトポート（outports）——ロンドン以外の港——と外国との間で取引された商品の輸出入量・額と正貨の輸出額が，取引のあった国ないし地域ごとに，1697年からほぼ毎年掲載されている。輸出に関しては，イギリス製品と外国製品（再輸出品）に分かれる。外国製品については，さらに，関税の払い戻しを受ける商品（in time）とそうでない商品（out of time）に分かれている。

　なお本章ではイギリス全体の貿易を論ずるという立場から，関税の払い戻しを受ける商品とそうでない商品の数値を合計し，さらに，ロンドンとアウトポートの数値も合計して議論を展開する。

　Customs 3では，漠然とポーランド・プロイセンの付近を指した「イーストカントリー」（East Country）という用語が使用されており，この二国との取引については，正確にはわからない。ポーランドの貿易港であるダンツィヒやプロイセンのケーニヒスベルク，リヴォニアのリーガなどとの取引量・額も，おそらく「イーストカントリー」と一括して取り扱われているので，これらの貿易港との取引も不明である。したがって，バルト海地方の諸地域及びその主要貿易港との取引を考察するという本章の視座からは，Customs 3だけを史料として使用する場合，大きな問題点がある。

　13）　E. E. Hoon, *The Organization of the English Customs System 1696-1786*, Newton Abbot, 1968, p. 116.

　14）　輸出入総監統計については，G. N. Clark, *Guide to English Commercial Statistics 1696-1782*, London, 1938, pp. 1-43 に詳しい。また，以下のものも参照。T. S. Ashton, "Introduction" in E. B. Schumpeter, *English Overseas Trade Statistics, 1697-1808*, Oxford, 1960, pp. 1-14; C. M. Foust, "Customs 3 and Russian Rhubarb: A Note on Reliability", *Journal of European Economic History*, Vol. 15, 1986, pp. 549-562; David Ormrod, *The Rise of Commercial Empires: England and the Netheralnds in the Age of Mercantilism, 1650-1770*, Cambridge, 2003, pp. 46-47; なお，Customs 3には，輸出入額はポンド（£）のみならず，シリング（s），ペンス（d）まで書かれているが，本章ではポンド未満は切り捨てた。

また Customs 3 の価格は公定価格であり，実勢価格とのずれは否めない。もっとも 18 世紀にはイギリスの物価は安定しており，このずれは 1790 年代までは大きくはないので[15]，ここでそのまま使用しても差し支えない。

　しかし Customs 3 によって，『台帳　後編』からは不明であったイギリスの貿易額が判明する。また『台帳　後編』ではイェーテボリとの取引も不明であったが，Customs 3 を用いれば，イェーテボリを単独で取り扱うことはできないが，スウェーデン全体とイギリスとの貿易額は判明する。さらに白海に臨むアルハンゲリスクの数値も含まれる。

　しかも，『台帳　後編』と Customs 3 を併用することで，貿易港による特徴と地域別の特徴の両方をみることができ，かなり正確なイングランドのバルト海貿易に関する量的分析が期待できる。

　では，次節で，バルト海地方の代表的な貿易港とイングランド船・オランダ船の数の比較をしよう。

第 2 節　貿易の変化――船舶

1　イングランドの輸出船舶数

　表 6-1 は，エーアソン海峡を航行した船舶数（貨物積載船で東航船と西航船の合計）を示したものである。ここではまず，この表から読み取れるイングランドとオランダの船舶数の変化から，両国のバルト海貿易の変遷をたどりたい。

　バルト海貿易はオランダの「母なる貿易」と名づけられるだけのことはあり，オランダ船の比率がかなり高い。しかし，それは長期的には低下傾向にある[16]。なお，1701-20 年の数値の低下は，大北方戦争の影響によるものであろう。本章で取り扱っている時代は，船舶数でみると，バルト海貿易においてオランダが圧倒的に優位を保っていた時代から，

---

15) Davis, *The industrial Revolution and British Overseas Trade*, p. 78.
16) これは，補論 II で述べたことでもある。

第2節　貿易の変化──船舶

表6-1　イングランド・オランダのエーアソン海峡航行船舶数（貨物積載船）

(単位：隻)

	イングランド	オランダ	全体
1661-70	1,126	11,708	22,434
1671-80	4,205	10,071	23,625
1681-90	4,328	17,122	36,179
1691-1700	2,430	10,659	33,014
1701-10	1,269	7,277	25,478
1711-20	3,034	7,906	15,948
1721-30	4,902	12,097	30,192
1731-40	5,779	13,760	35,653
1741-50	4,792	11,447	34,645
1751-60	6,346	13,386	43,094
1761-70	7,959	13,601	51,878
1771-80	11,398	15,485	62,827

出典）『台帳　後編』

イングランドの方が優勢になる過渡期であった。

一方白海貿易，すなわちアルハンゲリスクとの貿易に関しては，オランダ船の比率が高く，常に50-60％あった[17]。たとえば1740年には，アルハンゲリスクを使用した総船舶数は115隻，そのうちオランダ船は60隻である。1750年には，それぞれ51隻，34隻と，オランダ船の比率が60％を超えることもあった[18]。少なくとも，アルハンゲリスクの主要貿易相手国はオランダであった[19]。このように，サンクト・ペテルブルクとアルハンゲリスクは，対照的な姿を提示する。

では次に，バルト海地方の主要貿易港と，その特徴を述べておきたい。バルト海自体は決して大きな海ではなく，その面積は地中海より随分小さい。ところがバルト海地方は後背地が広く，それを含めれば大きな経済圏になる。ここで取り上げるこの地方の主要貿易港とは，ダンツィヒ，

---

17) Newman, *Russian Foreign Trade*, p. 33.
18) Newman, *Russian Foreign Trade*, pp. 242-243.
19) Jan Willem Veluwenkamp, *Archangel: Nederlandse Ondernemers in Rusland 1550-1785*, Amsterdam, 2000, p. 180; オランダとロシアの貿易については，J. Knoppers, *Dutch Trade with Russia from the Time of Peter I to Alexander I: A Quantitative Study in Eighteenth Century Shipping*, 3 Vols., Montréal, 1976.

ケーニヒスベルク，リーガ，スウェーデン（諸港），サンクト・ペテルブルクである。

ダンツィヒはポーランドの代表的貿易港であり，ここからアムステルダムに向けて大量の穀物が輸出されていた[20]。その後背地は，おそらくヴィスワ川周辺を中心とするポーランド全土に及んでいた。

ケーニヒスベルクは，プロイセンの代表的な貿易港であり，特に1620年代以降，活発に貿易を行なうようになった。その後背地はこの地方全体に及んだと思われる。

リーガはリヴォニア地方最大の港湾都市であった。スウェーデン王グスタヴ2世・アードルフによる1621年の占領以降，この都市の貿易量は大きく増大した[21]。しかし大北方戦争での敗北によって，1721年，正式にスウェーデン領からロシア領に変わる。とはいえ1782年まで，リヴォニア地方はロシアとは違う関税圏に属していた[22]。さらにリーガの後背地は，白ロシアからリトアニアに及び[23]，ここで活躍していた商人は，バルト・ドイツ人（ドイツからの移民）であった[24]。

スウェーデンについて述べると，『台帳』には都市名は書かれておらず，単に「スウェーデン」と記載されているだけであり，どの都市を意味するのかは正確にはわからない。ストックホルム，イェーテボリという二大貿易港があったが，後者は北海に面しているので，『台帳』で「スウェーデン」と記載されているのはストックホルムを中心とする，

---

20) 本書，第3章参照。

21) 本書，第4章参照。

22) Elizabeth Harder-Gersdorff, "The Baltic Provinces — 'Bridges' or 'Barriers' to Russian Engagement in Western Trade?: A Study of 'Russia at Reval' during the Reign of Catherine II", *Jahrbücher für Geschichte Osteuropas*, Bd. 45, 1977, pp. 561-576; また，山本大丙「18世紀リガにおけるオランダの貿易活動」『北欧史研究』14号，1997年，49-65頁を参照。

23) Elizabeth Harder-Gersdorff, "Riga im Rahmen der Handelsmetropolen und Zahlungsströme des Ost-Westvertrekehrs am Ende des 18. Jahrhunderts", *Zeitschrift für Ostmitteleuropa-Forschung* Bd. 44, 1995, S. 524.

24) ただし，バルト・ドイツ人は，イギリス商人やオランダ商人と比べると，長距離貿易に積極的に参加することはなかったようである。レーヴァルにおけるドイツ商人の活動の一面を表した研究として，次の文献がある。Jörg Driesner und Robert Riemer, "Spiegel und Bilder in den Nachlassinventaren deutscher Kaufleute in Reval im 18. Jahhundert", in Martin Krieger und Michael North (Hg.), *Land und Meer: kulturer Austasch und den Ostseeraum in der frühen Neuzeit*, Köln, 2004, S. 165-198.

第2節　貿易の変化——船舶

表 6-2　イングランド・オランダからエーアソン海峡を経由し，バルト海地方の主要貿易港に向かった船舶数（貨物積載船）　（単位：隻）

出港地	ダンツィヒ イングランド	ダンツィヒ オランダ	ケーニヒスベルク イングランド	ケーニヒスベルク オランダ	リーガ イングランド	リーガ オランダ	スウェーデン イングランド	スウェーデン オランダ	サンクト・ペテルブルク イングランド	サンクト・ペテルブルク オランダ
1671-80	323	926	118	421	125	357	423	355	—	—
1681-90	395	1,273	142	393	166	576	442	428	—	—
1691-1700	270	984	117	481	99	480	307	455	—	—
1701-10	165	428	143	424	54	284	249	421	1	0
1711-20	209	428	132	414	41	259	206	477	103	68
1721-30	266	863	87	328	121	459	400	615	284	266
1731-40	292	678	83	259	125	417	271	555	311	238
1741-50	292	461	94	225	126	239	358	377	317	252
1751-60	386	479	147	206	200	273	284	311	477	344
1761-70	473	340	227	201	184	246	194	255	548	281
1771-80	407	261	236	283	298	395	189	253	809	500

出典）『台帳　後編』

　バルト海内の貿易港であると考えてよい。その後背地は，メーラレン湖を中心に，おそらく同国の東部（場合によっては中央部）であった。
　さてサンクト・ペテルブルクであるが，もともとスウェーデン領ニーエン（Nyen）であったものが，ロシアに占領され，1703年，ピョートル1世によってサンクト・ペテルブルクと改名され，1712年にはロシアの首都となった。この都市が『台帳　後編』に最初に登場するのは1713年である。その後背地は，やがてウラル山脈などロシアの広い地域に及ぶようになった。この都市は，後背地が大きく拡大した点で，18世紀ロシアの他の貿易港との著しい違いがある。
　白海に面するアルハンゲリスクに関しては，後背地はおそらく北ドヴィナ川を中心とし，冬にはソリの交易により，ロシア内部にまで達していたのではないかと思われる。
　まず，イングランドとオランダからこれらの港に向かって出港する船舶数（輸出船）の変化をみていこう（表6-2参照）。
　ダンツィヒに関しては，1671-80年には圧倒的にオランダを出港地とする船舶が多い。だが，長期的にみるとその比率は低下し，1761-80年の20年間は，イングランドからの船舶数の方が多くなる。

ケーニヒスベルクもまた，オランダからの船舶の比率が高い。1721-50年は，イングランドからケーニヒスベルクに向かう船舶数は二桁台に落ちるが，1761-80年には，その差はかなり縮まっている。

リーガについても，同様の傾向が読み取れる。大北方戦争の影響からか，イングランド・オランダともに1701-20年には出港船舶数は大幅に低下するものの，オランダからの船舶数が停滞気味なのに対し，イングランドからの船舶数は1761-70年を例外として増加傾向にある。しかし最後まで，オランダからの船舶の方が多い。

スウェーデンに関しては，逆に当初はイングランドを出港地とする船舶の方が多かったのが，1691-1700年以降，オランダからの船舶の方が多くなる。ただし注意しておかなければならないことは，1661年から1709年まで，スウェーデン船は「エーアソン海峡通行税」をかけられていなかったことである。そのためオランダ商人はスウェーデン船を数多く使用し，貿易量を拡大したと考えられる。

サンクト・ペテルブルクについては，当初からイングランドを出港地とする船舶の方が多い。それは，後述するようにオランダはもともとロシアとの貿易拠点をアルハンゲリスクにおいており，イギリスほどにはサンクト・ペテルブルクとの取引を重視していなかったからである。

2　イングランドの輸入船舶数

さて，輸入船（バルト海地方からの出港船）に話題を移そう。表6-3は，バルト海地方の主要貿易港からエーアソン海峡を経由した総船舶数と，イングランド・オランダに向かった船舶数（出港船舶数）[25]とを表す。

ダンツィヒに目を向けると，ここを出港する船舶は，イングランドよりもオランダに向かうことが多い。また，出港船舶全体に占めるオランダ行き船舶の割合も，1750年までは50%以上に達している。だが，イングランドに向かう船舶数とその比率は著しく上昇する。

ケーニヒスベルクもまた，オランダに向かう船舶の比率が高い。しか

25）ここでいう「出港船舶数」とは，バルト海地方からエーアソン海峡を経由して西欧に向かった船舶数のことである。

第2節　貿易の変化——船舶

表6-3 バルト海地方の主要貿易港からエーアソン海峡を経由して
イングランド・オランダに向かう船舶数（貨物積載船）　（単位：隻）

出港地	ダンツィヒ イングランド	ダンツィヒ オランダ	ダンツィヒ 全体	ケーニヒスベルク イングランド	ケーニヒスベルク オランダ	ケーニヒスベルク 全体
1671-80	298	1,719	2,817	404	1,049	1,812
1681-90	411	2,876	4,399	291	1,265	1,996
1691-1700	279	1,906	2,899	160	1,310	2,048
1701-10	194	1,149	1,828	310	1,068	1,812
1711-20	263	1,088	2,027	236	860	1,446
1721-30	636	2,292	4,269	286	1,196	1,949
1731-40	636	2,026	3,288	165	1,382	1,961
1741-50	676	1,813	3,551	188	1,144	1,917
1751-60	1,038	2,673	5,623	249	1,372	2,163
1761-70	1,129	2,244	6,132	525	1,777	3,330
1771-80	1,000	1,276	3,858	715	1,536	3,313

出港地	リーガ イングランド	リーガ オランダ	リーガ 全体	スウェーデン イングランド	スウェーデン オランダ	スウェーデン 全体	サンクト・ペテルブルク イングランド	サンクト・ペテルブルク オランダ	サンクト・ペテルブルク 全体
1671-80	382	949	1,792	831	645	2,305	-	-	-
1681-90	673	1,630	2,984	990	818	2,955	-	-	-
1691-1700	542	1,578	2,582	790	775	2,854	-	-	-
1701-10	146	512	841	734	707	2,362	1	0	1
1711-20	150	692	911	637	712	1,616	140	69	255
1721-30	550	1,370	2,231	876	834	2,816	494	350	1,071
1731-40	695	1,749	2,859	923	759	3,495	826	479	1,467
1741-50	968	1,457	3,045	909	830	3,170	1,008	459	1,710
1751-60	1,133	1,407	3,670	885	709	3,621	1,483	446	2,444
1761-70	1,091	1,855	4,130	954	611	4,249	1,752	351	2,890
1771-80	1,217	2,321	5,297	1,018	628	5,286	2,463	539	4,711

出典）『台帳 後編』

し，イングランドに向かう船舶数とその比率は増加する。

　リーガも，イングランドに向かう船よりオランダに向かう船の数の方が多い。とはいえ，その差は徐々に小さくなっている。ただしリーガの総出港船舶数の中で，オランダ向け船舶数の比率は非常に高い。

　ところがスウェーデンに関しては事態は逆であり，1711-20年を除いて，一貫してイングランドに向かう船舶の方が多い。また出港船舶全体に占めるイングランド・オランダ向け船舶数の比率も低い。

最後にサンクト・ペテルブルクについては、これはスウェーデンと同様、イングランドに向かう船舶数の方が、オランダへのそれよりも圧倒的に多い。しかもスウェーデン以上に、イングランドに向かう船舶数の比率が高い。1731-40年以降、それは顕著である。

表6-1と表6-2から判断すれば、船舶数の変化からみたバルト海貿易最大の特徴は、サンクト・ペテルブルクからエーアソン海峡を経由しイングランドに向かう船舶数が急増した点にある。

サンクト・ペテルブルク建都以前には、ロシアは西欧との貿易をアルハンゲリスクを通して行なっていた。ロシアの「西欧との窓」はアルハンゲリスクであり、バルト海ではなく白海を通して海上貿易が行なわれていた。したがってサンクト・ペテルブルクで貿易する船舶が増大するということは、ロシアの西欧との貿易がアルハンゲリスクからサンクト・ペテルブルクに重点を移したこと、換言すれば、白海ではなく、バルト海がロシアの「西欧との窓」になったということを意味する。しかも、それがバルト海貿易で最大の勢力を誇っていたオランダではなく、イングランドによってなされたことに、大きな特徴がある。

アルハンゲリスクが「西欧との窓」だった時代には、既述のように、同港で使用される船舶は、圧倒的にオランダ船が多かった。しかし1724年には、アルハンゲリスクを利用する船は23隻にすぎないのに対し、サンクト・ペテルブルクを利用する船は130隻と[26]、圧倒的にサンクト・ペテルブルクの方が多くなる。しかも『台帳　後編』の1721-30年のデータによれば、オランダからサンクト・ペテルブルクに向かう船舶は266隻、サンクト・ペテルブルクからオランダに向かう船舶は350隻であるのに対し、同期間、イングランドからサンクト・ペテルブルクに向かう船舶は284隻、サンクト・ペテルブルクからイングランドに向かう船舶は494隻である。サンクト・ペテルブルク-イングランドの方が、サンクト・ペテルブルク-オランダより船舶数が多い。バルト海貿易全体におけるイングランドとオランダの比率を考えると、他の港と比較してイングランド船の割合が極めて高いことが判明する。

バルト海貿易におけるロシアの貿易増は、オランダの力もあったが、

---

26)　Newman, *Russian Foreign Trade*, p. 242.

イングランドの力はそれ以上に大きかった。ロシアというバルト海地方最強の国家が，サンクト・ペテルブルクを通して，バルト海貿易で最大のシェアを占めていたオランダではなく，イングランドとの取引により急速に貿易量を増大させていったことは，非常に興味深い。イングランドと密接な関係をもったサンクト・ペテルブルクの貿易港としての台頭は，バルト海貿易全体に極めて大きな変革をもたらしたことがわかろう。ウォーラーステイン流にいえば，ロシアは，オランダではなく，イングランドを通じてヨーロッパ世界経済に組み込まれたのである。しかも，イングランド船の比率が増え，オランダ船の比率が減っている。とりわけ輸入船は，1720年代のうちに，ほとんどがイングランド船になっていく[27]。ここから，イングランドの重商主義政策の成功がみてとれよう。

さて，ここで述べた船舶の変化は，基本的に商品の輸出入量とリンクしていたことはいうまでもない。続く二節では，このような変化をもたらした商品及びその量の変化について，考察を加えたい。

第3節　商　　品

1　イングランドの輸出

表6-4は，イングランドのバルト海地方への輸出額を書いたものである。毛織物の比率が60％と，非常に高い。しかし17世紀前半と比べると，かなり落ちている。『台帳　前編』によれば，17世紀前半においては，イングランドのバルト海地方への輸出品に占める毛織物の割合は，1605年が91.6％，1615年が94.5％，1625年が95.3％，1635年が87.5％，1646年が94.6％と，ほぼ90％以上であった。ただ，落ちたといっても，毛織物の輸出額が他を圧倒している事実に変わりはない。しかも，イングランド全体の貿易額に占める毛織物の割合は，1699-1701年には47％に低下しているのだから[28]，他の貿易圏と比較すると，バルト海貿易で

---

27)　『台帳　後編』。
28)　Davis, "English Foreign Trade, 1700-1774", p. 302.

表 6-4　イングランドからバルト海地方への輸出額

	1699 年		1700 年	
毛織物	181,659£	64.4%	159,745£	56.6%
タバコ	40,730	14.4	54,564	19
金属	18,177	6.4	16,585	5.8
塩	4,730	1.7	4,298	1.5
その他	37,088	13.1	52,129	18.1
合計	282,384	100.0	287,321	100.0

出典）Åström, *From Cloth to Iron*, p. 56.

表 6-5　イギリスからバルト海地方の主要貿易地域への輸出額

（単位：£）

	商品	イーストカントリー	ロシア	スウェーデン	全体
1731	毛織物	45,080	26,477	12,606	84,163
	再輸出	45,003	6,217	4,442	64,627
1751	毛織物	59,649	103,268	16	162,933
	再輸出	72,835	10,437	1,341	91,783
1771	毛織物	45,121	52,284	1,755	99,160
	再輸出	23,660	41,317	40,388	171,447

＊）再輸出品はほぼすべて植民地物産と考えて良い。
出典）Customs 3/31, 51, 71.

は毛織物の比率が高いことが読み取れる。したがって，全体のトレンドとしては，毛織物をみていけばよい。その毛織物に次ぐのはタバコである。

　表 6-5 は，Customs 3 から算出した，毛織物と再輸出品（ほとんどが植民地物産）のバルト海地方への輸出額を表したものである。この表からまず目立つことは，毛織物は，当初はイーストカントリーに輸出されるものが多かったが，ロシアに輸出されるものが多くなってきたということである。再輸出にしても，1771 年になるとロシアが最大になるが，スウェーデンと数値的にほとんど変わらない。また，毛織物よりも再輸出額の方が多くなっており，ここからイギリスの中継貿易量の増加がうかがえる。

　1699-1701 年においては，イングランドの総輸出額に占める再輸出額の割合は約 30％である[29]。バルト海貿易においては，表 6-4 にあげた商

品の中で，イングランドの再輸出品の大半はタバコであるから，他の貿易圏と比べて，バルト海貿易における再輸出の割合は決して高いとはいえない。この地域では，オランダの海運力が強かったからであろう。

　バルト海貿易全体をみた場合，バルト海地方の輸入品としては，毛織物のほかに塩，ニシン，ワイン，獣皮，植民地物産（胡椒・香料・インディゴ・砂糖・米・タバコなど）などがある。ところがイングランドの輸出品としては毛織物が多く，次いでタバコが来る程度であり，他の商品はほとんどみられない。バルト海地方の輸入品のうち，塩，ワインは大半がオランダの再輸出品である。塩はフランスやポルトガルから，ワインはフランスから，オランダ船で直接，あるいは一度オランダに持ち込んで再度バルト海地方に輸出した[30]。イングランドでこのような再輸出ができた商品はタバコにかぎられており，両国の中継貿易力・海運力の差を示すものといえる。

　それでは次に，毛織物とタバコがはたしてバルト海地方のどの港に輸出されたかをみていきたい。ただし『台帳　後編』には，「タバコ」という分類はない。タバコは「植民地物産」という分類に属してはいるが，これにはタバコ以外の商品も含まれているので，タバコの輸出量を表しているわけではない。その他の商品の輸出も含んでいるはずである。デーヴィスの計算では，1699-1701年にイングランドに輸入された砂糖は63万ポンドであり，イングランドから輸出された砂糖は28万7,000ポンド[31]と再輸出が多いので，表6-4の「その他」の項目に，砂糖が入っている可能性はある。しかしこの頃のイングランドにおける「植民地物産」は主としてタバコだったともいわれるので，植民地物産＝タバコと考えてよい。

　まず毛織物から考察すると，基本的にダンツィヒへの輸出量が多い（表6-6参照）。そもそもダンツィヒは，1579年にイーストランド会社が創設されるまでは[32]，イングランドのバルト海貿易において，最も取引

---

29) Davis, "English Foreign Trade, 1700-1774", p. 302.
30) W. S. Unger, "De Publikatie der Sonttabellen voltooid", *Tijdschrift voor Geschiedenis*, Vol. 71, 1958, pp. 190-191.
31) Davis, "English Foreign Trade, 1660-1700", pp. 300, 302.
32) イーストランド会社については，M. Sellers (ed.), *The Acts and Ordinances of the*

量の多い貿易港であった。その後イーストランド会社の根拠地があったエルビングとの貿易量が増えるが，1626 年，スウェーデンのグスタヴ 2 世アードルフによってエルビングが占領されてからは，またダンツィヒとの貿易量が増加する。そして 1710 年代以降，急激にイングランドからサンクト・ペテルブルクへの毛織物輸出量が増え，1721-30 年になると，ダンツィヒへの輸出量を上回るようになる[33]。18 世紀が進むにつれ，サンクト・ペテルブルクへの輸出量が圧倒的に多くなる。

イギリスのバルト海地方への輸出毛織物の種類をみると，広幅毛織物の衰退が著しい。16 世紀においては，バルト海地方にイングランドから輸出される毛織物の 80％以上が広幅毛織物であったが，その比率は，1725 年には，5％台に低下し，それに代わって上昇するのは，カージー・ダズン及び新毛織物である[34]。第 3 章で示したように，旧毛織物から新毛織物へという主要輸出毛織物の移行は，地中海地方のみならず，バルト海地方でも発生しているのである。

貿易額に目を転じよう。表 6-5 から 1731 年をみると，イギリスのロシアへの毛織物輸出額は，イーストカントリーに次いで第 2 位である。しかしそれはイーストカントリーがダンツィヒ，ケーニヒスベルク，リーガなどの数値を合計したからそうなるのであって，実際には，バルト海地方の貿易港の中では，毛織物はサンクト・ペテルブルクに輸出されるものが最も多かったと推測される。

『台帳　後編』によれば，イングランドがバルト海地方に輸出する毛織物量は，この 1731-80 年の 50 年間に約 3 倍に増大している。この増加の約半分が，サンクト・ペテルブルクによるものであった。とりわけ 1731-50 年の間の上昇には，サンクト・ペテルブルクが大きく寄与した。毛織物輸出においては，バルト海地方の他のどの港よりもサンクト・ペテルブルクが重要になるのである。

Customs 3 からイギリス全体の毛織物輸出額をみると，1731 年は 456

Eastland Company, London, 1906; エルビングとイングランドとの通商関係については，J. K. Fedorowicz, "The Struggle for Elbing Staple: An Episode in the History of Commercial Monopolies," *Jahrbücher für Geschichte Osteuropas*, Bd. 27, 1979, S. 220-230.

33) 玉木「イギリスのバルト海貿易（1600-1660 年）」76-77 頁。
34) 『台帳』。

第3節 商　品

表6-6　イングランドからバルト海地方の主要貿易港への毛織物輸出量

(単位：ピース)

	ダンツィヒ	ケーニヒスベルク	リーガ	スウェーデン	サンクト・ペテルブルク	全体
1671-80	81,781	9,596	2,922	40,634	-	163,175
1681-90	140,242	11,933	9,676	19,712	-	212,219
1691-1700	88,716	21,636	12,344	1,169	-	180,069
1701-10	67,817	53,824	4,926	477	-	136,900
1711-20	34,904	24,089	7,550	25,174	14,840	117,494
1721-30	20,482	2,244.5	6,695	29,861	64,128	147,456
1731-40	20,376	1,445	8,501	15,013	74,443	170,671
1741-50	54,362	8,856	34,313	19,160	233,202	355,911
1751-60	94,178	11,960	31,747	37,180	189,675	372,979
1761-70	189,729	73,017	21,903	867	166,184	509,415
1771-80	77,389	77,139	19,447	27,572	255,407	526,743

出典）『台帳　後編』

万4,287ポンド，1751年は707万8,678ポンド，1771年には999万710ポンドであり，この40年間で約2.2倍に増加している。それに対しバルト海地方への毛織物輸出額は，1731年が11万9,153ポンド，1751年が20万6,930ポンド，1771年が13万252ポンドとなっており，イギリスのバルト海地方への毛織物輸出は停滞している。イギリスにとって，バルト海地方へのイギリス製品輸出の重要性が減少していることがうかがえる。そのなかで，サンクト・ペテルブルク及びロシアの重要度が高まっている。

　さて，植民地物産に話題を変えよう。この場合大きな問題となるのが，『台帳　後編』は，さまざまの植民地物産をすべてひっくるめて単純に重量で掲載しているだけだということである。同じ重量でも，タバコの1ポンドとコーヒーの1ポンドでは意味合いがまったく異なる。表6-7は，そのような考慮を一切せずに作成しているため，信憑性は表6-6よりも劣る。

　植民地物産の主要輸出先は，最初のうちはダンツィヒであった。表6-7に書かれているように，1671-80年には，イングランドの植民地物産輸出量の約半分が，ダンツィヒに輸出されている。ところが1721-30年になるとスウェーデンとサンクト・ペテルブルク──とりわけ後者──への輸出が増える。ダンツィヒからサンクト・ペテルブルクへと輸

表6-7 イングランドからバルト海地方の主要貿易港への植民地物産輸出量

(単位：ポンド)

	ダンツィヒ	ケーニヒスベルク	スウェーデン	サンクト・ペテルブルク	全体
1671-80	4,092,940	61,004	1,724,310	-	8,183,755
1681-90	6,132,748	85,800	631,530	-	9,530,278
1691-1700	4,536,780	594,350	1,076,212	-	8,775,504
1701-10	3,111,060	794,502	1,279,543	-	6,258,205
1711-20	5,445,462	606,561	2,099,186	498,727	11,220,914
1721-30	4,256,880	660,531	2,919,010	3,243,654	18,049,605
1731-40	3,035,361	207,637	2,939,865	3,057,088	16,995,858
1741-50	5,622,044	277,246	4,774,220	1,761,015	21,969,661
1751-60	6,714,614	686,585	3,830,167	8,827,753	31,567,157
1761-70	15,528,762	2,737,728	8,533,951	8,203,498	60,697,087
1771-80	9,889,821	2,655,912	6,811,662	7,257,852	73,352,027

出典）『台帳 後編』

出先が変わるという傾向は，植民地物産にもあてはまるのである。しかも大北方戦争中の1711-20年に，イングランドのバルト海地方への植民地物産輸出量は急増している。新大陸の商品をイングランドがサンクト・ペテルブルクを通して大量にロシアに供給しはじめたことがうかがえる。

とはいえサンクト・ペテルブルクはイングランドの植民地物産再輸出先としてはさほど重要ではなかったように思える[35]。表6-5から判断しても，毛織物と比較した場合，植民地物産がバルト海地方のなかでロシアに輸出される比率が高かったとはいえない[36]。

したがって毛織物の輸出先としてはサンクト・ペテルブルクが最も重要になったが，植民地物産の再輸出先としては，サンクト・ペテルブルクはそこまでの重要性はなかったと考えられる。

---

35) サンクト・ペテルブルクが輸入する植民地物産のなかでは，砂糖の比率が最も高かった。1776年の場合，総輸入額の14.5％を占めていた。Kahan, *The Plow, the Hammer and the Knout*, Table 4. 38, pp. 194-195.

36) 18世紀後半には，フランスからバルト海地方への植民地物産輸出量が増大する。Pierrick, Pourchasse *La France et le commerce de l'Europe du Nord au XVIIIe siècle*, These à l'Université de Bretagne Sud à Lorient, 2003; おそらく，フランス産の砂糖の方が安価だったためであろう。

2 イングランドの輸入

　さて，「はじめに」で述べた，オストレームの次のような主張，すなわち17世紀前半は黒字貿易であったイングランドは，毛織物の輸出を中軸に据えてバルト海貿易を行なっていたが，17世紀後半に鉄の輸入に力点が移ることにより赤字になったという主張がどこまで適切であるか，検討していくことにしよう。

　17世紀前半において黒字であったイングランドのバルト海貿易は，後半には赤字に変わった[37]。事実イングランドのバルト海地方への毛織物輸出は伸びていない。一方，17世紀初頭にはほとんどなかった鉄の輸入は[38]，表6-8にあるようにかなり増加している。輸出が増えず，鉄のような高額な商品の輸入が増えることにより，イングランドのバルト海貿易が黒字から赤字に転じたのは当然である[39]。事実，表6-4と表6-8を比較すると，1699年は28万7,809ポンド，1700年は22万3,463ポンド，イングランドの赤字であったことがわかる。

　しかしイングランドは鉄だけではなく，亜麻・麻という船舶用資材も大量にバルト海地方から輸入していた。実際，表6-8をみても，鉄の輸入以上に，亜麻と麻合計の輸入額が大きい。1699年の亜麻・麻輸入額は合計18万9,398ポンド，鉄は16万3,376ポンド。1700年は亜麻・麻の合計が17万4,752ポンド，鉄が13万8,506ポンドである。亜麻と麻は船舶用資材であり，帆や索具として使われた。この二つは史料にも「亜麻・麻」と並べて書かれることがあるほど，用途は似ていた。むしろ，同じといってよい。とすれば鉄が中心といい切れるかどうか疑問である。しかもイングランドがバルト海地方から輸入する鉄のうち，船舶用資材として使用される割合がかなり高いと考えられる[40]。

　37）　玉木「イギリスのバルト海貿易（1600-1660年）」72-92頁。
　38）　玉木「イギリスのバルト海貿易（1600-1660年）」81頁，表6参照。
　39）　イギリスの鉄はスペインのバスク地方からも輸入されていたが，イギリスの需要を満たすほどには増えず，イギリスはバルト海地方から鉄を輸入するようになった。しかも，1700年には，国内産の鉄よりも外国からの輸入鉄の方が多くなった。Chris Evans and Göran Rydén, *Baltic Iron in the Atlantic World in the Eighteenth Century,* Leiden, 2007, p. 34.

表 6-8　イングランドのバルト海地方からの輸入額

	1699 年		1700 年	
鉄	163,376£	28.7%	138,506£	27.1%
亜麻	70,324	12.3	104,690	20.5
麻	119,074	20.9	70,062	13.7
灰汁	33,808	5.9	39,463	7.7
ピッチ・タール	30,971	5.4	20,965	4.1
その他	152,640	26.8	137,098	26.9
合計	570,193	100.0	510,784	100.0

出典）Åström, *From Cloth to Iron*, p. 55.

表 6-9　イギリスのバルト海地方からの主要輸入品

（単位：ポンド）

	亜麻		麻	
	イーストカントリー	ロシア	イーストカントリー	ロシア
1731	71,414	31,374	7,046	54,678
1751	147,781	52,906	16,450	98,050
1771	13,616	283,919	16,228	399,294

	亜麻布		木材		鉄	
	イーストカントリー	ロシア	イーストカントリー	ロシア	スウェーデン	ロシア
1731	30,201	60,769	14,295	2,046	200,836	16,368
1751	62,875	92,106	35,011	1,095	180,646	55,948
1771	41,387	123,955	65,991	72,144	146,555	268,116

出典）Customs 3/31, 51, 71.

　イングランドに輸入された鉄は，船舶用資材として，錨や釘に使用されることが多かった[41]。確かに鉄は船舶用資材以外にも利用されたであろうが，船舶用資材として使用されることも少なくなかった。具体的なパーセンテージを算出することは不可能だが，亜麻・麻と鉄（及びピッチ・タール）は一括して船舶用資材と考えることができ，イングランド

　40）　イングランドは船舶用の木材を主にノルウェーから輸入していた（川北『工業化の歴史的前提』241 頁）が，エーアソン海峡を経由しておらず，その量は『台帳』には記録されていない。
　41）　B. Thomas, *The Industrial Revolution and the Atlantic Economy*, London and New York, 1993, pp. 14-15; 鉄はむろん，軍事的に重要な物資でもあった。

のバルト海地方からの輸入品は船舶用資材が大半であったと理解されよう。オストレームのように，単に鉄の輸入だけを取り上げるのはやはり手落ちであろう。イングランドのバルト海貿易は，17世紀前半は主として毛織物の輸出により黒字貿易であったが，後半には赤字に転落し，船舶用資材の輸入に重点を移したと考えるべきである。鉄は18世紀後半になると極めて重要になるが（表6-9参照），これは，イギリスの製造業の発達とリンクしていた。したがって，イングランドのバルト海地方との取引商品としては，毛織物 ⟶ 船舶用資材（特に亜麻・麻）⟶ 鉄という順に，その重要性が変遷したと捉えるべきであろう。これはそのまま，イギリスの経済的変化を反映する。

　バルト海地方は，イギリスの輸出先から，帝国化・工業化に必要な原材料供給地域に変貌する。バルト海地方はすでにオランダによってヨーロッパ世界経済に組み込まれていたが，イギリスによって位置づけを変えられた。穀物ではなく，イギリス帝国形成に必要な船舶用資材，さらに，産業革命に必要な鉄の供給地帯となった。それはまたバルト海地方の経済的中心が，ポーランドからスウェーデン，やがてロシアへと変化していくのと同時並行的に生じた。

　毛織物が中心だった輸出品と比べると，輸入品の種類は多い。おもだった輸入品としては，亜麻・麻・繊維製品（多くが亜麻布）・鉄・灰汁・ピッチ・タールがあげられる。なお，イギリスは木材はノルウェーから輸入することが多かったので，イーストカントリーとロシアの重要性は，ノルウェーよりも劣っている。また，ピッチとタールは北米のアメリカ植民地からの輸入も多いので，ここでは省略する[42]。

　ではまず，表6-9をベースにしながら変化をみていきたい。

　亜麻は，1731年にはイーストカントリーからの輸入額が多かった。ところが1771年にはその比率は急激に減少し，代わって台頭するのはロシアであり，28万3,919ポンドと，イーストカントリーの1万3,616ポンドを大幅に上回っている。

　麻は，当初より，ロシアから輸入される額が極めて多い。1771年に

---

42) Staffan Högberg, *Utrikeshandel och sjöfart på 1700-talet: Stapelvaror i svensk export och import 1738-1808*, Lund, 1969, s. 241.

は，イーストカントリーの約25倍の金額に達している。亜麻布については，ロシアからの輸入額が多い。ただし，麻ほど他を圧倒して多いというわけではない。

木材については，当初はイーストカントリーからの輸入額が圧倒的に多い。ところが1771年になると，ロシアからの輸入額がイーストカントリーからのそれを上回っている。木材においても，ロシアの台頭は目を見張るものがある。

イングランド最大の鉄輸入先は，1731年にはスウェーデンであった。そもそも17世紀前半に始まるスウェーデンの経済的台頭は，鉄・銅という鉱物資源の輸出に依存するところがはなはだ大きかった[43]。17世紀前半は銅の方が重要であったが，後半になると鉄の方が重要になった。スウェーデン鉄は高品質で知られ，ヨーロッパの鉄市場を支配し，18世紀終わり頃から，スウェーデン鉄の最大の輸出先はイングランドとなる[44]。イングランドにおいてもスウェーデン産の鉄の比率は高く，18世紀前半，ジョサイア・ジーは，「イギリスは，国内で消費される鉄の3分の2近くをスウェーデン産のもので消費している」と述べている[45]。

さて，以上のことを考慮に入れながら，次に，『台帳　後編』から作成した表6-10にもとづき，港ごとの分析を行なう。

亜麻に関しては，当初はケーニヒスベルクからの輸入が最も多い。ロシアに比べてイーストカントリーからの亜麻輸入量が多いことが示されており，表6-9の分析を裏付けるものだといえよう。だが，ケーニヒスベルクからの輸入量は伸びず，リーガからの輸入量が増大し，サンクト・ペテルブルクからの輸入量は激増する。1771-80年をみると，リーガとサンクト・ペテルブルクの数値はあまり変わらない。イングランドにとって，少なくとも1780年まで，バルト海地方最大の亜麻輸入港はリーガであった。

---

43) Eli F. Heckscher, "Den europeiska koppermarknaden under 1600-talet", *Scandia*, Vol. 11, 1938, s. 220.

44) K. -G. Hildebrand, "Foreign Markets for Swedish Iron in the 18th Century", *Scandinavian Economic History Review*, Vol. 6, 1958, pp. 3-52.

45) Josiah Gee, *The Trade and Navigation of Great Britain*, London, 1738 (rep. New York, 1969), p. 24.

第3節　商　品

表6-10　イングランドのバルト海地方からの主要輸入品

A. 亜麻 (単位：シップポンド)

	ケーニヒスベルク	リーガ	サンクト・ペテルブルク
1671-80	18,867.8	5,926	-
1681-90	11,019	11,645	-
1691-1700	10,883.8	4,092	-
1701-10	27,103.8	4,870	-
1711-20	24,849.4	11,817	5,798
1721-30	16,364.4	49,243	25,341.8
1731-40	13,352	76,149	11,830
1741-50	25,403	87,423	35,289
1751-60	17,159	97,844	81,667
1761-70	20,723	116,488	83,663
1771-80	14,986	136,764	115,058

B. 麻 (単位：シップポンド)

	リーガ	サンクト・ペテルブルク
1671-80	48,838	-
1681-90	167,489.5	-
1691-1700	165,342	-
1701-10	16,448	-
1711-20	39,254	45,648
1721-30	170,344.7	151,039.8
1731-40	125,778	319,588
1741-50	185,412	544,346
1751-60	103,854	844,720
1761-70	79,817	803,053
1771-80	111,961	976,432

C. 繊維製品 (単位：ピース)

	ダンツィヒ	サンクト・ペテルブルク
1671-80	221,908	-
1681-90	397,315	-
1691-1700	483,824	-
1701-10	351,390	-
1711-20	329,390	73,476
1721-30	427,367.5	1,193,948.6
1731-40	811,716	590,309
1741-50	940,217	935,636
1751-60	1,099,153	1,556,884
1761-70	876,856	1,840,182
1771-80	646,111	1,575,884

D. 鉄　　　　　　　　　　　　　　（単位：シップポンド）

	スウェーデン	サンクト・ペテルブルク
1671-80	374,590	-
1681-90	172,940	-
1691-1700	71,120	-
1701-10	117,680	-
1711-20	536,329	816
1721-30	693,282	30,655
1731-40	893,634	170,341
1741-50	922,236	317,118
1751-60	982,329	542,708
1761-70	1,112,604	1,214,389
1771-80	981,696	1,691,007

出典）『台帳 後編』

　表6-9では，1771年には亜麻はロシアからの輸入額が最大になるが，しかし表6-10からは，リーガからの輸入量が最も多い。ここから推測されることは，1731年時点では，イギリスの貿易統計では，リーガはイーストカントリーに含まれていたのだが，1771年になると，ロシアに含まれるようになったということである[46]。おそらく，1760年代にそうなったのであろう。

　続いて麻をみると，イングランドは，麻はずっとサンクト・ペテルブルクから輸入する量が圧倒的に多い。しかもリーガと比較すると，サンクト・ペテルブルクの伸びは著しい。

　繊維製品（多くが亜麻布）についてはどうか。ダンツィヒから輸出される繊維製品の多くがイングランドに輸送されていた。イングランドは亜麻・麻という原材料から，亜麻布・帆布・索類などの最終製品の輸入に重点を移す。イングランド=ポーランドの商業関係を論じたフェドロヴィッチは，その理由を，イングランドの亜麻布製造業がダンツィヒとの競争に負け，原料である亜麻よりも，完成品である亜麻布をダンツィヒから輸入することを望んだためだとしている[47]。バルト海地方の他の地域は，ポーランドほどには亜麻布製造業の発達がなかったのであろう。

　1731-40年においてはダンツィヒの方がサンクト・ペテルブルクより

　46）　Åström, "English Timber Imports", p. 18.
　47）　J. K. Fedorowicz, *England's Baltic Trade in the Early Seventeenth Century: A Study in Anglo-Polish Commercial Diplomacy*, Cambridge, 1980, p. 109.

第3節 商 品

表 6-11 スウェーデンからの鉄輸出先

(単位：1,000シップポンド)

	バルト海地方		オランダ		イギリス		南欧・フランス		全体
1738/40	41.8	22%	24.3	12%	99.3	52%	26.3	14%	191.7
1741/45	52.3	27	26.3	13	86.3	44	32.1	16	197.0
1747/48,50	44.6	24	17.8	10	95.1	52	26.2	14	183.7
1751/55	42.2	24	21.3	12	87.8	49	27.7	15	179.0
1756/60	40.0	21	15.6	8	108.7	58	24.6	13	189.2
1761/63,65	45.9	23	16.3	8	115.8	57	24.2	12	202.5
1766/70	43.0	23	15.0	8	95.3	52	29.1	16	183.8
1771/75	39.1	20	16.9	8	101.3	50	43.9	22	201.9
1776/80	43.6	23	13.1	7	86.3	45	46.2	24	190.3
1781/85	44.3	23	11.9	6	73.2	38	62.4	33	192.0
1786/89	33.0	15	12.3	6	92.8	44	72.7	34	213.7
1790	31.5	14	12.7	6	118.3	53	56.4	25	222.4
1791/95	47.4	21	12.1	5	111.9	50	48.0	21	226.8
1796,99	46.6	24	3.5	2	98.5	51	39.3	20	194.4

出典) Högberg, *Utrikeshandel och sjöfart på 1700-talet*, s. 63.

も多かったが，1751-60年にはそれは逆転しており，年々，格差は拡大する傾向にある。イングランドがサンクト・ペテルブルクを通じてロシアからの亜麻布輸入を増やすということは，表6-9で，イギリスの亜麻布輸入額が増大していることから証明できる。さらに亜麻・麻の場合，バルト海地方からの輸入量は，18世紀になると，オランダよりもイングランドの方が基本的に多い（表5-4参照）。

またCustoms 3 によれば，木材については，幅広板 (deal) の大部分[48]をイギリスはデンマーク・ノルウェーから輸入していた。イーストカントリーとロシアからは，大マストを輸入していた[49]。マスト材の輸入額は，1751年にはイーストカントリーが1万5,060ポンド，ロシアが432ポンドだったのに対し，1771年になると，イーストカントリーが2,052ポンド，ロシアが3万329ポンドと[50]，圧倒的にロシアからの

48) 幅広板とは，製板された板で厚さが3.25インチまで，幅が7-11インチ，長さが8-20フィートのものを指す。Kent, *War and Trade in the Northern Seas*, p. 41-42; イングランドは，小マストを新世界からも輸入していた。
49) 大マストとは，直径が12インチ以上のマスト材であり，中マストは8-12インチ，小マストは6-12インチのマスト材を指す。Kent, *War and Trade in the Northern Seas*, p. 43. Åström, "English Timber Imports", Table 2 and 6 をみよ。
50) Customs 3, 51/71.

方が多くなる。だがそれは、マスト材の主要輸出港であったリーガの分類が、イーストカントリーからロシアに変わったためであろう。またモミ材（timber fir）に関しては、1771年にはイーストカントリーからの輸入額が3万1,350ポンドと、ロシアの2万1,090ポンドより多い。

　最後に鉄については、当初はスウェーデンからの輸入が一番多かったのだが、やがて、サンクト・ペテルブルクに逆転されることがわかる。1765年に、イギリスの主要な鉄輸入先は、スウェーデンからロシアに交代した。さらにサンクト・ペテルブルクは、輸出する鉄の大半をイングランドに送っている。

　ロシアの鉄はウラル地方で産出されたものだった。スウェーデンよりも品質は悪かったが安価であり、ウラル山脈から運河を通りサンクト・ペテルブルクまで輸送され[51]、そこからおそらく棒鉄という形で、イギリスまで輸出されたのである。カプランによれば、1753-82年にサンクト・ペテルブルクから輸出された棒鉄の80％以上が、イギリス船によって輸送されている[52]。パドリング法を導入したため、イギリスの輸入鉄は、スウェーデン鉄よりも品質が劣るが安価なロシア鉄へと中心を移した。そしてロシア鉄は、イギリス産業革命にとって欠かせないものとなった[53]。ロシアの優位は、18世紀のあいだ続いた。

　鉄に関して、スウェーデン側の研究をみると、表6-11から明らかなように、イギリスへの輸出が最も多い。ただし、南欧・フランスへの輸出比率が、1776年以降増えるのは、イギリスの主要輸入先がロシアへと代わることも一因となっているであろう。

　これまでの分析から明らかなように、Customs 3のみならず、『台帳後編』からも、イングランドはロシア、とりわけサンクト・ペテルブルクからの輸入量を急速に増大させている。亜麻と木材以外のバルト海地方のイギリスへの主要輸出品は、基本的にサンクト・ペテルブルクを通

---

51) Kahan, *The Plow, the Hammer and the Knout*, p. 183.
52) H. Kaplan, *Russian Overseas Commerce with Great Britain during the Age of Catherine II*, Philadelphia, 1995, p. 60.
53) Peter King, "The Production and Consumption of Bar Iron in Early Modern England and Wales", *Economic History Review*, Vol. 58, No. 1, 2005, pp. 1-33; cf. Chris Evans, Owen Jackson and Göran Rydén, "Baltic Iron and the British Iron Industry in the Eighteenth century", *Economic History Review*, Vol. 55, No. 4, 2002, pp. 642-665.

してロシアから輸送されるようになった。サンクト・ペテルブルクとイングランドの結び付きは，特にイングランドの輸入品において，ますます強くなって来るのである[54]。また，サンクト・ペテルブルク最大の取引相手国はイングランドになった。

3 オランダとの比較

これまでは，主としてイングランドのバルト海貿易を分析してきた。ここで疑問点として出てくるのは，オランダとイングランドないしイギリスのバルト海貿易の構造的差異であろう。オランダの勢力は衰えたとはいえ，なおバルト海貿易で使用される船舶数は最大であった。しかし，鉄の輸入はイングランドの方が多かった。また『台帳　後編』をみると，1771-80年の亜麻・麻の輸入量は，リーガ，サンクト・ペテルブルクともに，イングランドの方がオランダよりも輸入量が多い。では，オランダの特徴とは何か。

　表6-12は，ダンツィヒ，ケーニヒスベルク，リーガからのライ麦と小麦の輸出量を表す。ここから読み取れるように，これらの三都市は，オランダへの穀物輸出量がかなり多い。どの都市も，エーアソン海峡を経由した輸出穀物の75％以上を，オランダ（おそらくアムステルダム）に送っている。この事実は，穀物貿易に関しては，まだイングランドの力がオランダにまったく及ばなかったことを示している。

　私の考えでは，これはグーツヘルシャフトの発展とオランダの穀物貿易の緊密な結びつきを表している。日本のグーツヘルシャフト研究の基本は所領経営研究にあり，生産物の輸出市場に関してはほとんど研究されてこなかったことに重大な問題がある。ダンツィヒの周辺からリヴォニアにいたるグーツヘルシャフトの形成は，オランダの海上貿易のネットワークがなければありえなかったかもしれない。18世紀になっても，輸送面でみれば，オランダにとっては穀物輸送が，バルト海貿易の中核

---

54) 1738年以降18世紀末まで，スウェーデンの鉄輸出の半分程度がストックホルムから輸出されており，イェーテボリがその半分にも満たないので，『台帳　後編』の数値だけで，スウェーデンのイングランドへの輸出動向がみてとれる。Högberg, *Utrikeshandel och sjöfart på 1700-talets*, s. 62.

表 6-12 エーアソン海峡を通したオランダの穀物輸入

(単位：ラスト)

出港地	ダンツィヒ				ケーニヒスベルク				リーガ			
	ライ麦		小麦		ライ麦		小麦		ライ麦		小麦	
	オランダへ	全体	オランダへ	全体	オランダへ	全体	オランダへ	全体	オランダへ	全体	オランダへ	全体
1671-80	118,389	146,223	66,123	74,101	49,894	56,749	17,207	18,158	17,454	23,203	583	626
1681-90	184,035	220,610	120,503	130,515	60,163	72,021	23,073	24,888	41,405	47,464	504	928
1691-1700	104,394	119,143	69,964	79,799	53,151	62,204	16,378	18,175	55,964	59,351	1,071	1,080
1701-10	96,207	100,622	46,597	49,606	40,532	44,839	13,973	14,681	3,809	3,911	0	62
1711-20	92,556	103,256	37,268	40,743	33,672	41,025	6,436	7,951	5,793	6,298	9	18
1721-30	150,940	192,968	76,691	88,603	35,286	46,548	6,782	8,611	1,888	2,823	1	8
1731-40	64,137	71,010	69,187	75,992	38,165	45,714	15,942	19,045	31,363	35,838	2,518	2,726
1741-50	64,413	78,241	50,655	54,440	17,420	27,786	7,674	11,194	8,280	11,498	1,023	1,043
1751-60	94,539	131,203	80,801	107,839	15,394	23,731	5,726	10,884	2,525	5,686	44	98
1761-70	93,470	143,053	67,809	98,605	40,245	74,358	15,087	23,756	24,414	48,949	832	1,618
1771-80	30,388	47,075	66,774	99,797	33,812	56,838	21,041	40,847	60,367	87,149	4,293	12,628

出典）『台帳　後編』

をなした。

　世界システム論の観点からは，オランダは穀物貿易を通じて，グーツヘルシャフト地帯を「周辺化」していったと考えられよう。しかしまた，第4章で論じたように，リヴォニアは，バルト海帝国の一部として機能し，「スウェーデン本国」に穀物を供給した地帯でもある。ここから想定されることは，「周辺化」を行なう国・地域は何も単数である必要はなく，複数の国や地域によって「周辺」に追いやられることもあるということである。近世のヨーロッパ世界経済では，そのような複合的システムが働いていた。決して中核—半周辺—周辺という単純なメカニズムで説明しきれるものではない。

　また，すでに現在では，18世紀のバルト海貿易におけるアムステルダムの地位は，オランダ国内からみた場合，過大評価されてきたことはほぼ通説となっている。具体的には，フリースラント出身の商人が船長として活躍することが多い[55]。ちなみに『台帳　後編』を参照すると，

---

55) J. Th. Lindblad and P. de Buck, "Shipmasters in the Shipping between Amsterdam and the Baltic 1722-1780", in *The Interactions of Amsterdam and Antwerp with the Baltic Region, 1400-1800*, Leiden, 1983, pp. 133-152; Piet Boon, "West Friesland and the Sound (1681-1720): Sound Toll Registers, Sound Toll Tables and the Facts in West Friesland", in W. G. Heers, L. M. J. B. Hesp, L. Noordegraaf and R. C. W. van der Voort (eds.), *From Dunkirk to*

第3節　商　　品

1665年には，バルト海貿易で使われる船舶のうちホラントを出入港する船舶数は266隻，ゼーラントが1隻，フリースラントとフローニンゲンの合計が79隻である。1753年にはこの数がそれぞれ951隻，33隻，1,110隻になっている。このように，フリースラントとフローニンゲンの台頭が顕著である。

　しかし『台帳　後編』に掲載されている地名は，あくまで船長の居住地である点に注意しておかなければならない。したがって理論的には，フリースラントやフローニンゲンに居住する船長が，アムステルダムまで行き，そこから出港したこともありえる。とはいえ，アムステルダムとフリースラントないしフローニンゲンの距離を考慮に入れるなら，そのようなことが頻繁に起こったとは想定しがたいのも事実である。フリースラントやフローニンゲンの台頭に関しては，おそらくドイツ，とりわけブレーメンとの関係が重要であろうが，その方面での研究はみあたらない。

　船長居住地としてのアムステルダムの地位が低下しても，おそらく情報拠点としてのアムステルダムは依然として重要であった。18世紀には，アムステルダムに立ち寄らず，西欧の港とバルト海地方の港を直接行き来する「通過貿易」が増加していった[56]。そのためには，航行に必要な食料，航行する航路，取引相手などに関する正確な情報が必要とされる。アムステルダムには，そのような情報を管理する機能が備えられていたと考えられる。

　さらに金融面から論じると，むろん，アムステルダムがヨーロッパ有数の金融センターであったことは見逃せない。ニューマンによれば，1740年から，アムステルダムは物流に関しては重要性を低下させていたものの，為替市場の中心であった[57]。またロンドン−サンクト・ペテルブルクの為替は，1763年から行なわれるようになった[58]。これは，イ

Danzig: Shipping and Trade in the North Sea and the Baltic, 1350-1800, Hilversum, 1988, p. 175.

　56）ミルヤ・ファン・ティールホフ著（玉木俊明・山本大丙訳）『近世貿易の誕生——オランダの「母なる貿易」』知泉書館，2005年。

　57）K. Newman, "Anglo-Dutch Comercial Co-operation and the Russian trade in the Eighteenth Century", in *The Interactions of Amsterdam and Antwerp with the Baltic Region, 1400-1800*, Leiden, 1983, pp. 95-103.

ギリスとサンクト・ペテルブルクが,アムステルダムではなく,ロンドンを通して貿易決済をするようになってきたことを意味するものであろう。ただし,スウェーデンとの貿易では,もともとロンドンではなく,アムステルダム,さらにはハンブルクで手形が決済されることが多かったことに注意する必要がある[59]。

したがって18世紀オランダ経済にとって最も重要なものは,穀物輸送,金融,情報であったといえるかもしれない。そのすべてで,基本的には手数料収入によって利益を得ていたものと思われる。これこそ,近世オランダ資本主義の特徴であり,実は,巨額の手数料収入という構造はそのまま,19世紀後半のイギリスに受け継がれるのである[60]。

第4節　ロシア貿易の形態

1　おもな貿易港

さて,これまでバルト海地方の貿易港を論じてきたが,次に白海に目を向けたい。それは,ロシアとの貿易を論じる際に,白海に臨むアルハンゲリスクとの貿易が極めて重要になるからである。

アルハンゲリスクは,エリザベス時代にイングランドが北方航路探索の際に「発見」した都市であったが[61],17世紀になると,オランダ商人の活動が活発になり,以降,ここに居留地を形成して,ロシア貿易の拠点となった。

---

58) P. Dehling and Marjolein 't Hart, "Linking the Fortunes, Currency and Banking, 1500-1800", in Marjolein 't Hart, Joost Jonker and Jan Luiten van Zanden (eds.), *A Financial History of The Netherlands*, Cambridge, 1997, p. 59.

59) Kurt Samuelsson, "Swedish Merchant-Houses, 1730-1815", *Scandinavian Economic History Review*, Vol. 3, No. 2, 1955, pp. 163-202.

60) この観点からすれば,イギリスとオランダの経済構造の類似点を指摘する桑原莞爾の主張は妥当である。桑原莞爾『イギリス関税改革運動の史的分析』九州大学出版会,1999年。

61) イングランドの北方航路探索については,Thomas Stuart Willan, *The Muscovy Merchants of 1555*, Manchester, 1953; Thomas Stuart Willan, *The Early History of Russia Company*, Manchester, 1956; 伊東秀征『近世イギリス東方進出史の研究』葦書房,1992年。

第4節　ロシア貿易の形態

　17世紀末のアルハンゲリスクでは，たいていの場合，オランダ商人によって，毛皮・獣脂・キャビア・亜麻・麻・タール・灰汁などが輸出され，塩・ワイン・ブランデー・亜麻布・植民地物産などが輸入された[62]。

　ここでクノッパースの作成したデータにもとづき，アルハンゲリスクとサンクト・ペテルブルクの貿易船の総トン数を比較してみよう。1720-79年のアムステルダム－アルハンゲリスク間は4万8,125トンであり，一方，アムステルダム－サンクト・ペテルブルク間のそれは2万9,278トンであった[63]。貿易港としてはサンクト・ペテルブルクよりもアルハンゲリスクが重視され，アルハンゲリスクとの貿易はオランダ側の黒字であり，この差額は為替手形を使って相殺されたといわれている[64]。

　1713年，ピョートル1世は，アルハンゲリスクから輸出される商品の二分の一はサンクト・ペテルブルクから輸出すべしとの命令を出した。1718年になると，ロシアの対外貿易の三分の二をサンクト・ペテルブルクが，三分の一をアルハンゲリスクが担うべしとの命令になった。ところが1727年には，アルハンゲリスクの貿易は以前と同じように行なってよいとの許可がでた。異なっていたのは，内国関税の水準であり，アルハンゲリスクでは7%であったのに対し，サンクト・ペテルブルクでは3%とされた[65]。

　しかし18世紀には，ロシアではサンクト・ペテルブルクとアルハンゲリスクに加えて，リーガも重要であった。1721年に大北方戦争が終了して以降の同国の貿易は，これら三港を中心に行なわれるようになった。確かにサンクト・ペテルブルクからイングランドへの輸出は著しく増加したが，ピョートル1世の尽力にもかかわらず，サンクト・ペテル

---

　62) Knoppers, *Dutch Trade with Russia from the Time of Peter I to Alexander*, Vol 1, p. 220.
　63) Knoppers, *Dutch Trade with Russia from the Time of Peter I to Alexander*, Vol. 1, p. 241.
　64) Knoppers, *Dutch Trade with Russia from the Time of Peter I to Alexander* Vol. 1, p. 225.
　65) Jan Willem Veluwenkamp, "Dutch Merchants in St Petersburg in the Eighteenth Century", *Tijdschrift voor Scandinavistiek*, Vol. 16, 1995, p. 237.

ブルクが他を圧倒する存在となることはできなかったのである。

2　イギリス商人とオランダ商人

　サンクト・ペテルブルクの外国商人の大半は委託代理商（commission agent）であり[66]，彼らはロシア商人と取引をした。これらのロシア商人は，サンクト・ペテルブルクに居住せず，毎年5月と6月に来訪して取引を行ない，それが終わると自分たちの居住地に帰った。外国商人は商品を信用売りし，その支払い期限は通常12か月であった。彼らは購入する商品に対しては現金で支払った。次の夏に商品を受け取る約束で，しばしば前払いすることもあった。輸入品はサンクト・ペテルブルクからモスクワまで，夏には船で，冬にはソリで送られた。同じようにして，輸出品もサンクト・ペテルブルクに送られた。

　イギリスのモスクワ会社は，1699年にロシア会社と名前を変え，サンクト・ペテルブルクが建設されると急速にその貿易量——特に輸入——を増した。しかもこの会社は，5ポンド支払えば誰でもメンバーになれたのである[67]。ピョートル1世はイギリス商人を重視する傾向があり，ロシア商人と同様に商品をモスクワに送り，そこで販売することを許可した[68]。それは，オランダ商人は伝統的にアルハンゲリスクとの関係が深く，なかなかサンクト・ペテルブルクに居を構えようとしなかったからだと考えられる。一方イングランド商人のアルハンゲリスクとの通商関係はあまり強くはなく[69]，イギリスの在外商館がサンクト・ペテルブルクに建てられ，ロシアの取引を増大させた。

　ロシアとイギリスとの通商条約で重要なものは1734年と1766年に結ばれた。後者は，両国の最恵国待遇を規定し，なかでも注目すべきことに，イギリス商人がロシア領内でロシア商人と同じように自由に交易す

　66）　ロシアにおける外国人商人については，土肥恒之「ロシア帝国とヨーロッパ」『岩波講座世界歴史16　主権国家と啓蒙　16-18世紀』岩波書店，1999年，103-121頁。
　67）　A. Cross, *By the Banks of the Neva: Chapters from the Lives and Careers of the British in the Eighteenth-Century*, Cambridge, 1997, p. 45.
　68）　Veluwenkamp, "Dutch Merchants in St Petersburg", pp. 236-237.
　69）　Veluwenkamp, "Dutch Merchants in St Petersburg", p. 247.

第 4 節　ロシア貿易の形態

る権利が認められ，領内の貿易通貨はオランダ通貨でなければならなかったのが，イギリス通貨での支払が可能になった[70]。また，イギリスはサンクト・ペテルブルクとの貿易収支は赤字であったが，自国船が数多く使われていることから生じる輸送料・サーヴィス収入は黒字であったと推定されている[71]。

　アルハンゲリスクで取引をしていたオランダ商人の多くは改革派（カルヴァン派）教会に属していた。1730 年に教区ができ，81 人の商人とその家族・召使を含めて，教区民は約 240 名であった[72]。アルハンゲリスク在住のオランダ商人は，本国の商人と婚姻関係を結んだ[73]。アルハンゲリスクはオランダ商人の社会的・経済的・文化的・商業的基盤を形成していたのに対し，サンクト・ペテルブルクはそういうものは提供できなかった。彼らは，長年にわたって関係の深かったアルハンゲリスクの貿易に固執した[74]。そのため，イギリス商人と比べると，オランダ商人はサンクト・ペテルブルクであまり大した活躍は示さなかったのである。

　確かに，改革派教会のオランダ商人のなかには，ロシア皇帝との関係を良くするために，アルハンゲリスクからサンクト・ペテルブルクに移住した者もいた[75]。しかし 1774 年の時点で，サンクト・ペテルブルクの改革派教会教区の教区民は 48 名，アルハンゲリスクのそれは 112 名であり[76]，後者の方がはるかに多かった。

　しかもサンクト・ペテルブルクのオランダ人教区内にフランス人が増

　70）　"Treaty of Commerce and Navigation between Great Britain and Russia", in Lord Liverpool (ed.), *A Collection of Treaties between Great Britain and Other Powers*, Vol. 3, London, (rep. New York, 1969), pp. 215-234; 1734 年の条約については，D. K. Reading, *The Anglo-Russian Commercial Treaty of 1734*, New Heaven and London, 1938.
　71）　Kaplan, "Russia's Impact on Industrial Revolution in Great Britain", S. 9.
　72）　Jan Willem Veluwenkamp, "Familienetwerken binnen Nederlandse koopliedengemeenschap van Archangel in de eerste helft van de achttiende eeuw", *Bijdragen en Mededelingen betreffende de Geschiedenis der Nederlanden*, Vol. 108, 1993, p. 658.
　73）　Veluwenkamp, "Familienetwerken binnen Nederlandse koopliedengemeenschap van Archangel", p. 660.
　74）　Veluwenkamp, *Archangel* , p. 182.
　75）　Veluwenkamp, "Dutch Merchants in St Petersburg", p. 249.
　76）　Jan Willem Veluwenkamp, "De Nederlandse gereformeerde te Archangel in de achttiende eeuw", *Nederlands Archief voor Kerkgeschiedenis*, Vol. 73, 1993, p. 4.

え，説教もオランダ語ではなくフランス語で行なわれるようになり，のちにはそれに加えてドイツ語も使用されるようになった。オランダ語が話されることは稀になり，人によっては話すことができなくなった[77]。この都市のオランダ商人は，オランダ人であるというアイデンティティを失ってしまった。

3 三つの貿易圏とその性格

大北方戦争を終結させた1721年のニスタット条約によって，ロシアはバルト海地方の政治的覇権を有する国家となった。だが，現実にはサンクト・ペテルブルクを中心にしようとしたロシアの通商政策は必ずしも成功しなかった。西欧との関係からみると，ロシアでは，次の三つの貿易圏が成立した。それは，アルハンゲリスクを中心とし，オランダ商人が活躍する白海貿易圏，サンクト・ペテルブルクを中心とし，イギリス商人が主導権を握る貿易圏，リーガを中心とするリヴォニア貿易圏であった。これらの貿易圏は互いに関係しながらも，独自の経済圏を形成していた。これら三貿易港のうちリーガの主要輸出品は，亜麻・麻・穀物であった。この港湾都市は単にロシアの経済圏であるにとどまらず，オランダへの穀物輸出を主目的としたポーランドからつながるグーツヘルシャフト地帯の一部であり，スウェーデンへの穀物供給地域としても重要であった。これらは政治的領土と，経済圏が異なる典型的な事例の一つであった。

しかし18世紀後半になると，この状況も変わる。アルハンゲリスクの輸出は，1783年になっても，ロシア全体の38.7％を占めていた[78]。だがその頃には，オランダ商人だけではなく，ハンブルクなどの北ドイツ諸都市の商人も活躍するようになった[79]。ここに，オランダのロシア貿易の衰退がみられる。

---

77) Veluwenkamp, "Dutch Merchants in St Petersburg", pp. 251-255.

78) Hermann Kellenbenz, "The Economic Significance of the Archangel Route (from the late 16th to the late 18th century)", *Journal of European Economic History*, Vol. 2, No. 3, 1973, pp. 541-581.

79) Kellenbenz, "The Economic Significance of the Archangel", p. 197

サンクト・ペテルブルクの後背地はネヴァ川を中心とする河川網と運河の発達よって拡大し，ウラル山脈から棒鉄が送られた。ロシアからの鉄は，1760-90年代（産業革命初期）のイギリスの鉄需要を支えた[80]。ロシアはまた，イギリスにとってヨーロッパ大陸最大の輸入相手国となった。Customs 3 によれば，ロシアとの貿易赤字額は，1731年に13万ポンドだったのが，1771年には，112万ポンドに増えた。サンクト・ペテルブルクから輸入される船舶用資材は，イギリスの「帝国」形成に必要な造船業・海運業の強化のために欠くことができないものとなった。サンクト・ペテルブルクを通したロシアとの関係こそが，イギリス帝国存亡の鍵となっていった。

　リーガでは18世紀末からロシア商人の影響力が強まったが[81]，ロシアの国民経済圏に組み込まれるのは，19世紀のことであった。この港から輸出される亜麻・麻は西欧での需要が高かったので，サンクト・ペテルブルクからの輸出が急増しても，あまり影響を被ることはなかった[82]。リヴォニア地方が長期間にわたり自立的な経済圏を確保できたのは，リーガの後背地が広大なためであった。

　確かに，サンクト・ペテルブルクの影響力は目覚ましく拡大する[83]。しかし影響力は拡大しても，ロシアの国民経済形成は，まだ先のことであった。しかしまたそれは，イギリス帝国の経済圏にサンクト・ペテルブルクを通してロシアが飲み込まれていく過程でもあった。

おわりに

16世紀後半から17世紀前半にかけ，イングランドのバルト海貿易は黒字であった。しかし「商業革命」がはじまる17世紀後半になると，イングランドは赤字貿易に変わる。イングランドの「商業革命」は，バル

---

80) J. Harris, *The British Iron Industry*, London, 1988, p. 50.
81) U. Handrack, *Der Handel der Stadt Riga im 18. Jahrhundert*, Jena, 1932, S. 37-45.
82) Harder-Gersdorff, "Riga im Rahmen der Handelsmetropolen und Zahlungsströme des Ost-Westvertrekehrs am Ende des 18. Jahrhunderts", S. 561-562.
83) Kahan, *The Plow, the Hammer and the Knout*, pp. 192-193, Table 4. 37.

ト海地方から輸入される船舶用資材なしでは不可能であった。

　このようにして，バルト海地方は，イギリス帝国の形成に欠くことができない船舶用資材，さらには工業化の原材料の供給地域として機能するようになった。当初はスウェーデンが，次いでロシアが，イングランドの主要取引相手国になる。イギリスの貿易が発達すればするほど，バルト海地方はイギリスの経済圏に深く組み込まれる。時代に関してはさまざまな議論があろうが，バルト海帝国を形成したスウェーデン，やがてロシアが，イギリスへの輸出を通じて，ヨーロッパ世界経済に組み込まれたことが判明しよう。

　それに対しオランダは，やはり産業革命にではなく，穀物輸送を中心とする海運業に力点を入れていたと想定すべきであろう。ただし，少なくとも当時としては，それは決して誤った選択とは思えなかったはずである。

　なぜならオランダの海運業が18世紀末にいたるまで極めて盛んであったのは，オランダが海運業によって巨額の利益を獲得していたと考えられるからである。オランダの海運業は，18世紀のイギリスにとってもまだ脅威であった。オランダ海運業のヨーロッパ経済におけるプレゼンスの強さは，1724年にスウェーデンがオランダ船排除を狙った航海法（第4章参照）を発布したことからも明らかであろう。

第 7 章

ハンブルクの貿易
―― もう一つの世界システム ――

はじめに

　繁栄を誇ったオランダ経済も[1]、18世紀になると衰えた。イギリスの貿易額が飛躍的に増大する一方で、オランダは貿易国家ではなく、ランティエ（金利生活）国家になる。1760年代の不況をきっかけとして、アムステルダムはヨーロッパの金融の中心ではなくなり、ロンドンがそれに取って代わった。さらに、オランダからイギリスにヨーロッパ世界経済の中核が移動した。

　このような見解は、ある程度、日本の西洋史研究の共通認識を表しているであろう。しかし、私には、この認識が当を得ているとはいいがたいように感じられるのである。

　確かに、イギリスは世界一の海運国家となり、それは第二次世界大戦終了時まで続いた。「商業革命」によってイギリスは、再輸出を増やした。また、アムステルダムの次に世界金融の中心となったのはロンドンであった。しかしよく考えてみれば、オランダの機能がイギリスに、あるいはアムステルダムの役割がロンドンにそのまますぐに移行したと、

　1）　オランダ国内では、17世紀は、「黄金時代」と呼ばれる方が多い。この時代のオランダの経済発展については、K. Davids and L. Noordegraaf (eds.), *The Dutch Economy in the Golden Age*, Amsterdam, 1993; 17世紀のオランダについては、Maarten Prak, *The Dutch Republic in the Seventeenth Century*, Cambridge, 2005; 玉木俊明「オランダのヘゲモニー」川北稔編『ウォーラーステイン』講談社選書メチエ、2001年、103-121頁。

決していえないことに気づくはずである。
　イギリスの再輸出が増大したといっても，少なくとも18世紀においては，それは「イギリス帝国」内の商品輸送量が多かったということを意味するにすぎない。ところがオランダは自国の領土や植民地とは関係なく，世界中とまではいかなくとも，ヨーロッパ中の商品を輸送していた。イギリスとオランダの貿易は，この点において，実は大きな相違を示しているのである。イギリスは，17世紀のオランダと同じ意味での海運国家であったことは，18世紀においては一度もなかったといってよい。
　また18世紀のフランスが，イギリスと同様に飛躍的な貿易発展を遂げたということは，フランスの海外貿易の発展について精力的に研究を行なってきた服部春彦により明らかにされた[2]。服部によれば，フランスは近代初頭以来西欧諸国間で繰り広げられた国際貿易競争において，一度も首位の座を占めることはなかったが，しかし「めざましい二番手」(brilliant second) として活躍した[3]。
　18世紀の北大西洋貿易においてヨーロッパ諸国をリードしていたのは，イギリス・フランス両国であった。したがって一般に，オランダの没落後，イギリス・フランス両国でヘゲモニー争いが生じたとされるのである。イギリスの大西洋貿易拡大はロンドンの貿易発展と大きくリンクし，フランスのそれは，単にフランスの港のみならず，あとで述べる

　2）　服部春彦『フランス近代貿易の生成と展開』ミネルヴァ書房，1992年。
　3）　服部『フランス近代貿易の生成と展開』i頁。ただし服部の議論は，貿易収支しか取り扱われていない点で，本書とは異なる。第1章でも論じたように，貿易 (trade) と海運業 (shipping) の明確な定義づけが必要であろう。「貿易史」という場合，単に商品のやりとりだけではなく，どの国の船舶で輸送したのか，あるいはどこで保険がかけられたのかなどの問題も考察の対象にすべきであろう。服部の議論では，この二つは分析の対象ではない。しかし，いわゆる貿易外収支 (invisible trade) の比率が極めて高い近世においては，単に商品の取引だけを考察の対象にしては，歴史分析として不十分であろう。貿易と海運業は，オーバーラップする部分もあるが，基本的には別の概念である。また，オーバーラップする部分とは，貿易外収支ということになろう。近世貿易では，この部分こそが重要だったという見解は，第1章ですでに述べた。
　このような視点から考えると，イギリスは貿易も海運業も伸ばしたのに対し，少なくとも北方ヨーロッパにおいて，フランスの貿易は伸びたが，海運業は発達しなかった。したがって，フランスが貿易を伸ばしたとしても，貿易外の収入の伸びはあまり期待できなかった。これは，オランダやイギリスとはまったく対照的な姿だったはずである。補論Iで論じた国家財政と同様，フランスよりイギリスの方が優れていたという結論が出せるであろう。

はじめに

ように，再輸出港としてのハンブルクの貿易発展をもたらしたのである[4]。もっと踏み込んでいえば，ハンブルクこそ，ロンドンに匹敵するような貿易都市であった。フランスの大西洋貿易だけを考察するとしても，ハンブルクとの関係は無視できない。したがってハンブルクの貿易の研究により，ヨーロッパの商業史に関する深い洞察が得られることと信じる[5]。イギリスの大西洋貿易については日本でも広く知られているので，本章で論じることはせず，ハンブルクに焦点をあてる[6]。

このような問題意識のもと，本章は以下のように論じられる。まず，ハンブルクの特徴について述べる。次いでハンブルク貿易の概観を述べる。さらに同市と強い商業関係にあったボルドーの貿易発展を考察する。さらにフランスだけではなく，イギリス，スペイン，ポルトガルとの貿易を対象とし，北大西洋貿易のみならず，南大西洋貿易にも言及する。最後に，ハンブルクは北方ヨーロッパ経済でどのような機能を果たしていたのかを論じる。

ここでは，イギリスがロンドンを中心として政治的・経済的「帝国」を形成していったのに対し，ハンブルクはどのようなシステムを構築していったのかということが考察の対象となる。イギリスがつくりつつあった世界システムに対し，ハンブルクを中心として，それとは別の「もう一つの世界システム」が形成されつつあったことが判明しよう。

---

[4] またクラウス・ヴェーバーによれば，ハンブルクは，北東ヨーロッパと南西ヨーロッパの商品が交換される都市として発展したのである。Klaus Weber, *Deutsche Kaufleute im Atlatikenhandel 1680-1830*, München, 2004, S. 225.

[5] ハンブルクに関する，日本人の研究は決して多くはない。さしあたり，以下の文献を参照。斯波照雄「ハンブルクにおける1410年の市民抗争について」寺尾誠編『温故知新——歴史・思想・社会論集』慶應通信，1990年，53-75頁。斯波照雄「ハンブルクにおける1376年の市民抗争について」『三田学会雑誌』第84巻2号，1991年，241-255頁。斯波照雄『中世ハンザ都市の研究——ドイツ中世都市の社会経済構造と商業』勁草書房，1997年。斯波照雄「中世末期ハンブルクの『領域政策』と商業」『商学論纂』（中央大学商学研究会）第41巻6号，2000年3月，153-176頁。斯波照雄「中世末から近世初期のハンブルクの都市経済事情」『商学論纂』（中央大学商学研究会）第44巻4号，2003年，257-274頁。谷澤毅「ハンザ盛期におけるバルト海・北海間の内陸交易路——リューベック・オルデスロー・ハンブルク」『社会経済史学』第63巻4号，1997年，88-107頁。谷澤毅「ハンザ後期リューベック・ハンブルク間商業に関する一史料——リューベック商人の申告証書の記録から」『北欧史研究』第20号，2003年，39-51頁。谷澤毅「中世後期・近世初期におけるハンブルクの商業発展と大陸内商業」『長崎県立大学論集』第39巻第4号，2006年，193-224頁。

[6] 本書との関係でいえば，イギリス-スウェーデン間の貿易関係の形成が重要である。

第1節　ハンブルクの特徴

ヨーロッパ史において，近世，特に 18 世紀は，さまざまな商業都市——ロンドン，ハンブルク，ボルドー，マルセイユ，コペンハーゲン，ストックホルム，サンクト・ペテルブルクなど——が急成長した時代である。これらの都市の結びつきが強化されていくことで，ヨーロッパ全体に商業・金融業の発達がみられた。そのような都市の代表例がハンブルクなのである。

なるほどハンブルクは，どうみても大きな都市とはいえない。1680年に 5-6 万人であった人口が，1750 年までに 9 万人ほどになったにすぎない。17 世紀末に 50 万人を超えていたロンドンと比較すれば，取るに足らない都市のように思えるかもしれない[7]。しかしハンブルクはドイツにかぎらず，イギリス[8]，オランダ[9]，フランス[10]，スペイン[11]など，当時のヨーロッパ列強諸国が大きく関わった貿易港である。したがってハンブルクの貿易を研究することで，ヨーロッパの主要国家・都市の貿

---

7)　K. Newman, "Hamburg in the European Economy, 1660-1750", *Journal of European Economic History*, Vol. 14, 1985, p. 57.

8)　イギリスとハンブルクとの貿易に関しては，K. Newman, *Anglo-Hamburg Trade in the Late Seventeenth and Early Eighteenth Centuries*, Ph. D. Thesis, University of London, 1979; さらに 16 世紀を扱ったものだが，R. Ehrenberg, *Hamburg und England im Zeitalter der Konigin Elizabeth*, Jena, 1896; G. D. Ramsay, *The Queen's Merchants and the Revolt of the Netherlands*, Manchester, 1986, pp. 116-152.

9)　オランダとハンブルクとの貿易に関しては，E. Baasch, "Hamburg und Holland im 17. und 18. Jahrhundert", *Hansische Geschichtsblätter*, Bd. 16 (1919), S. 45-102; F. Röhlk, "Schiffart und Handel zwischen Hamburg und Niederlanden in der zweiten Hälfte des 18. und zu Beginn des 19. Jahrhunderts", *Vierteljahrschrift für Sozial- und Wirtschaftsgeschichte*, Beiheft, Nr. 60 Teil I und II, 1973.

10)　フランスとハンブルクとの貿易に関しては，F. K. Huhn, *Die Handelsbeziehungen zwischen Frankreich und Hamburg im 18. Jahrhundert unter besonderer Berücksichtigung der Handelsverträge von 1716 und 1769*, Dissertation zur Erlagung der Doktorwurde der Philosophischen Fakultät der Unversität Hamburg, 1952.

11)　スペインとハンブルクとの貿易に関しては，H. Pohl, "Die Beziehungen Hamburgs zu Spanien und dem spanischen Amerika in der Zeit von 1740 bis 1806", *Vierteljahrschrift für Sozial- und Wirtschaftsgeschichte*, Beiheft, Nr. 45, 1963.

第1節　ハンブルクの特徴

易の一面が明らかになるはずである。しかもハンブルクを研究する意義がそれにとどまらないのは，基本的には，次の二つの理由に由来する。

第一にハンブルクは，1618-1868年の長期にわたり，中立を維持した都市であった。近世のヨーロッパは絶えず戦争が続いており，特にイギリス-フランスの抗争は熾烈を極めた。戦時には，交戦国の商船は拿捕される可能性がすこぶる高く，そのため，中立地域の船舶が用いられた。中立地域は，交戦国にとっても必要不可欠だったのである。ハンブルクは都市にすぎなかったが，護衛艦隊をも有していた[12]。

「長い18世紀」のヨーロッパは，イギリスとフランスの競争に目が奪われがちだが，小国ないし都市が，大国の抗争のなかではざまを発見し，貿易量を伸ばしたのである。このような事実は，ともすれば大国史観に陥りがちな日本の西洋史研究に対し，大きな反省を迫るものであろう。

第二の理由として，大西洋貿易との関係がある。中世において，ハンザ（同盟）の中心はリューベックであった。しかしリューベックはユトランド半島の東に位置し，ハンブルクは西に位置するという地理的条件も加わり，この二港の立場は逆転する[13]。ハンブルクには，新大陸から大量の物産が，特にフランス経由で流入した。

また，これまでの大西洋貿易の研究は，基本的には北大西洋貿易の研

---

12) Ernst Baasch, *Hamburgs Convoyschiffart und Hamburgs Convoywesen: Ein Beitrag zur Geschichte der Schiffart und Schiffartseinrichtungen im 17. und 18. Jahrhundert*, Hamburg, 1896; 中立地域として重要だったのは，ハンブルクのほか，デンマーク，スウェーデンであった。したがって戦時になると，これらの都市・国家の貿易が増えることもあった。彼らは，大国間のニッチをみつけて活動した。

デンマークの中立貿易については，地中海に関して，ダン・アナセンの研究がある。Dan H. Andersen, *The Danish Flag in the Mediterranean: Shipping and Trade, 1747-1807*, Ph. D. Thesis, University of Copenhagen, 2 Vols, 2000; 日本では，井上光子が，中立国家デンマークの18世紀後半の貿易量増大を実証した。井上光子「デンマーク王国の海上貿易——遅れてきた重商主義国家」深沢克己編著『近代ヨーロッパの探究9　国際商業』ミネルヴァ書房，2002年，317-347頁。

スウェーデンの中立政策については，レオス・ミュラー著（玉木俊明・根本聡・入江幸二訳）『近世スウェーデンの貿易と商人』嵯峨野書院，2006年，特に149-180頁をみよ。

13) すでに北海貿易の台頭で，17世紀になるとリューベックよりハンブルクの方が貿易量の多い港であったようである。Christina Dalhede, *Viner Kvinnor Kapital: 1600-talshandel met potential*, Göteborg, 2006; Erik Lindberg, "Konstitutioner, frihandel och tillväxt i tidigmoderna nordeuropeiska stadsstater: En komparativ institutionell analys av Hamburg och Lübeck", *Historisk Tidskrift (Svenska)*, Vol. 126, No. 3, 2006, s. 405-428.

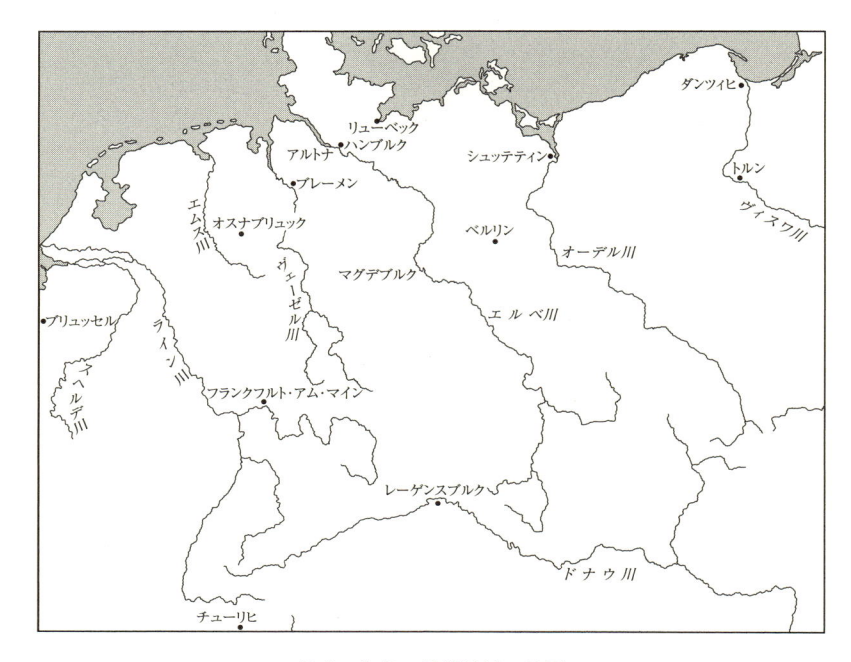

ドイツとその近郊地域の地図

究だった。しかし，程度は劣るが，スペイン，ポルトガルによる南大西洋貿易も行なわれていたことを忘れてはならない。

　ここから推測できるように，ハンブルクの貿易史研究で，18世紀のヨーロッパの大西洋貿易の様相が，ある程度明らかになる。ハンブルクは，近世のヨーロッパ大陸において，アムステルダムに次ぐ第二の規模の貿易港であったばかりか，大西洋貿易で非常に重要な役割を果たしたからでもある。では次に，このような特徴をもつハンブルク貿易の概観を論じたい[14]。

---

　14)　本節からも判明するように，ハンブルクの重要性は，本質的に中継貿易にある。生産を重視する日本の経済史研究においてハンブルクの研究が進んでいないのも，同市が流通の中心都市であったという点にあろう。

第 2 節　ハンブルク貿易の概観

　表 7-1 は，ハンブルクの地域ごとの海上貿易による輸入額の推移を表している。1678 年には，イングランド，オランダ，スペインからの輸入額がほぼ拮抗している。ところが 1706 年，1713 年と，イングランドからの輸入額が極めて多くなる。しかし 1751 年になると，フランスが第 1 位の輸入国になる。さらに 1760 年代から 80 年代は，圧倒的にフランスからの輸入額が多い。このように，フランスの台頭が目立つ[15]。

　17 世紀の中頃は，ハンブルクの主要取引相手はイベリア半島であった。17 世紀終わり頃から 18 世紀にかけてはイングランドが取って代わり，18 世紀中頃にフランスが最大の取引相手国になった[16]。

　さらに表 7-2 は，ハンブルクの海上ルートでの商品輸入額を港別に表したものである。ここで取り上げる商品は，新大陸からの代表的な輸入品であるコーヒー，タバコ，砂糖，インディゴに限定したい。

　どの商品も，ボルドーからの輸入額が大きい。七年戦争期（1756-63）に，ボルドーの比重は減るが，それを補うかのように，ロンドンの比重が増えている。またフランス革命の影響からか，特に 1794 年以降，ボルドーの比重は著しく低下する。この時もそれに取って代わって，ロンドンからの輸入額が伸びる。

　コーヒーは，1794 年以降を除いて，ボルドーからの輸入額が圧倒的に多い。ハンブルクのコーヒー輸入額は，18 世紀後半に大きく上昇する。また 1790 年には，フランスからのコーヒー輸入量が多かったが，1800 年には 50％がイングランドから，30％が直接アメリカ大陸から，20％がその他の地域から輸入されるようになった[17]。これは，フランス革命の影響も大きいだろうが，アメリカ大陸とハンブルクが中継地点を

---

　　15)　同じことは，ヴェーバーの研究からも読み取れる。Weber, *Deutsche Kaufleute im Atlatikenhandel 1680-1830*, S. 235, Tabelle 2.
　　16)　Martin Krieger, *Geshcichte Hamburgs*, München, 2006, S. 63.
　　17)　Pohl, "Die Beziehungen Hamburgs zu Spanien und dem spanischen Amerika", S. 200.

表7-1 ハンブルクの海上貿易による輸入額
(単位:マルク・バンコ)

	1678年	1706年	1713年	1751年	1760-80年代
イングランド	1,362	3,253	2,284	12,707	14-18%
フランス	748	334	1,110	13,812	51-60
オランダ	1,206	-	-	3,315	7-10
スペイン	1,362	975	663	1,150	
ポルトガル	469	350	968	1,658	14-17
地中海諸国	157	247	248	1,547	
ロシア	478	945	-	3,591	1-7

出典) M. North, "Von den Atlantischen Handelsexpansion bis zu den Agrarreformen (1450-1815)", in M. North (Hg.), *Deutsche Wirtschaftsgeschichte*, München, S. 150.

通さない,直接取引を増やしてきたことの現れであろう。実際,ナポレオン戦争によって一時期ハンブルクの貿易港としての機能は衰えるが[18],1815年以後復活し,砂糖輸入先として,19世紀前半には,ブラジルとキューバが台頭する[19]。ハンブルクは,新大陸からの直接輸入を増大させるようになったのである[20]。

　タバコについては,ボルドーからの輸入は少なく,ロンドンからの輸入の多さが目立つ。また,リスボンからの輸入も無視できない。タバコに関しては,リスボンは,ハンブルクと密接な関係にあった。

　砂糖については,ボルドーからの輸入額が非常に多く,1790年代にはリスボンとロンドンからの輸入量も急増することがわかる。これは,新大陸から輸入された砂糖が,ハンブルクに再輸出されたことを示す。

　代表的染料であるインディゴに関しては,当初はボルドーからの輸入が多いが,やがてロンドンとカディスからの輸入がそれを上回るように

---

　18) W. Kresse, *Materialien zur Entwicklungsgeschichte der Hamburger Handelsflotte, 1765-1823*, Hamburg, 1966.

　19) A. Petersson, "Zuckersiedergewerbe und Zuckerhandel in Hamburg im Zeitraum von 1814 bis 1834: Entwicklung und Struktur zweier wichtiger Hamburger Wirtschaftsweige des vorindustriellen Zeitalters", *Vierteljahrschrift für Sozial- und Wirtschaftsgeschichte*, Beiheft, Nr. 140, 1998, S. 295-296.

　20) Silvia Marzagalli, "Establishing Transatlantic Trade Networks in Time of War: Bordeaux and the United States, 1793-1815", *Business History Review*, Vol. 79, 2005, pp. 811-844.

第 2 節　ハンブルク貿易の概観　　　　　　　　　　　　　　275

なる。

　表 7-2 から判明することは，主として二つある。まず第一に，ボルドーからハンブルクが輸入したコーヒー，砂糖，インディゴは極めて多かったが，1794 年以降急速に低下し，それを補うかのようにロンドン，カディス，リスボンからの輸入が増加したことである。第二に，ハンブルクは，新大陸からイギリス，フランス，スペイン，ポルトガルが輸入した植民地物産の再輸出先として，重要な地位を占めていた可能性があるということである。しかしながら，それぞれの国の再輸出に占めるハンブルクのシェアは，ここからはわからない。

　そこで次にこの欠陥を少しでも埋め合わせるために，ハンブルクの輸入について，より詳細にみていくことにしたい[21]。

　表 7-3 は，ハンブルクに到着する主要国家の船舶数を示したものである。ここからわかるように，オランダ船の比率がもっとも高い。しかしそれ以上に注目すべきは，イングランド船もそうだが，とくにフランス船の割合が急速に高まっていることである。ハンブルクとフランスとの商業上の関係が密接になってきていることがわかる。

　それを如実に示すのが表 7-4 である。この表はハンブルクの地域ごとの輸入額を示したものである。オランダの数値が書かれていないのが残念な点であるが，ともあれ，フランスからの輸入額が著しく増大していることは明らかであり，表 7-1 にもとづく分析を裏付けるものであろう。

　17 世紀のハンブルクにとって，オランダが最大の取引相手であった。1625 年においては，船舶数・重量の両方で，ハンブルクの取引の三分の一をこの国が占めていたのである。1647 年から 1648 年には，ハンブルクから出港した船舶の総数は 1,743 隻であり，そのうち 956 隻がオランダに向かっている[22]。また 1642 年の報告によれば，ハンブルクとオランダのあいだを往来する船舶数は毎年 3,000 隻に及んだ[23]。このよう

---

　21)　18 世紀ハンブルクの貿易統計については，Otto-Ernst Krawell, "Quellen Hamburger Handelsstatistik im 18. Jahrhundert", in W. Fischer und A. Kunz (Hg.), *Grunglagen der historischen Statistik von Deutschland: Quellen, Methoden, Forschungziele*, Opladen, 1991, S. 47-69.
　22)　Baasch, "Hamburg und Holland", S. 45.
　23)　E. Baasch, *Forschungen zur hamburgischen Handelsgeschichte*, Hamburg, 1898, S. 7.

表 7-2　ハンブルクの植民地

	コーヒー			タバコ		
	ボルドー	ナント	ロンドン	ボルドー	リスボン	ロンドン
1733		120,425	147,200	1,130	65,749	162,500
1734		98,710	364,650	25	110,537	274,241
1736	194,035	145,685	163,785		119,895	222,152
1737	87,065	138,832	263,065	300	105,215	247,225
1738	282,065	205,400	116,000		100,425	265,513
1739	230,935	115,425	93,680	300	183,056	168,260
1740	185,660	86,250	270,520	6,000	102,425	480,040
1742	242,584	78,774	180,100	300	141,235	268,338
1747	338,286	192,800	328,500	350	60,690	208,125
1753	361,950	258,100	140,275		109,265	336,554
1755	446,687	92,920	120,330	1,100	124,705	230,365
1756	674,725	134,750	150,200		79,660	119,745
1760	11,900		455,445		97,740	188,440
1762	8,050		652,380		82,985	264,925
1763	333,603	30,150	1,122,980		29,540	306,565
1769	1,076,371	234,600	240,075		47,490	133,520
1770	1,377,750	120,825	238,200		32,050	285,955
1771	1,240,360	167,400	195,125		39,795	324,684
1773	1,239,165	149,000	198,800		101,025	445,585
1776	970,460	185,850	112,500		20,255	188,460
1781	629,767	31,700	261,000	279,175	135,565	14,400
1782	1,094,083	8,350	468,475	54,250	151,055	4,400
1783	2,251,895	266,650	273,875		145,845	34,367
1784	2,695,227	428,475	170,900	6,200	123,522	71,215
1785	3,072,940	579,800	136,300		123,425	145,650
1786	2,872,310	401,375	59,225	50	72,515	154,515
1787	2,786,980	300,200	93,175	9,675	54,065	210,795
1788	3,420,935	582,860	59,575	9,850	43,880	209,840
1789	3,408,241	480,160	19,250	9,250	154,275	145,430
1790	3,706,317	402,050	44,520	41,600	67,850	136,462
1791	4,133,200	617,550	149,500	11,000	39,220	178,465
1792	3,157,190	1,266,410	238,055	31,630	65,655	85,244
1794	767,728	708,175	1,315,790	275	80,830	98,742
1795	250,775	315,300	2,284,440	825	29,290	119,595
1797	172,300		2,574,928	9,863	91,865	84,025
1798	161,500		2,117,061	3,520	59,865	106,815

出典）　J. Schneider, O. Krawel und M. Denzel (Hg.), *Statistik des Hamburger* 535-538, 581-587.

第2節 ハンブルク貿易の概観

物産輸入額

(単位:バンコ・マルク)

砂　糖				インディゴ		
ボルドー	リスボン	ロンドン	カディス	ボルドー	ロンドン	カディス
1,035,975	176,720	417,075	700	77,200	6,500	1,500
741,966	643,510	153,300		67,325		550
1,316,475	150,010	5,975		69,450		
1,510,475	70,560	2,300		115,500	10,000	
1,676,111	145,660	13,650		85,175	9,750	
1,831,860	491,000	51,980		83,750		
2,201,580	697,789	31,600		115,875		
2,489,950	510,927	10,500		192,050	1,150	
1,713,885	481,295	678,505		94,250	39,475	1,350
1,927,321	8,260	6,300		30,750		
2,417,570	605,300	121,000		61,350	30,975	1,600
2,104,706	89,530	771,700	2,600	86,425	850	4,600
6,500	289,530	1,564,490		9,600	221,875	2,300
46,700	647,575	2,753,240		47,675	106,845	
1,067,900	449,470	2,331,296		156,925	55,696	5,000
2,427,800	494,160	188,200		132,300	8,500	
2,982,715	464,805	173,000		135,010	2,550	2,000
2,998,685	674,795	266,800		119,550	15,725	
2,602,920	1,233,295	33,025		238,060	35,400	
2,864,425	931,635	296,605		134,725	10,600	
1,106,375	1,240,445	253,850		147,975	28,100	
1,268,688	917,060	129,970	136,008	129,465	15,025	
2,642,730	474,070	243,600	2,100	135,230	6,700	3,000
2,597,928	628,350	354,975	9,100	98,528	39,200	
3,281,835	990,970	476,550	6,290	135,000	46,525	4,500
3,432,775	401,310	446,575	2,375	115,400	43,250	5,700
3,456,850	943,895	9,450		77,325	17,110	29,500
3,165,425	434,535	39,450		88,525	71,075	31,400
4,958,085	847,380	430,375		65,300	158,250	15,700
4,131,950	1,108,440	329,825	35,700	56,485	170,550	22,600
4,954,085	1,134,295	542,075	95,025	65,550	199,650	33,200
2,597,830	1,172,710	1,024,460	383,999	38,530	136,875	129,950
371,350	1,022,190	2,456,641	554,340	13,600	340,000	635,750
17,000	1,147,530	3,553,925	150,210		147,450	460,130
4,400	2,679,501	3,993,035	721,850	7,060	1,736,820	241,300
245,600	786,855	6,906,307	162,890	3,700	697,365	221,300

seewärtigen Einfuhrhandels im 18. Jahrhundert, St. Katharinen, 2001, S. 383-385, 391-396.

表7-3 ハンブルクに到着する主要国家の船舶数

(単位:隻)

	1603年	1644-46年平均	1740年	1751年
オランダ	944	不明	390	300
イングランド	61	17	138	160
ポルトガル	44	不明	不明	28
フランス	22	29	183	241

出典) K. Newman, *Anglo-Hamburg Trade*, p. 69.

表7-4 ハンブルクの地域ごとの輸入額

(単位:マルク)

	1678年	1702年	1703-06年平均	1709-10年平均	1713年	1751年
イングランド	1,641,150	1,508,262	2,345,799	1,924,843	2,283,777	12,707,182
スペイン	1,641,460	418,766	619,143	521,903	663,103	1,104,972
フランス	900,680	597,765	168,212	333,619	1,109,555	13,812,154
ロシア	575,340	1,465,068	840,745	−	−	3,314,917
ポルトガル	565,160	529,199	793,632	870,719	968,185	1,657,458
地中海	189,480	108,265	290,164	92,303	407,505	1,546,961
合 計	5,513,270	4,627,325	5,057,695	3,743,387	5,432,125	33,143,644

出典) Newman, *Anglo-Hamburg Trade*, p. 66.

な様相は,17世紀後半には大幅に変化する。すでに述べたようにフランスのみならず,イングランドとの取引量も大きく増加するのである。

さらに,1603年にハンブルクに到着したオランダ船は944隻,イングランド船は61隻,ポルトガル船は44隻,フランス船は22隻であり,オランダ船が圧倒的に多い。ところが1751年には,それぞれ300隻,160隻,28隻,241隻となっている[24]。確かに1751年になってもオランダ船がトップに来るもののその数は大幅に低下し,イングランド船とフランス船——特に後者——の台頭が著しい。これは,ボルドーを中心とするフランス大西洋岸の貿易港との取引が増えたからだと思われる。

それはまた,ミシェル・モリノーの研究からも明らかである(表7-5参照)。フランスは,1775年には,ハンザ都市に2万5,000トンの砂糖を輸出していた。同年のオランダには,1万7,200トンであった。ただし2年後の1777年には,それぞれ2万6,917トン,3万5,790トンと,

---

24) Newman, *Anglo-Hamburg Trade*, p. 69.

第2節　ハンブルク貿易の概観

オランダの方が多い。しかし1780年には，それぞれ5,046トン，128トンと大幅に低下するものの，ハンザ都市が逆転する。

　コーヒーに関しては，フランスからハンザ都市への輸出量は，1775年が1万4,809トン，1777年が1万3,198トンであった。それに対しオランダへの輸出量は，4,846トンと2,836トンである[25]。

　年度にもよるが，オランダよりもハンザ都市の数値の方が大きいことが多い。なお，この当時ハンザ同盟はすでに存在していないので，「ハンザ都市」(Hanséates) とは，正確にはハンブルク，リューベック，ブレーメン[26]の旧ハンザ都市を指す。ここからも，フランスの史料で「ハンザ都市」と分類されている都市のなかで，ハンブルクの重要性が浮かび上がってくるであろう。

　一方，18世紀のイギリス−ドイツ間の貿易をみると，イギリスからドイツへの輸出は，イギリスの国産品としては毛織物が，再輸出品としては植民地物産が多い。他方，ドイツからイギリスへの輸出品は麻織物が主であった。18世紀半頃までイギリスとドイツの貿易は，何よりもイギリスからドイツへの毛織物輸出と，ドイツからイギリスへの麻織物の輸出によって成り立っていた[27]。しかしまた18世紀中頃に，イギリスからドイツへの輸出品としては，毛織物よりも植民地物産の方が多くなる[28]。これは，イギリスの新大陸との貿易の拡大の現れであろう。イギリスが輸入した植民地物産はハンブルクを通して海路・河川・陸路で再輸出された。ハンブルクは北方ヨーロッパにおける植民地物産の集積港としての機能を果たしていたのである。

　また1678年の「エルベ川通行税記録」(St. A. Stade Elbe toll) によると，1678年のハンブルクの海路による輸入額は，イギリスが164万1,150マルク，スペインが164万1,460マルク，オランダが145万

---

25) M. Morineau, "La Balance du Commerce Franco-Nederlandais et la Ressermont Économique des Provinces Unies au XVIIIe siècle", *Economisch-Historisch Jaarboek*, Vol. 30, 1965, pp. 206, 222.
26) 本章では，ハンブルクに焦点をあてるため，ブレーメンの中継貿易についての言及はされない。
27) 馬場哲『ドイツ農村工業史——プロト工業化・地域・世界市場』東京大学出版会，1993年，114-117頁。
28) 馬場『ドイツ農村工業史』115頁，表10。

表 7-5　フランスからの砂糖・コーヒーの輸出先

(単位：トン)

砂　糖	1750	1751	1775	1777	1780
ハンザ都市	14,000	12,310	25,000	26,917	5,046
デンマーク	645	180	2,950	1,008	21
スウェーデン	1,250	293	4,000	1,372	627
ロシア	-	-	2,000	1,269	-
フランドル	-	-	,800	3,788	424
オランダ	-	-	17,200	35,790	128

コーヒー	1750	1751	1775	1777	1780
ハンザ都市	4,596	4,300	14,809	13,198	1,968
デンマーク	156	119	1,153	1,074	4,444
スウェーデン	26	-	5,167	3,474	280
ロシア	-	8	975	843	16
フランドル	-	-	1,662	2,203	430
オランダ	-	-	4,846	2,836	306

出典）M. Morineau, "La Balance du Commerce Franco-Neerlandais et le Resserment Economique des Provinces-Uniesau XVIIIe siecle", pp. 206, 222.

3,349マルク，フランスが90万680マルクとなっている。

　ハンブルクはスペインとスペイン領の地中海の島々から，羊毛，ワイン，アーモンド，カンキツ類の果実，サフラン，オリーブオイルなどを輸入していた。そして，スペイン領アメリカの植民地からは，絹，染料，嗅ぎタバコ，ココア，砂糖を輸入していた[29]。

　フランスとの貿易は，ワインとブランデーが全体の輸入額の20％を占め，タバコも約20％であった[30]。これは，前節の分析を裏付ける。オランダからの輸入品は，バター，チーズ，ニシン，鮭，蠣，オランダ国内の製造品であるパイプ，家具，書籍，大砲，ガラス，紙，石鹸，繊維製品など，さらに再輸出品であるキャラコ，染料，ジンジャー，胡椒，香料，タバコ，レモン，オリーブ，オレンジなどがあった[31]。

　ハンブルクはロンドンやアムステルダムと同様，地中海と南欧からの産品を北方ヨーロッパに輸送するために重要な役割を果たしていた[32]。

---

29) Newman, *Anglo-Hamburg Trade*, p. 3.
30) Newman, *Anglo-Hamburg Trade*, pp. 3-4.
31) Newman, *Anglo-Hamburg Trade*, p. 6.

しかし実はそれにとどまらず，大西洋貿易によって輸入される植民地物産の集散地という点でも，ハンブルクはこの二都市と同じ機能を果たしていたのである[33]。

第3節　18世紀ボルドーの貿易発展とハンブルク

ボルドーはルアン，ナント，マルセイユなどとともに，海岸からかなり遠ざかった大河川の下流部に位置する河口内港に属する。この型の港は，18世紀中に支配的地位を獲得した[34]。

そのボルドーは，クルゼの言葉を借りれば，「18世紀の経済的奇跡」と表現しうるほど貿易量が増加した[35]。ルイ14世が死去した1715年からフランス革命が勃発した1789年の間，フランスは国際貿易で主導的役割を果たした。その中核となったのがボルドーであった[36]。同市では，1715年に7万8,000トンであった船の総トン数が，1720年から1724年の年平均が14万1,000トン，1784年から1787年には同じく28万3,000トンにまで達した[37]。ボルドーの伝統的な輸出品は後背地で産出されるワインであり，たとえば1700年頃には，輸出品の大半がワインであった。ところがこの都市は，急速に植民地物産の再輸出を増大させたのである[38]。

18世紀の初頭においては，フランスと西インドとの貿易の中心はナントであった[39]。1717年には，ボルドーのシェアは僅か20％にすぎな

---

32) Newman, *Anglo-Hamburg Trade*, p. 4.

33) ハンブルクは，オランダからの輸入品も多かった。第一に食料や製造品などの国内製品，第二に，オランダのプランテーションや東インドからの再輸出品，第三に，極東の製品，第四に，南ヨーロッパの商品であった。Newman, *Anglo-Hamburg Trade*, p. 6; しかし本章では，オランダの新大陸貿易によるハンブルクへの輸入については論じられない。

34) 深沢克己「フランス港湾都市の商業ネットワーク」辛島昇・高山博編『地域の世界史3　地域の成り立ち』山川出版社，2000年，205，211頁。

35) F. Crouzet, "Bordeaux: An Eighteenth Century Wirtshaftswunder?", in F. Crouzet, *Britain, France and International Commerce: From Louis XVI to Victoria*, Aldershot, 1996, pp. 42-57.

36) Crouzet, "Bordeaux", p. 42.

37) Crouzet, "Bordeaux", p. 43.

38) Crouzet, "Bordeaux", p. 45.

かった。1736年に，ボルドーはナントを追い抜いた。1785年には，ボルドーから出港する船舶が，大西洋貿易に従事するフランス船のうち34％を占めており，ボルドーからの植民地物産再輸出量は，フランス全体の約半分に達したのである[40]。では，フランスの他の港はどうだったのか。

ボルドー，ナント，マルセイユ，ル・アーブルとルアン[41]の，植民地貿易額を比較してみよう[42]。1730年のボルドーの植民地貿易額は，1,000万リーヴル弱であり，同年のナントは約1,500万リーヴルであった。マルセイユもル・アーブルとルアンも500万リーヴルに満たない。この数値は，1788年には，ボルドーが約1億1,000万リーヴル，ナントが5,000万リーヴル弱，マルセイユが約5,500万リーヴル，ル・アーブルとルアンが約5,500万リーヴルとなり，ボルドーの植民地貿易額が飛躍的に増大している[43]。

さらにボルドーがフランスの対外貿易に占める比率は，1717年から1720年には10％であったのが，フランス革命の時には25％に達した[44]。またオランダは，ボルドー以外にも，ル・アーブルやナントなど，大西洋岸フランスの港湾都市に居留地をもっていたが，そのなかで最も重要なものがボルドーになっていったことは間違いない[45]。

この都市の貿易拡大の基盤は，アンティル諸島，特にサン・ドマング島の発展にあった[46]。この島の砂糖生産は1714年の7000トンから1750

---

39) ナントの貿易については，藤井真理『フランス・インド会社と黒人奴隷貿易』九州大学出版会，2001年を参照。

40) Crouzet, "Bordeaux", p. 46.

41) おそらくビュテルは，ル・アーブルとルアンを一つの貿易港として数値を算出しているが，これは，どちらもセーヌ川に位置する——前者が下流で後者がその上流——ためであろう。

42) Paul Butel, "France, the Antilles, and Europe in the Seventeenth and Eighteenth Centuries: Reviews of Foreign Trade", in J. D. Tracy (ed.), *The Rise of Merchant Empires: Long Distance Trade in the Early Modern World 1350-1750*, Cambridge, 1990, pp. 153-173.

43) Butel, "France, the Antilles, and Europe in the Seventeenth and Eighteenth Centuries", p. 154.

44) Crouzet, "Bordeaux", p. 44.

45) Jan de Vries and Ad van der Woude, *The First Modern Economy: Success, Failure and Perseverance of the Dutch Economy, 1500-1815*, Cambridge, 1997, p. 486.

46) この件に関しては，Paul Butel, *Les négociants bordelais: l'Europe et les Iles au XVIIIe siècle*, Paris, 1974, pp. 31-35; Paul Butel, *The Atlantic*, 1999, London and New York, pp.

第3節　18世紀ボルドーの貿易発展とハンブルク　　　　283

年には4万トンに，1789年には8万トンに達した。同年には，ボルドーの対植民地貿易額は，マルセイユ及びル・アーブルのそれの2倍になった[47]。さらにこの時には，アンティル諸島からフランスへの主要輸出品は，砂糖からコーヒーに変わっていた[48]。ボルドーからの植民地物産の再輸出の増加率は，年平均で6.5％であった。フランス全体でみると，1765-90年を通じて，砂糖の輸入額の方が多い[49]。

　ボルドーの貿易史については，ポール・ビュテルの研究が詳しい。彼はボルドー，ナント，マルセイユ，ル・アーブルとルアンの植民地貿易量の比較を行ない，ボルドーの植民地貿易量が飛躍的に増大したことを明らかにした[50]。18世紀フランスの大西洋貿易拡大は，どこよりもボルドーの貿易発展とリンクしていた。

　17世紀のボルドーは，アムステルダムが最大の貿易相手であった。17世紀のアムステルダムは，フランスにブラジル産の砂糖を供給していた[51]。さらに18世紀初頭にボルドーに移住した外国人としては，オランダ人が最も多かった[52]。しかし1711年には，20名のハンザ商人が居住し，オランダ商人の数を少しだけ上回るまでになった。北ドイツの港湾諸都市から移住してきた商人は，ボルドー商業の発展にとって大きな役割を果たした。そのなかでも特に，ハンブルク商人の活躍が顕著であった[53]。

　表7-6は，オランダとハンザ都市（ハンブルク，リューベック，ブレーメン）がボルドーから輸入した植民地物産の額を表したものである。ここからわかるように，ボルドーからの砂糖とコーヒーは，オランダよりむしろハンザ都市に輸出された。ただし1774年から76年をみると，白

153-158.
　47)　ポール・ビュテル著（深沢克己・藤井真理訳）『近代世界商業とフランス経済――カリブ海からバルト海まで』同文館，1997年，79頁。
　48)　Butel, *The Atlantic*, p. 156.
　49)　Jean Tarrade, *Le commerce colonial de la France a la fin de l'ancien régime*, t. 2, 1972, Paris, p. 747.
　50)　Butel, "France, the Antilles", p. 154.
　51)　Paul Butel, *L'économie française au XVIIIe siècle*, Paris, 1993, p. 107.
　52)　Butel, *Les négociants bordelais l'Europe et les iles au XVIIIe siècle*, p. 155.
　53)　Butel, *Les négociants bordelais l'Europe et les iles au XVIIIe siècle* p. 55; Ralph Davis, *The Rise of the Atlantic Economies*, London, 1973, p. 254.

表 7-6 ボルドーからオランダとハンザ
都市が輸入した植民地物産

(年平均：単位 100 万ポンド)

		粗糖	白糖	コーヒー
1741-43	オランダ	4.4	2.4	0.9
	ハンザ都市	6.8	7.3	1.8
1751-53	オランダ	7.5	5.2	0.8
	ハンザ都市	11.2	8.4	3.4
1764-66	オランダ	4.1	5	1.7
	ハンザ都市	6.0	21.0	5.0
1774-76	オランダ	11.1	17.0	4.4
	ハンザ都市	20.8	12.0	18.8

出典) P. Butel, *L'économie française au XVIIIe siècle*, Paris, 1993, p. 90

糖に関しては，ハンザ都市よりもオランダの輸入額の方が多い。コーヒーの輸出先としては重要ではなくなったアムステルダムであるが，砂糖に関しては依然として軽視できない存在であった[54]。

フランスと北ヨーロッパ諸国の中継地点として，アムステルダムではなく，ハンブルクの方が重要になっていった[55]。ボルドーがアンティル諸島に代表される植民地との貿易を増大させたのは，オランダではなく，ハンザ都市，特にハンブルクとの貿易量が増えた時代であった。ボルドーを中心とするフランスの新大陸との貿易拡大は，オランダ商人との関係よりも，ハンザ商人，とりわけハンブルク商人との関係が緊密になっていくことによって生じたのである[56]。また商家に目を向けると，ブエ家（Boué）のように，長年にわたりハンブルクと取引していた一家もあった[57]。

---

54) Huhn, *Die Handelsbeziehungen zwischen Frankreich und Hamburg*, S. 34.

55) Butel, "France, The Antilles", p. 165; Klaus Weber, "The Atlantic Coast of German Trade: German Rural Industry and Trade in the Atlantic, 1680-1840", *Itinerario*, Vol. 26, No. 2, 2002, p. 106.

56) ドイツ人商人とボルドーの関係については，A. Ruiz (ed.), *Presénce de l'Allemagne à Bordeaux du siècle de Montaigne à la veille de la Seconde Guerre Mondiale*, Bordeaux, 1997.

57) Pascal Even, "La creation d'une «nation française» à Hambourg à la fin de l'Ancien Régime", in Jörg Ulbert et Gérald le Boudëc (dir.), *La function consulaire à l'époque moderne: L'Affirmation d'une institution économique et politique (1500-1700)*, Rennes, 2006, pp. 114-115.

第3節　18世紀ボルドーの貿易発展とハンブルク　　　　　　　　　　285

　このように，フランスの大西洋貿易拡大で最大の利益を得たのはボルドーであった。しかも18世紀中に，主要輸出品がワインから植民地物産へと変化している。貿易構造は大きく変化し，単にフランスの産品を輸出するだけではなく，植民地物産の再輸出を中軸とする国際的な港湾都市へと変貌を遂げた[58]。

　ボルドーでは，16世紀末から，イングランドとオランダとの貿易の影響が大きかった。さらに17世紀前半においては，ここで活躍する貿易商人のほとんどはオランダ人であった[59]。さらにオランダと取引する場合，プロテスタント商人のネットワークに依存していた[60]。

　18世紀前半にハンザ商人の移住は増え，この世紀の後半にはボルドーでの影響力をさらに強めた[61]。ボルドーは1789年に，750隻の船をヨーロッパ各地に送りだしたが，そのうち170隻がハンザ都市へ，145隻がオランダに向かった[62]。しかし同時に，同年には，ドイツ商人だけで

---

　　58)　ただし，ボルドーは中世以来ワイン貿易で繁栄しており，ワイン貿易のネットワークを使って大西洋貿易で得られた植民地物産を再輸出したことは銘記すべきである。Silvia Marzagalli, "French Merchants and Atlantic Networks: The Organisation of Shipping and Trade between Bordeaux and United States, 1793-1815", in Margrit Schutle-Beerbühl and Jörg Vögele (eds.), *Spinning the Commercial Web: International Trade, Merchants, and Commercial Cities, c. 1640-1939*, Frankfurt am Main, 2004, pp. 149-173; 1773年には，ボルドーからサン・ドマングへの輸出船舶トン数は3万544トンであり，ナントからサン・ドマングへのそれは2万8,025トンと，ナントの数値が低い。1788年には，ボルドーからサン・ドマングへの輸出船舶トン数が5万4,405トン，ナントからのそれが3万3,378トン，マルセイユからのそれが2万2,935トンである。

　　輸入に目を転じると，1773年にボルドーのサン・ドマングからの輸入船舶トン数が3万7,122トン，ナントのそれが2万9,610トン，マルセイユのそれが1万81トンである。1788年には，それぞれ5万5,878トン，4万4,313トン，2万2,425トンである。

　　輸出入ともにボルドーの比率が高いが，ナント，マルセイユも無視できないほど多い。Tarrade, *Le commerce colonial de la France a la fin de l'ancien régime*, t. 2, pp. 730-733.

　　59)　Peter Voss, "»Eine Fahrt von wenig Importantz?« Der hansische Handel mit Bordeaux", in A. Grassmann (Hg.), *Niedergang oder Übergang?: zur Spätzeit Hanse im 16. und 17. Jahrhundert*, Köln, 1998, S. 110; また，Peter Voss, *Bordeaux et les villes hanseátiques 1672-1715: Contribution à l'histoire maritime de l'Europe du Nord-Ouest*, Thèse de Doctorat d'histoire, Univerité de Montaigne Bordeaux III, 1995, t. 1, pp. 203-307.

　　60)　Butel, "France, the Antilles, and Europe", p. 158.

　　61)　Butel, *Les négociants bordelais*, p. 156; しかしオランダ船も多く，1710年12月から1711年3月にかけて，134隻のオランダ船が，ボルドー港に寄港していた。Piet Boon, *Bouwers van de Zee: Zeevaren van het Westfriese Platteland, c. 1680-1720*, Den Haag, 1996, p. 98.

　　62)　ビュテル『近代世界商業とフランス経済』81頁。

ボルドーの外国商人の半数以上にあたる130人以上を占めるにいたった[63]。

このほかにも，ボルドーとハンブルクの通商関係の強化を裏付ける研究がある。1699年から1700年にかけ，ボルドーからハンブルクには28隻の船が，リューベックへは14隻，ブレーメンには10隻の船が向かった。そしてボルドーからデンマーク，シュレスヴィヒ-ホルシュタイン，ノルウェーへは，合計して48隻の船が向かっている[64]。これは17世紀末のことであるが，18世紀になると，フランスにとってハンブルクはさらに重要になる。

1768年において，フランスからハンザ都市へ向かう船舶のうち，ハンブルクの比率が82％，ブレーメンが15％，リューベックが2％であり，圧倒的にハンブルクが多い。さらに1787年には，ハンブルクが78％，ブレーメンが19％，リューベックが2％となっている[65]。ここからも，フランスとハンザ都市との通商におけるハンブルクの重要性が浮かび上がってくるであろう。

ハンブルクがフランスとの貿易において，これほどまでに大きな役割を演じていた理由の一つは，ハンブルク商人がフランスの貿易港に定住し，フランス国王から，通商条約により，国内での特権的地位を確保していたからである[66]。しかもハンブルク商人は自分たちで商売を行ない，リスクを負ったのに対し，オランダ商人は通常委託販売を引き受けたにすぎなかったので，しばしばフランス商人が損失を被った[67]。

---

63) ビュテル『近代世界商業とフランス経済』81-82頁。

64) C. H. de Lemps, *Géographie du commerce de Bordeaux à la fin du règne de Louis XIV*, Paris, 1975, p. 27.

65) P. Butel, "Les négociants allemands de Bordeaux dans la deuxième moitié du XVIIIe siècle", J. Schneider, et al. (Hg.), *Wirtschaftskräfte in der europäischen Expansion: Festschrift für Hermann Kellenbenz*, Klett-Cotta, 1978, p. 590; Pierre Jeannin, "Die Hansestädte im europäischen Handel des 18. Jahrhunderts", *Hansische Geschichtsblätter*, Bd. 89, 1971, S. 52.

66) Huhn, *Die Handelsbeziehungen zwischen Frankreich und Hamburg*, S. 36; オランダにおける委託代理業務の発展については，J. Jonker and K. Sluyterman, *At Home on the World Market: Dutch International Trading Companies from the 16th Century until the Present*, The Hague, 2000, pp. 83-91.

67) Huhn, *Die Handelsbeziehungen zwischen Frankreich und Hamburg* S. 205; ボルドーとアンティル諸島の貿易は，1791年の現地反乱と1793年の対イギリス戦争の影響で，大きく低下した。以降，ボルドーがヨーロッパの中心的港湾都市となることはなかったのである。

第4節　フランス—ハンブルク—バルト海地方

フランスの河川と都市

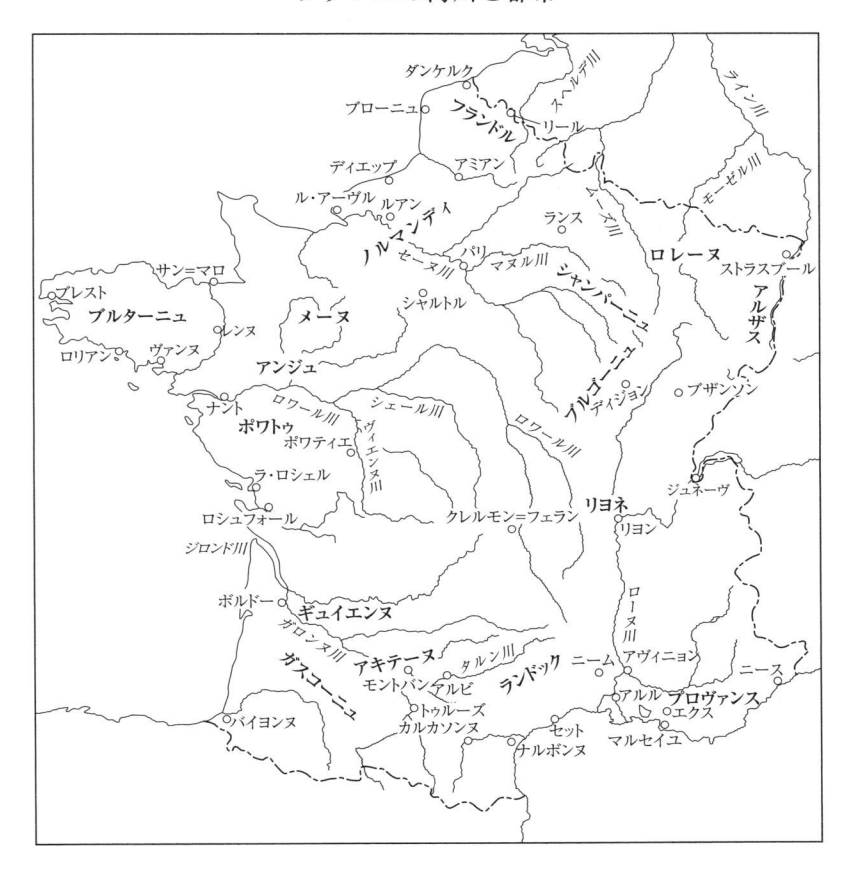

第4節　フランス—ハンブルク—バルト海地方

　ハンブルクは18世紀に貿易量を大きく増加させた。それは，一部はアムステルダムのシェアを奪うことによって可能になった。そしてまた貿易量の増加は，イギリスとの関係を別とすれば，フランスの大西洋貿易

ビュテル『近代世界商業とフランス経済』82-83 頁。

の拡大と密接にリンクする形をとった。

　フランスとハンブルクの貿易は，1716年の条約によって基盤が形成された。この条約は全部で42条項からなり，それは次の四点に分類することができる。第一にハンザ都市への特典，第二に密輸入品に関する規定，第三に，フランスとハンザ都市間の規定違反に関する規則，第四に，フランスに対する特典である[68]。

　この条約の影響もあり，ボルドーにはドイツ商人が住み着くようになった。そして，ドイツ商人が，ハンザ都市との交易に従事したのである。ドイツ商人のなかでは，ハンブルク出身者が圧倒的多数を占めた[69]。

　ここで，1751年と1752年のボルドーからハンブルクとオランダに輸出される砂糖[70]，コーヒー，インディゴの輸出量を比較してみよう，この2年間を合計して，ボルドーから輸出される砂糖は，ハンブルクへ3万5,374樽，オランダへ2万3,673樽である。コーヒーは，ハンブルクへ444万5,605（重量）ポンド，オランダへ148万7,984ポンドとなっている。さらにインディゴはハンブルクへ34万1,777ポンド，オランダへ3万4,726ポンドである。三商品とも，ハンブルクの方が多い[71]。ハンブルクはアムステルダムやロッテルダム以上に，ボルドーからのコーヒーや砂糖を引き付けた[72]。さらに18世紀末になると，ハンブルクにとってアメリカが極めて重要になってくるのである[73]。

　また1783年の時点で，ボルドーから輸出される砂糖とコーヒーの多くは，アムステルダムとハンブルクに向けられた。砂糖はアムステルダムに輸出される量の方が多いが，コーヒーに関しては，ハンブルクへの輸出量がアムステルダムへの輸出量の2倍以上あった[74]。

　フランスは18世紀後半には，ハンブルクへの輸出をかなり増大させ

---

68) Huhn, *Die Handelsbeziehungen zwischen Frankreich und Hamburg*, S. 96-97.
69) Weber, *Deutsche Kaufleute im Atlatikenhandel*, Tabelle 11 und 12.
70) フランスの砂糖事業については，Robert Louis Stein, *The French Sugar Business in the Eighteenth Century,* Baton Rouge and London, 1988.
71) Jeannin, "Die Hansestädte im europäischen Handel des 18. Jahrhunderts", S. 52. S. 62; Newman, *Anglo-Hamburg Trade*, p. 63.
72) Jeannin, "Die Hansestädte im europäischen Handel des 18. Jahrhunderts", S. 62.
73) Jeannin, "Die Hansestädte im europäischen Handel des 18. Jahrhunderts", S. 64.
74) Butel, *Les négociants bordelais*, p. 402.

た。フランスはヨーロッパ内での取引の中心を，アムステルダムからハンブルクに移していった。少なくともフランスの輸出面からみれば，アムステルダムの貿易港としての機能の一部は，ハンブルクに移ったということができよう。

18世紀において，ハンブルク-フランス間の交易のほとんどは海上ルートによるものであり，陸上ルートによるものは皆無に近かった。ハンブルクはフランスの商品をスカンディナヴィア，ロシア，中欧に運んだ。ハンブルクはフランスとの取引を増やしたが，特にボルドーとの取引が盛んであった[75]。

ところでフランスからハンブルクに輸出された砂糖とコーヒーであるが，むろんこれらはフランスで栽培されたものではなく，フランスの西インド植民地からの輸入品であることはいうまでもない。フランスは西インド産の砂糖とコーヒーをハンブルクに再輸出したわけであるが，実はハンブルクが最終的消費地であったとはまったく考えられず，ハンブルクからさらに再輸出されたのである[76]。

では，具体的には一体どこに向かったのであろうか。ここでは，バルト海地方への輸出面から考えてみたい。

ここでヒントになるのが，ヴァルター・フォーゲルの研究である。表7-7は，彼が作成したもので，1752年のダンツィヒの砂糖とコーヒーの輸入量を示したものである。砂糖はオランダからの輸入量がもっとも多く，コーヒーはフランスからの輸入が多いとはいえ，リューベックとハンブルクを比較すると，ハンブルクの占める割合はかなり低いことが示されている。

しかしフランスから輸出される砂糖とコーヒーの中でハンブルクに向かうものが多いとするなら，なぜハンブルクからダンツィヒに輸出される砂糖とコーヒーが，これほど少ないのであろうか。私は，中欧に送ら

---

75) Huhn, *Die Handelsbeziehungen zwischen Frankreich und Hamburg*, S. 34
76) 服部春彦によれば，1755年のフランスの砂糖輸入額は約3,550万リーブル，砂糖輸出額は約2,730万リーブルである（服部『フランス近代貿易の生成と展開』68頁，88頁）。服部が用いた18世紀フランスの貿易統計は，イギリスの貿易統計であるCustoms 3とは異なり，再輸出を含んではいない。輸入された商品が単年度のうちに再輸出されることはありえないが，差額の約820万リーブルが国内の消費にまわり，約2,730万リーブルとはほぼ再輸出額と考えてよいであろう。

表 7-7　ダンツィヒの砂糖・コーヒーの
輸入先（1752 年）

出港地	砂糖（シュタイン）	コーヒー（ポンド）
リューベック	20,463.5	16,101
ハンブルク	3,112.5	868
デンマーク	18.3	234
オランダ	33,718.5	8,629
イングランド	1,978.5	1,706
フランス	6011	253,421
合　計	65,302.3	280,959

＊）１シュタイン=14-22 ポンド
出典）W. Vogel "Beiträge zur Statistik der Deutschen Seeschiffart, im 17. und 18. Jahrhundert II", *Hansische Geschichtsblätter*, Bd. 57, 1932, S. 132.

れるものを除けば，フランスからハンブルクに輸送された砂糖とコーヒーが，陸路を通り，ふたたびリューベックに送られ，そこからまたダンツィヒまで輸送されたからだと考える。

　大西洋経済の台頭と共に，ハンザ都市の中でリューベックに代わって重要になったのはハンブルクであった。その理由の一つとして，リューベックがユトランド半島の東に位置し，ハンブルクが西に位置するという地理的な要因があった。しかしバルト海貿易においてはこの位置が逆に災いし，リューベックの方が，ハンブルクよりも圧倒的に有利であった。ハンブルクはまた，エルベ川を河口から百キロメートルほどさかのぼったところに位置している。そこからさらにユトランド半島を東に回り，バルト海地方に入るだけではなく，砂糖とコーヒーがリューベックまで陸上ルートで輸送される場合もあったであろう。

　通常，ハンブルクとリューベックは，競合関係にある貿易都市だと考えられている。確かに，同じハンザ都市としてしのぎを削ったこともあったが，少なくとも 18 世紀フランスの砂糖とコーヒーの貿易をみるかぎりは，互いに補完関係にある都市だったということができよう。砂糖とコーヒーの一部は，新大陸→フランス→ハンブルク→リューベック→バルト海というルートをたどって輸送されたと考えられるのである[77]。

　ハンブルクは確かに，大西洋経済の勃興と共に興隆し，新大陸との貿

第4節　フランス―ハンブルク―バルト海地方

易を増やした。しかしながら，ことバルト海貿易に関しては，18世紀中頃にはまだマイナーな都市であった[78]。そもそもハンブルクからバルト海に入るためには，エルベ川を下り，ユトランド半島を大きく東に回らなければならないという，無視することのできない弱点があった。したがって，ハンブルクがリューベックに新大陸の物産を，陸路で輸送することも十分ありえたであろう。バルト海と北海を結ぶ場合，中世においてはハンブルク-リューベックを結ぶ陸上ルートが使われていたが，15世紀後半にオランダがエーアソン海峡の開拓に成功してからは，そこを通る海上ルートが使用されるようになったと一般にいわれている。しかし，推測の域を出ないが，陸上ルートも，1750年頃までは，思いのほか使用されていたのではないか[79]。また，海上ルートへの変更は，穀物などのかさばる商品にとっては大きな意味をもったであろう。バルト海貿易がそのような商品を中心に研究されてきた以上，エーアソン海峡ルートの重要性が過大視される傾向にあったことは否定できない。高価な商品であれば，陸上ルートによる輸送でも十分に利益が出た可能性は高い。

　しかし，ハンブルクからエーアソン海峡を通って直接バルト海地方に輸送される植民地物産の量も，表7-8から判明するように，1750年代から著しく増加している[80]。1771-80年には，10年間で3,000万ポンド以上の，植民地物産（年平均で300万ポンド以上）が，ハンブルクから海路でバルト海地方に送られているのである。

　ここから，以下のことが推測できよう。中世以来使用されていた陸上ルートは，エーアソン海峡を航行する海上ルートが使われるようになっても依然として使用され続けたが，18世紀後半の大西洋貿易の急成長

---

77) 表7-5では1752年のデータがないので，正確な比較はできない。しかし，表7-5と表7-7を比較して，フランスからハンブルクに送られた砂糖とコーヒーが，リューベックまで陸路で輸送されたと考えることは妥当だと思われる

78) 実際ダンツィヒを扱ったフォーゲルの研究だけではなく，スウェーデンの貿易統計 (Kommerskollegii Archiv Kommerkontret) をみても，このことは明らかである。

79) W. Vogel, "Beiträge zur Statistik der Deustchen Seeschiffart im 17. und 18. Jahrhundert II", *Hansische Geschichtsblätter*, 57, 1932, S. 78-151.

80) 実際フランスのみならずイギリスでも，18世紀後半の新世界との貿易は急増している。

表 7-8　ハンブルクからバルト海地方への植民地物産
　　　　輸送量（エーアソン海峡経由）

（単位：ポンド）

1721-30	1731-40	1741-50	1751-60	1761-70	1771-80
3,685,814	3,755,033	7,491,007	1,5141,779	2,4442,942	3,0197,490

出典）『台帳　後編』

により，海上ルートが圧倒的に重要になった[81]。

第5節　ハンブルクとイギリス

すでに16世紀において，イングランドとハンブルクの貿易は盛んであった。それはまた，17世紀においてもあてはまる[82]。

　18世紀に関して，E・B・シュンペーター（Schumpeter）によれば，アメリカ大陸植民地（合衆国）と西インド諸島からのイングランドとウェールズの輸入額は，1701-05年には，年平均87万3,000ポンドであり，1796-1800年には，年平均758万3,000ポンドになった。約8.7倍の上昇である。一方，イングランドとウェールズの輸入額全体の推移をみると，それぞれ457万ポンドと，2,282万1,000ポンドであり，約5倍の上昇であった[83]。このように，新大陸からの輸入は，イングランドとウェールズの全輸入以上のスピードで伸びたのである。

　新大陸からイギリスが輸入する商品には，砂糖，タバコに代表される植民地物産が多く含まれていたことはいうまでもない。では，新大陸からイギリスが輸入した植民地物産はどこに再輸出されたのか[84]。

　　81）　ここでは，海上ルートから考察を加えた。ハンブルクからバルト海地方に海上ルートで輸出される砂糖は確かに多い。フランスからバルト海地方に輸出される植民地物産の方が多く，その大半が砂糖であった。これについては，Pierrick Pourchasse, *La France et le commerce de l'Europe du Nord au XVIIIe siècle*, These à l'Université de Bretagne Sud à Lorient, 2003, p. 349 をみよ。
　　82）　R. Ehrenberg, *Hamburg und England*, 1896.
　　83）　E. B. Schumpeter, *English Overseas Trade Statistics 1697-1808*, Oxford, 1960, p. 18 から計算。
　　84）　これまでの研究では，新大陸からイギリスが輸入した植民地物産がヨーロッパのどの地域に再輸出されたのかということについては，ほとんど関心が払われてこなかったよう

第5節　ハンブルクとイギリス

　ここで再びシュンペーターの研究に戻れば，イギリスのドイツに対する輸出額（再輸出を含む）は，1701年から1705年には，年平均90万8,000ポンドであり，1791年から95年には，年平均400万9,000ポンドになった。オランダに対しては，それぞれ204万8,000ポンドと，113万ポンドである[85]。

　このように，18世紀の間に，ヨーロッパ大陸におけるイギリスの主要輸出地域は，オランダからドイツへと転換した。おそらく港湾別にみれば，アムステルダムからハンブルクへと変わったのであろう。18世紀前半の間に，イングランドのドイツへの輸出額は，2倍に増えた[86]。

　再輸出に目を向けると，1686年の時点で，イギリスからハンブルクへの国内製品の輸出額は18万7,000ポンド，それに対し再輸出額は39万2,000ポンドと，再輸出の方が多い。おそらく1660年代には国内製品の輸出の方が多かったのが，80年代になって逆転したと考えられる[87]。

　イギリスの貿易統計であるCustoms 3をみると，1731年にロンドンからドイツ（ハンブルクが大半だと思われる）へのタバコ輸出額は9万1,000ポンドと多い。また，コーヒー輸出額は2万3,000ポンドである。ちなみに，この年のイギリスからドイツへの再総輸出額は44万ポンドである。1751年には，イギリスからドイツへのコーヒー輸出額は7万ポンド，タバコ輸出額は10万ポンド，ドイツへの再輸出額は59万ポンドである[88]。さらに表7-2に示されているように，特に1792年以降，ロンドンからハンブルクへの砂糖輸出額が急増する。イギリスが新大陸から輸入する砂糖は，ジャマイカ産のものが多かった[89]。

　さらに17世紀初頭のイングランドの対ハンブルクの再輸出は，ほとんど無視できるほどしかなかったが，1698/1701-1749/53年の再輸出額

に思われる。また，ナショナルヒストリーの影響が強かったせいか，またイギリス人ないし，我が国のイギリス史家の研究態度のためか，一度イギリス本国から出て行った商品が最終的にどこに行ったのかということについては，あまり研究がない。このような研究態度は，国際商業史の観点からは大きなマイナス要因になるであろう。

85) Schumpeter, *English Overseas Trade Statistics*, p. 17.
86) Newman, *Anglo-Hamburg Trade*, p. 69.
87) Newman, *Anglo-Hamburg Trade*, pp. 84-85.
88) Customs 3/31,51. 関税の払い戻しを受ける商品（in time）の場合。
89) Davis, *The Rise of the Atlantic Economies*, p. 254.

は，2.3倍以上に伸びた。一方，同時期に，オランダへの再輸出額は60％しか伸びていない[90]。

ニューマンの計算では，18世紀中頃になると，イギリスからドイツへの輸出品としては，毛織物よりも植民地物産の方が多くなる。イギリスからドイツへの輸出額は，1696年から1700年には年平均で，毛織物が36万ポンド，再輸出品が16万ポンドであったが，1776年から80年にはそれぞれ30万ポンドと73万ポンドになっている[91]。

とはいえニューマンによると，イギリスの再輸出品に関しては，新大陸よりもインドからの輸入額が増える。1699年から1701年には，前者は14万ポンドで後者が7万ポンドであったが，1743年から48年には，それぞれ27万5,000ポンドと36万9,000ポンドになる。インドからの輸入品としては，キャラコが多い[92]。しかしながら，新大陸からイギリスが輸入した植民地物産自体が増大していることは確実であり，特にタバコ，コーヒー，砂糖がハンブルクにも大量に再輸出されたことも間違いない。そしてまた，Customs 3をみると，ハンブルク最大の再輸出先がロンドンであることが想像される。このように，この二都市の貿易関係は，18世紀が進むにつれ，密接になっていくのである。

第6節　ハンブルクとスペイン・ポルトガル

スペインの新大陸貿易港として，17世紀にはセビーリャが非常に重要であったことはいうまでもない。しかしやがてカディスが台頭する。1680年には，セビーリャに取って代わって，カディスがインドへの公的な艦隊派遣港になった。1749年からは30年以上にわたり，カディスがニュースペインとの貿易独占権を手に入れるようになった[93]。

スペインの砂糖は，キューバで生産が爆発的に伸びた[94]。スペインが

---

90) Newman, *Anglo-Hamburg Trade,* p. 160.
91) 馬場『ドイツ農村工業史』115頁，表10。
92) Newman, *Anglo-Hamburg Trade,* pp. 161-165.
93) C. R. Phillips, "The Growth and Composition of Trade in the Iberian Empires", in J. D. Tracy (ed.), *The Rise of Merchant Empires,* pp. 90, 97.

第 6 節　ハンブルクとスペイン・ポルトガル　　　　　　　　　　　295

　南米のスペイン領から輸入した砂糖の量は，1717-20 年から 1766-70 年に，年平均 2,690 アローバ（arrobas）〔1 アローバはスペイン領南米諸国では 25.36 ポンド，ブラジルでは 32.38 ポンド〕から 24 万アローバに達した。これは，キューバでの砂糖生産量が急増したことの現れであろう[95]。このうちどれだけがハンブルクに再輸出されたのかということについては，残念ながら正確なことはわからない。南米からスペインをへて別の国の港に再輸出された砂糖がさらにハンブルクに送られた例もあるだろうが，その量は不明である。

　しかしスペインからの再輸出品が，フランス，イングランド，オランダ，デンマークなどと共に，ハンブルクにも大量に送られた。スペインからハンブルクへの植民地物産の輸出は，スペイン領植民地におけるスペインの経済政策が母体となり，外国商人は，スペインと西インドとの貿易に，直接的にも間接的にも関与することを禁じられた[96]。

　そもそも，ハンブルクの砂糖輸入は，1735 年の時点では，フランス領植民地からのものが多かった。スペイン領アメリカからスペイン本土の港への砂糖輸出は，かなり少ない。1753 年になってもまだ，スペインからハンブルクに輸出される重要な輸出品ではなかった[97]。さらに 1790 年になるまで，スペインからハンブルクに砂糖が輸出されることはあまりなかった。しかしハンス・ポールの研究によれば，1790 年の時点でのハンブルクの輸入相手国の順位は，フランス，イングランド，オランダ，スペイン，ポルトガル，デンマークとなっている[98]。したがって 18 世紀末の時点で，スペインとポルトガルが，ハンブルクの輸入相手としてある程度重要になった。

　ただし，スペインからの砂糖の輸入量は多くはなかった。1790 年か

　94）　Davis, *The Rise of the Atlantic Economies*, p. 254.
　95）　Phillips, "The Growth and Composition of Trade in the Iberian Empires", p. 99, Table 2.2.
　96）　Pohl, "Die Beziehungen Hamburgs zu Spanien und dem spanischen Amerika", S. 191.
　97）　Pohl, "Die Beziehungen Hamburgs zu Spanien und dem spanischen Amerika", S. 194.
　98）　Pohl, "Die Beziehungen Hamburgs zu Spanien und dem spanischen Amerika",, S. 229.

ら97年に，ハンブルクの砂糖輸入量は6,643万3,900（重量）ポンドだったが，そのうちスペインからの輸入量は，75万4,800ポンドから88万6,000ポンドにすぎなかった[99]。したがって，仮にスペインにとってハンブルクは重要な取引相手であったとしても，ハンブルクにとってスペインが非常に重要だったとは，少なくとも砂糖に関してはいえない[100]。フランスはむろんのこと，イギリスと比較しても，スペインからの輸入は，ハンブルク経済にとって金額的には決して多くはなかった。17世紀と比較すると，18世紀のハンブルクの輸入に占めるスペインの比率は，低下傾向にある。ただし，インディゴは例外であろう。

18世紀の大半を通じて，タバコも砂糖と同様，スペインからハンブルクへの輸出はあまりない。しかし18世紀末には，スペイン領アメリカからのタバコの輸入量が増大する[101]。このように，スペイン本国を通さず，直接スペイン領アメリカとハンブルクが取引する傾向は，18世紀が下ると共に強まった。

さて，ここまでほとんどスペインについて論じてきたので，次にポルトガルについて少し言及しよう。

ポルトガルと新大陸の貿易を述べることは，ブラジルとの貿易を述べることに等しい。ブラジルからヨーロッパに輸出された商品の中で，18世紀前半において一番重要なものの一つが金であり，その多くがイギリスに送られたことはよく知られる[102]。またそれ以外に，金はアムステルダムやセビーリャに輸出され，貿易決済のために使われた。ブラジルからヨーロッパに流入した金は1741年から60年にピークに達し，ブラジルは年平均，1万4,600キログラムの金をヨーロッパに輸出した[103]。

ブラジルにとって金の輸出が最重要であったことは間違いないであろ

---

99) Pohl, "Die Beziehungen Hamburgs zu Spanien und dem spanischen Amerika", S. 195.

100) また，カカオの輸入もあまり多くはない。Pohl, "Die Beziehungen Hamburgs zu Spanien und dem spanischen Amerika", S. 200.

101) Pohl, "Die Beziehungen Hamburgs zu Spanien und dem spanischen Amerika", S. 202.

102) H. E. S. Fisher, *The Portugal Trade: A Study of Anglo-Portuguese Commerce, 1700-1770*, London, 1971; L. M. E. Shaw, *The Anglo-Portuguese Alliance and the English Merchants in Portugal: 1654-1810*, Aldershot, 1998.

103) Phillips, "The Growth and Composition of Trade in the Iberian Empires", p. 65.

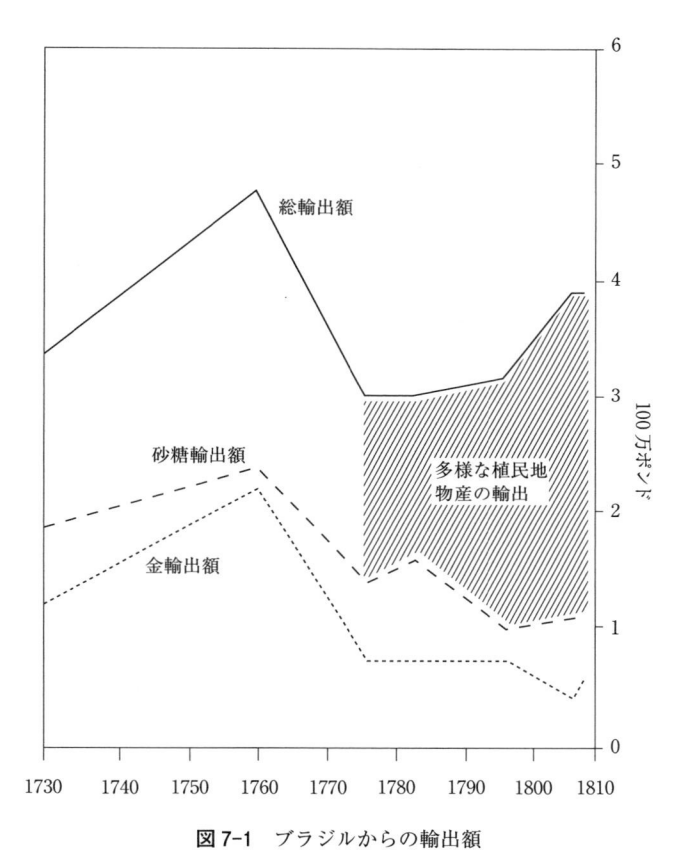

第6節 ハンブルクとスペイン・ポルトガル

図 7-1 ブラジルからの輸出額

出典) Jose Jobson de Andrae Arruda, "Colonies as Mercantile Investments: The Luso-Brazilian Empire, 1500-1808", in J. D. Tracy (ed), *The Political Economy of Merchant Empires: State Power and World Trade, 1350-1750*, Cambridge, 1991, p. 400

うが,砂糖やタバコなどの植民地物産の輸出も大切であった。1750年代から60年代にかけて,ブラジルの砂糖輸出は150万アローバから250万アローバに達した。18世紀ブラジルの砂糖生産は,1600年の約2倍になった[104]。1712年のデータでは,ハンブルクの砂糖輸入総額は99万7,000マルク,そのうちポルトガルからが69万マルクと,圧倒的にポルトガルの比重が大きい[105]。また18世紀中頃に関してはポルトガル

---

104) Phillips, "The Growth and Composition of Trade in the Iberian Empires" p. 68.

表 7-9　植民地物産（第一次産品）のポルトガルからの再輸出　1776-1807 年
(単位：%)

イングランド	オランダ	フランス	ハンブルク	カスティーリャ	ロシア	スウェーデン	デンマーク	イタリア
24.0	3.7	16.0	29.1	3.5	0.4	0.4	0.8	20.2

出典）Jobson de Andrare Arruda, "Colonies as Mercantile Investments", p. 408, Table 10. 6.

の重要性は落ちるが，すでに表7-2で示したように，リスボンからハンブルクに輸出される砂糖とタバコは，特に1790年代に巨額になり，ロンドンと遜色ない金額に達する。

　図7-1は，ブラジルからの植民地物産の輸出額を示したものである。ここから，砂糖だけではなく，さまざまな植民地物産が輸出されていたことがわかる。しかも，表7-9が示すように，ブラジルからポルトガルに輸出され，しかもそこからハンブルクに再輸出される植民地物産（第一次産品）の比率は，29.1%と，最も高いのである。ここからも，ポルトガルの再輸出先としてのハンブルクの重要性がうかがえるのである。イベリア半島の二国を比較すると，スペインからポルトガルへと，ハンブルクの主要輸入国が移っていった。

おわりに

　これまでみてきたように，フランス，イギリス，スペイン，ポルトガルが新大陸から輸入する植民地物産のうちいくらかが，ハンブルクに再輸出された。とはいえその割合がどれだけであったのか，残念ながら正確にはわからない。ここに，本章の弱点がある。イベリア半島，特にスペインとの貿易関係の分析が弱い。

　これらは，今後研究が進んでも，容易には克服できない課題として残るであろう。ここにあげた数値は，ハンブルクの海上貿易全体をみていくためには，不十分なものでしかない。また密輸入量がどれだけあった

---

105) Newman, *Anglo-Hamburg Trade*, p. 174; E. Baasch, "Zur Statistik des Ein- und Ausfuhrhandels Hamburgs Anfang des 18. Jahrhundert", *Hansische Geschichtsblätter*, Bd. 54, 1929, S. 89-143.

のかということは，当然ながらまったくわからない。しかし，それでもなお，これまでの分析から，対国家間関係ではフランス，イギリス，イベリア半島と，貿易港ではボルドー，ロンドン，リスボンなどと結びつき，ハンブルクが新大陸からの植民地物産の主要な再輸出港となったことは，おぼろげながらにも示されたものと思われる。

　また，ハンブルクの貿易とは，植民地物産や地中海の商品を輸入し，それを中欧の工業製品と交換することを意味した。すなわち，バルト海地方から南西ヨーロッパ・南方ヨーロッパに向けて，原材料を輸送することから成り立っていたといわれる[106]。

　では，ハンブルクは後背地とどのように結びついていたのか。本章を締めくくるにあたり，この問題に焦点をあてよう。物流の中継を重視する本書の立場からは，この作業は欠かせない。ハンブルクにとって確かに海上貿易も重要であったが，ロンドンと対比するなら，陸上貿易にも目を向ける必要がある。

　ハンブルクの後背地はドイツにとどまらず，エルベ川を経由し，市（いち）や陸路による遠隔地交易によって，中欧や南欧にまで及んだ。市としては，ライプツィヒが極めて重要であった。ライプツィヒはロシアからポーランドを経由してドイツにいたるルートの最終地点であり，ロシアから毛皮や蜜ろうが持ち込まれた。イギリス，オランダ，フランス，スペインは，ハンブルクにヨーロッパ外の製品を供給した[107]。

　定期市の使用こそが，ドイツの流通システムの大きな特徴であった。そのなかでも，ライプツィヒが目立つ。1648年から1710年まで，ライプツィヒの市には，大量のユダヤ人が訪れていた[108]。ライプツィヒでは，16世紀に，すでに東欧との貿易が盛んであった。ブレスラウからハンガリー産銅の中継地として，フッガー家の銅の道の一部をなしていた[109]。

---

　　106) Klaus Weber, "Die Admiralitätszoll- und Convoygeld-Einnahmebücher: Eine wichtige Quelle für Hamburgs Wirtschaftsgeschichte im 18. Jahrhunder", *Hamburger Wirtschafts-Chronik*, Neue Folge, Bd. 1, 2000, S. 84-85.
　　107) Newman, *Anglo-Hamburg Trade*, p. 7.
　　108) Joanthan I. Israel, *European Jewry in the Age of Mercantilism 1550-1750*, revised edition, Oxford, 1991, p. 74.
　　109) 谷澤毅「ライプツィヒの通商網——ドイツ・中央における内陸商業の展開」深沢克己編著『近代ヨーロッパの探究9　国際商業』ミネルヴァ書房，2002年，45頁。

ライプツィヒではまた，イングランドからの大量の高価な商品が売却された。1763年には，イングランドからのドイツの輸入の四分の三を，さらにドイツからイングランドへの輸出の四分の三を，ライプツィヒが扱った[110]。ライプツィヒ，フランクフルト・アム・マイン，ニュルンベルクのほかには，ブレスラウが著名である[111]。

　ハンブルクは，フランクフルト・アム・マインとニュルンベルクの市と密接な関係があった。このうちニュルンベルクからは，特にイタリアやハンガリー，場合によってはトルコにまで，商品が輸出された。そして市のネットワークと長路離貿易によって，これらの地域が連結された。ハンブルクは，このような市のネットワークの中継地点として重要であった。すなわち，海上貿易の商品がハンブルクを経由してヨーロッパ大陸で流通したのである。

　この河口都市に送られた大量の植民地物産は，さらに，エルベ川をのぼって流れ，やがて陸上ルートを通じ，イタリアやトルコ，ロシアにまで輸送された。ハンブルクの後背地は広く，単にドイツの貿易都市と捉えるだけでは，この都市の中継貿易の機能を理解するには不十分である[112]。

　このような視点から捉えるならば，ハンブルクは，確かに海上貿易も多かったが，海と陸との重要な結節点であった点が重要だと結論づけられよう。ハンブルクは，新大陸からの植民地物産が流入し，さらにヨーロッパ大陸にその商品を輸出するための中継地点として機能したと考えられるのである。クレ・レスハーの言葉を使うなら，ハンブルクは北方ヨーロッパで海と陸を結ぶ重要なゲートウェイであった。新大陸の商品は，ハンブルクから，水路と陸路を使って，さらにドイツ各地の市に送られた。市のなかでは，ライプツィヒとの関係が最も重要であった。ライプツィヒからは，商品はさらにロシアに送られた。

　ハンブルクとライプツィヒとの通商関係については，具体的なことは

110）Weber, *Deutsche Kaufleute im Atlatikenhandel*, S. 237-238.

111）ライプツィヒの市については，G. Bentele (Hg.), *Leipzigs Messen, 1497-1997: Gestaltwandel-Umbruche-Neubeginn*, 2 Bde., Köln, 1999; しかしこの論文集にも，ハンブルクとライプツィヒの交易を扱った論文はない。

112）Newman, *Anglo-Hamburg Trade*, p. 7.

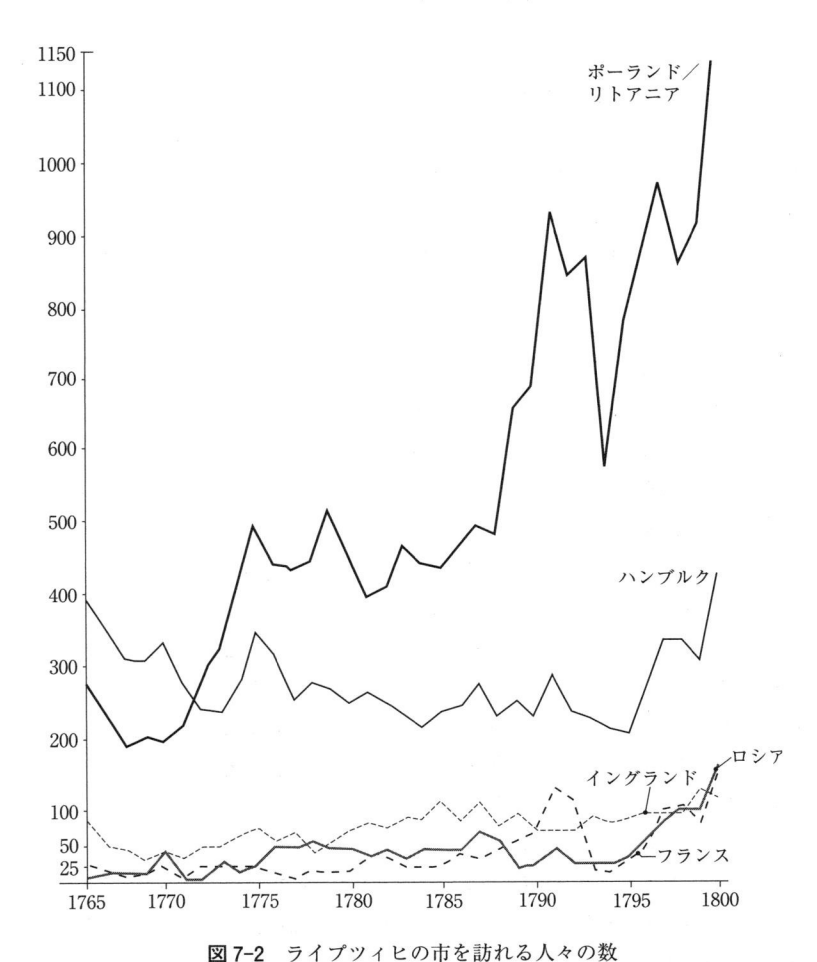

図 7-2 ライプツィヒの市を訪れる人々の数
出典) Reinhold, *Polen/Litauen auf den Leipziger Messen des 18. Jahrhunderts*, S. 24.

あまりわかっていない。ライプツィヒの取引を分析したフィッシャーによれば，1551-1650 年にハンブルクからライプツィヒに移住した商人は 6 名にすぎない[113]。しかし 18 世紀後半には，情勢は大きく変化する。図 7-2 にみられるように，1772 年頃から，ライプツィヒの市を訪れる

---

113) Gerhard Fischer, *Aus Zwei Jahrhunderen Leipziger Handelsgeschichte 1470-1650: Die kaufmännische Einwanderung und ihre Auswirkungen*, Leipzig, 1929, S. 170; 谷澤「中世後期・近世初期におけるハンブルクの商業発展と大陸内商業」208 頁。

人々のうちポーランド・リトアニアからの人々が最大になるが，1766-72年頃はハンブルクからの人々が最大であった[114]。また18世紀後半においては，コーヒー，未加工の砂糖，インディゴなどのフランスからハンブルクや（デンマーク領の）アルトナに輸入される植民地物産は，ライプツィヒに向かった[115]。

図7-2から推測されるのは，ライプツィヒを通して，ハンブルクからポーランド・リトアニアの商品が互いに行き来したことである。ライプツィヒにはさらにロシアからの商品が持ち込まれたので，ライプツィヒを通して，ハンブルクとロシアの商品が交換されたと考えることは妥当であろう。これらのことは，現在はまだ推測の域を出ない。とはいえそれでも，ハンブルク-ライプツィヒを機軸とする，バルト海・北海東岸の陸上貿易が存在していたことはまず間違いない。

水路と陸路を使った輸送については，具体的なデータは現在のところ提示されていない。海上貿易に比べると，陸上貿易の研究はほとんど進んでいない。後者は前者と比べて関税などの税が徴収しづらく，そのためデータが残りにくいことがネックとなっている。しかし陸上ルートのデータが明らかになれば，ハンブルクを通じた新大陸とヨーロッパ大陸の交易ネットワークの一端が示されよう。その時におそらく，ハンブルクが，海と陸を結合する機能をもった重要な都市であったことを，はるかに鮮明に示すことができるであろう[116]。

ところで，第6章で，イギリスがスウェーデンとの商業関係を強め，さらにはロシアからの輸入を増やすことで，オランダに取って代わってヨーロッパ世界経済の「中核」になりつつある姿を描写した。しかし18世紀のイギリスは，明らかに，まだ「中核」になってはいなかった。本章で明らかにしたように，ハンブルクを中核都市とする商業ネットワークもまた，非常に強固な商業的結合を形成していた。

---

114) Josef Reinhold, *Polen/Litauen auf den Leipziger Messen des 18. Jahrhunderts*, Weimar, 1971, S. 24.
115) Reinhold, *Polen/Litauen auf den Leipziger Messen des 18. Jahrhunderts*, S. 25.
116) 新大陸と北方ヨーロッパを結ぶルートとしては，このほかに，本書で論じてきたように，エーアソン海峡を経由するルートが考えられる。私はこれまで，主としてこの海峡を経由する貿易を研究して来た。このような陸上ルートによる貿易も加えれば，近世の北ヨーロッパの貿易のあり方がさらに正確に理解できよう。

おわりに

　イギリスを中心とする世界システムは，この時代は第一次重商主義帝国を中核とする「帝国」のシステムであった。ハンブルクを中心として形成された「もう一つの世界システム」は，物流を中心とする商業ネットワークを意味した。その点で，アムステルダムを中心とする，オランダのシステムと類似していた。「もう一つの世界システム」は，南北大西洋貿易によりもたらされる植民地物産のヨーロッパ大陸への輸送を大きな特徴とした。したがってハンブルクは，バルト海地方からの輸入も重要だったロンドンに比べ見劣りするかもしれない。しかしまた，南大西洋貿易に関しては，おそらくロンドンと同程度に重要であった。少なくとも，ロンドンにとってあなどることができない競争相手であり，また不可欠の協力相手でもあった。

　「もう一つの世界システム」は，ハンブルクとロンドンの関係が強化されていくことで，融合していった[117]。ハンブルクがロンドン最大の輸出先になっただけではなく，たとえばロンドンのマーチャントバンカーには，ハンブルク出身者が多かったのである。また18世紀中頃のロンドンは国際的な商業拠点であり，商人の四分の三が最近外国から来た人々から成り立っていた[118]。またハンブルクは，「最もイングランド的な大陸の都市」となった[119]。この融合により，イギリスを中心とするシステムとハンブルクを中心とするシステムが一体となり，より大きな世界システムを形成した。アルプス以北のヨーロッパが，イギリスの貿易網に組み込まれることになったからである。さらにそれは，イギリスを中心とする，世界市場の形成[120]にも寄与することになった。

　　117）Cf. Margrit Schulte-Beerbühl, *Deutsche Kaufleute in London: Welthandel und Einbürgerung, 1660-1880*, München, 2007; Julian Hoppit, *Risk and Failure of English Business 1700-1800*, Cambridge, 1987.
　　118）Stanley Chapman, *Merchant Enterprise in Britain: From the Industrial Revolution to World War I*, Cambridge, 1992, p. 30; イギリス帝国の貿易商人（merchants）の少なからぬ部分は，外国出身であった。イギリスは彼らを利用して，イギリス帝国を形成したと考えられる。
　　119）Michael North, "Hamburg: The 'Continent's most English City'", in Michael North, *From the North Sea to the Baltic: Essays on Commercial, Monetary and Agrarian History, 1500-1800*, Aldershot, V, pp. 1-13.
　　120）松井透『世界市場の形成』岩波書店，1991年。

補論 Ⅲ

18世紀の世界貿易拡大と北方ヨーロッパ経済の変貌

―――――――

は じ め に ――ヨーロッパの貿易増大

　18世紀の世界経済全体を見渡した場合，ヨーロッパ世界経済の拡大が極めて重要な出来事であったことは言をまたない。ヨーロッパは，アジアと新大陸との取引を大幅に増やした。まずは，大西洋貿易の発展について論じよう。

　大西洋経済の形成には，数多くの国が参加した。イギリス，フランス，スペイン，ポルトガル，オランダ，デンマーク，スウェーデンなどの国々がそれにあたる。だからこそラルフ・デーヴィスが『大西洋経済の台頭』を著すにあたり，*The Rise of the Atlantic Economies* と，Economyという単数形ではなく Economies という複数形を用いたのである[1]。近世ヨーロッパの特徴の一つは，新大陸との貿易の増加にあり，それはいわば全ヨーロッパ的現象であった。

　この時代のヨーロッパでは，大西洋以外に，アジアとの交易量が増えた。しかしヤン・ド・フリースの推計では，喜望峰回りのルート（ケープルート）よりも，大西洋貿易の方が圧倒的に取引額の伸びが大きかった。「おそらく1600-50年（17世紀の危機）を除いて，大西洋貿易は，長期的には，アジアと比較して2倍以上のスピードで増大したのである」[2]。やはり18世紀においては，大西洋経済の台頭の方が，ヨーロッ

―――――――

1) Ralph Davis, *The Rise of the Atlantic Economies*, London, 1973.
2) Jan de Vries, "Connecting Europe and Asia: A Quantitative Analysis of the Cape-Route Trade, 1497-1795", Dennis Flynn, Arturo Giráldes and Richard von Glahn (eds.), *Global Connections and Monetary History, 1470-1800*, Aldershot, 2003, p. 93.

パ経済に与えたインパクトも大きかったと判断して差し支えないだろう[3]。また，アジアの産品は昔からヨーロッパ人に知られていたのに対し，アメリカ大陸のそれは，あまり知られていなかったことを考慮に入れると，新世界がヨーロッパ経済に与えた質的インパクトは極めて大きかったはずである。したがって第一に大西洋経済の形成，第二にアジアとの取引量増加が重要であった。

ところで，18世紀ヨーロッパの対外的進出は，ヨーロッパ経済にどういう影響を与えたのか。これは，古くて新しい問題である。たとえばエリオットは，新世界が旧世界に与えた影響の大きさを強調した[4]。これは，「歴史のアメリカ的解釈」と呼ばれる。

しかし現在の歴史学研究の潮流は，むしろこれとは逆方向に流れているようである[5]。この議論は本質的にはヨーロッパの産業革命において，内生要因とか外生要因のどちらが重要であったかという議論であり，結論は現在のところ出ていないが，ヨーロッパの研究をみるかぎり，前者の方が主流であるように思われる。

その理由の一つとして，大西洋経済の形成が，これまで考えられていたほどには急速に進まなかったことがあげられよう[6]。また，量的な変化を重視し，質的な転換を軽視する経済史家の態度の現れでもあろう。少量であろうとも，新商品が流入すれば，その程度にかかわらず，経済に大きな影響を及ぼすことは不可避であるはずなのだが，計量経済史家は，そのような側面には目を向けない傾向が強い。

本論では，新世界・アジアの商品がバルト海地方に流入する過程に目を向けることで，バルト海地方の経済の変貌について分析を加える。た

---

3) 実際近年の研究では，オランダにおいてさえ，18世紀の大西洋貿易の重要性がクローズアップされている。Johannes Postma and Victor Enthoven, *Riches from Atlantic Commerce: Dutch Trasatlantic Trade and Shipping, 1585-1817,* Leiden, 2003.

4) J・H・エリオット著（越智武臣・川北稔訳）『旧世界と新世界　1492-1650』岩波書店，1975年。

5) P. K. O'Brien, "A Critical Review of a Tradition of Meta-Narratives from Adam Smith to Karl Pomeranz", in P. C. Emmer, O. Pétré-Grenouilleau and J. V. Roiman (eds.), *A Deus ex Machina Revisited: Atlantic Colonial Trade and Euopean Economic Development,* Leiden-Boston, 2006, p. 20.

6) David Ormrod, *The Rise of Commercial Empires: England and the Netheralnds in the Age of Mercantilism, 1650-1770,* Cambridge, 2003.

だし，言及されるのは物流のみであり，商人に関する分析はない。いわば，マクロ経済的分析に終始し，基礎的統計データを出すことを主眼にする。また本論の叙述は他の章と重なる箇所があるが，それは北方ヨーロッパ全体のトレンドとの類似性・対称性を示し，さらに本書の議論を補強するために書かれている。

第1節　18世紀イギリスの貿易構造

すでに第6章で，大西洋経済形成はある程度論じたが，そこでは論じきれなかったイギリスの貿易について，若干言及する。いったい，18世紀のイギリスは，どの程度貿易を伸ばしたのだろうか。表III-1はオームロドが作成したもので，イングランドの地域別貿易額を示す。

　この表から明らかになるように，18世紀初頭のイングランドは，まだ北海・バルト海，地中海と南欧の取引が中心であり，大西洋経済の比重は比較的少ない。1752-54年になってようやく北ヨーロッパからの輸入額よりも新世界からの輸入額が多くなるが，輸出額と再輸出額を含めると，それでも北ヨーロッパの額の方が多い。大西洋と新世界の商品がヨーロッパに大量に流入するのは，18世紀最後の四半世紀のことである。量的分析から判断するかぎり，オランダからイギリスへのヨーロッパ経済の中心の移行は，北海・バルト海地域の貿易増の結果だとするオームロドの見解は傾聴に値する[7]。また，アムステルダム，ロンドン，ハンブルクは北海に臨む貿易港である点にも注意を向けるべきであろう。バルト海貿易圏だけではなく，北海貿易圏の重要性も見逃してはならない[8]。アムステルダム・ロンドン・ハンブルクの貿易関係の強化は，当

---

　　7) Ormrod, *The Rise of Commercial Empires*, p. 72.
　　8) 北海経済圏については，Ormrod, *The Rise of Commercial Empires*, p. 339; オームロドによれば，大西洋経済のダイナミズムは，イギリスが北海の商品集散地(アントルポ)と，造船に必要不可欠な資材を提供するバルト海周辺地域を支配することに依存しいていた。ただし，私には，オームロドがいう北海の商品集散地の具体的イメージがつかめない。おそらく，イェーテボリの重要性を見逃しているため，北海貿易圏の全体像を提示できないでいる。彼のいう北海の商品集散地(アントルポ)とは，イギリス経済にとってのそれを意味し，北海の経済システム全体を論じているわけではないように思われる。ほかに参照すべき文献として，Juliette Roding

表Ⅲ-1　イングランドの地域別貿易額

(単位：1000ポンド　公定価格)

	北海とバルト海			合計	地中海と南欧	大西洋植民地と西インド	アジア	合計
	オランダ	その他	北ヨーロッパ					
1699-1701								
輸入	519	889	583	2,001	1,555	1,107	756	5,849
輸出	1,078	781	255	2,114	1,484	539	122	4,433
再輸出	712	451	80	1,243	224	312	14	1,986
1722-24								
輸入	575	784	591	1,950	1,783	1,679	966	6,758
輸出	936	598	216	1,750	2,141	758	93	5,042
再輸出	970	778	46	1,794	176	487	19	2,714
1752-54								
輸入	909	863	1,043	2,215	1,597	2,684	1,086	8,203
輸出	938	1,214	271	2,423	2,879	1,707	667	8,417
再輸出	836	1,085	91	2,012	285	627	81	3,492
1772-74								
輸入	447	795	1,599	2,841	1,829	4,769	1,929	12,753
輸出	646	822	301	1,769	2,211	4,176	717	9,853
再輸出	1,240	1,766	217	3,223	453	972	613	5,818

出典）David Ormrod, *The Rise of Commercial Empires*, p. 354.

然，北海貿易圏の成長をももたらしたはずだからである。そしてイギリスの大西洋貿易の発展は，18世紀後半のことであった。

第2節　アジアとの関係

アジアとヨーロッパの貿易に関する研究は無数にあり，それを網羅的に取り上げることは不可能である。本節では先述のド・フリースの論文に依拠しながら，ヨーロッパとアジアの海上ルート（喜望峰まわり）での貿易関係に関する考察を加えたい。

ド・フリースによれば，16世紀から17世紀にいたるまで，胡椒と香

---

and Lex Heerma van Voss (eds.), *The North Sea and Culture in Early Modern History (1550-1800)*, Hilversum 1996; Jelle van Lottum, *Across the North Sea: The Impact of the Dutch Republic on International Labour Migration, c. 1550-1850*, Amsterdam, 2008.

第2節　アジアとの関係　　　309

料（ニクズク・丁子・シナモン・メース）が，ケープルートでの輸送で支配的地位を占めていた。それは，何世紀にもわたり，キャラバンルートが絹を支配していたのとまったく同じことである。しかしまた同時に，胡椒は成長部門ではなかった。1548年にリスボンで水揚げされるアジア製品の（重量に換算した場合）80％以上を占めていたが，17世紀末には13％になる。それに対して，特にオランダ東インド会社（VOC）とイギリス東インド会社（EIC）の場合，綿織物の増加が著しい。1660年代から1720年代にかけ，年平均2.5％増加している[9]。

　コーヒーに関しては，イエメンからの輸出が多かった。1720年頃には，EICが120万キログラムを，VOCが80万キログラムのコーヒーを船舶で輸送した。VOCは，コーヒーの供給量を増加させるために，モカからジャワへとコーヒーの木を移植した。

　砂糖については，1780年代には，ハイチからの砂糖の方がアジアの砂糖よりもはるかに安価になり，3,000万キログラムの砂糖をヨーロッパに輸出するようになった[10]。

　茶については，インド，セイロン，ジャワで19世紀にプランテーションが発達するまでは，中国が唯一の商業的にみあう供給源であった。1701年に康熙帝が広州をヨーロッパ人貿易商人に開放しても，茶は，VOCとEICの収入の2％しか占めなかった。しかし広州では，デンマーク人，フランス人，スウェーデン人，オーストリア領ネーデルラントの人々が取引するようになった。18世紀の間に茶の貿易量は大きく増加し，包括的データが利用可能になった1718年には，広州に拠点をおくヨーロッパの特権商事会社を合わせると，ヨーロッパに77万1,000キログラムの茶が陸揚げされるようになった。アジアの茶輸出拠点は広州であり，1719-25年から1749-55年には，広州からの茶輸出量は，年平均6.7％上昇した。これらは，ケープルートでヨーロッパに送られたのである[11]。

　このような変化は，使用される船舶のトン数の変化に現れるはずである。表Ⅲ-2は，アジアからヨーロッパに向かう船舶のトン数を示した

---

9)　De Vries, "Connecting Europe and Asia", p. 64-65.
10)　De Vries, "Connecting Europe and Asia", p. 66.
11)　De Vries, "Connecting Europe and Asia", p. 66.

表Ⅲ-2 アジアからヨーロッパに
向かう船舶のトン数

1601-10	58,200	1701-10	150,168
1611-20	79,185	1711-20	198,677
1621-30	75,980	1721-30	348,024
1631-40	68,583	1731-40	367,367
1641-50	112,905	1741-50	340,012
1651-60	121,905	1751-60	417,359
1661-70	121,465	1761-70	433,827
1671-80	125,143	1771-80	461,719
1681-90	172,105	1781-90	501,300
1691-1700	171,540	1791-95	261,804

出典) Jan de Vries, "Connecting Europe and Asia: A Quantitative Analysis of the Cape-Route Trade, 1497-1795", p. 61, table 2. 4.

ものである。1601-10年と1781-90年を比較すると，トン数は8.6倍に増えている。ここからも，アジアからヨーロッパに輸出される植民地物産の量が非常に増えていることが推察される。ただ残念ながら，バルト海地方への輸出量はわからない。

第3節 バルト海地方に輸入される植民地物産

一般に，バルト海地方は西欧への第一次産品輸出地域として位置づけられる。しかし同地域が西欧との貿易で黒字であった以上，たとえオランダ船やイングランド船の活躍により輸送費を支払うことを余儀なくされても，植民地物産を輸入できるだけの余剰があったと考えられよう。それは，スウェーデンに特にあてはまる。

図Ⅲ-1に示されているように，バルト海地方の植民地物産輸入量は，18世紀後半になってから大きく伸びている（第7章の表7-8も参照）。これは，おそらく18世紀後半から，大西洋貿易の台頭が目覚ましかったことを示す。当初非常に多かったオランダからの輸入が，伸び悩んでいる点が何よりも注目に値する。オランダは大西洋貿易のみならず，アジア貿易においても停滞していた可能性がある。一方，イングランドからの輸入量は，オランダのそれを追い越す。これは，イングランドの大西

第3節　バルト海地方に輸入される植民地物産

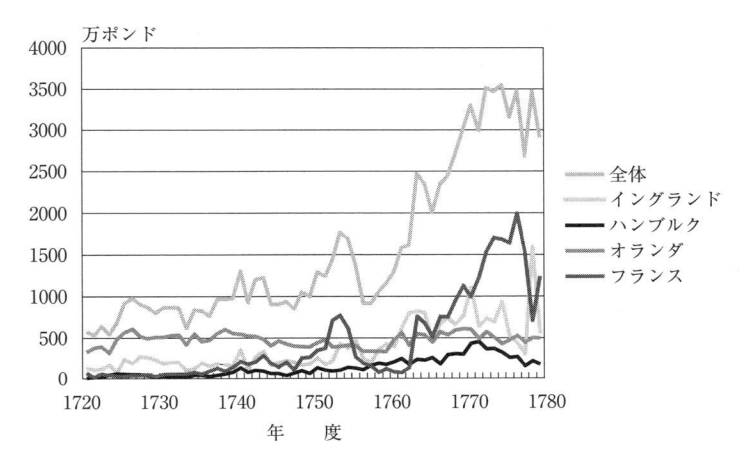

図Ⅲ-1　バルト海地方の植民地物産輸入量
出典）『台帳　後編』

洋・アジア貿易が，オランダに比べて飛躍的に上昇していたことを示すものであろう。オランダからイギリスへのヘゲモニーの移行も，これと大きく関係したことは間違いない。

さらにハンブルクは，新世界からの植民地物産がヨーロッパ大陸に輸送される場合の中継点であった。また，この都市からバルト海地方に再輸出される植民地物産も少なからずあったことは，図Ⅲ-1からもわかる。

18世紀フランスのバルト海貿易については，ピエリク・プルシャス（Pierrick Pourchasse）の研究が詳しい[12]。それをみても，フランスのバルト海地方への輸出が18世紀後半に急増したことがわかる。また，フランスのバルト海貿易は黒字であった点で，他国と大きく異なる。フランスにとって植民地物産の輸出は，少なくともワインと同じ程度に重要であった[13]。フランスが大西洋貿易を拡大し，主としてアンティル諸島

---

12) Pierrick Pourchasse, *Le commerce du Nord: Les échanges commerciaux entre la France et l'Europe septentrionale au XIIIe siècle*, Rennes, 2006; Pierrick Pourchasse, "Problems of French Trade with the North in the Eighteenth Century", Paper presented to a lecture of Kwansei Gakuin University on 18th May in 2006.

13) Pourchasse, "Problems of French Trade with the North in the Eighteenth

からボルドーに植民地物産が輸出され，それが直接バルト海地方に輸入されたものと考えられる。アジアの植民地物産が，フランスからバルト海地方に送られたとはあまり考えられない。

　第7章で述べたとおり，18世紀のフランスはアメリカへの依存度を高め，アメリカとの貿易量を過度に増やした。したがって，フランスからバルト海地方に輸送された植民地物産とは，新世界，なかでも西インドのアンティル諸島からボルドーに輸送されたものがかなり多かったと推定できる。ボルドーに輸入された植民地物産とは砂糖とコーヒーが大半であり，それはまた再輸出された。再輸出先としては，アムステルダムからハンブルクに比重を移した[14]。

　しかしそれ以外にも，バルト海地方に輸出される砂糖が多かったという事実に目を向けなければならない。図Ⅲ-1からフランスのバルト海地方への植民地物産の輸出が大きく伸びていることがわかるが，その中心は砂糖であった。イギリスは国内で砂糖を大量に消費したのに対し，フランスの砂糖消費量は少なかったと推定できる。イギリスが消費革命を発生させたのと同じ意味で，フランスが消費水準を高めたとは考えられない。ここに，イギリス・フランスの経済発展の相違――前者の優位――がみてとれよう。実際1775年から1790年にフランスに輸入された植民地物産のうち，再輸出の割合は7割を超えた[15]。フランスは，北方ヨーロッパへの最大の植民地物産輸出国だった[16]。ここから推測するなら，バルト海地方がアジアから輸入する植民地物産の比率は，ヨーロッパの他地域と比較すると少なかった可能性が高い。実際，第3章で示したように，17世紀前半においては，アジアからの輸入の方が多かったが，18世紀になると，アメリカ大陸からの輸入の方が多くなると結論づけるべきであろう。

　フランスでは砂糖がイギリスのように大量に国内で消費され，「生活

Century".

　14) ポール・ビュテル著（深沢克己・藤井真理訳）『近代世界商業とフランス経済――カリブ海からバルト海まで』同文舘，1997年。

　15) Pierrick Pourchasse, *La France et le commerce de l'Europe du Nord au XVIIIe siècle*, These à l'Université de Bretagne Sud à Lorient, 2003, p. 349.

　16) Pourchasse, *La France et le commerce de l'Europe du Nord au XVIIIe siècle*, p. 351.

第3節　バルト海地方に輸入される植民地物産　　313

表Ⅲ-3　バルト海地方の主要貿易港の植民地物産輸入量

(単位：ポンド)

	ダンツィヒ	スウェーデン	シュテッティン	サンクト・ペテルブルク	リーガ
1701-10	14,201,961	2,749,219	92,676	0	1,427,287
1711-20	29,669,704	12,001,932	251,305	1,170,070	2,567,588
1721-30	46,263,537	25,709,187	2,515,918	8,556,402	5,084,161
1731-40	22,268,740	21,062,459	2,203,880	15,068,467	2,516,203
1741-50	45,032,275	47,670,376	5,633,509	28,911,517	4,005,571
1751-60	71,695,483	69,113,422	27,412,922	50,184,048	5,213,505
1761-70	109,636,076	92,656,229	95,571,365	82,483,425	6,879,054

出典）『台帳　後編』

革命」がおこったということはありそうにない。フランスは砂糖をハンブルクに再輸出して，さらにそこから再輸出されるという構造になっていたのに対し，イギリスの方が，最終消費地に直接輸出できた可能性は高い。この相違は，看過すべきではない。

　イギリスからの輸出も，西インド諸島からの砂糖ないしタバコが最高額を占めていたと考えられる。むろん，東インドから輸入された茶がバルト海地方に再輸出されたこともあっただろうが，その量は少なかったはずである。そもそもバルト海地方の国々の多くは，茶ではなくコーヒーの消費国である。

　また，デンマークもスウェーデンも，東インドを設立して貿易をしていた。特にスウェーデン東インド会社はイギリスへの茶の密輸をしていたことを想起すると[17]，図Ⅲ-1と表Ⅲ-3にあげられている「植民地物産」とは，基本的に西インド諸島の砂糖，次いでタバコないしコーヒーだったと推定される。

　表Ⅲ-3は，バルト海地方の主要貿易港の植民地物産輸入量を表す。この図から何よりも印象的なのは，この70年間に，同地方の植民地物産輸入量が急増していることである。

　1740年代までは，表Ⅲ-3にあげたどの都市の輸入量も大差ない。しかしそれ以降，シュテッティンの輸入増が目立つ。とはいえ，どの都市

---

17)　レオス・ミュラー著（玉木俊明・根本聡・入江幸二訳）『近世スウェーデンの貿易と商人』嵯峨野書院，2006年。

も輸入量が急増する点では変わりない。

　もしバルト海地方の都市のどれかが突出して植民地物産の輸入量が増えれば，そこからバルト海地方の諸都市に向けて再輸出された可能性がある。しかし，各都市の植民地物産輸入量がのきなみ増加したのだから，それは考えられない。したがって，バルト海地方の主要都市のすべてで植民地物産輸入量が急増したことになる。たとえばサンクト・ペテルブルクの場合，1768年の輸入総額は632万8,113ルーブルであり，砂糖の輸入額は88万293ルーブルである。したがって砂糖の割合は13.9%である。さらに1776年をみると，同市の輸入総額が700万6,730ルーブル，砂糖の輸入額が101万3,722ルーブルであり，砂糖の比率は14.6%である。サンクト・ペテルブルクが輸入する植民地物産としては，砂糖が圧倒的に多い[18]。

　しかも，表Ⅲ-3にあげた都市は基本的に，大きな川に面していたことにも目を向けなければならない。ダンツィヒはヴィスワ川，シュテッティンはオーデル川，サンクト・ペテルブルクはネヴァ川，リーガはドヴィナ川である。砂糖・タバコ・コーヒーに代表される植民地物産が，これらの川を下り，後背地に輸送されたことは想像に難くない。もちろん，貿易港によって後背地の大きさは異なる。たとえばサンクト・ペテルブルクの場合，ネヴァ川があるとはいえ，その後背地が非常に広かったとは考えられず，植民地物産は，同市ないしせいぜいモスクワで消費されただけであろう。またスウェーデン（ストックホルム）については，この首都の消費量が最も多かっただろうが，メーラレン湖を中心とする水路を使い，スウェーデンのバルト海沿岸部に輸送された可能性がある[19]。さらにハンブルクもあわせるなら，バルト海ないし北海沿岸から

---

　18) Arcadius Kahan, *The Plow, the Hammer and the Knout*, Chicago, 1985, pp. 194-195, table 4. 38.
　19) メーラレン湖を中心とする水系については，根本聡「ストックホルムの成立と水上交通」『歴史学研究』第756号，2001年，56-76頁。根本聡「海峡都市ストックホルムの成立と展開——メーラレン湖とバルト海のあいだで」村井章介責任編集『シリーズ港町の世界史 1 港町と海域世界』青木書店，365-397頁。レンバックによれば，スウェーデンの砂糖はフランスのほか，デンマークから輸入されるものが多かった。Klas Rönnbäck, "Flexibility and Protection: Swedish Trade in Sugar in Early Modern Period", Göteborg Papers in Economic History, No. 4, June, 2006；これは，デンマークの植民地物産輸入量の多さを強調した井上光子の分析を裏付けている。井上光子「デンマーク王国の海上貿易——遅れてきた重商主義国家」

河川さらには陸路を伝わって，新世界から送られた植民地物産がヨーロッパ大陸内部に輸送された。しかも，そのうちフランス領西インド諸島から輸入されたものが最も多かったと想定できるのである。北方ヨーロッパへの新世界産の物品の流入は，このようにして生じたのである。北方ヨーロッパにおける河川ネットワークの重要性が再確認されよう。第7章でハンブルクが海と陸を結ぶゲートウェイとして機能したことを証明したが，そのようなことは，ハンブルクほどの量ではなかったにせよ，ここにあげた河口内港にもあてはまる。

おわりに

バルト海地方（場合によっては北海も含めて）は，これまで主として西欧への第一次産品輸出地域として分析されてきた。たとえばスウェーデン貿易史で最も便利なヘーグベリの書物では，鉄やピッチ・タール輸出が叙述の中心であり，塩・穀物輸入には言及されても，植民地物産輸入の分析はない[20]。したがって本論の第一の意義は，バルト海地方を中心とし，北方ヨーロッパにどのようにして植民地物産が流入したのかを具体的数値にもとづいて分析した点にある。

植民地物産は，バルト海地方にも，そしてハンブルクにも大量に流入した。おそらくその流通で最も重要だったのは河川交易であり，河川をさかのぼり，ヨーロッパ大陸やスカンディナヴィアの沿岸部に輸送された。しかしながら，その量は，現在のところ不明というほかない。

このような分析をもとに，最後に大きな問題提起をして，本論の締めくくりとしたい。それは，アムステルダムとハンブルクの位置づけである。

ヨーロッパの主要な港の多くが河口内港であり，河口から数十キロメートル上った場所にあるのが普通である。したがってヨーロッパ史では，しばしば河川交易の重要性が指摘される。この法則の外側に位置するの

深沢克己編著『近代ヨーロッパの探求9　国際商業』ミネルヴァ書房，2002年，317-347頁。
　20）　Staffan Högberg, *Utrikeshandel och sjöfart på 1700-talet: Stapelvaror i svensk export och import 1738-1808*, Lund, 1969.

がアムステルダムであり，同市は河口内港ではなく，また広大な河川に面してもいない。アムステルダムに入港した船舶は河川を上ることはできず，再び別の港に向かって出港する。確かにエイ川はあったが，その重要性が，エルベ川やオーデル川に匹敵するものであったとは考えられない。運河の発展があったとはいえ[21]，アムステルダムが後背地にもつ意義が，ハンブルクやシュテッティンのそれと同じだったとは考えられないのである。少なくとも，アムステルダムは河口内港ではなかった。したがってアムステルダムは海上交易にほぼ特化した都市であり，これまでの研究の中心が海上交易であった以上，同市の貿易量は過大評価される傾向にあった可能性が高い。海上貿易に限定した場合は別だが，ヨーロッパ大陸内部への輸送まで考えた場合，アムステルダムが輸送業で占める地位は，これまで想定されていたよりも低くなるかもしれないのである。これまでの商業史研究は，やはり海上貿易にウェイトがおかれすぎていたと結論づけるしかない[22]。残念ながら本書も，その弱点をまぬがれているとはいえないのである[23]。

またハンブルクは，バルト海・北海南岸の貿易港によくみられる形態を示す。ハンブルクはいわばこのような貿易港の代表であり，広大な前面地と大きく広がる後背地を連結するという点で，これらの地域の貿易港と特徴を共有する。したがって第7章の結論は，ハンブルクほどではないにせよ，バルト海・北海南岸の多くの港に共通する特徴を表しているのである。いわばトポグラフィーからみた北方ヨーロッパの典型が，ハンブルクにみられるといえよう。

---

21) Jan de Vries, *Barges and Capitalism: Passenger Transportation in the Dutch Economy (1632-1839)*, Utrecht, 1981.
22) この点から考えると，近年研究が進んでいる海域史研究により，海のネットワークの重要性があまりに強調される危険性がある。
23) 第1章で強調したように，近世のヨーロッパ経済において，総費用に占める輸送費の比率は非常に高かった。そしてオランダが他を圧倒する海運国だったため，輸送料としてオランダに流入する金額は膨大なものであったはずである。陸上輸送を含めると，オランダの経済的重要性が低下することは間違いない。それでもなお，オランダの輸送業がヨーロッパ随一であったことも疑いない。また，海上貿易でオランダが手中にした富のイメージによって，他国が重商主義政策を採用することが促進されたこともありうるだろう。

なお，本論の『エーアソン海峡通行税台帳』のデータは，井上光子氏が入力したものを加工した。データを貸してくださった井上氏にお礼申し上げる。

第8章

ヨーロッパの経済発展とオランダの役割
——ロンドンとハンブルク——

はじめに

これまでの諸章で，16世紀後半にバルト海貿易の重要性が上昇すると共にオランダが台頭し，17世紀前半には黄金時代を迎えたが，18世紀にはオランダのバルト海貿易におけるシェアが低下していくことを示した。しかも，バルト海地方の穀物貿易の役割が低下し，各国が重商主義政策をとり，オランダの海運業に挑戦したため，オランダの経済力は相対的に低下した[1]。その一方で，イギリスとフランスの経済力が高まった。ところが貿易に関しては，イギリスがロンドンを機軸として増大させていったのに対し，フランスはハンブルクとの関係を強めた[2]。したがってイギリスとフランスの経済競争は，ロンドンとハンブルクの貿易争いをも意味した。1815年にナポレオン戦争が終わると，イギリスがヘゲモニーを握り，ロンドンが他を圧倒する貿易港になる。それはまた，イギリスが世界で初めて工業化に成功し，「最初の近代経済国家」になったことも含意する。

この過程は，アムステルダムに取って代わってロンドンとハンブルクが勃興し，やがてロンドンが勝利を握ったということもできる。しかしまた，ロンドンがアムステルダムの役割を受け継ぐ，ないし，アムステ

---

1) Joh. de Vries, *De economische achteritgang der Republiek in de achttiende eeuw*, Leiden, 1968.

2) 本書，第7章参照。

ルダムがロンドンの勃興に寄与したとみることも可能である。本章は，そのような角度から分析を行なう。

第1節　問題設定

　戦後40年ほどの間，日本の西洋史学界最大の関心事の一つは，なぜイギリスで最初に産業革命が生じたのかということであった。比較経済史学派は，局地的市場圏での取引により富を貯えた独立自営の生産者である中産的生産者層を中核としたイギリス経済が国民経済を形成し，産業革命を発生させたと主張した[3]。

　それに対し，新たな産業革命像の形成に成功したのは川北稔である。比較経済史学派が国内の要因（内生要因）を重視したのに対し，川北は，西インド諸島を核とする重商主義帝国の形成が，イギリス工業化の歴史的前提となったと論じた。その帝国とジェントルマンは不可分の関係にあり，ジェントルマンの支配が貫徹したのは，イギリスが帝国を形成していたからだと論じた[4]。これは，外生要因をより重視する見方であり，一般に，比較経済史学派とは対局的な立場にあるとされる。

　しかしこのどちらも，イギリスで産業革命が生じた理由を探究している点では共通している。したがって問題意識の面では，実は思ったほどの差異はないのかもしれない。むしろこのような問題意識こそ，戦後経済史学から川北へとつながる日本の歴史学界の中核を形成していたといってよかろう。アプローチの仕方は対照的であったが，その根底には，このように共通する部分もあった[5]。根本的にそれは，「日本人にとって

　　3）　典型的には，大塚久雄『国民経済――その歴史的考察』講談社学術文庫，1994年。大塚久雄・高橋幸八郎・松田智雄編著『西洋経済史講座――封建制から資本主義への移行』全5巻，岩波書店，1960年。
　　4）　川北稔『工業化の歴史的前提――帝国とジェントルマン』岩波書店，1983年。
　　5）　たとえば越智武臣『近代英国の起源』ミネルヴァ書房，1966年は戦後史学批判の著として，しかも新たなパラダイムを切り開いた作品として高く評価されるべきである。越智は，イギリス，より正確にはイングランド独自の近代史のあり方を探ろうとする。しかし，イギリスが世界で初めて産業革命を経験したということがなければ，また，「日本人にとってイギリス史研究とは何か」という問題意識がなければ，叙述はおそらくまったく違ったものになったであろう。

第 1 節　問 題 設 定　　　319

西洋史研究とはどういう意味があるのか」という強烈な問題意識である。また，イギリス産業革命こそ，近代世界を作ったという前提条件である。日本の研究史をフォローする際，われわれは，それを忘れてはならないであろう。

　このような問題意識は，最近の日本はもとより，イギリス本国の経済史研究の動向と比較するなら，はるかに健全なものだと思われる。日本では極めて有名な——そしておそらくイギリスの学界以上に高く評価されている——ケインとホプキンズの「ジェントルマン資本主義論」[6]は，イギリス経済にとって金融の役割の重要性を強調し，産業革命が「イギリス経済の性格」を変えなかったと論ずる。しかし，産業革命が世界経済にどのような影響を与えたのかという視点はない。ルービンステインにおいても，この点は変わらない[7]。

　現在では，イギリス産業革命研究は，単に計量経済学の方法を用いた経済発展の程度の測定にすぎなくなっているようにさえ思われる。イギリス国内においては，この問題に取り組む研究者のあいだで利用可能な史料はかぎられており，あとはどの史料にどれだけのウェイトがかけられるのかという問題に収斂しているといって過言ではあるまい。そこには，質的変化を量的変化に還元できるという思い込みがあるのではないか。これでは，産業革命期の経済成長は計測できても，産業革命発生の理由はわからない。

　産業革命とは，かつて想定されていたよりも比較的モデレートな経済成長でしかなかったことは，今日では共通認識となっているといってよい。しかしその精度がいくらあがったところで，「なぜ，あるいはどのようにして産業革命が発生したのか」という問いに答えられないかぎり，計量経済史は，一般の歴史家や読者に訴える力はあるまい。

　また現在のグローバルヒストリーの研究は，たとえば移動と交流を中

　6）ピーター・ケイン，アンソニー・ホプキンズ著（木畑洋一・旦祐介・竹内幸男・秋田茂訳）『ジェントルマン資本主義の帝国』Ⅰ・Ⅱ，名古屋大学出版会，1997年。

　7）W・D・ルービンステイン著（藤井泰・平田雅博・村田邦夫・千石好郎訳）『衰退しない大英帝国——その経済・文化・教育』晃洋書房，1997年。この問題について参照すべき文献として，川北稔「言説としての産業革命」『関西大学西洋史論叢』第 9 号，2006 年，1-16 頁。

心としたマクニールよりも，はるかに遅れた観点とはいえないであろうか。東西を分けて考えたとして，西は東の発展の肩の上に乗って経済発展をし，それに今日，東が西の肩の上で経済発展をしていると考えるべきではないか。マクニールは基本的に政治史を中心に叙述をしているが，もし彼が経済史家であったなら，おそらくこのようなことを考えるであろう。さらに日本では，あまりにアジアの独自性を強調する傾向が強く，40年以上前にマクニールが論じたメソアメリカすら考察の対象にはならず[8]，ヨーロッパとアジアの比較が中核をなす。

　また，ナショナルヒストリーへの批判が出るのは当然のことだが，ファン・ザンデンのように，北海は15世紀頃から一つの経済圏を形成しており，オランダないしイギリスのどちらかが最初に産業革命をしたのかは問題ではないという主張をきくと[9]，大きな疑問を感じざるをえない。それなら，現代社会は一つの経済圏をなしているのだから，ある出来事がアメリカで起こっても日本で起こっても，別段差異はないということになってしまう。これでは，説得力のある議論にならなくて当然であろう。このような潮流に対し，本書では，北方ヨーロッパという地域経済（Regional Economy）が，どのような特徴をもっているのかという点の分析に主眼をおいて論を展開してきた。私は，ごく僅かの史料で世界全体を論ずることができるという極端な主張には同意できない。また，ナショナルヒストリーを超えた枠組みを提供する場合に，実体をもち国家を超えた連環をもつ地域経済を提示しなければならないと考える。

　さて，これまでの諸章では，主として貿易統計にもとづく貿易構造の変化を取り扱ってきた。ここでは，それと大きく関連する人間・資本の

---

8) William H. McNeill, *The Rise of the West: A History of Human Communitiy,* Chicago, 1964 をみよ。

9) 2006年4月21日京都産業大学でのセミナーでの発言。このセミナーのペーパーは，Jan Luiten van Zanden, "Common Workmen, Philosophers and the Birth of the European Knowledge economy: About the Price and the Production of Useful Knowledge in Europe 1350-1800" (pdf-file, 169 Kb), paper for the GEHN conference on Useful Knowledge, Leiden, September 2004: revised 12 October 2004; revised 12 October 2004; 産業革命以前にヨーロッパに知識経済が誕生していたことをさらにめぐる論文として，Jan Luiten van Zanden, "De timmerman: De boekdrukker en het ontstaan van de Europese kenniseconomie over de prijs en het aanbod van kennis voor de industriele Revolutie", *Tildschrift voor sociale en Economische Geschiedenis*, Vol. 2, No. 1, 2006, pp. 105-120.

第1節　問題設定

移動を中心に論じたい。オランダではじまった近代的経済成長がヨーロッパ経済にどのような影響を及ぼし，ひいてはイギリスの工業化を生じさせたのかという問題を論じる。

本書の主張の前提条件として，オランダが世界最初の近代経済であったということがある。これを主張したヤン・ド・フリースとファン・デル・ワウデは，近世のオランダは国民経済を形成していなかったと主張する[10]。しかし私が彼らの書物から受けるイメージはまったく逆であり，オランダは17世紀に国民経済を形成していたという印象をもつ。彼らは，オランダが他地域から受けたり他地域に与えたりした影響に，あまり目を向けていない。「最初の近代経済」は論じても，「第二の近代経済」については何も語らないことがその例である。だからこそマーヨレイン・タールトが，17世紀のオランダは国民経済を形成していなかったという批判を彼らに向けたのである[11]。

とはいえ，オランダが最初の近代経済であるとするなら，この国ないし地域が，最初の持続的経済成長を経験したと考えるのが妥当であろう。第1章で述べたように，今日の経済学の潮流を考えるなら，持続的な全要素生産性（Total Factor Productivity = TFP）の伸びを達成した最初の経済だったとすべきであろう。

しかしまた，全要素生産性の歴史学への応用をめぐっては，しょせん推計に推計を重ねて計算した全要素生産性に，どこまで信頼がおけるのかという点に，非常に大きな疑問符が投げ掛けられて当然である。全要素生産性については，かなり信憑性の低い推計値しかえられないのは事実であるが，もしオランダの経済発展がそれまでの事例と異なり，全要素生産性を伸ばし，その担い手が貿易商人＝企業家であるなら，オランダの貿易発展こそが最初の近代経済の発展だと証明できるはずである。とはいえTFPの上昇については，今後の研究課題とするほかない[12]。

---

10) Jan de Vries and Ad van der Woude, *The First Modern Economy: Success, Failure, and Perseverance of the Dutch Economy, 1500-1815*, Cambridge, 1997.

11) Marjolein 't Hart, "De niewe economische geschiedschrijving van Nedearland", *Tijdschrift voor sociale Geschiedenis*, Vol. 21, 1995, pp. 260-272.

12)「持続的経済成長」（sustained economic growth）が，近代経済の特徴として取り上げられることは多い。しかし，ソ連でさえ長期的に経済成長を遂げていたと考えるなら，この概念が近代性を表すと考えることができるのであろうか。ソ連は持続的経済成長を遂げ

さらに，オランダの貿易発展は，単にオランダにしか影響を与えなかったわけではないことも事実である。なぜなら，多数のオランダ商人が外国商人と貿易し，場合によっては外国に住み着くことで，オランダ商業のノウハウがヨーロッパに伝播したと考えられるからである。

　それだけではない。たとえばオランダは「価格表」を発行し，取引所での商品価格の一覧表を発行し，それを定期的に配布した[13]。これはむろんオランダ商人の便宜を考えてのことであったろうが，印刷物は誰でも利用できるので，「価格表」は多くの人々に利用可能だったはずである。オランダ人が，さまざまな地域に移住したことも，商業技術の伝播を通して，取引費用を下げる効果があった。彼らの活動が，ヨーロッパ全体で取引費用を低下させたと想定されるのである[14]。

　換言すれば，オランダの経済・商業活動が，他地域の経済発展に貢献したと考えられよう[15]。

　本章の主要な主張は，この点にある。オランダの重要な経済的基盤の一つとして，バルト海貿易があったことは間違いない[16]。その貿易で蓄

てはいたが，TFP は上昇しなかったと考える方が，社会主義経済崩壊を説明しやすいであろう。クルーグマンがアジアの経済成長は TFP を増大させなかったと主張して人口に膾炙するようになった TFP であるが，現実に計量することは困難だという問題点はつきまとうものの，経済発展を説明する概念しては有効であろう。ポール・クルーグマン著（山岡洋一訳）「アジアの奇跡という幻想」『クルーグマンの良い経済学　悪い経済学』所収，1997年，198-221頁。

　13）　ミルヤ・ファン・ティールホフ著（玉木俊明・山本大丙訳）『近世貿易の誕生――オランダの「母なる貿易」』知泉書館，2005年，136-139頁。John J. McCusker and C. Gravesteijn, *The Beginnings of Commercial and Financial Journalism: The Commodity, Price Currents, Exchange Rates, and Money Currents of Early Modern Europe*, Amsterdam, 1991, pp. 43-84.

　14）　もちろん第1章で述べたように，さまざまな商人の移住によりヨーロッパ全体，特に北方ヨーロッパで商業網が発達したことも，取引費用低下につながった。本書では，そのうち，オランダ人の役割を強調しているにすぎない。

　15）　もちろん，オランダの寄与だけが重要であるというわけではない。第1章で論じたように，北方ヨーロッパでは同質的な経済商業空間が存在していたため，取引費用が低下したことも大きい。

　16）　東インドからオランダ本国にもたらされる富も多かったことは間違いない。おそらくそれは，本書で扱う時代の間に著しく増加したであろう。とはいえそれがバルト海貿易で得られた富より大きかったかどうかはわからない。本書では，「黄金時代」のオランダ経済のバックボーンがバルト海貿易にあり，それがどのようにイギリスの工業化に寄与したのかという点から論を展開している。東インドを無視するわけではない。ただ一般に，オランダの東インド貿易と比較した，バルト海貿易の重要性が過小評価される傾向があったように思われることを指摘しておきたい。

えられた富が，どこに向かったのかということは，ヨーロッパ経済を動かすうえで重大なことだったことにも疑いの余地はない。さらにこれまで論じてきた貿易の変遷が，商人の活動に影響を及ぼさなかったはずはない。逆に商人活動があったからこそ，貿易の変動が生じたことも確かである。しかもそれらは，ヨーロッパの経済発展に寄与したばかりか，最終的にはイギリスの工業化に貢献した。それを証明することこそ，本章執筆のモチーフをなす[17]。

第2節　オランダの近代性?

一般に，オランダ史家はオランダの「近代性」を強調することが多いように思われる。すでに言及したド・フリースとファン・デル・ワウデの『最初の近代経済』はその一例である。このようなことは，イギリス・オランダの国家システムの相違という点にもあてはまる。ここでは，主として，近年目覚ましく発達している財政史研究からこの問題を論じてみたい。

　イギリス史家ディクソンが『財政革命』 *Financial Revolution* を上梓したのは，1967年のことであった[18]。本書は，イギリス財政史に関する

　17）　17世紀に関しては，次の言葉がオランダ経済におけるが東インド会社の位置を表していよう。「パトリアにいる東インド会社の理事たちは，20カ月以内でバタヴィアとの通信に返事が来るとは予期できなかった。もし今日，それにほぼ匹敵するものがあるなら，銀河系で最も近い恒星との貿易が確立されてはじめて生じるであろう。この事実が，VOCの行動を理解する際にまず重要なことである。そのために，財政管理の維持ができなくなっていった。それは，一組の会計報告では，東インド会社の活動すべてを理解し，要約することは不可能だったためである。さらに，バタヴィアの総督が主導権を握るために付与される権限の範囲は，しばしば共和国在住の理事たちの意図をはるかに超えた」。De Vries and van der Woude, *The First Modern Economy*, p. 386; アジアは，あまりに遠かったのである。18世紀において，アジアと比較した場合の大西洋貿易のヨーロッパにとっての重要性については，Jan de Vries, "Connecting Europe and Asia: A Quantitative Analysis of the Cape-Route Trade, 1497-1795", Dennis Flynn, Arturo Giráldes and Richard von Glahn (eds.), *Global Connections and Monetary History, 1470-1800*, Aldershot, 2003, pp. 35-106 をみよ。

　17）　本章では，オランダの工業化に対するポジティヴな役割に力点をおいた。断っておくまでもないと思うが，それがイギリスの工業化にとって「最も」重要だったと主張したいのではない。

　18）　P. G. M. Dickson, *The Financial Revolution in England: A Study in the Development*

記念碑的業績である。ローズウェアは本書を，これまで乗り越えられたことはなく，またその必要もない作品とまでいった[19]。確かに現在もなお，近世イギリスの財政に関して，本書ほど詳細な研究はない。

　ディクソンが本書で主張したことを端的に表せば，イギリスの公信用の発展である[20]。イングランド銀行が国債を発行し，その返済を議会が保証した。この制度――ファンディング・システム――こそ，イギリスを近代国家ならしめた制度であった。彼の論の影響は大きく，たとえばパトリック・オブライエンの一連の研究も，基本的にはこのパラダイムに従っているといってよいほどである。

　ディクソンのこのような主張に対して，オランダの先進性を主張したのがトレーシーである。トレーシーによれば，フランスとの戦争と国内の政治関係の変化のため，ハプスブルク家は，州議会年金 renten の導入に代表される財政改革を導入した[21]。トレーシーは，18世紀のイギリスよりも2世紀以上前のオランダで，公信用が発展したという。トレーシーは，財政面からみたオランダの近代性を強調するのである。

　オランダの近代性を強調するド・フリースは，オランダには封建制がなかったので，近代的経済成長が可能になったとも主張した[22]。

　オランダの近代性は，市場の発達という面からも論じられる。たとえばミヒャエル・ノルトが示したように，17世紀中頃の「黄金時代」のオランダでは，絵画も，市場での取引を目指して描かれた[23]。

　しかしオランダ史家がしばしば主張するオランダの近代性とは，本当に「近代的」といえるものなのであろうか。あるいは，イギリスの「近代性」と同じなのか，それとも違うのか。

---

of Public Credit, Aldershot, 1967, rep. 1993.

[19] H. Roseveare, *The Financial Revolution 1660-1760*, London and New York, 1991, p. iv.

[20] 邦語文献として参照すべきものに，舟場正富『イギリス公信用の研究』未来社，1971年。

[21] J. D. Tracy, *A Financial Revolution in the Habsburg Netherlands: Renten and Rentiers in the County of Holland, 1515-1565*, Berkeley and Los Angeles and London, 1985.

[22] Jan de Vries, "On the Modernity of the Dutch Republic", *Journal of Economic History*, Vol. 33, 1973, pp. 191-202.

[23] Michael North, *Das Goldene Zeitalter: Kunst und Kommerz in der niederländischen Malerei des 17. Jahrhunderts*, Köln, 2001.

ブルーワが提唱した財政＝軍事国家によれば，18世紀のイギリスは中央集権化を強めた。その理由は基本的には戦争遂行のために巨額の財源が必要になったからである。間接税＝内国消費税が財源の主要部分を形成した[24]。

財政＝軍事国家については，1994年には，ブルーワの影響を受け，ローレンス・ストーンが編者となった『戦争の渦中の帝国』が出た[25]。2002年になると，ヤン・グレーテがスペイン，オランダ，スウェーデンを財政＝軍事国家として捉えた[26]。その影響を受け，日本では入江幸二が，17世紀のスウェーデンを財政＝軍事国家とみなした[27]。今日，財政＝軍事国家なる用語は，日本でも，近世ヨーロッパを論じるうえで定着しているといってよい[28]。

八十年戦争を経験していたオランダが，イギリスに先立って財政・金融制度を近代化していったことは確実である。そのノウハウがイギリスに導入されたことも間違いない。しかしこの二国の財政制度・国家システムには，著しく違う点もある。

フリッチーによれば，イギリスとは対照的に，オランダ共和国は，建国以来ずっと地方分権が続き，中央集権化したのは，フランスの占領時であった[29]。それはまた，フリッチーと共にオランダ財政史で目覚ましい業績をあげつつあるマーヨレイン・タールトの立場でもある[30]。

イギリスの財政革命は，イングランド銀行を通じて長期債を発行することで生じたが，フリッチーは，オランダ共和国では，財政革命で短期

---

24) ジョン・ブリュア著（大久保桂子訳）『財政＝軍事国家の衝撃──戦争・カネ・イギリス国家　1688-1783』名古屋大学出版会，2003年。
25) L. Stone (ed.), *An Imperial State at War: Britain from 1689 to 1815*, London, 1994.
26) Jan Glete, *War and the State in Early Modern Europe: Spain, the Dutch Republic and Sweden, 1500-1660*, London and New York, 2002.
27) 入江幸二『スウェーデン絶対王政研究──財政・軍事・バルト海帝国』知泉書館，2005年。
28) しかしブルーワは専門の財政史家ではなく，元来は社会史家であるので，財政面の変革に対してはあまり専門的な分析を行なっていない。この点に関しては，オブライエンの方がはるかに精緻な分析をしている。この点を忘れてはならない。
29) M. F. J. Fritschy, *De patriotten en de financiën van de Bataafse Republiek: Hollands krediet en de smalle marges voor een nieuw beleid (1795-1801)*, Den Haag, 1988.
30) Marjolein 't Hart, *The Making of the Bourgeois State: War, Politics, and Finance during the Dutch Revolt*, Manchester and New York, 1993.

債の借り換えが増大したと主張した[31]。彼女の考えでは，これはオランダの近代性の証拠なのだが，おそらく，18世紀のイギリスと比べた場合，戦争遂行面での効率の悪さにつながったであろう。フリッチーはまた，オランダは分権的であったために税の徴収効率が悪かったとする意見に反論し[32]，少なくともホラントにおいては，財務局（Kantoor van de Financie van Holland）による中央集権的な税収の体系化が進んだと主張した[33]。彼女は国家形成における都市の役割を重視し，「公債を維持する都市の能力が，数多くのヨーロッパ諸国の国家形成の過程で，重要な役割を果たした」と述べる[34]。

しかしこれは，都市公債の延長線としての色彩が強く，イギリスのように，中央銀行である（正確には，のちに中央銀行になった）イングランド銀行が発行する国債の返済を，議会が保証した制度とはかなり異なっているといわざるをえない。私には，このようなシステムに「近代的」という修飾語をつけること自体はばかられるのである。近代的経済成長を遂げたからといって，財政システムが近代的だったわけではない。

最近，ヘルデルブロムとヨンカーは，アムステルダム資本市場が発展したのは，オランダの海外進出とオランダ東インド会社の株が譲渡可能だったためだと論じた。投資家に，流動性をあまり損なうことなく，投機による利益を獲得する可能性が提供されたので，金融市場が活発になり，それにともないさまざまな信用供与の技術が開発されたと述べた。さらに彼らは，公的に取引される政府公債金融市場の起源になったという通説に反論し，金融市場の形成は，公共財政（public finance）と民間の資金（private finance）が偶然にも結合したために生じたと主張した[35]。

---

31) W. Fritschy, "A 'Financial Revolution' Reconsidered: Public Finance in Holland during the Dutch Revolt, 1568-1648", *Economic History Review*, 2nd ser., Vol. 54, No. 1, 2003, pp. 57-89.

32) J. L. Price, *Holland and the Dutch Republic in the Seventeenth Century: The Politics of Particularism,* Oxford, 1994.

33) W. Fritschy, "The Efficiency of Taxation in Holland", Economy and Society of the Low Countries, Working paper, 2003-1.

34) W. Fritschy, "Three Centuries of Urban and Provincial Public Debt: Amsterdam and Holland", in M. Boone, K. Davids and P. Janssens (eds.), *Studies in European Urban History 3 Urban Public Debts: Urban Government and the Market for Annuities in Western Europe (14th-18th Centuries),* Turnhost, 2003, pp. 75-92.

また彼らは，アムステルダム金融市場で，先物取引やオプション市場が発達し，それに東西インド会社が大きくかかわったともいう[36]。

ヘルデルブロムとヨンカーの研究でも，オランダでは主に民間部門の金融が発達し，少なくともイギリス型のファンディング・システムは発達しなかったことがわかる。ここからも，国家システムとして，オランダはイギリスほどには財政制度の効率は良くなかったと考えられるのである。

このようなことを考慮すると，オランダ人が主張するほどに，オランダの財政制度が近代的であるとは，どうしても思えないのである。別の表現を用いるなら，オランダは早熟の経済ではあったが，近代的経済国家ではなかったといえる。ヨーロッパ諸国家は，近世において多数の戦争を経験し，そのために借金をし，それを返済するために国民に税金をかけた。税金をかけられた範囲が領土になったといってよい。八十年戦争の影響で財政制度を大きく発展させたオランダであるが，長期債ではなく短期債を発行していたことを考えるなら[37]，それはイギリスと比較するとむしろ中世的だったといえるであろう。イギリスの Financial Revolution を財政革命と訳すべきか金融革命と訳すべきかは，この革命の範囲をどこまであてはめるかによって決まる。証券取引所の発展まで含めれば，「金融革命」と訳すほかない。しかしディクソンが論じたように，Financial Revolution のなかに，イングランド銀行を中核とする公信用の発達を含めないわけにはいかないのである。この点を，オランダの歴史学界は見逃しているように思われる。あるいは，自国史の解釈にあまりに都合良く利用しているといった方がよいかもしれない。少なくとも，イギリスとオランダの Financial Revolution の概念は，似て非なるものといえよう。

---

35) Oscar Gelderblom and Joost Jonker, "Completing a Financial Revolution: The Finance of the Dutch East India Trade and the Rise of the Amsterdam Capital Market, 1595-1612", *Journal of Economic History*, Vol. 64, No. 3, 2004, pp. 641-672

36) O. Gelderblom and J. Jonker, "Amsterdam as the Cradle of Modern Futures and Options Trading, 1550-1650", in W. N. Goetzmann and K. G. Rouwenhorst, *The Origins of Value: The Financial Innovations That Created Modern Capital Markets*, Oxford, 2005, pp. 189-205.

37) Fritschy, "A 'Financial Revolution' Reconsidered", p. 89.

イギリスは，国家が経済発展を強力に支援し，商人の保護費用を負担した点で[38]，オランダよりも優れた経済システムをもっていた。

なるほどオランダは，「最初の近代経済」だったかもしれない。しかし，決して「最初の近代経済国家」ではなかった[39]。ド・フリースとワウデに対する批判者も，この二つの区別がついていないように思われる。イギリスは現代社会形成の直接の祖といえるが，オランダはそうではなかったと考えるべきであろう。この違いは，やはり極めて大きいといわざるをえない。オランダ財政制度の近代性を，あまりに強調してはならない。

逆にこういう議論からは，オランダの後進性しか浮かび上がってこなくなるかもしれない。とすれば本章はまさに，戦後の比較経済史学派の立場を繰り返しているにすぎないとみなされよう。しかし本章が比較経済史学派と違う点は，まずイギリスの産業革命を近代世界形成の出発点とは考えない点にある。オランダが近代世界システムの出発点であり，最初の近代経済であったという点は，強調に値する[40]。さらに，ヨーロッパの経済発展におけるアムステルダム商人の役割を重視している点にある。後者については，節を改めて論じたい。

第3節　ゲートウェイとしてのアムステルダム

オランダ史家クレ・レスハーのゲートウェイ理論については，すでに第1章で詳述した。ようするに，彼は国際市場-地域市場-地元市場という階層制のあるステープル市場システムを批判し，アムステルダムはさま

---

38) Frederic Lane, *Profits From Power: Readings in Protection Rent and Violence-Controlling Enterprises*, Albany, 1979.

39) オランダの国制を，中世的共同体から19世紀の国民国家誕生への過渡的形態と捉える議論もある。本書の立場も，それに近い。Jan Luiten van Zanden and Maarten Prak, "Towards an Economic Interpretation of Citizenship: The Dutch Republic between Medieval Communes and Modern Nation-States", *European Review of Economic History*, Vol. 10, 2006, pp. 111-145.

40) ただしその「近代性」とは，近代的国家を形成したという意味ではなく，近代的経済成長を成し遂げた最初の地域という意味で使われる。

第3節　ゲートウェイとしてのアムステルダム

ざまな商品が行き交うゲートウェイだと主張した。彼の理論がオランダで完全に受け入れられているとはいい難いように思われるが，しかし少なくともティールホフ[41]とウェインロクス[42]によって支持されている。ここでは，ウェインロクスの論を紹介しよう。彼によれば，一般に，アントウェルペンでは受動貿易が，アムステルダムは能動貿易が行なわれていたとされる。また，「アムステルダムは独自の商船隊で，一方アントウェルペンは，とりわけ外国商人の船舶のおかげで発展したのである」ともいわれる[43]。このように，二都市の相違を強調する方が，現在もなお多数派を占めているであろう。だが1543-45年のアムステルダムの輸出データをみると，アムステルダムの輸出の90%以上が，アムステルダム在住ではない人々の手によって行なわれていた。したがってウェインロクスは，近世のアムステルダムは，同市の在住者ではない人々が盛んに貿易をした――受動貿易――の都市であったとする[44]。

このように，ウェインロクスはこの二都市の類似性に注目する。彼の観点は他の研究と違うもので，傾聴に値する。

おそらくアントウェルペンとアムステルダムの相違については，ド・フリースとワウデによる次の四点の指摘が一般に受け入れられているといってよかろう。(1) アムステルダムは，圧倒的に海運業指向であった。一方，アントウェルペンはイタリアと南ドイツ諸都市との陸上貿易における大陸の関係に大きく依存していた。(2) アムステルダムの貿易は，継続的で個人主義的であったが，アントウェルペンは旧来の形態の定期市と商人組織を特権的「国民」にすることから完全に離脱することはなかった。(3) アムステルダム商人は「能動的」であり，海運業，貿易，流通を結合したのに対し，アントウェルペン商人は主として「受動的」であり，他の人々によって持ち込まれた商品を取引した。最後に，最も

---

41) ティールホフ『近世貿易の誕生』。
42) Eric H. Wijnroks, *Handel tussen Rusland en de Nederlanden, 1560-1640: Een netwerkanalyse van de Antwerpse en Amsterdamse kooplieden, handelend op Rusland*, Hilversum, 2003.
43) Marjolein 't Hart en Michael Limberger, "Staatsmacht en Stedelijke Autonomie: Het geld van Antwerpen en Amsterdam", *Tijdschrift voor sociale en economische Geschiedenis,* Vol. 3, No. 3, 2006, p. 52.
44) Wijnroks, *Handel tussen Rusland en de Nederlanden*, p. 19.

重要なことは，(4) アントウェルペンがハプスブルク家にしたこととは異なり，アムステルダムは巨大な帝国勢力との資産上の関係はなかった。アムステルダムないしオランダ共和国は独立独歩であった。この行動のため，アントウェルペンの商人やアウクスブルクとジェノヴァの商人が直面していたのとは別の危険と機会にさらされたのである[45]。

　ゲートウェイ理論によれば，アムステルダムは，後背地とそれ以外の地域を結ぶ役割を果たした。したがって，(1)に書かれているように，「圧倒的に海運業指向」とはいえないのである。また(3)で主張されているように，アムステルダム商人が「能動的」であったかどうかは疑わしい。現実には，アムステルダムで取引する多くの人々が，アムステルダム出身の商人ではなかったからである[46]。

　レスハーとウェインロクスは，ゲートウェイ理論をさらに洗練させ，次のように主張した。バルト海地方と低地地方との貿易を中世後期に支配したのはハンザ商人であった。これらの地域で，その後活躍したのがブラバント商人であり，彼らは，ゲートウェイ・システムにもとづいて商業活動をした。このシステムにおいては，諸港のあいだに密接な関係があり（ないし流通拠点があり），またれぞれの港の機能が異なっている。1545年においては，低地地方では，アントウェルペンが圧倒的に重要な輸出地域であった。ただし，バルト海地方から輸入される穀物取引では，アムステルダムが他を圧倒するゲートウェイトとなったのである[47]。

　ここから推測されるように，レスハーとウェインロクスによれば，低地地方・バルト海地方にはさまざまな港湾都市がゲートウェイの機能を果たしており，アントウェルペンとアムステルダムが，そのなかで最も重要であった。

　レスハーとウェインロクスはゲートウェイとして港湾都市を重視する。確かに港湾都市にはさまざまな人々が到来したことは間違いないが，そ

---

45) Vries and Woude, *The First Modern Economy*, pp. 368-369.
46) Wijnroks, *Handel tussen Rusland en de Nederlanden*, p. 19.
47) Clé Lesger and Eric Wijnroks, "The Spatial Organization of Trade: Antwerp Merchants and the Gateway Systems in the Baltic and the Low Countries c. 1550", Hanno Brand (ed.), *Trade, Diplomacy and Cultural Exchanges: Continuity and Change in the North Sea Area and the Baltic c. 1350-1750*, Hilversum, 2005, pp. 15-35; アムステルダムの貿易における穀物の重要性については，ティールホフ『近世貿易の誕生』。

れ以外にもたとえば定期市にも多数の商人が訪れた。とすれば，定期市をゲートウェイと捉えても，何も問題はないであろう。では，ゲートウェイとしてのアムステルダムの特徴とはいったい何か。

アムステルダムの地位が急速に高まることはすでにみた。それはまさに，「彗星のごとく登場した」[48]という表現が適切なほどであった。同市の人口は急激に増え，移民が大量に流入した。その影響もあり，16世紀末からの50年間ほどの間に，同市の人口は5万人から20万人にまで増大する[49]。また1622年の10万4,392人から，1795年には21万7,024人になったともいわれる[50]。そのため，商業も急速に発達した。

さらに表8-1に示されているように，アムステルダムに居住する人々のなかで，同市出身のものの比率は17世紀には30％台であり，それ以降も50％台と，かなり少ない。オランダ国内だけではなく，外国からの移民も多い。だからこそ，ウェインロクスが――彼の意見に賛成するかどうかは別として――アムステルダムは，アントウェルペンの影響を大きく受けた受動貿易の都市だと位置づけたのである。

アムステルダムから，特に北ヨーロッパに移住した人々が多かったことはよく知られるが，それは，この都市に多数の移入民がいたから可能になった。つまり，アムステルダムに移住した人々のうち，少なからぬ人々がまた別の地に移住したと考えるのが妥当なのである。

ブラバントの定期市が欠かせなかった16世紀中頃のアントウェルペンの貿易では，外国商人が顕著な役割を果たした。イングランド商人が最も多く，300-400人が居住していた。スペイン人が300名，イタリア人が200名，ポルトガル人とハンザ商人がそれぞれ150名であった。彼らが，この地で取引したのである。「アントウェルペンでの貿易」（trade in Antwerp）という言葉の方が，「アントウェルペンの貿易」（Antwerp trade）よりも適切であろう[51]。

48）石坂昭雄『オランダ型貿易国家の経済構造』未来社，1971年，1頁。Michael North, *Geschichte der Nederlande,* München, 1997, S. 44.
49）杉浦未樹「近世アムステルダムの都市拡大と商業空間」深沢克己責任編集『シリーズ 港町の世界史2 港町のトポグラフィ』311頁。
50）De Vries and van der Woude, *The First Modern Economy*, p. 64.
51）Lesger and Wijnroks, "The Spatial Organization of Trade", pp. 31-32.

表 8-1　アムステルダムの人々の出身地

（カッコ内は％）

居住地	1600	1650	1700	1750	1800
アムステルダム出身	20,000	70,000	125,000	112,000	117,000
	(30.0)	(38.9)	(53.9)	(51.0)	(53.2)
他のホラント都市	2,500	10,000	9,000	7,000	10,000
	(4.0)	(5.5)	(3.5)	(3.3)	(4.2)
ホラント農村部	4,000	7,000	7,000	4,000	6,000
	(6.0)	(4.0)	(3.3)	(2.3)	(3.0)
オランダの他地域	13,000	23,000	32,000	35,000	36,000
	(20.0)	(13.5)	(14.0)	(15.9)	(16.2)
国内からの移民合計	19,500	40,000	48,000	46,000	52,000
	(30.0)	(23.0)	(20.8)	(21.5)	(23.4)
ドイツ	16,000	35,000	32,000	40,000	43,000
	(25.0)	(20.0)	(14.0)	(18.0)	(19.5)
ベルギー・フランス	4,500	11,000	7,000	1,000	1,000
	(6.5)	(6.5)	(3.0)	(0.3)	(0.4)
イギリス	1,000	1,000	1,000	1,000	1,000
	(1.5)	(0.5)	(0.3)	(0.3)	(0.4)
他の外国*	4,000	18,000	17,000	20,000	6,000
	(7.0)	(11.0)	(10.0)	(8.9)	(3.1)
外国からの移民合計	25,500	65,000	57,000	62,000	51,000
	(40.0)	(38.0)	(25.3)	(27.5)	(23.40)
合　　計	65,000	175,000	230,000	222,000	222,000

＊）スカンディナヴィア系の姓
出典　Jan Lucassen "Immigranten in Holland 1600-1800 Een kwantitatieve benadering", Centrum voor de Geschidenis van Migranten Working Paper 3, Amsterdam, 2002, p. 25, tabel 5.

　このような傾向は，実はアムステルダムにもあてはまる。そもそもそれが，ウェインロクスの主張でもあった。16世紀後半においては，アムステルダム生まれの商人は少なく，取引の多くは，アムステルダム出身以外の人々によってなされた。南ネーデルラントやドイツを中心にするとはいえ，さまざまな地域出身の商人が同市での取引に従事した。また彼らのなかには，アムステルダムで商業を営んだのち，他地域に移動したものもいた。リェージュ出身で，アムステルダムに移住し，さらにストックホルムに渡ったルイ・ド・イェールは，その代表例である。しかも彼は，それ以前にはたった数年間しかアムステルダムにいなかったのだ。もちろん，ホーフト家のように，アムステルダムに定住した商人

第 3 節　ゲートウェイとしてのアムステルダム

もいた。しかし 18 世紀には，商人として有名になったジャン・アブラハム・グリルの一家が，ドイツからアムステルダムをへてスウェーデンに移住した。一時期アムステルダムに在住し，その後スウェーデンで商業活動を行なうのは，スウェーデンで長年みられたパターンであった。そもそもアムステルダムの人口は，1700-1800 年の間ほとんど変わっておらず，半数しかアムステルダム生まれではないうえ，移入民が多かったのだから，この都市の人口の流動性は非常に高かったといえよう[52]。

このように考えていくと，アムステルダム商人の定義は，実は曖昧であったと気づかざるをえない。アムステルダム商人という場合，'merchants in Amsterdam' ではあっても，'Amsterdam merchants' ではなかったということができよう。アントウェルペンとアムステルダムを比較するなら，前者は受動貿易であり，この都市に他地域から商人が集まったのに対し，アムステルダムでは商人が定住したとされる[53]。確かに同市には定住する商人がいたが，彼らのうちで一時的ないし数世代滞在し，その後別の地域に移動するものも多かった。このように移住していく人々が多かったからこそ，アムステルダムは北海・バルト海地方の重要なゲートウェイとなったのである。この都市を通して数多くの商業上の情報・ノウハウが流れたと考えられる。近世アムステルダム最大の機能の一つは，まさにこの点にあった。

ウォーラーステインによれば，1620 年代から 1660 年代におけるオランダの商業ヘゲモニーの成立の鍵は，北ヨーロッパと西ヨーロッパの交易にあったのであり，東インドやレヴァントなどの遠距離の貿易ルートは，重要ではあったにせよ，副次的なものであった[54]。これはまた，アムステルダムが基本的に北海とバルト海を結ぶゲートウェイであったという説を裏付けるものである。アムステルダムには，大量の情報が流入した。その情報は，ヨーロッパ中のゲートウェイを通じて伝播すること

---

52) ただこれが，アムステルダムの特徴なのか，北方ヨーロッパ全体の特徴なのかはわからない。

53) たとえば，杉浦未樹「アムステルダム貿易商人の内部構成――商人の移住と定住とその基盤」深沢克己編著『近代ヨーロッパの探究 9　国際商業』ミネルヴァ書房，2002 年，51-77 頁をみよ。

54) Ｉ・ウォーラーステイン著（川北稔訳）『近代世界システム　1600-1750――重商主義と「ヨーロッパ世界経済」の凝集』名古屋大学出版会，1993 年，59 頁。

になる。

第4節　アムステルダムとロンドン・ハンブルクとの関係

1　ロンドン——フランスとの比較を中心に

アムステルダムが宗教的寛容の土地だった理由の一つは，経済が急速に発展していたので，宗派に関係なく取引せざるをえなかったからだというのが，第1章の主張であった。

しかし他地域と貿易する場合，宗派の壁は現実に存在した。ところがアムステルダム内部で比較的自由に貿易できた以上，間接的には，宗派を超えた貿易ができたと想定できよう。

ここでもまた，ウォーラーステインの言葉が的確にオランダの宗教的寛容のあり方を示す[55]。

> オランダは，「哲学者にとっての天国であった」。……デカルトは，フランスではえられなかった落ち着きと安定をオランダに見いだした。スピノザは，破門されてセファルディム（スペイン）系ユダヤ人のヨーデンブラー通りから追い立てられ，オランダ人市民の住む，より友好的な地域に引っ越した。ロックもまた，ジェイムズ2世の暴虐を逃れて，オランダ人がイギリスの王位についた，より幸せな時代まで，この地に避難所を求めた。……オランダは間違いもなく，フランス人ユグノーにとっての亡命地であった。しかし，オランダ人はきわめてリベラルで，ユグノーをも受け入れたが，ヤンセニストも受け入れたのである。同様に，ピューリタンと王党派とウィッグのいずれをも，受け入れたのである。それどころか，ついにはポーランドのソッツィーニ派をさえ，受け入れてしまったのである。いわば，それらはすべて，「禁止は最少に，導入はどこからでも」というオランダ人の商業上の原則のおかげを蒙ったのである。

55）　ウォーラーステイン『近代世界システム　1600-1750』69頁。

第 4 節　アムステルダムとロンドン・ハンブルクとの関係　　　335

　オランダのこのような宗教的寛容の代表が，アムステルダムであったことはいうまでもない。
　とはいえこれでは，アムステルダムには人が入ってくるばかりで，たちまちのうちにこの都市は人で溢れてしまうことになる[56]。人間が流入するだけだということはありえない。アムステルダムには南ネーデルラントやドイツからの移民が多かったが，ずっと移民が流入していては，いかに都市の規模が拡大しても，すぐに吸収できなくなってしまう。
　既述のように，アムステルダムには，確かに多くの移民が流入した。アムステルダムに移住してきた商人のバックグラウンドは，驚くほどに多種多様であった。むろん，その影響を過大視すべきではない。しかし，当時のアムステルダムは，他都市と比較すると，圧倒的な宗教的寛容性をもつ都市だったことも銘記すべきである。だからこそ，この都市で得られる商業ノウハウ・ネットワークは，ヨーロッパのどの地域でもみられないほど豊かだったはずなのである。アムステルダム商人の定住率については，正確にはわからない。しかし，たとえば 18 世紀のロンドンと比較して，他地域出身の商人の定住率は低かったとしか思えないのである[57]。17 世紀において，アムステルダム人口の三分の二が移民だったとさえいわれる（数値は異なるが，表 8-1 も参照）[58]。
　アムステルダムに移り住んだ商人の流動性は高く，出身地の商業ノウハウ・ネットワークなどをアムステルダムに持ち込んだ。それは，アムステルダムの資産となったはずである。アムステルダムの優位は，そこにも由来した。ただその資産は，商人がアムステルダムから移動することによって，必ずしもアムステルダムないしオランダにとどまることなく，他国に輸出された[59]。
　オランダは，17 世紀に応用技術を輸出しており，その移転が資金流

---

　56) オランダへの移民に関しては，簡単には Jan Lucassen and Pinus Penninx, *Newcomers: Immigrants and Their Descendants in the Netherlands 1550-1995*, Amsterdam, 1997.
　57) ただし，イギリスは島国であり，また国土の大きさがかなり違うので，厳密な比較はできない。イギリス出身ではあるが，ロンドン出身以外でロンドンに定住しロンドン商人になった比率の方が，アムステルダム以外のオランダ出身で，アムステルダム商人になった比率よりもおそらく高いと推測される。
　58) Zanden and Prak, "Towards an economic Interpretation of Citizenship", p. 122.
　59) ウォーラーステイン『近代世界システム　1600-1750』68 頁。

入の一源泉になっていた。オランダの技術の輸出先としては，イギリスがあげられる。オランダの新毛織物製造の技術がイギリスに伝播したことは，周知の事実である。イギリスは新毛織物を輸入代替産業としたことで，経済発展をした。もちろん，それによって資金がオランダに流入したことも十分考えられよう。

毛織物技術はライデンが進んでいたが，商業・金融上のノウハウを，イギリスがオランダから輸入したことも確かである。1689年にオラニエ公ウィレムがイングランド国王になって以来，ロンドンとアムステルダムの金融関係が密になっていったことは，よく知られたことでもある。大量のオランダ資金がイギリスに投資されたことは疑いのないことだと認識されている[60]。

17世紀アムステルダムが，ヨーロッパの金融市場の中心であったことは間違いない事実である[61]。アムステルダムには巨額の富が蓄積されたことも間違いない。それは，アムステルダムの人々を惑わせるほど多くの富であった[62]。その富がどこに向かうのかは，ある面でヨーロッパの歴史を左右したとさえ考えられるのである[63]。

17世紀においてさえ，オランダ国内の利子率は低く，18世紀になると2.5-3%にまで低下した。そのためオランダ資金はより高い金利を求め，絶えず国外に流れるようになった。しかもオランダはヨーロッパの金融取引の中心であり，ヨーロッパでの貿易決済は，オランダ——基本

---

60) Alice Carter, *Getting, Spending and Investing in Early Modern Times: Essays on Dutch, English and Huguenot Economic History*, Assen, 1975; スパフォードによれば，1763年の時点で，オランダ資金の外国への投資額は2億ギルダーにのぼり，そのうち半分がイングランドに投資された。しかし，明確な出典を記して論じているわけではない。Peter Spufford, "From Antwerp and Amsterdam to London: The Decline of Financial Centres in Europe", *De Economist*, 154, No. 2, 2006, p. 166; C. H. Wilson, "Dutch Investment in Eighteenth Century England: A Note on Yardsticks", *Economic History Review*, 2nd ser., Vol. 12, 1959, pp. 434-439.

61) ただし私見によれば，アムステルダムの役割は，一般にいわれているほど圧倒的なものではなかった。ヨーロッパ大陸の重要な金融都市として，ハンブルクを忘れてはならない。残念ながらハンブルクの金融史研究は存在しておらず，同市が戦災にあったことを考慮するなら，史料が残されている可能性は少ない。ただし，他地域の史料によって，ハンブルクの重要性を浮かび上がらせることはできるかもしれない。本書341-42頁をみよ。

62) Simon Schama, *The Embarrassment of Riches: An Interpretation of Dutch Culture in the Golden Age*, New York, 1988.

63) 川北『工業化の歴史的前提』150頁。

第4節 アムステルダムとロンドン・ハンブルクとの関係

的にアムステルダム———の銀行を通じてなされたといわれる。オランダ商人は貿易に従事するのではなく，金利生活者へと変わった。このように変貌したオランダ人は，イギリスに最大の投資先を見いだしたのである[64]。少なくとも第4次イギリス-オランダ戦争がはじまる1780年代まで，オランダ最大の投資先はイギリスであった[65]。

ではなぜイギリスなのか？ という疑問が湧いてきて当然であろう。川北稔によれば，イングランド銀行の設立による金融市場の整備と議会によるその保証が，イギリス公債を外国人によるパッシブな投資に便利であると同時に，極めて安心感のあるものにした。逆にジョン・ローの計画が失敗に終わったフランスでは，イギリス公債のような安定的で「受動的」な投資対象を提供し得なかった[66]。

さらにここで，ロンドンとアムステルダムの金融関係の強さを強調すべきであろう。その様子は，表8-2からもうかがえる。

この二都市の金融関係が密接になっていったことを描いた研究として，最も重要なものはラリー・ニールの『金融資本主義の台頭』であろう[67]。ニールは，エコノメトリクスの手法を用い，アムステルダムとロンドンの金融市場が統合される過程を描く，特に重要なのは，南海泡沫事件であった。

1711年，南海会社が創設されたのは，スペイン継承戦争によって1,600万4,000ポンドから，5,300万7,000ポンドへと拡大した，イギリス政府の債務を返済するためであった。南海会社は，スペイン帝国との貿易を独占することから得られる利益，そして政府の国債を購入する代わりに，年間56万6,543ポンドにものぼる政府年金を手に入れることから得られる利益を見越してつくられた[68]。南海会社の株価は，みる

---

[64] C. H. Wilson, *Anglo-Dutch Commerce and Finance in the Eighteenth Century*, Cambridge, 1941 (1966), pp. 25-26.

[65] J. C. Riley, *International Government Finance and the Amsterdam Capital Market, 1740-1815*, Cambridge, 1980, p. 85.

[66] 川北『工業化の歴史的前提』152頁。川北稔「穀物・キャラコ・資金の国際移動——17・18世紀の英蘭関係」『シリーズ世界史への問い3 移動と交流』岩波書店，1990年，160頁。

[67] Larry Neal, *The Rise of Financial Capitalism: International Capital Markets in the Age of Reason*, Cambridge, 1990.

[68] Neal, *The Rise of Financial Capitalism*, pp. 90-91.

表 8-2　ロンドンとアムステルダムの株価の相関係数

	イングランド銀行	東インド会社	南海会社
1723-94 年全体	0.994	0.993	0.989
平　　時			
1723 年 8 月 9 日-1739 年 10 月 19 日	0.977	0.990	0.936
1748 年 11 月 11 日-1756 年 7 月 14 日	0.983	0.988	0.983
1763 年 2 月 18 日-1778 年 3 月 4 日	0.993	0.997	0.974
1782 年 12 月 6 日-1790 年 9 月 22 日	0.996	0.987	0.969
戦　　時			
1739 年 10 月 21 日-1748 年 10 月 23 日	0.988	0.978	0.945
1756 年 8 月 4 日-1763 年 2 月 5 日	0.976	0.963	0.979
1778 年 3 月 2 日-1782 年 11 月 20 日	0.828	0.943	0.908
1790 年 10 月 8 日-1794 年 12 月 19 日	0.983	0.978	0.986

出典）　L. Neal, *The Rise of Financial Capitalism*, p. 146.

みるうちに上昇する。1720 年には，イギリスの国債を南海会社が引き受けることになり，ますます株価は上昇するが，たちまちのうちに低下することになる。

　1720 年 6 月に，南海会社の株価は額面価格の 10 倍近くにまで急上昇しているが，その理由の一つは，オランダ人が南海会社に投資したことにある[69]。また，彼らはロンドンのシティの金融業者と共に，南海会社の株を高値で売り，その利益を，安全なイングランド銀行に投資した[70]。また 1694 年のイングランド銀行設立には，オランダ人の力が働いたことは広く知られる。

　オランダ人がこうもうまく立ち回れた理由は，ニールによっても明らかではない。おそらくオランダ人がもっている情報量の多さと質の良さ，ロンドンのシティとの緊密な関係によるものであろう。結局，オランダの金融ノウハウに，イギリスは歯が立たなかったということでもあろう。ロンドンとアムステルダムの結びつきは，2 週間に一度，郵便船がロンドンからアムステルダムに向かっていたことからも明らかである。また，表 8-2 にある，ロンドンとアムステルダムの株価の相関係数をみれば，

---

69) Neal, *The Rise of Financial Capitalism*, pp. 104-107.
70) Neal, *The Rise of Financial Capitalism*, pp. 112-113.

第4節　アムステルダムとロンドン・ハンブルクとの関係　　　　339

この二都市が，戦時にも平時にも，経済的に強く結びついていたことは間違いない。

　オランダ資金は，南海泡沫事件以降イギリスに急速に流入するのであるが，実はそれ以前には，フランスにも大量に流入していたのである。しかしフランスでジョン・ローのシステムが失敗すると，フランスへのオランダ資金流入はほとんどなくなる[71]。

　ジョン・ローのシステムは，増大する財政赤字を解消することを目的として王立銀行が銀行券を発行し，これを特権貿易会社であるミシシッピ会社が引き受けて政府に貸付をし，政府はその資金を元手に財政支出やそれまでの債務の償還を行なうものであった。ミシシッピ会社は，大量の国債を引き受けることになるが，ローは，それに加えて不換紙幣を発行している。これを受けてミシシッピ会社の株価は，一時的に急騰することになるが，すぐに急落しこのシステムは崩壊してしまう。

　フランスにおけるジョン・ローのシステムの崩壊は，イギリスにおける南海泡沫事件と似ている。フランスはミシシッピ会社が政府の負債を株式で買いあげ，イギリスは南海会社が政府の負債を引き受けた。しかしながら，決定的な違いは，フランスは不換紙幣を発行したのに対し，イギリスは金本位制に留まり続けた点にある[72]。また不換（アシニア）紙幣は，フランスに大きなインフレをもたらした[73]。ジョン・ローのシステムの崩壊はフランスに，南海泡沫事件はイギリスに暗い影を投げかけたが，イギリスはこのショックから立ち直ったのに対し，フランスはそれに失敗した。その理由の一つとして，イギリスではファンディング・システムにより，議会が国債の償還を保証したのに対し，絶対王政下のフランスでは，そのような保証が欠如していたことがあげられる。少なくとも，イギリスと比較して，フランスは国家財政の基盤は脆弱であった。さらに南海泡沫事件以降，オランダ資金はフランスではなくイギリスに向かうようになった[74]。こう考えると，この事件があったから

---

71) Neal, *The Rise of Financial Capitalism*.
72) リチャード・ボニー著（嶋中博章訳）「ヨーロッパ初の紙幣発行の試みとフランス」『関西大学西洋史論叢』第5号，2002年，72-97頁。
73) F. Crouzet, *La grande inflation: La monnaie en France de Louis XVI à Napoléon*, Paris, 1993.

こそ，イギリスはイングランド銀行を中心に財政制度が一本化され，経済発展ができたと考えられるかもしれない。それはまた，フランスではなくイギリスに投資する誘因となったはずである。イギリスのファンディング・システムは，やはり有効に機能した。

さらに，ニールはアムステルダムとロンドンの金融面での統合に重きをおくあまり，アムステルダムと他地域と金融関係については，都市によってはデータは揃っているにもかかわらず，研究していない。これは，今後の研究課題となる。他都市のデータがわかればヨーロッパ全体の金融構造がさらにわかるであろう。とはいえ，アムステルダム資金を導入する点でのロンドンの優位性は動かないものと思われる。

また18世紀のイギリスが，大西洋貿易の発達に代表される「商業革命」の時代であるなら，為替決済システムの洗練などは不可避だったはずである。この時代のイギリスは，経済史的にも二重革命——商業と金融——の時代であったということができよう。それには，オランダ資金と，オランダ商業のノウハウが必要だったと考えられよう。

2 ハンブルク——金融・人的ネットワークと情報

アムステルダムが商品・人々・金融・情報が行き交うゲートウェイであるなら，この都市とどの都市との関係が密であったのかということが重要な問題として提起される。すでにロンドンとの関係については論じたので，ここではロンドンと共に重要な都市であるハンブルクについて目を向けよう。しかしハンブルクには，残念ながらラリー・ニールがロンドンの金融市場で用いたような時系列のデータは存在しない。1619年に創設された[75]ハンブルク銀行の重要性は疑いようもないが，研究史はほとんどなく，史料の残存状況を考慮するなら，エコノメトリクスによる分析は断念せざるをえないであろう。しかし，次のような推測をすることは可能である。

17-18世紀に関しては，スパーリングの研究から，アムステルダムを

---

74) Neal, *The Rise of Financial Capitalism*.
75) Klaus Weber, *Deutsche Kaufleute im Atlatikenhandel 1680-1830*, München, 2004, S. 226.

第 4 節　アムステルダムとロンドン・ハンブルクとの関係　　　341

中心とする多角貿易決済機構の発展がうかがえる[76]。彼の手法は，貿易統計にもとづき，通貨の輸出量を推計するというものである。またスパーリング以前のヘクシャー[77]，ウィルソン[78]は，多角貿易決済機構の存在の有無について，重商主義者のパンフレットから判断していた。しかしこのような分析手法では，この当時に多角貿易決済があったかどうかはわかりづらい。むしろ，商人の決済記録の方が正確な証拠となろう。スウェーデンの鉄輸出業者を論じたサムエルソンの研究が，その根拠となる[79]。この当時，ストックホルム最大の輸出品は鉄であり，その輸出は数社によって独占されていた。その決済が，ロンドンやアムステルダムだけではなく，鉄輸出をしていなかったハンブルクでも行なわれていた事実こそ重要である[80]。ハンブルクでは，直接貿易を行なっていない地域の決済がなされたと考えられるのである。乏しい証拠ではあるが，このようなハンブルク金融市場の存在が，多角貿易決済機構の存在の傍証になるであろう。一般に，多角貿易決済といえば，19 世紀末のように，ロンドンという一拠点を中心とした貿易決済が思い描かれよう[81]。17 世紀はアムステルダムが圧倒的に重要だったにせよ，18 世紀においては，むろん時期によりいくらかの変動はあるであろうが，基本的にアムステルダム，ロンドン，ハンブルクの三都市を基軸とする多角貿易決済シス

---

76) J. Sperling, "The International Payments Mechanism in the Seventeenth and Eighteenth Centuries", *Economic History Review*, 2nd ser., Vol. 14, No. 3, pp. 446-468.

77) Eli F. Heckscher, "Multilateralism, Baltic Trade and the Mercantilists", *Economic History Review*, 2nd ser., Vol. 3, No. 2, 1950, pp. 219-228.

78) C. H. Wilson, "Treasure and Trade Balances: The Mercantilist Problem", *Economic History Review*, 2nd ser., Vol. 2, 1949, pp. 152-161; C. H. Wilson, "Treasure and Trade Balances: Further Evidence", *Economic History Review*, 2nd ser., Vol. 4, 1952, pp. 231-242.

79) Kurt Samuelsson, "Swedish Merchant-Houses, 1730-1815", *Scandinavian Economic History Review*, Vol. 3, No. 2, 1955, pp. 163-202; Kurt Samuelsson, *De stora köpmanshusen i Stockholm 1730-1815: En studie i svenska handelskapitalismens historia*, Stockholm, 1951.

80) たとえば今日では，アメリカと貿易しない場合でも，ニューヨークの銀行で国際貿易の決済がされることが多い。このように，直接貿易をしていない国との決済が行なわれる場所こそ，金融の中心だといえるはずである。とすれば，イギリスの商会の取引をいくら研究したところで，ロンドンがヨーロッパの貿易決済の中心かどうかはわかるまい。この点を考慮せずに，イギリスと取引関係のある地域との決済を研究してきたことが，これまでの研究の問題点であったと指摘できよう。

81) S・B・ソウル著（久保田英夫訳）『イギリス海外貿易の研究──1870-1914』文眞堂，1980 年。

テムであったと考えられる。すなわち，国際貿易の決済都市が，アムステルダムへの一極集中から，ロンドンとハンブルクを加えた形態へ変貌したと推測されるのである[82]。しかもそれぞれ，主要な貿易地域・決済相手国が異なっていた可能性が高い。それはやがて，ロンドンへと一極集中することになる。しかしそれ以前に，この三都市の金融上の関係が，より密接になっていったものと思われる。おそらく，ヨーロッパの貿易地域拡大のため，一都市では金融機能が小さすぎて適応できなかったことが，その理由の一つとなろう。また，戦争の時代には，金融機能を一都市に集中させるより，三都市に分散させてリスクを軽減する必要があったとも推測される。いずれにせよ，一都市が圧倒的に優位に立つ金融市場を想定していたことが，誤りの原因であったといってよかろう。

　金融面についてはこの程度の推論しかできないが，商業面ではアムステルダムとハンブルクの人的関係を扱った研究は存在するので，ここではそれを利用し，両都市の商業関係をみていきたい。またその場合，ハンブルクに流入する商品の性質上，大西洋貿易との関係が重要になる。

　ハンブルクの貿易に関しては，フランスのほか，スペイン，ポルトガルなどイベリア半島との関係が強く，この貿易は，国際的にも重要であった[83]。したがってハンブルクとオランダの貿易も，それと無関係ではあり得なかった。イベリア半島との人的関係をみると，セファルディムの影響が強い。まずこの面から論じよう[84]。

　ドイツ経済史の泰斗ヘルマン・ケレンベンツによれば，16-17世紀の

---

82) ただし17世紀のアムステルダムの通商圏は，18世紀と比較するとかなり狭かったと想定される。

83) ハンブルクとイベリア半島との貿易については，Hermann Kellenbenz, *Unternehmerkräfte im Hamburger Portugal- und Spanienhandel*, Hamburg, 1954; オランダとイベリア半島との関係については，Jonathan I. Israel, *The Dutch Republic and the Hispanic World, 1606-1661*, Oxford, 1989.

84) Hermann Kellenbenz, "Sephardim an der unteren Elbe: Ihre wirtschaftliche und politische Bedeutung von Ende des 16. bis zum Beginn des 18. Jahrhunderts", *Vierteljarhschrift für Sozial- und Wirtschaftsgeschichte*, Beiheft, Nr. 40, 1958; ヨーロッパ全体のユダヤ人ネットワークについては，Joanthan I. Israel, *European Jewry in the Age of Mercantilism 1550-1750*, revised edition, Oxford, 1991; セファルディムに関する注目すべき研究として，Francesca Trivellato, *The Familiarity of Strangers: The Sephardic Diaspora, Livorno and Cross-Cultural Trade in Early Modern Period*, New Heaven and London, 2008, forthcoming.

第 4 節　アムステルダムとロンドン・ハンブルクとの関係　　　343

　ハンブルクでは，すでにポルトガル系・スペイン系の名前がみられるようになっていた[85]。17世紀初頭には，アムステルダムから，ポルトガル系・スペイン系の人物が，ハンブルクにまで来ていたようである[86]。アムステルダムほどではないが，ハンブルクも宗教的寛容の都市であり，迫害を逃れてこの地に到来する商人も多かったのである。したがってスペイン領ネーデルラントの商人も，ハンブルクで取引したのである[87]。ハンブルクのポルトガル人仲介業者の比率は，アムステルダムのそれより多かったのである[88]。ここからも，イベリア半島との貿易におけるハンブルクの重要性が理解できよう。ハンブルクとイベリア半島の関係は，貿易商品よりも人的ネットワークの方が重要であった。スペインからの輸入品の重要性の低下は，それによって補われたかもしれない。
　オランダは1568-1648年の八十年戦争において，1609-21年の十二年休戦を除けばスペインの敵国であった。またオランダ人は，ポルトガルとは1621-41年の間，スペインとは1621-47年の間，公式的にはイベリア半島とその植民地との貿易はできなかった。それに対してハンブルクは，17世紀のうちに，とりわけブラジルの砂糖，ダイヤモンド，インディゴ，コチニール，銀などの物産の流通・分配拠点として，アムステルダムに匹敵するようになった[89]。
　人的ネットワークからみると，すでに17世紀のハンブルクは，アムステルダムとイベリア半島のセファルディムを中継する役割を果たしていた。実際，セファルディムは，イベリア半島からハンブルクやロンドンに渡り，その後アムステルダムに移住したともいわれる[90]。
　ハンブルクはまた，上述のように，国際的な金融都市であった。ただ，その全体像はまったくわかっていない。ここではケレンベンツの研究[91]に依拠しながら，ハンブルク銀行設立の経緯と人的ネットワークについ

　　85）　Kellenbenz, "Sephardim an der unteren Elbe", S. 13.
　　86）　Kellenbenz, "Sephardim an der unteren Elbe", S. 43.
　　87）　Kellenbenz, "Sephardim an der unteren Elbe", S. 177.
　　88）　Kellenbenz, "Sephardim an der unteren Elbe", S. 200.
　　89）　Israel, *European Jewry in the Age of Mercantilism 1550-1750*, p. 91.
　　90）　Cátia Antunes, *Globalisation in the Early Modern Period: The Economic Relationship between Amsterdam and Lisbon, 1640-1705,* Amsterdam, p. 123.
　　91）　Kellenbenz, "Sephardim an der unteren Elbe".

て論じたい。

　すでに中世のあいだに，スペインとポルトガルでは，セファルディムが支配的地位に立っていた。セファルディムの資金は，国際的に非常に重要であった。ハンブルクは，16世紀後半には経済的に目覚ましく台頭した。1619年になると，ハンブルク銀行が創設されることになる[92]。

　そのハンブルク銀行であるが，この銀行がヨーロッパの金融市場にとって極めて重要であったことは言をまたない。そのハンブルクへの拠出金を比較すると，ポルトガル人よりもオランダ人の方が多かったのである[93]。ここからも，アムステルダムとハンブルクの金融上の結びつきの強さが想像できよう。ハンブルクは，国際貿易の決済のための銀行として登場したのである[94]。

　さて次に，ハンブルクの貿易相手として重要だったフランス，特にボルドーについて言及しよう。すでに第7章で論じたように，フランスの大西洋貿易拡大で最大の利益を得たのはボルドーであった。しかも18世紀中に，主要輸出品がワインから植民地物産へと変化している。貿易構造は大きく変化し，単にフランスの産品を輸出するだけではなく，植民地物産の再輸出を中軸とする国際的な港湾都市へと変貌を遂げた。

　ボルドーでは，16世紀末から，イングランドとオランダとの貿易の影響が大きかった。17世紀前半においては，ここで活躍する貿易商人のほとんどはオランダ人であった[95]。さらにオランダと取引する場合，プロテスタント商人のネットワークに依存していた[96]。

　オランダとボルドーのプロテスタント・ネットワークに関しては，ペーター・フォスの研究が詳しい。すでに1651年に，446名のオランダ商人が，ボルドーから輸出される商品の70.8％を請負っていた。フランスからオランダに輸出される商品の一部は，ドイツやバルト海地方に再輸出されていた。ボルドーのオランダ商人のコミュニティは，1685

---

　92) Kellenbenz, "Sephardim an der unteren Elbe", S. 250.
　93) Kellenbenz, "Sephardim an der unteren Elbe", S. 253-257.
　94) Kellenbenz, "Sephardim an der unteren Elbe", S. 260.
　95) Peter Voss, "»Eine Fahrt von wenig Importantz?« Der hansische Handel mit Bordeaux", in A. Grassmann (Hg.), *Niedergang oder Übergang?: zur Spätzeit Hanse im 16. und 17. Jahrhundert*, Köln, 1998, S. 110.
　96) Butel, "France, the Antilles, and Europe", p. 158.

年のナント王令廃止前も廃止後も，プロテスタントが中心であった。プロテスタントとカトリックの間の婚姻関係はほとんど存在しなかった。さらにプロテスタント教区においては，「国籍」という評価基準は意味をなさなかった[97]。

しかし17世紀末から18世紀初頭にかけ，ボルドーにおけるオランダ商人の勢力は低下した。すでに蘭仏戦争（1672-78）の終りに，オランダ商人の数は，三分の一ほど低下した。「1680年代と90年代の危機」と関係した衰退は，それ以上にドラスティックであった。1670年には50数名であったボルドーのオランダ商人が，20名ほどに減少した[98]。約三分の二の低下である。したがってルイ14世の時代にフランス‐オランダ間の貿易が衰退したことは，ボルドーにおけるオランダ人の委託代理商（commission agent）の地位の低下を示すものである。しかもオランダ商人は，ステープル市場としてボルドーよりもイベリア半島を重視するようになった。

しかしながら，ボルドーにおける主要な外国貿易商人がオランダ商人からハンブルク商人へと変化したことを，あまりに強調してはならない。ド・バリー家（de Bary）のように，オランダ商人が離散（ディアスポラ）し[99]，ボルドーとハンブルクに居住し，通商関係を結ぶこともあったからである。オランダの場合と同様，ボルドーでは，少数派のカルヴァン派の商人が，ハンザ商人と取引を行なっていた[100]。すなわち，商人間のプロテスタント・ネットワークという点では変化がなかったのである。国や地域をみれば貿易相手が変わったといえても，人的ネットワークの点では変わらなかったのである[101]。

---

97) P. Voss, "A Community in Decline?: The Dutch Merchants in Bordeaux, 1650-1750", in C. Lesger and L. Noodegraaf (eds.), *Entrepreneurs and Entrepreneurship in Early Modern Times: Merchnats and Industralists within the Orbit of the Dutch Staple Market*, The Hague, 1995, pp. 43-52.

98) Voss, "A Community in Decline?", p. 58.

99) ヨーロッパ商人のディアスポラに関しては，深沢克己「ヨーロッパ商業空間とディアスポラ」『岩波講座世界歴史15　商人と市場——ネットワークの中の国家』岩波書店，1999年，181-207頁。深沢克己「ディアスポラ論の現在」『商人と更紗——近世フランス＝レヴァント貿易史研究』東京大学出版会，2007年，34-50頁。

100) Voss, "»Eine Fahrt von wenig Importantz? S. 110.

101) このような視点の不足が，ウォーラーステインの論の大きな弱点であろう。

ハンブルクは，規模は小さいとはいえ，ユグノーの亡命先でもあった。ただし，ハンブルクはルター派の都市であり，ユグノーは市民権をえられず，亡命者の数は多くはなかった。とはいえ，ユグノーの移民が，1685年以降，ハンブルク繁栄の基盤を形成したといわれる[102]。彼らは数世代にわたりハンブルクに住み着き，フランス大西洋岸の港の人々と密接な家族関係を維持した。そのようにしてハンブルクは，大西洋世界と良好な商業関係を保ったのである[103]。これはまた，フランスからアムステルダムに及ぶプロテスタント商人のネットワークを形成した。

第5節　フランス革命・ナポレオン戦争

戦後史学においては，フランスは，革命により封建的勢力が一掃され，経済発展が可能になったと論じられてきた。しかし今日の立場は逆であり，フランスのクルゼと日本の服部はフランス革命で貿易がストップしたことを証明した[104]。革命は，むしろフランスの経済発展にとってマイナスであったというのである。これに対して，たとえばマルザガリの研究のように，ナポレオン戦争期にボルドーの貿易が一定量あったことを証明するものもある[105]。とはいえ，フランス革命がフランスの経済発展に重大な障害となったことは，現在の研究からみて否定できない。

---

102) Joachim Whaley, *Religious Torelation and Social Change in Hamburg 1529-1819*, Cambridge, 1985.

103) Klaus Weber, "French Migrnants into Loyal Germans: Huguenots in Hamburg (1685-1985)", in Mareike Köning and Rainer Ohliger (eds.), *Enlarging European Memory: Migration Movements in Historical Perspective*, Ostfilden, 2006, pp. 59-69.

104) F. Crouzet, "Angleterre et la France au XVIIIe siècle: Essai d'analyse compareè de deux croissances économiques", *Annales E. S. C.*, 21, 1966, pp. 254-291; 服部春彦『近代フランス貿易の生成と展開』ミネルヴァ書房，1992年。ただし，もとよりクルゼは，もともとイギリスと比較して，フランスの出発点が低かったことを認めている。遅塚忠躬「フランス革命の歴史的位置」『史学雑誌』第91巻第6号，1982年，40頁，注(10)。

105) Silvia Marzagalli, *Les Boulevards de la Fraude: Le négoce maritime et le Blocus continnental 1806-1813: Bordeaux, Hambourg, Livourne*, Lille, 1999, Silvia Marzagalli, "French Merchants and Atlantic Networks: The Organisation of Shipping and Trade between Bordeaux and United States, 1793-1815", in Margrit Schutle-Beerbühl and Jörg Vögele (eds.) *Spinning the Commercial Web: International Trade, Merchants, and Commercial Cities, c. 1640-1939*, Frankfurt am Main, 2004, pp. 149-173.

第5節　フランス革命・ナポレオン戦争　　　　　　　　　　　　347

　しかし一方で，フランス革命戦争（1792-1802）とナポレオン戦争（1806-15）の影響力の差異に関する研究が少ないのは問題であろう。フランス革命戦争・ナポレオン戦争がヨーロッパ経済に与えた影響は，同じような側面もあったが，違った面もあったことを論証することが，本節の目的である。前者は主としてイギリスに，後者はおおむねハンブルクに関係する。ナポレオン戦争の影響に関しては，次のクルゼの言葉が引用に値する[106]。

　　したがって，ナポレオン戦争がヨーロッパ大陸に与えた影響のバランスシートを作成すれば，以下のようになる。「海運」業'maritime' industry が崩壊し，リネン産業が衰退し，主要産業である鉄工業が衰退し，羊毛・絹・第二位の金属工業が少し成長し，綿業が比較的スムースに成長した。さらに，工業全体としては，緩やかに成長した。……（中略）……戦争の影響はイングランドより大陸に深刻な打撃を与えた。

　ここでイギリスに目を向ければ，十数年間にわたりヨーロッパ大陸が戦場になったので，島国であるイギリスが最も有利な投資先になったことがある。それはまた，イギリス工業化に大いに役立つことになった[107]。
　確かに，フランス革命戦争・ナポレオン戦争は非常に費用がかさむ戦争であった[108]。しかしもしこのような長期間ヨーロッパ大陸で戦争がなかったなら，イギリスに大量の資本が投下されることも，また数は不明であるが，おそらくはイギリスに大陸の商人が来ることもなかったろう。したがって資本・商人の両面から，イギリスにとって，少なくともヨーロッパ諸国と比較するなら，プラスの結果をもたらしたであろう[109]。

───────
　　106）　F. Crouzet, "Wars, Blockade, and Economic Change in Europe, 1792-1815", *Journal of Economic History*, Vol. 24, 1964, p. 587.
　　107）　Neal, *The Rise of Financial Capitalism*, p. 181.
　　108）　表Ⅰ-1をみよ。
　　109）　それゆえ，産業革命初期のイギリスの経済成長が遅かったというウィリアムソンの主張は納得できない。彼はイギリスで政府の規模が大きくなりクラウディングアウトが発生し，それが経済成長のスピードを遅らせたといったが，イギリスが有利な投資先になったという事実に目を向けていない。Jeffrey Williamson, "Why Was British Growth so slow

ナポレオン時代になってフランスは，大陸封鎖令（1806）により，イギリスを経済的に封鎖しようとした。しかし，それには失敗したといわざるをえない。イギリスの製造部門が，ウェリントンの大陸政策に影響を受け，消費財の輸出に重点をおく軽工業から，軍需品生産を行なう重工業へと，中心を移すという結末になったにすぎず[110]，結局，イギリスの工業化を促進したからである。

イギリスにあった外国資本は，大陸封鎖令のため，国内にとどまり，鉄・運河・港湾の改善・有料道路などに投資されることになった。オランダ人をはじめとするヨーロッパ大陸の人々はアムステルダムから資金を引き上げ，イギリスの国債に投資したのである[111]。

イギリスが海外投資をしなかったのは1801-10年にすぎず，それ以前の革命期と，それ以後の戦時期においては，イギリスの海外投資額は多かった。それに対し，イギリスに投資したのは，海外の国であった[112]。イギリスの工業化に対する外国投資の役割は，一般に過小評価されているように思われる。

18世紀末から19世紀初頭において，商業よりも工業に投資したほうが利益があったかどうかはわからない。むしろ工業より土地・金融を重視するイギリス人のメンタリティーからすれば製造業に投資したのは当時の戦況が関係していたのかもしれない。戦争がなければ，イギリスの工業化のスピードも遅くなったであろう。

さて，次にハンブルクの動向を述べよう。

ヴァルター・クレッセは，18世紀末から19世紀初頭にかけての，ハ

---

during the Industrial Revolution", *Journal of Economic History*, Vol. 44, No. 3, 1984, pp. 687-712; Jeffrey Williamson, "Debating the British Industrial Revolution", *Explorations in Economic History*, Vol. 24, No. 3, 1987, pp. 262-292; ウィリアムソンへの批判としては，Carol E. Heim and Philip Mirowsk, "Interest Rates and Crowding-Out during Britain's Industrial Revolution", *Journal of Economic History*, Vol. 47, No. 1, 1987, pp. 117-139; Neal, *The Rise of Financial Capitalism*; Patrick Karl O'Brien, "The Impact of the Revolutionary and Napoleonic Wars, 1793-1815, on the Long-Run Growth of the British Economy," *Review: A Journal of Fernand Braudel Center*, Vol. 12, No. 3, 1989, pp. 335-95 など。また，この議論については，Joel Mokyr, "Has the Industrial Revolution been Crowded Out?", *Explorations in Economic History*, Vol. 24, No. 4, 1987, pp. 293-319 も参照。

110) Neal, *The Rise of Financial Capitalism*, p. 205.
111) Neal, *The Rise of Financial Capitalism*, pp. 216-217.
112) Neal, *The Rise of Financial Capitalism*, pp. 220-221.

第5節　フランス革命・ナポレオン戦争

ンブルクがイギリスとフランスとどのような貿易関係をもったかということに対して，興味深い事実を提示する。まずフランス革命の直前に，ハンブルクからフランスに向かう船舶数が著しく増大し，しかしフランス革命によって大きく低下する。その一方で，フランス革命期にハンブルクからイギリスに向かう船舶数が増加している[113]。1802 年にはロンドンにとって，ハンブルクがヨーロッパ大陸最大の取引相手先になる。しかしナポレオンの大陸封鎖令施行の 1806 年には，イギリスからヨーロッパ大陸に向かう船舶のうち，ハンブルクの船舶が最も多く使用された[114]。

　1795 年にフランス革命軍によりオランダが占領されると，アムステルダムの貿易・金融市場は大きな打撃を受けた。ハンブルクはそれによって，大きな利益を得た。アムステルダムの代替港として台頭したのである。さらにハンブルクは，中立を利用して大きな利益をえた[115]。しかし，フランス革命軍によりドイツが占領されると，ハンブルクの貿易には大きな痛手となった。しかも大陸封鎖令により，中立国・都市の船舶でさえイギリスと取引することが困難になった。これは，それまでの戦争との決定的な相違であり，フランス革命戦争とナポレオン戦争を同一視できない理由がここに見いだされる。

　1808 年には，ナポレオン軍によって占領されたハンブルクの商人の多くがこの都市を離れ，中立国スウェーデンの貿易都市イェーテボリに向かった。ハンブルクはアメリカとの海運業で非常に重要な都市だったので，イェーテボリで目覚ましい商業ブームが起こった。レオス・ミュ

---

　　113) Walter Kresse, *Materialien zur Entwicklungsgeschichte der Hamburger Handelsflotte, 1765-1823*, Hamburg, 1966; これはハンブルクの船舶が大型化したこととも関係があろう。Pierre Jeannin, "Zur Geschichte der Hamburger Handelsflotte am Ende des 17. Jahrhundert: Eine Schffsliste von 1674", *Zeitschrift des Vereins für Hamburgische Geschichte*, Bd. 57, 1971, S. 67-82.

　　114) Burghart Schmidt, "Le Commerce extérieur des villes hanséatiques et temps des guerres de la Révolution", in Isabella Richefort and Burghard Schmidt (dir./Hg.), *Les Relations entre la France et les villes Hanséatiques de Hamburg, Brême et Lübeck Moyen Âge-XIXe siècle/Die Beziehungen zwischen Frankreich und den Hansestädten Hamburg und Lübeck Mittelalter-19. Jahrhundert*, Bruxelles, 2006, pp. 463-498.

　　115) Frauke Röhlk, "Schiffahrt und Handel zwischen Hamburg und Hamburg und den Niederlanden in der zweiten Hälfte des 18. und zu Beginnen des 19. Jahrhunderts", *Vierteljahrschrift für sozial und Wirtschaftsgeschichte*, Beiheft, Nr. 60 Teil I, 1973, S. 4-5.

ラーは，1807-15年を，イェーテボリの「輝ける年月」と呼んだ[116]。したがってもしナポレオン戦争が長引けば，おそらく，アムステルダムからハンブルクに移住し，さらにイェーテボリへと移った商人もいたことであろう。しかしナポレオン戦争が終わると，イェーテボリの役割は終わりを迎えたのである。

おわりに

アムステルダムを中心とするオランダの商業技術・商業ノウハウなどは，商人ネットワークを伝わってイギリス（ロンドン）とハンブルクに移植された。これは，アムステルダムをゲートウェイとして，いくつもの国々・地域の商業技術・商業ノウハウなどが，やがて主としてこの二都市に伝えられたことを意味する。18世紀の北方ヨーロッパ商業は，都市のネットワークという面からみれば，アムステルダム-ロンドン-ハンブルクの三都市の関係が極めて重要であったことが判明しよう[117]。しかも，ロンドンには，ハンブルクを中心とするドイツ商人が大量に流入した[118]。これらの都市の機能の詳細は今後の研究にゆだねなければならないが，ヨーロッパ近世の研究にとって，この三都市の関係が極めて重要であることは疑えない。

さらにアムステルダムの貿易をみると，アムステルダムに立ち寄らず，直接バルト海地方と西欧の港とを航海する「通過貿易」が増えた事実は興味深い[119]。これは，アムステルダムが商業情報の中心地となっていったからこそ可能だったのである[120]。アムステルダムに，ヨーロッパの商業情報が集積していった。18世紀のアムステルダムは，情報のゲート

---

116) レオス・ミュラー著（玉木俊明・根本聡・入江幸二訳）『近世スウェーデンの貿易と商人』嵯峨野書院，2006年，135-141頁。

117) さらにこの三都市は北海に面していた。ここからも，近世における北海経済圏の重要性がみてとれよう。大西洋貿易の台頭は，北海貿易圏の興隆ももたらしたのである。

118) Margrit Schulte-Beerbühl, *Deutsche Kaufleute in London: Weldhandel und Einbürgerung (1660–1818)*, München, 2007, S. 87.

119) ティールホフ『近世貿易の誕生』67-70, 103, 160, 174頁。

120) これについては，第6章をみよ。

ウェイトとして重要であった[121]。

　アムステルダムには，さまざまな地域の商人が同市を訪れ，場合によっては住み着いた。しかし定住する商人の数は必ずしも多くはなく，また別の地域に移動した商人も少なからずいた。それはまた，同市が情報の集約点だったことを暗示する。アムステルダム商人はヨーロッパのいたるところに移動したが，ロンドンとハンブルクがその代表であったことは間違いない。

　この二都市を比較すると，アムステルダムの後継者として，おそらくロンドンの方が若干有利な立場にあったろう。ただその違いは，絶対的といえるほどには大きくはなかったはずである。少なくとも新大陸から輸入される植民地物産の流通に関しては，ハンブルクは十分にロンドンと対抗できたと私は考えている。

　ロンドンを中心とするシステムは，イギリス帝国の形成と関連していた。ロンドンは，首都から帝都になった[122]。それに対しハンブルクを中心とするシステムは，物流を中心として形成された。ハンブルクは，北海と大西洋とヨーロッパ大陸を結ぶ物流の拠点であった。国家の枠組みを重視するウォーラーステインが，ハンブルクの重要性にあまり目を向けなかったとしても不思議ではない。ハンブルクとロンドンの競争は，ナポレオン戦争が終了した1815年になってようやく，ロンドンの優位で決着がつく。それは，経済活動に国家が強力に介入することが，イギリスに成功をもたらしたことも意味した。いいかえるなら，財政＝軍事国家としての成功が，物流面においても，イギリスを勝利に導いたのである。さらに1792年にはロンドンはアムステルダム金融市場に従属していたが，1815年にはアムステルダムがロンドンに従属するようになった[123]。イギリス「帝国」のシステムの勝利に，あるいは，イギリス帝国の確立につながり，中央集権化しなかったオランダ共和国とは異なるシステムが誕生するのである。

---

　　121) McCusker and Gravesteijn, *The Beginnings of Commercial and Financial Journalism*.
　　122) 川北稔「近代ロンドン史の二つの顔——首都から帝都へ」『日本史研究』404号，1996年，32-49頁
　　123) Spufford, "From Antwerp and Amsterdam to London", p. 169.

そしてフランス革命・ナポレオン戦争により，最終的にハンブルクではなく，ロンドンがヨーロッパ世界経済の中心となり，やがて文字通り世界経済の中心となる。それは，アムステルダム，さらにはハンブルクの影響力なしでは，考えられなかったのである。

したがって，オランダがイギリスの経済的発展を抑制したのではなく，むしろ促進したと捉えるべきであろう[124]。最初のヘゲモニー国家オランダが，次のヘゲモニー国家イギリスの誕生に貢献したのである。それはまた，商人の移動・投資によってヘゲモニー国家が産み出されたという一面があったことも意味するものであろう。また，ハンブルクは確かに1815年以降復活した。しかしロンドンは，イギリスの帝都としての地位を高め，世界経済の中心都市として機能するようになったのである。

---

124) 玉木俊明「オランダのヘゲモニーをめぐって　タールト論文への若干の疑問」松田武・秋田茂編『ヘゲモニー国家と世界システム──20世紀をふりかえって』山川出版社，2002年，77-87頁。

終　　章
　　　　　　　　　―――――

　バルト海貿易を経済の中核とし，北方ヨーロッパ経済でヘゲモニーを握った商業資本主義のオランダがいたからこそ[1]，産業資本主義国家イギリス（ただし，国民経済計算に占める産業資本の割合が最大になるのは，もっとあとのことであろうが）が誕生した。それは，北方ヨーロッパ経済圏内部でヘゲモニーが移動したことをも意味した。イギリス産業革命は，オランダの「支援」（オランダ人は毛頭そんなことは考えなかったのだが）がなければ成功しなかったであろう。

　もちろん，これは近世ヨーロッパの商業，さらには産業革命発生をめぐる数多くの視点の一つにすぎない。どのような研究も，研究対象の一面からしか光をあてられない。イギリスが世界に先駆けて産業革命を発生させた理由はたくさんあろう。そのすべてを論じることは，どのような研究者にもできることではない。また，すべての歴史家がこの問題を研究したところで，抜け落ちる部分は非常に多いはずである。それは，率直に認めなければならないことであろう。

　現実には，イギリス産業革命発生の決定的な理由をみつけることは不可能である。そもそも，そのような理由自体があるとも思えない。さまざまな要因が折り重なって発生したことであるに違いない。ポメランツがいうように，石炭が利用できたことも理由の一つであったことは間違いない[2]。あるいはオブライエンの主張どおり，農業の生産性が高かっ

────────
　1）　オランダ経済にとっては，長距離貿易ではなく，沿岸交易が重要だったと主張する研究として，Henriette de Bruyn Kops, *A Spirited Exchange: The Wine Trade between France and the Dutch Republic in its Atlantic Framework, 1600-1650*, Leiden, 2007.

たので農業労働者の比率が少なくて済み，工業労働者の誕生を促したはずである[3]。また，川北のいうように，いわゆる第一次重商主義帝国の形成により新市場が誕生し，それが工業化の歴史的前提となったことも事実であろう[4]。モキアのいうように，知識経済の発達が重要であったろう[5]。また，オランダ人以外に，ユグノーも大量にイギリスに亡命し，経済発展に大きな役割を果たした。ドイツ商人の役割も無視できなかった[6]。したがって，イギリス側のプル要因は何だったのかということももっと考える必要がある。それについては，古くからの議論と同じになるが，財政面では，議会が国債の償還を保証するファンディング・システムが重要であった。新制度学派の議論にもとづくなら，所有権の確保が鍵ということになろう。

しかし，世界システム論からみれば，本書のような議論も成立するということが，私の主張である。

オランダの台頭にも，いくつもの偶然的要素が加わったことはいうまでもない。そのなかで鍵となったのは，ヨーロッパの人口増大のため，1550年代にオランダの穀物輸入先がドイツ・フランスからバルト海地方に代わり，ダンツィヒから輸入される穀物の中継港として重要になり，しかも急激に人口が増大したことである。アムステルダムにはハンザの商業技術，アントウェルペンを通したジェノヴァの商業技術が移植された。バルト海・北海と地中海で培われてきた商業技術がこの地で融合したのである。少なくともこれらの一部は偶然におこった。しかしその偶然が，世界史上重要な出来事をもたらすことになった。それは，バルト

---

2) Kenneth Pomeranz, *The Great Divergence: China, Europe, and the Making of the Modern World Economy*, Princeton, 2000.

3) パトリック・オブライエン著（秋田茂・玉木俊明訳）「不断の関係——貿易・経済・財政国家・大英帝国の拡大（1688-1815 年）」『帝国主義と工業化——イギリスとヨーロッパからの視点』ミネルヴァ書房, 2000 年, 131-164 頁。Patrick Karl O' Brien, "Path Dependency: Why Britain became an Industrialised and Urbanised Economy long before France", *Economic History Review*, Vol. 49, No. 2, 1996, pp. 213-249.

4) 川北稔『工業化の歴史的前提——帝国とジェントルマン』岩波書店, 1983 年。

5) Joel Mokyr, *The Gifts of Athena: Historical Origins of The Knowledge Economy*, Princeton, 2004, p. 29.

6) Margrit Schulte-Beerbühl, *Deutsche Kaufleute in London: Welthandel und Einbürgerung, 1660-1880*, München, 2007.

海貿易に基盤をおき，オランダ経済を中心とする北方ヨーロッパ経済が誕生したからである。重商主義戦争に端を発したディアスポラにより，この地域には同質的な商人が拡散し，そのため取引費用が低下した。そのため，北方ヨーロッパが南方ヨーロッパに対し経済的に優位に立ち，ヨーロッパ内部での「大いなる相違」が生じた。

アムステルダムは宗教的寛容の地として知られるが，その理由として，急速に発達する都市においては，宗派を選んでいては商業活動が成り立たなかったこともあげられる。アムステルダムには，大量のセファルディムも移住してきた。このような都市には，他の都市にはみられない規模での商業技術が蓄積されたものと思われる。確かにこれ以前にも，アルプス以北に限定しても，ブリュッヘ，アントウェルペンなど，重要な商業拠点があった。しかしアムステルダムの規模は明らかにそれまでとは違った。

たとえばポーランドはアムステルダムに穀物を輸出することで巨額の利益を得ていた。しかしその代償として，海上輸送面ではオランダに依存することになり，ポーランドはオランダなしでは貿易活動が困難な国になった。このように，オランダは他国の経済の内部にまで強い影響を及ぼすことができた。

オランダ国内やドイツを中心として，アムステルダムに多数の商人が移住した。彼らのなかには，一世代のうちに，あるいは数世代のあいだに別の都市に移住した者もいた。したがってアムステルダムは，ヨーロッパ最大のゲートウェイとして機能した。彼らはアムステルダムで学んだ最新の商業技術を身につけて他都市に移住し，アムステルダムの商業技術を他地域に広め，その地域の商業発展に貢献することになった。このような事態は，少なくとも北方ヨーロッパ経済の取引費用を削減した。しかし同時に，アムステルダムの優位性を掘り崩すことにもつながったのである。

アムステルダムという都市がなければ，ルイ・ドイェールはスウェーデンに移住できなかったであろう。だとすれば，スウェーデンの経済発展は遅れたかもしれない。しかしスウェーデンの鉱山開発に成功したアムステルダム経由の（あるいはオランダの諸都市，ないしワロン系）移民は，イングランドに大量の鉄を輸出し，古い表現を用いるなら，イギリ

スの第一次重商主義帝国形成に寄与した。オランダからのスウェーデン移民は、まったく母国ないし出身国の利害を考慮に入れなかったのである。

　オランダ商人とハンブルク商人との関係も密接であった。たとえばアムステルダムのセファルディムは、戦時にはハンブルクに逃げ、商業活動を続けた。ハンブルクはルター派の都市であり、セファルディムは市民権を獲得することはできなかったが、商業に従事することはできた。このような事実も、アムステルダムに対する忠誠心を失わせる結果をもたらしたことであろう。いや、そのようなものは、元来なかったのかもしれない。

　ハンブルクとイギリスの大西洋貿易は大きく伸びた。オランダの大西洋貿易も成長したが、ハンブルクやイギリスほどではなかった。しかもこの二地域の貿易増を促進したのも、アムステルダム商人だったのである。正確にいえば、'Merchants in Amsterdam' であった。

　オランダは確かに「最初の近代経済」だったかもしれない。しかし「最初の近代経済国家」ではなく、その栄誉はイギリスが手に入れた。17世紀には圧倒的に優位に立つ海運国家オランダであったが、18世紀になるとその地位が脅かされたのは、後発国である各国が経済への介入を強め、中央集権化をすすめ、「財政＝軍事国家」となり、市場を国家が保護し、公共財を提供し、先発国のオランダに挑戦したからである。

　その勝者はむろんイギリスであった。しかしイギリスはオランダに対抗し、それに打ち勝っただけではなく、オランダ人がイギリスに移住し、イギリスの国債を購入し、イギリスの戦争での勝利を助けたからでもあった。

　イギリスは、商人の活動を「帝国」の枠内でうまく管理できたように思われる。一方オランダには、そのような意識があったとは思われない。また、オランダの国制では、そのようなことは不可能だったろう。商人の利害を国家の利害と一致させることができた国 (state) がイギリスで、そうすることができなかった国 (country) がオランダであった。また七年戦争の時点ですでに、インドがイギリス帝国の財政上不可欠な存在になりつつあったのに対し[7]、オランダ東インド会社は、本国の中央政府の財政に与えた影響がイギリス東インド会社ほど大きかったとは思わ

れないことからも，両国の「帝国」のあり方が根本的に違うものだったと考えられよう。

　二つのヘゲモニー国家には，このような関係が存在した。ヘゲモニーの移行には長い時間を要した。本書が対象とする時代が長期に及ぶのはそのためである。しかも当時の人々には，ヘゲモニーが移行したことが，世界史的な意味をもつものとは思えなかったであろう。アムステルダムとロンドンの距離は近く，この二都市の商人・金融業者の関係は密接であったからである[8]。また，アムステルダム，ハンブルク，ロンドンは一つの共同体を形成していたという意見もある[9]。この三都市の関係は，近世ヨーロッパを論ずるうえで非常に重要な問題である[10]。18世紀のヨーロッパ商業・金融において，時期，地域による濃淡はあれ，アムステルダム，ロンドン，ハンブルク[11]が最も重要な都市であった。この三都市の融合過程が，北方ヨーロッパ経済の統合を意味し，さらにその機能は1815年以降，主としてロンドンが受け継ぐことになり，イギリス帝国の帝都となる。

　アムステルダムとハンブルクは，「ゲートウェイ」という点でかなり似ていた。いわば，類似したシステムをもつ都市であった。それに対しロンドンはイギリス帝国の帝都であり，より新たなシステムを代表していた。ロンドンの勝利は，最終的には，「帝国」というシステムが，物流を基軸としたシステムを包摂したことを意味した。ゲートウェイのシステムはより商業的であり，帝国のシステムははるかに政治を重視したシステムである。そして，より古くからあった物流を中心とする商人の

---

7) Huw Bowen, *The Business of Empire: the East India Company and Imperial Britain, 1756-1833,* Cambridge, 2006.

8) Tom M. Devine, *Scotland's Empire 1600-1815,* London, 2004.

9) Daniel M. Swetschinski, *Reluctant Cosmopolitans: The Portuguese Jews of Seventeenth-Century Amsterdam,* London, 2000, p. 69.

10) またそれがイギリス帝国の形成に与えた影響も，特にイギリス史にとっては重要な問題となるはずである。

11) ヤリ・オヤラによれば，1800年頃にはアムステルダムの機能が低下した分を，ハンブルクが補った。どちらも，金融拠点であった。フィンランドの著名な商人ファランダーFalander がアムステルダムに送った34通の手紙のうち15通が，ハンブルクに送った23通が，通貨の移動に関するものであった。Jari Ojala, "The Problem of Information in Late Eighteenth and Early Nineteenth-Century Shipping: A Finnish Case", *International Journal of Maritime History,* Vol. 16, No. 1, 2002, pp. 189-208.

ネットワークが,「帝国」というより政治的なシステムに取って代わられた。これは,近世から近代への移行も意味した。

　アムステルダムの最盛期,ないしオランダの「黄金時代」の商人は自分たちの国籍を意識しない「無国籍」商人であった。それに対しイギリスがヘゲモニーを握ったあとの時代の商人は,ナショナリズムの高揚もあり,多少とも自分たちの国籍を意識するようになった。明確な時期を特定することは不可能だが,19世紀のヨーロッパで,いわゆる「国民国家」が誕生したことはまぎれもない事実である。この時代に国際商業に従事する商人は,「多国籍商人」とでも呼ぶべきであろう。

　「無国籍」から「多国籍」への変化は近世から近代への転換を示し,またオランダのヘゲモニーとイギリスのヘゲモニーの相違をも意味する。本書で論じたのは,「無国籍」商人が活躍した時代の北方ヨーロッパ経済である。「多国籍」商人の時代は,本書で取り扱われる時代のあとに属する。

あ と が き

　私が近世のバルト海貿易を対象として研究を開始したのは，大学院博士前期課程に進学して少し経過した1987年7月頃であったから，もう20年以上も前のことになってしまった。もともと，イギリス帝国形成と海上保険の発達の関係について研究しようと思っていたのだが，当時の私には海上保険の理論がまったく理解できず，困っていた時にたまたま読んだのがフェドロヴィッチ[1]とサプル[2]の書物であった。私はそれまで，ハンザの衰退と共にバルト海貿易も衰退すると思っていたのだが，それが間違いであることは彼らの研究からすぐにわかった。しかし，研究がスムースに進行したわけではない。この分野は当時の日本ではほとんど誰も手をつけておらず，ヨーロッパでも研究が進んでいるとはいえなかった。闇夜でカラスを探すにも似た気持ちであった。しかし，バルト海貿易の，さらには北方ヨーロッパの商業と経済の研究の面白さに取り憑かれて，今日まで来てしまったというのが実感である。

　それでも最初は，イギリスのバルト海貿易を研究しようと思っていたし，大学院生のあいだはそのような方向で研究を進めていた。しかし，本書でもたびたび言及した『エーアソン海峡通行税台帳』を分析していくにつれ，私の頭のなかでは「イギリス史」ではなく「バルト海地方」の方が重要になっていき，私自身のアイデンティティは，「イギリス史家」ではなく「バルト海貿易史家」に，さらには「北方ヨーロッパ史家」へと転換していった。そのぶん，語学の習得には時間を要した。

　また，財政史への関心をもちはじめたのは，日本学術振興会特別研究員時代の1995年のことであった。やがて，北方ヨーロッパ経済の形成

---

　1) J. K. Fedorowicz, *England's Baltic Trade in the Early Seventeenth Century*, Cambridge, 1980.
　2) B. E. Supple, *Commercial Crisis and Change in England, 1600-1642*, Cambridge, 1959.

と「財政＝軍事国家」とは大きな関係があることに気づくようになった。本書を執筆する過程で，そのことを強く意識せざるを得なくなった。

　ナショナルヒストリーから広域史へという研究スタイルの変化は，経済学部に奉職するようになったことも大いに関係している。文学部の歴史学では，たとえ西洋近世史という講座の教員であっても，どこかの国の専門家でなければならないという意識が染みついている。経済学部の経済史においても，事情はあまり変わらないであろう。しかし，現代経済を研究する人々と直接知り合うようになると，国境を超えた研究をすることに違和感がなくなっていった。しかも，それ以前の私は単に「経済現象を扱う」歴史家にすぎなかったが，「経済理論にもとづいた研究をする」歴史家に変わっていったように感じている。そのような変貌を遂げたとすれば，京都産業大学経済学部の同僚との会話で，次第に経済学の思考法が身についていったからである。第1章が作成されたのは，彼らのおかげである。

　私の世代は，もはや旧世代に属し，「課程博士論文」なるものを書いた人はほとんどいなかった。就職して十数年，場合によっては何十年もかけて一冊の書物を上梓する。その水準は，課程博士論文よりは高いかもしれないが，まだ同時に一つのモノグラフではなく，論文集になってしまうことが多い。本書の執筆に際し，何よりも念頭においたことは，一つの主張をもったモノグラフを出版するということであった。

　20年間は，変化の早い現代では，「長期」といっても過言ではないほど長い年月である。このあいだに，日本の西洋史学界の研究環境はガラリと変わった。私が大学院生になった頃は，外国人研究者が日本を訪れることはあまりなく，外国の情報にじかに触れる機会はほとんどなかった。しかし，特に21世紀に入ってから，外国人研究者の報告を日本で聴くことはなにも珍しいことではなくなり，以前なら論文上でしか知ることができなかった高名な外国人研究者と直接話をすることも可能になった。インターネットの普及で，外国人研究者と直接メールのやりとりをすることが日常の姿となった。外国の学会で発表する日本人研究者も少なくはない。本書のもとになった論文が最初に書かれた1989年と本書の上梓の2008年とでは，研究環境にそのように大きな相違がある。その変化からえられた特典も，できるだけ反映させたつもりである。

あとがき

　この「あとがき」を書けるようになるまでの過程で，私は本当に多くの方々のお世話になった。同志社大学大学院入学当時の指導教員であった故大下尚一先生は，バルト海貿易という海のものとも山のものともわからない――正確には，「海」のものであったことだけは確かだが――分野を選んだ私を熱心に指導してくださった。次いで指導教員となった今関恒夫先生にも，同様の指導をしていただいた。故越智武臣先生の授業を大学院の同級生である和栗珠里さんと一緒に受けたのは昭和の最後であったが，今もなおその授業を忘れることはない。

　大学・大学院時代を通じて，浅香正先生，永井三明先生，望田幸男先生には，ひとかたならぬお世話になった。石坂尚武先生の研究室には何度もお邪魔し，コーヒーをご馳走になった。大学で最初に授業を受けた中井義明先生にも，随分とお世話になった。私の就職が決まった時に，我がことのように喜んでいただいたことは決して忘れない。

　1996年に結成された国際商業史研究会では，極めて密度が高い実証的アプローチをする研究者が集まり，一国史にとらわれない視野から研究発表がなされる。私はこの研究会のメンバーから，常に大きな刺激を受けてきた。リーダーであるフランス国際商業史家の深沢克己先生をはじめとして，イタリア史の齋藤寛海先生，ペルシア史の羽田正先生には教わることばかりである。さらにドイツ史の斯波照雄先生，イギリス史の川分圭子氏と西川杉子氏，トルコ史の堀井優氏には，日頃からお世話になりっぱなしである。この研究会で，地中海商業や中東の商業についての発表を聴くことで，私の視野は大きく広がった。

　バルト海地方や北欧の研究者である友人たちから，絶えずさまざまな面でサポートを受けてきた。デンマーク史の知識は牧野正憲先生，井上光子氏から，スウェーデン史の知識は根本聡氏，入江幸二氏，佐藤睦朗氏から，ドイツ・ハンザの知識は谷澤毅氏，柏倉知秀氏から，オランダ史の知識は山本大丙氏，杉浦未樹氏から，ロシア史の知識は塩谷昌史氏から授けていただいた。特に塩谷氏は，私の草稿を読み，貴重なコメントをしてくださった。彼らからの知識提供がなければ，本書は完成しなかったはずである。

　私の職場である京都産業大学では，川北稔先生が，いつも社会とのかかわりから歴史をみていくように示唆してくださる。川北先生と同僚に

なるということがこれほど歴史研究の刺激になるのかと，驚かされる日々を送っている。さらに経済史の同僚である齋藤健太郎氏と山内太氏，西洋法制史の耳野健二氏，日本史の若松正志氏から，さまざまな助言をいただいている。狹間直樹先生からは，中国史研究の水準の高さを実感させられている。

外国人研究者を多数招聘しているグローバルヒストリーセミナーの研究からも，多くのことを学ばせていただいている。秋田茂先生，杉原薫先生，久保亨先生，水島司先生，ヴォルフガング・シュベントカー先生，山下範久氏から刺激的なお話をうかがい，研究上の励みになっている。

また，高田実先生，乳原孝先生，奥西孝至先生，重富公生先生，佐村明知先生，井内太郎先生，富田理恵氏，小山啓子氏，嶋中博章氏，森口京子氏からも，日々研究上有益な助言をいただいている。

先述のように，今日では，日本においても，外国人研究者との交流なしでは，西洋史研究をすることは不可能になっている。私の研究も，彼らの書物や論文だけではなく，直接会って対話をすることで大きく進展してきた。

バルト海地方の歴史研究者として最大の権威であるデヴィド・カービー氏の知識の広さ，深さには驚嘆するほかない。彼の研究は，「バルト海世界」に私が興味をもつ引き金となった。

レオス・ミュラー氏とは，スウェーデンに行くたびに会い，意見を交換している。その視野の広さ，話題の豊富さにはいつも圧倒される。ヤリ・オヤラ氏は，私にボスニア湾の重要性について気づかせてくれた人物である。さらにこの二人は，大国中心史観に陥りがちな私に対し，小国の役割の重要性を理解させてくれた。第4章と補論Ⅱは，彼らの助力なしでは執筆できなかった。

マーヨレイン・タールト氏とヴァンチェ・フリッチー氏からはオランダ財政史を，リチャード・ボニー氏からはフランス財政史を，パトリック・オブライエン氏からはイギリス財政史を学んだ。オブライエン氏は研究者として優れているばかりか，人格者であり，私が最も尊敬する研究者である。彼らの研究は，本書のフレームワークを構成するにあたり重要な役割を果たした。

ピエリク・プルシャス氏はフランスのバルト海貿易についての，クラ

ウス・ヴェーバー氏はハンブルクの貿易についての，シルヴィア・マルザガリ氏はボルドーの貿易についての知見を提供してくれた。彼らのアドヴァイスは，第7章と第8章作成に大いに寄与した。ミヒャエル・ノルト氏との対話は，バルト海貿易の全体像を形成するにあたり大きな刺激剤となった。

オランダのバルト海貿易についてはミルヤ・ファン・ティールホフ氏の研究が非常に役立った。情報拠点としてのアムステルダムは，クレ・レスハー氏とヤン・ド・フリース氏の研究から示唆を受けた。この三名の研究は，本書の構成全体に反映している。

歴史研究を進めるうえで，文書館に通い，史料を読み，研究史を整理することだけが重要なわけではない。さまざまな人々と意見を交換し，議論をすることで，論文や書物の骨格が形成されると私は信じている。e-mailや電話でも情報は交換できるが，何よりも大事なのは，直接会って話をすることである。本書の執筆には，多くの人々との議論が不可欠であった。

京都で，大阪で，神戸で，東京で，札幌で，福岡で，友人たちが私の話に耳を傾けてくれた。さらに，ロンドン，レスター，アムステルダム，ライデン，フローニンゲン，ウプサラ，ストックホルム，ヘルシンキ，ユヴァスキュラ，ハンブルク，グライフスヴァルト，パリ，ロリアン，パンプロナなどの諸都市で，多くの外国人研究者，場合によっては日本人研究者と議論を重ねた。それは，振り返ればとても楽しい想い出である。

知泉書館の小山光夫社長からは，論文ではなく書物を書く場合の基本的方法を教えていただいた。高野文子さんは，献身的にサポートしてくださった。

私がお世話になったのは，直接ご芳名を記した人たちばかりではない。紙幅の関係でお名前を書けなかった多数の方々の支援も得て，本書は書かれた。それらの方々すべてにお礼申し上げる。しかしいうまでもなく，必ずあるはずの誤りは，すべて私の責任である。

最後になるが，私が研究者になるきっかけをつくった人物について語ることをお赦しいただきたい。高校時代の恩師である小泉育代先生こそ，私が西洋史家を志すきっかけをつくってくだった方である。阿倍野高校

の社会科準備室で，小泉先生からどれほど多く，歴史について語っていただいたことだろう。それこそ，私の歴史研究の出発点となった。先生の世界史の授業に出席しなかったなら，私は別の道を歩んでいたはずである。高校生時代，研究者になって最初の本を出版したあかつきには，「小泉先生にささげる」と書くと約束した。なんと無謀な約束だったことか。その約束は，大学生の時も，大学院生の時も，日本学術振興会特別研究員の時も，そして就職してからも，決して忘れることはなかった。本書を小泉先生にささげられることが，先生との約束を果たせることが，何よりも嬉しいのである。

2008年7月

京都にて

玉 木 俊 明

　本書の出版に際しては，京都産業大学出版助成制度による助成金を受けた。

初 出 一 覧

序章　（書き下ろし）
第1章　商業資本主義の諸相　（「近世におけるヨーロッパの経済発展とオランダの役割——アムステルダム・ロンドン・ハンブルクの関係」『京都マネジメント・レビュー』第10号, 2006年）
補論Ⅰ　経済発展と国家の役割——国家財政と商人のネットワーク　（書き下ろし）
第2章　地中海からバルト海へ—— 1600年頃のヨーロッパ経済の中心の移動　（「地中海からバルト海へ—— 1600年頃のヨーロッパ経済の中心の移動」『文化史学』45号, 1989年）
第3章　「穀物の時代」のバルト海貿易—— 1561-1657年：『エーアソン海峡通行税台帳 前編』の分析　（「バルト海貿易 1560-1660年——ポーランド・ケーニヒスベルク・スウェーデン」『社会経済史学』第57巻5号, 1992年）
第4章　近世スウェーデンのバルト海貿易——「大国時代」を中心に　（「『強国の時代』のスウェーデンの貿易 1611-1720年」『立命館史学』15号, 1994年,「スウェーデン領リガ・レヴァルの海上貿易 1671-1700年」『経済経営論叢』第34巻第4号, 2000年,「近世スウェーデン史概観」『京都マネジメント・レビュー』第12号, 2007年）
補論Ⅱ　スウェーデンの貿易とフィンランド・イェーテボリの関係　（「近世スウェーデン史概観」『京都マネジメントレビュー』第12号, 2007年）
第5章　「原材料の時代」のバルト海貿易 1661-1780年：『エーアソン海峡通行税台帳 後編』の分析　（書き下ろし）
第6章　イギリスのバルト海・白海貿易 1661-1780年——オランダとの比較を中心に　（「イギリスのバルト海貿易 1661-1730年」『西洋史学』

176 号，1995 年，「イギリスのバルト海貿易 1731-1780 年」『社会経済史学』第 63 巻 6 号，1998 年，「イギリスとオランダのバルト海・白海貿易——ロシアとの関係を中心に」深沢克己編『近代ヨーロッパの探究 9 国際商業』ミネルヴァ書房，2002 年）

第 7 章　ハンブルクの貿易——もう一つの世界システム　（「18 世紀のハンブルク中継貿易——フランス大西洋貿易の拡大との関係を中心に」『関学西洋史論集』21 号，1998 年，「ボルドー・アムステルダム・ハンブルクの貿易関係——大西洋貿易の拡大とヨーロッパ大陸北部の商業」『関西大学西洋史論叢』第 4 号，2001 年，「18 世紀ヨーロッパ商業におけるハンブルクの位置——大西洋貿易の拡大との関係を中心に」『関西大学西洋史論叢』第 5 号，2002 年）

補論Ⅲ　18 世紀の世界貿易拡大と北方ヨーロッパ経済の変貌　（「18 世紀の世界貿易拡大と北方ヨーロッパ経済の変貌——バルト海貿易を中心に」玉木俊明編『「バルト海世界」の商業——中世のハンザ商人から近代のロシア商人まで　12-19 世紀』昭和堂，2009 年出版予定）

第 8 章　ヨーロッパの経済発展とオランダの役割——ロンドンとハンブルク　（「イギリスの工業化とオランダの金融資本——ニール著『金融資本主義の台頭』を手掛かりとして」『歴史の理論と教育』83 号，1992 年，「近世ヨーロッパ商業史・経済史に関する覚書——オランダの事例を中心に」『京都マネジメント・レビュー』第 7 号，2005 年）

終章　（書き下ろし）

＊いずれも，大幅に加筆・修正した。

参 考 文 献

Manuscript Source
Customs 3 (National Archive, London)

Printed Primary Sources
Bang, Nina Ellinger and Knud Korst (eds.), *Tabeller over Skibsfart og Varetransport gennem Øresund 1497-1660*, 3 Vols., Copenhagen and Leipzig, 1906-1933.（『台帳　前編』).

Bang, Nina Ellinger and and Knud Korst (eds.), *Tabeller over Skibsfart og Varetransport gennem Øresund 1661-1783 og gennem Storebælt 1701-1748*, 4 Vols., Copenhagen and Leipzig 1930-1953.（『台帳　後編』).

Boëthius, B. och Eli F. Heckscher (red.), *Svensk Handelsstatistik, 1637-1737*, Stockholm, 1938.

Historisk Statistik för Sverig, Del. 3, *Utrikeshandel 1732-1970*, Stockholm, 1980.

Lind, Ivan, *Götegorgs Handel och Sjöfart 1637-1920*, Göteborg, 1923.

Roseveare, Henry (ed.), *Markets and Merchants of the Late Sventeenth Century: The Marescoe-Daivid Letters, 1668-1680*, Oxford, 1991.

Schneider, J., O. Krawel und M. Denzel (Hg.), *Statistik des Hamburger seewärtigen Einfuhrhandels im 18. Jahrhundert*, St. Katharinen, 2001.

Thirsk, J. and J. Cooper (eds.), *Seventeenth Century Economic Documents*, Oxford, 1972.

Literature
Ågren, Karin, *Köpmann i Stockholm: Grosshandlares ekonomiska och sociala strategier under 1700-talet*, Uppsala, 2007.

Ahnlund, A., *Gustav Adolf the Great*, rep., Wesport, 1983.

Ahonen, Kalvi, *From Sugar Triangle to Cotton Triangle: Trade and Shipping between America and Baltic Russia, 1783-1860*, Jyväskylä, 2005.

Alanen, Aulis J., "Stapelfriheten och Bottniska Städerna 1766-1808", *Svenska Litterursällskapets Historiska och litteraturhistoriska studier 30-31*, Helsingfors, 1956, s. 101-246.

Alanen, Aulis J., *Der Aussenhandel und die Schiffahrt Finlands im 18. Jahrhundert*, Helsinki, 1957.

Åmark, K., *Spannmålshandel och Spannmålspolitik i Sverige 1719-1830*, Stockholm, 1915.

Andersen, Dan H., *The Danish Flag in the Mediterranean: Shipping and Trade,*

1747-1807, Ph. D. Thesis, University of Copenhagen, 2 Vols, 2000.

Antunes, Cátia, *Globalisation in the Early Modern Period: The Economic Relationship between Amsterdam and Lisbon, 1640-1705*, Amsterdam, 2004.

Ashton, T. S., "Introduction" in E. B. Schumpeter, *English Overseas Trade Statistics, 1697-1808*, Oxford, 1960, pp. 1-14.

Ashtor, E., "Levantine Alkali and European Industries", *Journal of European Economic History*, Vol. 12, No. 3, 1983, pp. 475-522.

Aston, Trevor (ed.), *Crisis in Europe, 1560-1660: Essays from Past and Present*, London, 1965.

Åström, Sven-Erik, "The English Navigation Laws and the Baltic, 1660-1700", *Scandinavian Economic History Review*, Vol. 8, No. 1, 1960, pp. 3-18.

Åström, Sven-Erik, *From Stockholm to St. Petersburg: Commercial Factors in the Political Relations between England and Sweden, 1675-1700*, Helsinki, 1962.

Åström, Sven-Erik, "From Cloth to Iron: The Anglo-Baltic Trade in the Late 17th Century", Part I: "The Growth, Structure and the Organization of the Trade", *Commentationes Humanum Litterarum*, XXIII, 1, Helsinki 1963.

Åström, Sven-Erik, "From Cloth to Iron: The Anglo-Baltic Trade in the Late 17th Century", Part II: "The Customs Accounts as Accounts Sources for the Study of Trade ", *Commentationes Humanum Litterarum*, XXXVII, 3, Helsinki, 1965.

Åström, Sven-Erik, "English Timber Imports from Northern Europe in the Eighteenth Century", *Scandinavian Economic History Review*, Vol. 18, Nos. 1-2, 1970, pp. 12-32.

Åström, Sven-Erik, "The Swedish Economy and Sweden's Role as a Great Power", in Michael Roberts (ed.), *Sweden's Age of Greatness, 1632-1718*, London, 1973, pp. 58-101.

Åström, Sven-Erik, "Technology and Timber Exports from the Gulf of Finland", *Scandinavian Economic History Review*, Vol. 23, No. 1, 1975, pp. 1-14.

Åström, Sven-Erik, "Foreign Trade and Forest Use in Northeastern Europe, 1660-1860", in A. Maczak. and W. N. Parker (eds.), *Natural Resources in European History: A Conference Report*, Washington, 1978, pp. 43-64.

Åström, Sven-Erik, "North European Timber Exports to Great Britain 1760-1810", in P. L. Cottrell and D. H. Aldcroft (eds.), *Shipping, Trade and Commerce: Essays in Memory of Ralph Davis*, Leicester, 1981, pp. 81-97.

Åström, Sven-Erik, "The Role of Finland in the Swedish and National War Economies during Sweden's Period as a Great Power", *Scandinavian Journal of History*, Vol. 11, No. 2, 1986, pp. 135-147.

Åström, Sven-Erik, "From Tar to Timber: Studies in Northeast European Forest Exploitation and Foreign Trade 1660-1860", *Commentationes Humanum Litterarum*, LXXXV, Helsinki, 1988.

Attman, Artur, *The Russian and Polish Markets in International Trade,*

1500-1650, Göteborg, 1973.
Attman, Artur, *The Bullion Flow between Europe and the East 1000-1750*, Göteborg, 1981.
Baasch, Ernst, *Hamburgs Convoyschiffart und Convoywesen: Ein Beitrag zur Geschichte der Schiffart und Schiffantseinrichtungen im 17. und 18. Jahrhundert*, Hamburg, 1896.
Baasch, Ernst, *Forschungen zur hamburgischen Handelsgeschichte*, Hamburg, 1898.
Baasch, Ernst, "Hamburg und Holland im 17. und 18. Jahrhundert", *Hansische Geschichtsblätter*, Bd, 16, 1919, S. 45-102.
Baasch, Ernst, "Zur Statistik des Ein- und Ausfuhrhandels Hamburgs Anfang des 18. Jahrhundert", *Hansische Geschichtsblätter*, Bd. 54, 1929, S. 89-143.
Bairoch, Paul, *Cities and Economic Development: From the Dawn of History to the Present*, Chicago, 1985.
Barbour, V., *Capitalism in Amsterdam in the Late 17th Century*, Baltimore, 1962.
Benninghoven, F., *Rigas Entstehung und der frühhansische Kaufmann*, Hamburg, 1961.
Bentele, G., (Hg.), *Leipzigs Messen, 1497-1997: Gestaltwandel-Umbruche-Neubeginn*, 2 Bde., Köln, 1999.
Blanchard, Ian, "Russia and International Iron Markets, ca. 1740-1850", Presented to Conference "Commodity Markets and the Mercantile Contribution to Industrialisation" Held at the University of Glamorgan, 20-21 April 2001.
Board, M. D., "Explorations in Monetary History: A Survey of the Literature", *Explorations in Economic History*, Vol. 23, No. 3, 1986, pp. 339-415.
Bochove, Christiaan van, "*De Hollandse harinvisserij tijdens de vroemoderne Tijd*", *Tijdschrift voor sociale en economische Geschiedenis*, Vol. 1, No. 1, 2004, pp. 3-27.
Bochove, Christiaan van and Jan Luiten van Zanden, "Two Energies of Early Modern Economic Growth? Herring Fisheries and Whaling during the Dutch Golden Age (1600-1800), in S. Cavaciocchi (ed.), *Ricchezza del Mare secc XIII-XVIII*, Le Monnier, 2006, pp. 557-574.
Bogucka, Maria, "Merchants' Profits in Gdansk Foreign Trade in the First Half of ths 17 th Century, *Acta Poloniae Historicae*, No. 23, 1971, pp. 73-90.
Bogucka, Maria, "Amsterdam and the Baltic in the First Half of the 17th Century", *Economic History Review*, 2nd ser., Vol. 29, No. 3, 1973, pp. 433-447.
Bogucka, Maria, *Das alte Danzig: Alltagsleben von 15. bis 17. Jahrhundert*, München, 1980.
Bogucka, Maria, "The Role of Baltic Trade in European Development from the XVIth to the XVIIth Centuries", *Journal of European Econimoic History*, Vol. 9, No. 1, 1980, pp. 5-20.
Bogucka, Maria, "The Baltic and Amsterdam in the First Half of the 17th Century",

in *The Interactions of Amsterdam and Antwerp with the Baltic Region, 1400-1800*, Leiden, 1983, pp. 51-57.

Bogucka, Maria, *Baltic Commerce and Urban Society, 1500-1700*, Aldershot, 2003.

Böhme, Klaus Richard, "Builuding a Baltic Empire: Aspects of Swedish Expansion, 1560-1660" in Göran Rystad, Klaus Böhme and Wilhelm C. Carkgren (eds.), *In Quest of Trade and Security: The Baltic in Power Politics, 1500-1990*, Vol. I: *1500-1890*, Lund, 1994, pp. 177-220.

Bonney, Richard, "The State and its Revenues in Ancien Regime in France", *Historical Research*, Vol. 65, 1992, pp. 150-176.

Bonney, Richard, "Le secret de leurs familles: the Fiscal and Social Limits of Louis XIV's dixieme", *French History*, Vo. 7, No. 4, 1993, pp. 383-416.

Bonney, Richard (ed.), *Economic Systems and State Finance*, Oxford. 1995.

Bonney, Richard, "What's new about the new French Fiscal History?", *Journal of Modern History*, Vol. 70, No. 3, 1998, pp. 639-667.

Boon, Piet, "West Friesland and the Sound (1681-1720): Sound Toll Registers, Sound Toll Tables and the Facts in West Friesland", in W. G. Heers, L. M. J. B. Hesp, L. Noordegraaf and R. C. W. van der Voort (eds.), *From Dunkirk to Danzig: Shipping, and Trade in the North Sea and the Baltic, 1350-1800*, Hilversum, 1988, pp. 171-189.

Boon, Piet, *Bouwers van de Zee: Zeevaren van het Westfriese Platteland, c. 1680-1720*, Den Haag, 1996.

Bowen, Huw, *The Business of Empire: the East India Company and Imperial Britain, 1756-1833*, Cambridge, 2006.

Brakel, S. van, "Schiffsheimat und Schifferheimat in den Sundzollregister", *Hansische Geschichtsblätter*, Bd. 21, 1915, S. 211-228.

Brand, Hanno (ed.), *Trade, Diplomacy and Cultural Exchange: Continuity and Change in the North Sea Aarea and the Baltic ca. 1350-1750*, Groningen 2005.

Brand, Hanno and Leos Müller (eds.), *The Dynamics of Economic Culture in the North Sea and Baltic Region (c. 1250-1700)*, Groningen, 2007.

Braudel, Fernand et R. Romano, *Navires et Marchandises à l'entrée du Port de Livourne (1547-1611)*, Paris, 1951.

Braudel, Fernand and F. C. Spooner, "Prices in Europe from 1450 to 1750", in E. E. Rich and C. H. Wilson (eds.), *Cambridge Economic History of Europe*, IV, London and New York, 1967, pp. 374-486.

Brenner, Robert, *Merchants and Revolution: Commercial Change, Political Conflict, and London's Overseas Traders, 1550-1653*, Princeton, 1993.

Brulez, W., "De Diaspora der Antwerpse kooplui op het einde van de 16e eeuw", *Bijdragen voor de Geschiedenis der Nederlanden*, Vol. 15, 1960, pp. 279-306.

Butel, Paul, *Les négociants bordelais: l'Europe et les Iles au XVIIIe siècle*, Paris, 1974, pp. 31-35.

Butel, Paul, "Les négociants allemands de Bordeaux dans la deuxième moitié du XVIIIe siècle", J. Schneider, et al. (Hg.), *Wirtschaftskräfte in der europäischen Expansion: Festschrift für Hermann Kellenbenz,* Klett-Cotta, 1978, pp. 589-614.

Butel, Paul, "France, the Antilles, and Europe in the Seventeenth and Eighteenth Centuries: Reviews of Foreign Trade", in J. D. Tracy (ed.), *The Rise of Merchant Empires: Long Distance Trade in the Early Modern World 1350-1750,* Cambridge, 1990, pp. 153-173.

Butel, Paul, *L'économie française au XVIIe siècle,* Paris, 1993.

Butel, Paul, *The Atlantic,* London and New York, 1999.

Cain, P. J. and A. G. Hopkins, *British Imperialism 1688-2000,* 2nd edition, London, 2003.

Carter, Alice, *Getting, Spending and Investing in Early Modern Times: Essays on Dutch, English and Huguenot Economic History,* Assen, 1975.

Casson, Mark and Mary B. Rose (eds.), *Institutions and the Evolution of Modern Business,* London, 1998.

Challis, C. E. (ed.), *A New History of Royal Mint,* Cambridge, 1992.

Chapman, Stanley, *Merchant Enterprise in Britain: From the Industrial Revolution to World War I,* Cambridge, 1992.

Chaudhuri, K. N., *The English East India Company: The Study of an Early Joint-Stock Company 1600-1640,* London, 1965.

Christensen, A. E., "Das handelsgeschichtliche Wert der Sundzollregister: Ein Beitrag zu seiner Baurteilung", *Hansische Geschichtsblätter,* Bd. 56, 1934 und 1935, S. 28-142.

Christensen, A. E., *Dutch Trade to the Baltic about 1600,* Copenhagen and The Hague, 1941.

Christensen, A. E., "Scandinavia and the Advance of the Hanseatics", *Scandinavian Economic History Review,* Vol. 5, No. 1, 1957, pp. 89-117.

Cieślak, Edmund, "Bilan et structure du commerce de Gdansk dans la seconde moitié du XVIIIe siècle", *Acta Poloniae Historica,* Vol. 23, 1971, pp. 105-118.

Cieślak, Edmund, "Sea-borne Trade between France and Poland in the XVIIIth Century", *Journal of European Economic History,* Vol. 1, No. 1, 1977, pp. 49-62.

Cieślak, Edmund, "Aspects of Baltic Sea-borne Trade in the Eighteenth Century: The Trade Relations between Sweden, Poland Russia and Prussia", *Journal of European Economic History,* Vol. 12, No. 2, 1983, pp. 239-270.

Cipolla, C. M., "The Decline of Italy", *Economic History Review,* 2nd ser., Vol. 5, No. 2, 1952, pp. 178-187.

Cipolla, C. M., "La prétendue révolution des prix l'expérience italiane", *Annales E. S. C.,* t. 10, 1955, pp. 513-516.

Cipolla, C. M., *Before the Industrial Revolution: European Society and Economy, 1000-1700,* 2nd edition, New York and London, 1981.

Cipolla, C. M., *Between History and Economics: An Introduction to Economic History*, London, 1991; (イタリア語版からの訳書として，カルロ・マリアン・チポッラ著（徳橋曜訳）『経済史への招待』国文社，2001年)

Clark, G. N., *Guide to English Commercial Statistics 1696-1782*, London, 1938.

Coase, Ronald, H., "The Problem as Social Cost", *Journal of Law and Economics*, 1960, Vol. 3, pp. 1-44.

Coke, Roger, *The Discourse of Trade*, London, 1670 (rep. New York, 1971).

Coleman, D. C., "Labour in the English Economy of the Seventeenth Century", *Economic History Review*, 2nd ser., Vol. 8, No. 3, 1956, pp. 280-295.

Coleman, D. C. (ed.), *Revisions in Mercantilism*, Bungay, 1969.

Conway, Stephen, *War State, and Society in Mid-Eighteenth Century Britain and Ireland*, Oxford, 2006.

Cross, A., *By the Banks of the Neva: Chapters from the Lives and Careers of the British in the Eighteenth-Century*, Cambridge, 1997.

Crouzet, François, "Wars, Blockade, and Economic Change in Europe, 1792-1815", *Journal of Economic History*, Vol. 24, 1964, pp. 567-588.

Crouzet, François, "Angletere et France au XVIIe siècle: Essai d'analyse comparée de croissances économiques", *Annales E. S. C.*, t. 21, 1966, pp. 254-291.

Crouzet, François, *La grande inflation: La monnaie en France de Louis XVI à Napoléon*, Paris, 1993.

Crouzet, François, "Bordeaux: An Eighteenth Century Wirtshaftswunder?", in F. Crouzet, *Britain, France and International Commerce: From Louis XVI to Victoria*, Aldershot, 1996, pp. 42-57.

Dahlgren, E. W., *Louis de Geer 1587-1652: Hans lif och verk*, 2 Vols., 1923, rep., Stockholm, 2002.

Dalhede, Christina, *Augsburg und Schweden in der frühen Neuzeit: europaische Beziehungen und soziale Verflechtungen: Studien zu Konfession, Handel und Bergbau*, St. Katharinen, 1998.

Dalhede, Christina, *Handelsfamiljer på Stormaktstidens Europamarknad: resor och resande i internationella forbindelser och kulturella intressen: Augsburg, Antwerpen, Lübeck, Göteborg och Arboga*, 2 Vols., Göteborg, 2001.

Dalhede, Christina, *Viner Kvinnor Kapital: 1600-talshandel met potential*, Göteborg, 2006.

Davids, Karel and Jan Lucassen (eds.), *A Miracle Mirrored: The Dutch Republic in European Perspective*, Cambridge, 1995.

Davids, Karel and L. Noordegraaf (eds.), *The Dutch Economy in the Golden Age*, Amsterdam, 1993.

Davis, Ralph, "English Foreign Trade, 1660-1700", *Economic History Review*, 2nd ser., Vol. 7, No. 2, 1954, pp. 150-166.

Davis, Ralph, "English Foreign Trade, 1700-1774", *Economic History Review*, 2nd

ser. Vol. 15, No. 2, 1962, pp. 285-303.
Davis, Ralph, *A Commercial Revolution: English Overseas Trade in the Seventeenth and Eighteenth Centuries*, London, 1967.
Davis, Ralph, *The Rise of the Atlantic Economies*, London, 1973.
Defoe, Daniel, *The Complete English Tradesman*, 2 Vols., London, 1726.
Degn, Ole, "Tariff Rates Revenues and Form of Accounts of the Sound Toll, 1497-1857", Unpublished Paper, 2006, pp. 11-53.
Dehling, P. and Marjolein 't Hart, "Linking the Fortunes Currency and Banking, 1500-1800", in Marjolein 't Hart, Joost Jonker and Jan Luiten van Zanden (eds.), *A Financial History of The Netherlands*, Cambridge, 1997.
Denzel, Markus A, Jean Claude Hocquet und Harald Witthöft (Hg.), "Kaufmansbücher und Handelspraktien vom Spätmittelalter bis zum 20. Jahrhundert/Merchant's Books and Mercantile Pratiche from the Late Middle Ages to the Beginning of the 20th Century", *Vierteljarhschrift für Sozial- und Wirtschaftsgeschichte*, Beiheft, Nr. 163, 2002.
De Bruyn Kops, Henriette, *A Spirited Exchange: The Wine Trade between France and the Dutch Republic in its Atlantic Framework, 1600-1650*, Leiden, 2007.
De Goey, Ferry and Jan Willem Veluwenkamp (eds.), *Entrepreneurs and Institutions in Europe and Asia 1500-2000*, Amsterdam, 2002.
De Jong, Michiel, *'Staat van Oorlog': Wapenbedrijf en Militaire Hervormingen in de Republiek der Verenigde Nederlanden, 1585-1621*, Hilversum, 2005.
De Jong, Michiel, "Dutch Entrepreneurs in the Swedish Crown Trade, 1580-1630", Hanno Brand (ed.), *Trade, Diplomacy and Cultural Exchange: Continuity and Change in the North Sea Area and the Baltic ca. 1350-1750*, Groningen, 2005.
De Lemps, C. H., *Géographie du commerce de Bordeaux à la fin du règne de Louis XIV*, Paris, 1975.
De Vries, Jan, "On the Modernity of the Dutch Republic", *Journal of Economic History*, Vol. 33, 1973, pp. 191-202.
De Vries, Jan, *The Dutch Rural Economy in the Golden Age, 1500-1700*, New Haven, 1974.
De Vries, Jan, *Barges and Capitalism: Passenger Transportation in the Dutch Economy (1632-1839)*, Utrecht, 1981.
De Vries, Jan, *European Urbanization, 1500-1800*, London, 1984.
De Vries, Jan, "Connecting Europe and Asia: A Quantitative Analysis of Cape-route Trade, 1497-1795", in Dennis Flynn, Arturo Giráldes and Richard von Glahn (eds.), *Global Connections and Monetary History, 1470-1800*, Aldershot, 2003, p. 35-106.
De Vries, Jan and Ad van der Woude. *Nederland 1500-1815: De Eerste Ronde van Moderne Economische Groei*, Amsterdam, 1995; *The First Modern Economy: Success, Failure, and Perseverance of the Dutch Economy, 1500-1815*,

Cambridge, 1997.
De Vries, Joh., *De economische achteritgang der Republiek in de achttiende eeuw*, Leiden, 1968.
Devine, T. M., *Scotland's Empire 1600-1815*, London, 2004.
Dickson, P. G. M., *The Financial Revolution in England: A Study in the Development of Public Credit*, Aldershot, 1967, rev. 1993.
Dollinger, P., *Die Hanse*, 5. erweiterte Auflage, Stuttgart, 1998.
Dorosenko, V. V., "Riga und sein Hinterland im 17. Jahrhundert (Zum Problem der Wechselbeziehungen zwischen Stadt und Land)", *Hansische Studien*, Bd. 4, 1979, S. 155-172.
Dorosenko, V. V., "Quellen zur Geschichte der Rigaer Handels im 17-18. Jahrhundert und Probleme ihrer Forschung", in K. Friedland und F. Irsiegler (Hg.), *Seehandel und Wirtschaftswege Nordeuropas im 17. und 18. Jahrhundert*, Ostfilders, 1981, S. 3-25.
Driesner, Jörg und Robert Riemer, "Spiegel und Bilder in den Nachlassinventaren deutscher Kaufleute in Reval im 18. Jahhundert", in Martin Krieger und Michael North (Hg.), *Land und Meer: kulturer Austasch und den Ostseeraum in der frühen Neuzeit*, Köln, 2004, S. 165-198.
Dunsdorfs, Edgar, "Der Auszenhaundel Rigas im 17. Jahrhundert", *Conventus Primus Historicolum Balticorum Rigae 1937*, Riga, 1938, S. 457-486.
Edvinsson, Rodney, "Annual Estimates of Swedish GDP in 1720-1800", Ratio Working Papers, No. 70, 2005.
Ehrenberg, R., *Hamburg und England im Zeitalter der Konigin Elizabeth*, Jena, 1896.
Emmer, P. C., O. Pétré-Grenouilleau and J. V. Roiman (eds.), *A Deus ex Machina Revisited: Atlantic Colonial Trade and Euopean Economic Development*, Leiden-Boston, 2006.
Engels, Marie-Christine., "Dutch Traders in Livorno at the Beginning of the Seventeenth Century: The Company of Joris Jansen and Bernard van den Broecke", in C. Lesger. and L. Noordegraaf (eds.), *Entrepreneurs and Entrepreneurship in Early Modern Times: Merchants and Industrialists within the Orbit of the Dutch Staple Market*, The Hague, 1995.
Engels, Marie-Christine, *Merchants, Interlopers, Seamen and Corsairs: The 'Flemish' Community in Livourno and Genoa (1615-1635)*, Hilversum, 1997.
Epstein, S. R., and Maarten Prak (eds.), *Guilds, Innovation and the European Economy 1400-1800* Combridge, 2008.
Etzold, Gottfried, *Seehandel und Kaufleute in Reval nach dem Frieden von Nystad bis zur Mitte des 18. Jahrhunderts*, Marburg, 1975.
Evans, Chris and Göran Rydén, *Baltic Iron in the Atlantic World in the Eighteenth Century*, Leiden, 2007.

Evans, Chris, Owen Jackson and Göran Rydén, "Baltic Iron and the British Iron Industry in the Eighteenth Century", *Economic History Review*, Vol. 55, No. 4, 2002, pp. 642-665.

Even, Pascal, "La creation d'une «nation française» à Hambourg à la fin de l'Ancien Régime", in Jörg Ulbert et Gérald le Bouëdec (dir.), *La function consulaire à l'époque moderne: L'Affirmation d'une institution économique et politique (1500-1700)*, Rennes, 2006, pp. 105-121.

Faber, J. A., "The Decline of the Baltic Grain-Trade in the Second Half of the Seventeenth Century", in W. G. Heers, L. M. J. B. Hesp, L. Noordegraaf and R. C. W. van der Voort (eds.), *From Dunkirk to Danzig: Shipping, and Trade in the North Sea and the Baltic, 1350-1800*, Hilversum, 1988, pp. 31-51.

Fedorowicz, J. K., "Anglo-Polish Commercial Relations in the First Half of the Seventeenth Century", *Journal of European Economic History*, Vol. 5, No. 2, 1976, pp. 359-378.

Fedorowicz, J. K., "The Struggle for Elbing Staple: An Episode in the History of Commercial Monopolies", *Jahrbücher für Geschichte Osteuropas*, Bd. 27, 1979, S. 220-230.

Fedorowicz, J. K., *England's Baltic Trade in the Early Seventeenth Century*, Cambridge, 1980.

Fedorowicz, J. K (ed.), *A Republic of Nobles: Studies in Polish History to 1864*, Cambridge, 1982.

Fischer, Gerhard, *Aus Zwei Jahrhunderen Leipziger Handelsgeschichte 1470-1650: Die kaufmännische Einwanderung und ihre Auswirkungen*, Leipzig, 1929.

Fisher, Frederick Jack, "London's Export Trade in the Early Seventeenth Century", *Economic History Review*, 2nd ser., Vol. 3, No. 2, 1950, pp. 151-161.

Fisher, Frederick Jack, "The Sixteenth and Seventeenth Centuries: The Dark Ages in English Economic History?", *Economica*, Vol. 26, 1962, pp. 2-18.

Fisher, H. E. S., *The Portugal Trade: A Study of Anglo-Portuguese Commerce, 1700-1770*, London, 1971.

Flyn, Dennis O. N. and Arturo Giráldes, "Globalization began in 1571," in Barry K. Gills and William R. Thompson (eds.), *Globalization and Global History*, London and New York, 2006, pp. 232-247.

Foust, C. M., "Customs 3 and Russian Rhubarb: A Note on Reliability" *Journal of European Economic History*, Vol. 15, No. 3, 1986, pp. 549-562.

Fritschy, J. M. F., *De patriotten en de financiën van de Bataafse Republiek: Hollands krediet en de smalle marges voor een nieuw beleid (1795-1801)*, Den Haag, 1988.

Fritschy, Wantje, "A 'Financial Revolution' Reconsidered: Public Finance in Holland during the Dutch Revolt, 1568-1648", *Economic History Review*, 2nd ser., Vol. 56, No. 1, 2003 pp. 57-89.

Fritschy, Wantje, "The Efficiency of Taxation in Holland", Economy and Society of the Low Countries, Working paper, 2003-1.

Fritschy, Wantje, "Three Centuries of Urban and Provincial Public Debt: Amsterdam and Holland", in M. Boone, K. Davids and P. Janssens (eds.), *Studies in European Urban History 3 Urban Public Debts: Urban Government and the Market for Annuities in Western Europe (14th-18th Centuries)*, Turnhost, 2003, pp. 75-92.

Frost, Robert, *After the Deluge: Poland-Lithuania and the Second Northern War 1655-1660*, Cambridge, 1993.

Gelderblom, Oscar, *Zuid-Nederlandse kooplieden en de opkomst van de Amsterdam stapelmarkt (1578-1630)*, Hilversum, 2000.

Gelderblom, Oscar, "Antwerp Merhants in Amsterdam after the Revolt", in P. Stabel and B. A. Greve (eds.), *International Trade in the Low Countries (14th-16th Centuries): Merchants, Organization, Infrastructure*, Leuven, 2000, pp. 223-241.

Gelderblom, Oscar, "The Governance of Early Modern Trade: The Case of Hans Thjis, 1656-1611", *Enterprise and Society*, Vol. 4, No. 4, 2003, pp. 606-639.

Gelderblom, Oscar, "From Antwerp to Amsterdam: The Contribution of Merchants from Southern Netherlands to the Rise of the Amsterdam Market", *Review: A Journal of Fernand Braudel Center*, Vol. 26, No. 3, 2003, pp. 247-282.

Gelderblom, Oscar and Joost Jonker, "Completing a Financial Revolution: The Finance of the Dutch East India Trade and the Rise of the Amsterdam Capital Market, 1595-1612", *Journal of Economic History*, Vol. 64, No. 3, 2004, pp. 641-672.

Gelderblom, Oscar and Joost Jonker, "Amsterdam as the Cradle of Modern Futures Trading and Options Trading", in William N. Goetzmann and K. Greet Rouwenhorst (eds.), *The Origins of Value: The Financial Innovations That Created Modern Capital Markets*, Oxford and New York, 2005, pp. 189-205.

Gills, Barry K. and William R. Thompson (eds.), *Globalization and Global History*, London and New York, 2006, pp. 232-247.

Glamann, K., *Dutch-Asiatic Trade 1620-1740*, Copenhagen and the Hague, 1958.

Glamman, K., "European Trade, 1500-1700", in Carlo M. Cipolla (ed.), *Fontana Economic History of Europe*, II, Glasgow, 1970, pp. 427-526.

Glete, Jan, *War and the State in Early Modern Europe: Spain, The Dutch Republic and Sweden, 1500-1660*, London and New York, 2002.

Gould, J. D., "The Price Revolution Reconsidered", *Economic History Review*, 2nd ser. Vol. 16, No. 2, 1964, pp. 249-266.

Gould, J. D., *The Great Debasement: Currency and the Economy in Mid-Tudor England*, Oxford, 1970.

Grafe, Regina, *Der spanische Seehandel mit Nortwesteuropa von der Mitte des sechzehnten bis zur Mitte des siebzehnten Jahrhunderts: Ein Forschungsüberblick*, Seebrücken, 1998.

Grafe, Regina, "Atlantic Trade and Regional Specialisation in Northern Spain 1550-1650: An Integrated Trade Theory-Institutional Organisation Approach", Working Paper 01-65 Economic History and Institutions Series 02 November 2001, Economic History and Institutions Dept. Universidad Carlos III de Madrid, 2001.

Greif, Avner, *Institutions and the Path to Modern Economy: Lessons from Medieval Trade*, Cambridge, 2006.

Grosjean, Alexia and Steve Murdoch (eds.), *Scottish Communities Abroad in the Early Modern Period*, Leiden, 2005.

Hamilton, E. J., "American Treasure and the Rise of Capitalism", *Economica*, Vol. 9, 1929, pp. 249-266.

Hamilton, J., *American Treasure and the Price Revolution in Spain, 1501-1650*, Cambridge, Mass., 1934.

Hammel-Kiesow, Rolf, "Lübeck and the Baltic Trade in Bulk Goods for the North Sea Region 1150-1400", in Lars Berggren, Nils Hybel and Annette Landen (eds.), *Cogs, Cargoes, and Commerce: Maritime Bulk Trade in Northern Europe, 1150-1400*, Toronto, 2002, pp. 53-91.

Hammerström, D. I., "The Price Revolution of the Sixteenth Century: Some Swedish Evidence", *Scandinavian Economic History Review*, Vol. 5, No. 2, 1957, pp. 118-154.

Handrack, U., *Der Handel der Stadt Riga im 18. Jahrhundert*, Jena, 1932.

Hansische Geschichtsblätter, Bd. 123, 2005.

Harder-Gersdorff, Elizabeth, "The Baltic Provinces- 'Bridges' or 'Barriers' to Russian Engagement in Western Trade? : A Study of 'Russia at Reval' during the Reign of Catherine II", *Jahrbücher für Geschichte Osteuropas*, Bd. 45, 1977, S. 561-576.

Harder-Gersdorff, Elizabeth, "Riga im Rahmen der Handelsmetropolen und Zahlungsströme des Ost-Westvertrekehrs am Ende des 18. Jahrhunderts", *Zeitschrift für Ostmitteleuropa-Forschung* Bd. 44, 1995. S. 521-563.

Harris, J., *The British Iron Industry*, London, 1988.

Haudrerè, Philippe, *Les Compagnies des Indes orientales: Trois siècles de rencontre entre Orientaux et Occidentaux, 1600-1858*, Paris, 2006.

Hautala, Kustaa, *European and American Tar in the English Market during the Eighteenth and Early Nineteenth Centuries*, Helsinki, 1963.

Heckscher, Eli F., "Den europeiska koppermarknaden under 1600-talet", *Scandia*, Vol. 11, 1938, s. 214-279.

Heckscher, Eli F., *Svereiges Economiska Historia från Gustav Vasa*, Tjerdje boken, *Den Moderne Sveriges Grundläggning 1720-1815*, Stockholm, 1949.

Heckscher, Eli F., "Multilateralism, Baltic Trade and the Mercantilists", *Economic History Review*, 2nd ser., Vol. 3, No. 2, 1950, pp. 219-228.

Heckshcer, Eli F., *An Economic History of Sweden*, Cambridge, Mass., 1968.

Heckscher, Eli F., *Mercantilism: with a new Introduction by Lars Magnusson*, 2 Vols, London and New York, 1994.

Heers W. G., et al. (eds.), *From Dankirk to Danzig: Shipping and Trade in the North Sea and the Baltic, 1350-1850*, Hilversum, 1988.

Heim, Carol E. and Philip Mirowsk, "Interest Rates and Crowding-Out during Britain's Industrial Revolution", *Journal of Economic History*, Vol. 47, No. 1, 1987, pp. 117-139.

't Hart, Marjolein, "Public Loans and Moneylenders in the Seventeenth Century Netherlands", *Economic and Social History in the Netherlands*, Vol. 1, 1989, pp. 119-140.

't Hart, Marjolein, *The Making of a Bourgeois State: War, Politics, and Finance during the Dutch Revolt*, Manchester and New York, 1993.

't Hart, Marjolein "De niewe economische geschiedschrijving van Nedearland", *Tijdschrift voor sociale Geschiedenis*, Vol. 21, No. 3, 1995, pp. 260-272.

't Hart, Marjolein, Joost Jonker and Jan Luiten van Zanden, *A Financial History of The Netherlands*, Cambridge, 1997.

't Hart, Marjolein, "War and Economic Miracle: How Small Differences Added up to the Prosperity of the Dutch Republic in the Seventeenth Century", Paper prepared for the 2005 Economic History Association Meeting, War and Economic Growth: Causes, Costs, and Consequences", Toronto, Canada, September 16-18, 2005 (September 2005).

't Hart, Marjolein, "Mobilising Resources for War in Eighteenth Century Netherlands: The Dutch Financial Revolution in Comparative Perspective", Paper Presented to XIVth International Economic History Congress in Helsinki 21-25 August, 2006.

't Hart Marjolein en Michael Limberger, "Staatsmacht en Stedelijke Autonomie: Het geld van Antwerpen en Amsterdam (1500-1700)", *Tijdschrift voor sociale en economische Geschiedenis*, Vol. 3, No. 3, 2006, pp. 36-72.

Hildebrand, K.-G., "Foreign Markets for Swedish Iron in the 18th Century", *Scandinavian Economic History Review*, Vol. 6, Nos. 1-2, 1958, pp. 3-52.

Hill, C. E., *The Danish Sound Dues and the Command of the Baltic: A Study of International Relations*, Durham, 1926.

Hinton, R. W. K., *The Eastland Trade and the Common Weal in the Seventeenth Century*, Cambridge, 1959.

Högberg, Staffan, *Utrikeshandel och sjöfart på 1700-talet: Stapelvaror i svensk export och import 1738-1808*, Lund, 1969.

Högberg, Staffan, *Stockholms Historia*, 2 Vols., Stockholm, 1981.

参 考 文 献

Hook, Jochen und Pierre Jeannin (Hg.), *Ars Mercatoria: Eine analytische Bibliographie*, 3 Bde, Paderborn, 1991, 1993, 2001.

Hoon, E. E., *The Organization of the English Customs System 1696-1786*, Newton Abbot, 1968.

Hoppit, Julian, *Risk and Failure of English Business 1700-1800*, Cambridge, 1987.

Hoszowski, S., "L'Europe centrale devant la révolution des prix XVIe et XVIIe siècles", *Annales E. S. C.*, t. 16, 1961, pp. 441-456.

Huhn, F. K., *Die Handelsbeziehungen zwischen Frankreich und Hamburg im 18. Jahrhundert unter besonderer Berücksichtigung der Handelsverträge von 1716 und 1769*, Dissertation zur Erlagung der Doktorwurde der Philosophischen Fakultät der Unversität Hamburg, 1952.

Israel, Jonathan I., *Dutch Primacy in World Trade, 1585-1740*, Oxford, 1989.

Israel, Jonathan I., *The Dutch Republic and the Hispanic World, 1606-1661*, Oxford, 1989.

Israel, Jonathan I., *European Jewry in the Age of Mercantilism 1550-1750*, revised edition, Oxford, 1991.

Jeannin, Pierre, "Les comptes du Sund comme source pour la construction d'indices générax del' activité économique en Europe (XVe-XVIIIe siècle)", *Revue historique*, t. 231, 1964, pp. 50-102 et pp. 307-340.

Jeannin, Pierre, "Die Hansestädte im europäischen Handel des 18. Jahrhunderts", *Hansische Geschichtsblätter*, Bd. 89, 1971, S. 41-73.

Jeannin, Pierre, "Zur Geschichte der Hamburger Handelsflotte am Ende des 17. Jahrhundert: Eine Schffsliste von 1674", *Zeitschrift des Vereins für Hamburgische Geschichte*, Bd. 57, 1971, S. 67-82.

Jeannin, Pierre, *Marchands du Nord: espaces et trafics à l'époque moderne*, Paris, 1996.

Jensch, G., *Der Handel Rigas im 17. Jahrhundert: Ein Beitrag zur livländischen Wirtschaftsgeschichte in schwedischer Zeit*, Riga, 1930.

Jobsonde Andrae Arruda, Jose, "Colonies as Mercantile Investments: The Luso-Brazilian Empire, 1500-1808", in J. D. Tracy (ed.), *The Political Economy of Merchant Empires: State Power and World Trade, 1350-1750*, Cambridge, 1990.

Johansen, H. C., *Shipping and Trade between the Baltic Area and Western Europe 1784-95*, Odense, 1983.

Jonker, J. and K. Sluyterman, *At Home on the World Market: Dutch International Trading Companies from the 16th Century until the Present*, The Hague, 2000.

Jou, K. C., *Le Commerce des bois entre Königsberg et Amsterdam*, Thèse Paris, Paris, 1992.

Kahan, Arcadius, "Eighteenth Century Russian-British Trade: Russian's Contribution to the Industrial Revolution in Great Britain", in A. G. Cross (ed.),

Great Britain and Russia in the Eighteenth Century: Contacts and Comparisons Proceeding of an International Conference held at University of East Anglia, Norwich, England, 11-15 July, 1977, Newtonville, Mass., 1979, pp. 181-189.

Kahan, Arcadius, *The Plow, the Hammer and the Knout*, Chicago, 1985.

Kaplan, Herbert, "Russia's Impact on Industrial Revolution in Great Britain during the Second Half of the Eighteenth Century: The Significance of International Commerce", *Forschungen zur osteuropäische Geschichte*, Bd. 29, 1981, S. 7-59.

Kaplan, Herbert, *Russian Overseas Commerce with Geat Britain during the Reign of Catherine II*, Philadelphia, 1995.

Karnstrup, J., "Svigagtig angivelse: Øresundtolen i 1700 tallet", *Toldhistorisk Tidsskrift*, Vol. 3, 1979, s. 16-59.

Kellenbenz, Hermann, "Spanien, die nordischen Niederlande und der skandinavisch-baltische Raum in der Weltwirtschaft und Politik um 1600", *Vierteljahrschrift für Sozial-und Wirtschschaftsgeschichte*, Bd. 41, 1954, s. 289-332.

Kellenbenz, Hermann, *Unternehmerkräfte im Hamburger Portugal- und Spanienhandel*, Hamburg, 1954.

Kellenbenz, Hermann, "Sephardim an der unteren Elbe: Ihre wirtschaftliche und politische Bedeutung von Ende des 16. bis zum Beginn des 18. Jahrhunderts", *Vierteljarhschrift für Sozial- und Wirtschaftsgeschichte*, Beiheft, Nr. 40, 1958.

Kellenbenz, Hermann, "The Economic Significance of the Archangel Route (from the late 16th to the late 18th century)", *Journal of European Economic History*, Vol. 2, No. 3, 1973, pp. 541-581.

Kelsall, Philip, *Crisis and Change: The Development of Dutch-Danish Maritime Trade, 1639-1755*, Ph. D. Thesis, University Århus, 2007.

Kempas, Horst, *Seeverker und Pfundzoll im Herzogtum Preussen: Ein Beitrag zur Geschichte des Seehandels im 16. und 17. Jahrhundert*, Inaugural-Dissertation zur Erlangung der Doktorwürde der Philosophischen Fakultät der Rheinishcen- Friedrich Wilhelms Universität zu Bonn, 1964.

Kent, H. S. K., "The Anglo-Norwegian Timber Trade in the Eighteenth Century", *Economic History Review*, 2nd ser., Vol. 8, No. 2, 1955, pp. 62-74.

Kent, H. S. K. *War and Trade in the Northern Seas: Anglo-Scandinavian Economic Relations in the Mid-Eighteenth Century*, London and New York, 1973.

Kernkamp, J. H., "Scheepvaart- en handelsbetrekkingen met Italië tijdens de opkomst der Republik", *Economisch-Historische Herdrukken*, 1964, pp. 199-233.

King, Peter, "The Production and Consumption of Bar Iron in Early Modern England and Wales", *Economic History Review*, Vol. 58, No. 1, 2005, pp. 1-33.

Kirby, David, *Northern Europe in the Early Modern Period: The Baltic World 1492-1772*, London and New York, 1990.

Kirby, David, *The Baltic World: Europe's Northern Periphery in an Age of Change*, London and New York, 1995.

Kirby, David and Merja-Liisa Hinkkanen, *The Baltic and the North Seas*, London and New York, 2000.

Kirchner, W., *Commercial Relations between Russia and Europe 1400 to 1800*, Bloomington, 1966.

Klein, Peter W., *De Trippen in de 17e eeuw: Een studie over het ondernemersgedrag op de Hollandse stapelmarkt*, Assen, 1965.

Klein, Peter W. and Jan Willem Veluwenkamp, "The Role of the Entrepreneur in the Economic Expansion of the Dutch Republic", in Karel Davids and Leo Noordegraaf (eds.), *The Dutch Economy in the Golden Age*, Amsterdam, 1993, pp. 27-53.

Knoppers, J., "A Comparison of the Sound Accounts and the Amsterdam Galjootsgeldregisters", *Scandinavian Economic History Review*, Vol. 24, No. 2, 1976, pp. 93-113.

Knoppers, J., *Dutch Trade with Russia from the Time of Peter I to Alexander I: A Quantitative Study in Eighteenth Century Shipping*, 3 Vols., Montréal, 1976.

Koninckx, C., *The First and Second Chapters of the Swedish East India Company 1731-1766*, Kortrijk, 1980.

Kooy, T. P. van der, *Hollands stapelmarkt en haar verval*, Amsterdam, 1931.

Kotilaine, J. T., *Russia's Foreign Trade and Economic Expansion in the Seventeenth Century: Windows on the World*, Leiden, 2005.

Kotljarchuk, Andrei, *In the Shadows of Poland and Russia: The Grand Duchy of Lithuania and Sweden in the European Crisis of the mid-17th Century*, Södertern University Doctoral Dissertation, 2006.

Krawell, Otto-Ernst, "Quellen Hamburger Handelsstatistik im 18. Jahrhundert", in W. Fischer und A. Kunz (Hg.), *Grunglagen der historischen Statistik von Deutschland: Quellen, Methoden, Forschungziele*, Opladen, 1991, S. 47-69.

Kresse, Walter, *Materialien zur Entwicklungsgeschichte der Hamburger Handelsflotte, 1765-1823*, Hamburg, 1966.

Kumlien, Kjell, *Sverige och Hanseaterna: Studies i Svensk Politik och Utrikenshandel*, Stockholm, 1953.

Landes, David, *The Wealth and Poverty of Nations: Why Some Are so Rich and Some so Poor*, New York, 2000.

Lane, Frederic, "Venetian Shipping during the Commercial Revolution", *American Historical Review*, Vol. 38, No. 2, 1933, pp. 219-239.

Lane, Frederic, *Venice: A Maritime Republic*, Baltimore and London, 1973.

Lane, Frederic, *Profits From Power: Readings in Protection Rent and Violence-Controlling Enterprises*, Albany, 1979.

Lane, Frederic, *Venetian Ships and Shipbuilders of the Renaissance*, Baltimore and

London, 1994.
Lennar, Bes, E. Frankot and H. Brand (eds.), *Baltic Connections: Archival Guide to the Maritime Relations of the Countries around the Baltic Sea (including the Netherlands) 1450-1800*, 3 Vols., Leiden, 2007.
Lesger, Clé, "De mythe van de Hollandse wereldstapelmarkt in de zeventiende eeuw", *NEHA-Jaarboek*, No. 62, 1999, pp. 6-25.
Lesger, Clé, *Handel in Amsterdam ten tijde van de opstand: Kooplieden, commerciale expansie verandering in de ruimtelijke economie van de Nederlanden ca. 1550-ca. 1630*, Hilversum, 2001; *The Rise of the Amsterdam Market and Information Exchange: Merchants, Commercial Expansion and Change in the Spatial Economy of Low Countries, c. 1550-1630*, Aldershot, 2006.
Lesger, Clé and Leo Noordegraaf (eds.), *Entrepreneurs and Entrepreneurship in Early Modern Times: Merchants and Industrialists within the Orbit of the Dutch Staple Markets*, The Hague, 1995.
Lesger, Clé and Eric Wijnroks, "The Spatial Organization of Trade: Antwerp Merchants and the Gateway Systems in the Baltic and the Low Countries c. 1550", in Hanno Brand (ed.), *Trade, Diplomacy and Cultural Exchanges: Continuity and Change in the North Sea Area and the Baltic c. 1350-1750*, Hilversum, 2005, pp. 15-35.
Lindberg, Erik, "Konstitutioner, frihandel och tillväxt i tidigmoderna nordeuropeiska stadsstater: En komparativ institutionell analys av Hamburg och Lübeck", *Historisk Tidskrift (Svenska)*, Vol. 126, No. 3, 2006, s. 405-428.
Lindberg, Erik, "Mercantilism and Urban Inequalities in Eighteenth Century Sweden", *Scandinavian Economic History Review*, Vol. 55, No. 1, 2007, pp. 1-19.
Lindblad, Thomas, *Sweden's Trade with the Dutch Republic 1738-1795: A Quantitative Analysis of the Relationship between Economic Growth and International Trade in the Eighteenth century*, Assen, 1982.
Lindblad, Thomas and P. de Buck, "De scheepvaart en handel uit de Oostzee op Amsterdam en de Republiek, 1722-1780", *Tijdschrift voor Geschiedenis*, Vol. 96, 1983, pp. 536-562.
Lindblad, Thomas and P. de Buck, "Shipmasters in the Shipping between Amsterdam and the Baltic 1722-1780", in *The Interactions of Amsterdam and Antwerp with the Baltic Region, 1400-1800*, Leiden, 1983, pp. 133-152.
Lindqvist, Herman, *A History of Sweden*, Stockholm, 2001.
Lisk, Jill, *The Struggle for Supremacy in the Baltic: 1600-1725*, London, 1967.
Lockhart, Paul Douglas, *Sweden in the Seventeenth Century*, London, 2004.
Loit, A. und H. Piirimäe, (Hg.), *Die Schwedische Ostseeprovinzen Estland und Livland im 16. -18. Jahrhundert*, Stockholm, 1993.
Lord Liverpool (ed.), *A Collection of Treaties between Great Britain and Other*

Powers, Vol. 3, London, (rep. NewYork, 1969).

Lottum, Jelle van, *Across the North Sea: The Impact of the Dutch Republic on Internatinal Migration, 1550-1850*, Amsterdam, 2008.

Lucassen, Jan, "Immigranten in Holland 1600-1800 Een kwantitatieve benadering", Centrum voor de Geschidenis van Migranten Working Paper 3, Amsterdam, 2002.

Lucassen, Jan and Pinus Penninx, *Newcomers: Immigrants and Their Descendants in the Netherlands 1550-1995*, Amsterdam, 1997.

Lucassen, Jan and Richard W. Unger, "Labour Productivity in Ocean Shipping, 1450-1875", *International Journal of Maritime History*, Vol. 12, No. 2, 2000, pp. 127-141.

Lundkvist, S., "The Experience of Empire: Sweden as a Great Power", Michael Roberts (ed.), *Sweden's Age of Greatness, 1632-1718*, London, 1973, pp. 20-57.

Maarbjerg, John P., *Scandinavia in the European World-Economy, ca. 1570: Some Local Evidence of Economic Integration*, New York, 1995.

McCabe, Ina Baghdiantz, Gelina Harlaftis and Ioanna Pepelasis Minoglou (eds.), *Diaspora Entrepreneurial Networks: Four Centuries of History*, Oxford and New York, 2005.

McCusker John J. and C. Gravesteijn, *The Beginnings of Commercial and Financial Journalism: The Commodity, Price Currents, Exchange Rates, and Money Currents of Early Modern Europe*, Amsterdam, 1991.

McCusker, John J., "The Decline of Distance: The Business Press and the Origins of the Information Revolution in Early Modern Atlantic World", *American Historical Review*, Vol. 110, No. 2, 2005, pp. 295-321.

McNeill, William H., *The Rise of the West: A History of Human Communitiy*, Chicago, 1964.

Maczak, A., "The Sound Toll Accounts and the Balance of English Trade with the Baltic Zone, 1565-1646", *Studio Historiae Oeconomicae*. Vol. 3, 1968, pp. 93-113.

Maczak, A., "Die Sundzollregister als eine preisgeschichtliche Quelle 1557 bis 1647", *Jahrbuch für Wirtschaftsgeschichte*, Teil III, 1970, S. 179-220.

Maczak, A., "The Balance of Polish Sea Trade with the West, 1565-1646", *Scandinavian Economic History Review*, Vol. 18, No. 2, 1970, pp. 107-142.

Maczak, A., "Der polnische Getreide Handel und des Problem der Handelsbilanz (1557-1647)", in I. Bog (Hg.), *Der Aussenhandel Ostmitteleuropas 1450-1650*, Köln, 1971.

Maczak, A., *Miedzy Gdańskiem a Sundem: Studio nad handelem battyckim od połowy XVI do połowy XVII*, Warszawa, 1972.

Maczak, A., "Convenors' Report, Part I, The Pre-Industrial Period in Europe", in M. Flinn (ed.), *Proceedings of the Seventh International Economic History Congress*, Edinburgh, 1978.

Maczak, A. and Henryk Samsonowicz, "La zone baltique: l'un des éléments du marché européen", *Acta Poloniae Historica*, No. 11, 1965, pp. 71-99.

Magnusson, Lars, *Reduktionen under 1600-talet: Debatt och forskning*, Malmö, 1985.

Magnusson, Lars, *Mercantilism: The Shape of an Economic Language*, London and New York, 1994.

Magnusson, Lars, *Sveriges Ekonomiska Historia*, Stockholm, 1996.

Magnusson, Lars, *An Economic History of Sweden*, London and New York, 2006.

Magnusson, Lars, "The Peculiarities of Sweden: Industry and Society, 1850-2000", 『関西大学西洋史論叢』第10号, 2007, pp. 64-74.

Małowist, Marian, "The Economic and Social Development of the Baltic Countries from the Fifteenth to the Seventeenth Centuries", *Economic History Review*, 2nd ser., Vol. 12, No. 2, 1959, pp. 177-189.

Marichael, Carlos, "The Spanish-American Silver Peso: Export Commodity and Global Money of Ancien Regime, 1550-1800", in Steven Topik, Carlos Marichal and Zephyr Frank (eds.), *From Silver to Cocaine: Latin American Commodity Chains and the Building of the World Economy, 1500-2000*, Durham and London, 2006, pp. 25-52.

Marzagalli, Silvia, *Les Boulevards de la Fraude: Le négoce maritime et le Blocus continnental 1806-1813: Bordeaux, Hambourg, Livourne*, Lille, 1999.

Marzagalli, Silvia, "French Merchants and Atlantic Networks: The Organisation of Shipping and Trade between Bordeaux and United States, 1793-1815", in Margrit Schutle-Beerbühl and Jörg Vögele (eds.), *Spinning the Commercial Web: International Trade, Merchants, and Commercial Cities, c. 1640-1939*, Frankfurt am Main, 2004, pp. 149-173.

Marzagalli, Silvia, "Establishing Transatlantic Trade Networks in Time of War: Bordeaux and the United States, 1793-1815", *Business History Review*, Vol. 79, 2005, pp. 811-844.

Mathias, Peter, "Risk, Credit and Kinship in Early Modern Enterprise", in John J. McCusker and Kenneth Morgan (eds.), *The Early Modern Atlantic Economy*, Cambridge, 2000, pp. 15-35.

Mathias, Peter and Patrick K. O'Brien, "Taxation in Britain and France, 1715-1810: A Comparison of the Social and Economic Incidence of Taxes Collected for the Central Governments", *Journal of European Economic History*, Vol. 5, No. 3, 1976, pp. 601-650.

Michell, A. R., "The European Fisheries in Early Modern History", in E. E. Rich and C. H. Wilson (eds.), *Cambridge Economic History of Europe*, V, Cambridge, 1977, pp. 134-184.

Mokyr, Joel, "Has the Industrial Revolution been Crowded Out?", *Explorations in Economic History*, Vol. 24, No. 4, 1987, pp. 293-319.

Mokyr, Joel, *Lever of Riches: Technological Creativity and Economic Progress*,

Oxford and New York, 1992.
Mokyr, Joel, *The Gifts of Athena: Historical Origins of The Knowledge Economy*, Princeton, 2004.
Mols, Roger, "Population in Europe, 1500-1700", in Carlo M. Cipolla, (ed.), *Fontana Economic History of Europe*, II, Glasgow, 1974, pp. 15-82.
Morineau, M., "La Balance du Commerce Franco-Nederlandais et la Resserment Économique des Provinces Unies au XVIIIe siècle", *Economisch-Historisch Jaarboek*, Vol. 30, 1965, pp. 170-235.
Mörner, Magnus, *Människor, Landskap, Varor och Vägnarä: Essäer från svenskt 1600- och 1700-tal*, Stockholm, 2001.
Müller, Leos, *The Merchant Houses of Stockholm, c. 1640-1800: A Comparative Study of Early-Modern Entrepreneurial Behavior*, Uppsala, 1998.
Müller, Leos, *Consuls, Corsairs, and Commerce: The Swedish Consular Service and Long-distance Shipping, 1720-1815*, Uppsala, 2004.
Murdoch, Steve, *Denmark-Norway and the House of Stuart, 1603-1660*, East Lothian, 2003.
Murdoch, Steve, *Network North: Scottish Kin, Commercial and Covert Associations in Northern Europe, 1603-1746*, Leiden, 2006.
Murdoch, Steve (ed.), *Scotland and the Thirty Years' War, 1618-1648*, Leiden, 2001.
Neal, Larry, "Interpreting Power and Profits in Economic History: A Case Study of Seven Years War", *Journal of Economic History*, Vol. 37, No. 1, 1977, pp. 20-35.
Neal, Larry, *The Rise of Financial Capitalism: International Capital Markets in the Age of Reason*, Cambridge, 1990.
Nef, J. U., *The Rise of the British Coal Industry*, London, 1932.
Nergård, Maj-Btitt, *Mellan krona och marknad: Utländska och svenska entreprenörer inom svensk järn hantering från ca 1580 till 1700*, Uppsala, 2001.
Newman, K., *Anglo-Hamburg Trade in the Late Seventeenth and Early Eighteenth Centuries*, Ph. D. Thesis, University of London, 1979.
Newman, K, "Anglo-Dutch Comercial Co-operation and the Russian Trade in the Eighteenth Century", in *The Interactions of Amsterdam and Antwerp with the Baltic Region, 1400-1800*, Leiden, 1983, pp. 95-103.
Newman, K., "Hamburg in the European Economy, 1660-1750", *Journal of European Economic History*, Vol. 14, No. 1, 1985, pp. 57-94.
Newman, S. J. *Russian Foreign Trade, 1680-1780: The British Contribution*, Ph. D. Thesis, University of Edinburgh, 1985.
Norberg, A., *Polen i Svensk Politik 1617-1626*, Stockholm, 1974.
North, D. C., "Sources of Productivity Change in Ocean Shipping, 1500-1850", *Journal of Economic History*, Vol. 75, No. 4, 1958, pp. 537-555.
North, D. C. and R. P. Thomas, "An Economic Theory of the Growth of the Western World", *Economic History Review*, 2nd ser., Vol. 23, No. 1, 1970, pp. 1-17.

North, Michael, "A Small Baltic Port in the Early Modern Period: The Port of Elbing in the Sixteenth and Seventeenth Century", *Journal of European Economic History*, Vol. 13, No. 1, 1984, pp. 117-127.

North, Michael, "The Role of Scottish Immigrants in the Economy and Society of the Baltic Region in the Sixteenth and Seventeenth Centuries", in Walter Minchinton (ed.), *Britain and Northern Seas, Some Essays: Papers presented at the Fourth Conference of the Association for the History of the Northern Seas, Dartington, Devon, 16-20 September, 1985*, Pontefract, 1988, pp. 21-24.

North, Michael, "Hamburg: The 'Continent's most English City'", in Michael North, *From the North Sea to the Baltic: Essays on Commercial, Monetary and Agrarian History, 1500-1800*, Aldershot, V, 1996, pp. 1-13.

North, Michael, *Gescichte der Nederlande*, München, 1997.

North, Michael, *Kommunikation, Handel, Geld und Banken in der frühen Neuzeit*, München, 2000.

North, Michael, *Das Goldene Zeitalter: Kunst und Kommerz in der niederländischen Malerei des 17. Jahrhunderts*, Köln, 2001.

Nováky, György, *Handelskompanier och kompanihandel. Svenska Afrikakompaniet 1649-1663: En studie i feodal handel*, Uppsala, 1990.

Nyberg, Klas, "The 'Skeppsbro Nobility' in Stockholm's Old Town 1650-1850: A Research Program on the Role and Significance of Trade Capitalism in Swedish Economy and Society", Uppsala Papers in Economic History, Research Report No. 49, 2001.

Oaklay, S. P., *War and Peace in the Baltic, 1560-1790*, London and New York, 1992.

O'Brien, Patrick Karl, "European Economic Development: The Contribution of the Periphery, 1492-1789", *Economic History Review*, 2nd ser., Vol. 35, No. 1, 1982, pp. 1-18.

O'Brien, Patrick Karl, "The Impact of the Revolutionary and Napoleonic Wars, 1793-1815, on the Long-Run Growth of the British Economy", *Review: A Journal of Fernand Braudel Center*, Vol. 12, No. 3, 1989, pp. 335-395.

O'Brien, Patrick Karl, "Path Dependency: Why Britain became an Industrialised and Urbanised Economy long before France", *Economic History Review*, Vol. 49, No. 2, 1996, pp. 213-249.

O'Brien, Patrick Karl, "A Critical Review of a Tradition of Meta-Narratives from Adam Smith to Karl Pomeranz", in P. C. Emmer, O. Pétré-Grenouilleau and J. V. Roiman (eds.), *A Deus ex Machina Revisited: Atlantic Colonial Trade and Euopean Economic Development*, Leiden-Boston, 2006, pp. 5-23.

Öhberg, F. L., "Russia and the World Market in the Seventeenth Century: A Discussion of the Connection between Prices and Trade Routes", *Scandinavian Economic History Review*, Vol. 3, No. 2, 1955, pp. 123-162.

Ojala, Jari, "Approaching Europe: The Merchant Networks between Finland and

Europe during the Eighteenth and Nineteenth Century", *European Review of Economic History,* Vol. 1, No. 3, 1997, pp. 323-352.

Ojala, Jari, *Tehokasta liiketoimintaa Pohjanmaan pikkukaupungeissa: Purjemerenkulun kannttaavuus ja tuottavuus 1700-1800-luvulla,* Helsinki, 1999.

Ojala, Jari, "The Problem of Information in Late Eighteenth and Early Nineteenth-Century Shipping: A Finnish Case", *International Journal of Maritime History,* Vol. 16, No. 1, 2002, pp. 189-208.

Ojala, Jari, "Assesing Institutional Boundaries of Early Modern Business Activities: Organization of Shipping and Trade during the Eighteenth and Nineteenth Centuries", 『関西大学西洋史論叢』第 7 号, 2004, pp. 1-23.

Ojala, Jari, Jari Eloranta and Jukka Jalava (eds.), *The Road to Prosperity: An Economic History of Finland,* Helsinki, 2006.

Ormrod, David, *English Grain Exports and the Structure of Agrarian Capitalism, 1700-1760,* Hull, 1985.

Ormrod, David, *The Rise of Commercial Empires: England and the Netheralnds in the an Age of Mercantilism, 1650-1770,* Cambridge, 2003.

Parker, Geoffrey and Lesley M. Smith (eds.), *The General Crisis of the Seventeenth Century,* London, 1978.

Petersson, Astrid, "Zuckersiedergewerbe und Zuckerhandel in Hamburg im Zeitraum von 1814 bis 1834: Entwicklung und Struktur zweier wichtiger Hamburger Wirtschaftsweige des vorindustriellen Zeitalters", *Vierteljahrschrift für Sozial- und Wirtschaftsgeschichte,* Beiheft, Nr. 140, 1998.

Phelps-Brown, E. H. and S. V. Hopkins, "Wage-Rates and Prices: Evidence for Population Pressure in the Sixteenth Century", *Economica,* Vol. 24, 1957, pp. 289-306.

Phillips, C. R., "The Growth and Composition of Trade in the Iberian Empires", in J. D. Tracy (ed.), *The Rise of Merchant Empires: Long Distance Trade in Early Modern World, 1350-1750,* Cambridge, 1990, pp. 34-101.

Pohl, Hans, "Die Beziehungen Hamburgs zu Spanien und dem spanischen Amerika in der Zeit von 1740 bis 1806", *Vierteljahrschrift für Sozial- und Wirtschaftsgeschichte,* Beiheft, Nr. 45, 1963.

Pomeranz, Kenneth, *The Great Divergence: China, Europe, and the Making of the Modern World Economy,* Princeton, N. J, 2000.

Postlethwayt, Malachy, *The Universal Dictionary of Trade and Commerce,* 2 Vols., London, 1757.

Postma, Johannes and Victor Enthoven, *Riches from Atlantic Commerce: Dutch Transatlantic Trade and Shipping, 1585-1817,* Leiden 2003.

Pourchasse, Pierrick, *La France et le commerce de l'Europe du Nord au XVIIIe siècle,* These à l'Université de Bretagne Sud à Lorient, 2003.

Pourchasse, Pierrick, *Le commerce du Nord: Les échanges commerciaux entre la France et l'Europe septentrionale au XIIIe siècle,* Rennes, 2006.

Pourchasse, Pierrick, "La concurrence entre sels ibériques, français et britanniques sur le marchés du Nord au XIIIe siécle", in Jean-Claude Hocquet et Gildas Buron (dir.), *Le sel de baie: Histoire, archéologie, ethnologie des sels atlantiques,* Rennes, 2006, pp. 325-337.

Pourchese, Pierrick, "Problems of French Trade with the North in the Eighteenth Century", Paper presented to a lecture of Kwansei Gakuin University on 18th May in 2006.

Prak, Maarten, *The Dutch Republic in the Seventeenth Century,* Cambridge, 2005.

Prak, Maarten (ed.), *Early Modern Capitalism: Economic and Social Change in Europe, 1400-1800,* London and New York, 2001.

Prakash, Om, "International Consortiums, Merchant Networks and Portuguese Trade with Asia in the Early Modern Period", Paper presented at Session 37 of the XIV International Economic History Congress, Helsinki, 21-25 August 2006.

Price, J. L., *Holland and the Dutch Republic in The Seventeenth Century: The Politics of Particularism,* Oxford, 1994.

Price, J. M., "Multilateralism and/or Bilateralism: The Settlement of British Trade Balances with 'The North' c. 1700", *Economic History Review,* 2nd ser., Vol. 14, No. 2, 1961, pp. 254-274.

Ramsay, G. D., *The Queens's Merchnats and the Revolt of the Netherlands,* Manchester, 1986.

Rapp, R. T., "The Unmaking of the Mediterranean Trade Hegemony: International Trade Rivalry and the Commercial Revolution", *Journal of Economic History,* Vol. 35, No. 3, 1975, pp. 499-525.

Rapp, R. T., *Industry and Economic Decline in Seventeenth-Century Venice,* Cambridge, Mass., and London, 1976.

Reading, D. K., *The Anglo-Russian Commercial Treaty of 1734,* New Heaven and London, 1938.

Reinhold, Josef, *Polen/Litauen auf den Leipziger Messen des 18. Jahrhunderts,* Weimar, 1971.

Riley, C., *International Government Finance and the Amsterdam Capital Market, 1740-1815,* Cambridge, 1980.

Roberts, Michael, *Gustavs Adolphs,* 2 Vols., London, 1953 and 1958.

Roberts, Michael, *The Military Revolution 1560-1660,* Belfast, 1956.

Roberts, Michael, *The Early Vasas: A History of Sweden 1523-1611,* Cambridge, 1968.

Roberts, Michael, *The Swedish Imperial Experience, 1560-1718,* Cambridge, 1979.

Roberts, Michael, *Gustavs Adolphs,* 2nd ed., London, 1992.

Roding, Juliette and Lex Heerma van Voss (eds.), *The North Sea and Culture in Early Modern History (1550-1800)*, Hilversum 1996.
Röhlk, F., "Schiffart und Handel zwischen Hamburg und Niederlanden in der Zweiten Hälfte des 18. und zu Beginn des 19. Jahrhunderts," *Vierteljahrschrift für Sozial- und Wirtschaftsgeschichte*, Beiheft, Nr. 60, Teil I und II, 1973.
Rönnbäck, Klas, "Flexibility and Protection: Swedish Trade in Sugar in Early Modern Period", Göteborg Papers in Economic History, No. 4, June, 2006.
Roseveare, Henry, *The Financial Revolution 1660-1760*, London and New York, 1991.
Ruiz, A. (ed.), *Présence de l'Allemagne à Bordeaux du siècle de Montaigne à la veille de la Seconde Guerre Mondiale*, Bordeaux, 1997.
Rystad, Göran (ed.), *Europe and Scandinavia: Aspects of the Process of Integration in the 17th Century*, Lund, 1983.
Salmon, Patrick and Tony Barrow (eds.), *Britain and the Baltic*, Gateshead, 2003.
Samuelsson, Kurt, *De stora köpmanshusen i Stockholm 1730-1815: En studie i svenska handelskapitalismens historia*, Stockholm, 1951.
Samuelsson, Kurt, "Swedish Merchant-Houses, 1730-1815", *Scandinavian Economic History Review*, Vol. 3, No. 2, 1955, pp. 163-202.
Sandström, Åke, *Mellan Torneå och Amsterdam: En undersökning av Stockholms roll som förmeldeare av varor i regional-och utrikeshandel 1600-1650*, Stockholm, 1990.
Savary, Jacques, *Le Parfait Negociant*, Paris, 1675 (rep. 1995).
Schäfer, Dietrich, "Die Sundzoll-Tabellen", *Hansische Geschichtsblätter*, Bd. 48, 1923, S. 162-164.
Schama, Simon, *The Embarrassment of Riches: An Interpretation of Dutch Culture in the Golden Age*, New York, 1988.
Schmidt, Burghart, "Le Commerce extérieur des villes hanséatiques et temps des guerres de la Révolution", in Isabella Richefort and Burghard Schmidt (dir./Hg.), *Les Relations entre la France et les villes Hanséatiques de Hamburg, Brême et Lübeck Moyen Âge XIXe siècle/Die Beziehungen zwischen Frankreich und den Hansestädten Hamburg und Lübeck Mittelalter-19. Jahrhundert*, Bruxelles, 2006, pp. 463-498.
Schulte-Beerbühl, Margrit, *Deutsche Kaufleute in London: Welthandel und Einbürgerung, 1660-1880*, München, 2007.
Schumpeter, E. B., *English Overseas Trade Statistics 1697-1808*, Oxford, 1960.
Sella, D., "European Industries" in Carlo M. Cipolla (ed.), *Fontana Economic History of Europe*, Glasgow, II, 1970, pp. 354-412.
Sellers, M. (ed.), *The Acts and Ordinances of the Eastland Company*, London, 1906.
Shaw, L. M. E., *The Anglo-Portuguese Alliance and the English Merchants in Portugal. 1654-1810*, Aldershot, 1998.

Smout, T. C., *Scottish Trade on the Eve of Union, 1660-1707,* London and Edinburgh, 1963.
Soom, Arnold, *Der Herrenhof in Estland im 17. Jahrhundert,* Lund, 1954.
Soom, Arnold, *Der Baltische Getreidehandel im 17. Jahrhundert,* Stochholm, 1961.
Soom, Arnold, "Zur Geschichte des Handels zwischen Reval und Finland im 17. Jahrhundert", *Annales Societatis Litterarum Estonicae in Svenica,* IV, Stockholm, 1966, S. 123-133.
Soom, Arnold, "Varutransporterna mellan Sverige och de svenskägda baltiska gårdarna under 1600-talet", *Svio-Estonica,* Vol. 18, 1967, s. 51-86.
Soom, Arnold, *Der Handel Revals in Siebzehenten Jahrhundert,* Wiesbaden, 1969.
Sperling, J., "The International Payments Mechanism in the Seventeenth and Eighteenth Centuries", *Economic History Review,* 2nd ser., Vol. 14, No. 3, 1962, pp. 446-468.
Spooner, F. C., "The European Economy. 1609-1650", in J. P. Cooper (ed.), *New Cambridge Modern History,* IV, London and New York, 1970,
Spufford, Peter, "From Antwerp and Amsterdam to London: The Decline of Financial Centres in Europe", *De Economist,* 154, No. 2, 2006, pp. 143-175.
Steensgaard, Niels, *The Asian Trade Revolution of the Seventeenth Century: The East India Companies and the Decline of the Caravan Trade,* Chicago, 1974.
Steensgaard, Niels, "The Companies as a Specific Institution in the History of European Expansion", in Leonard Blussé and Femme Gaasta (eds.), *Companies and Trade: Essays on Overseas Trading Companies during Ancien Régime,* Leiden, 1981, pp. 245-264.
Steensgaard, Niels, "The Dutch East Company Company as an Institutional Innovation", in Maurice Aymard (ed.), *Dutch Capitalism and World Capitalism/ Capitalisme hollandaise et Capitalisme mondial,* Cambridge, 1982, pp. 235-257.
Stein, Robert Louis, *The French Sugar Business in the Eighteenth Century,* Baton Rouge and London, 1988.
Stiles, A., *Sweden and the Baltic, 1523-1721,* London, 1992.
Stone, Lawrence (ed.), *An Imperial State at War: Britain from 1689 to 1815,* London, 1994.
Supple, B. E., *Commercial Crisis and Change in England, 1600-1642,* Cambridge, 1959.
Swetschinski, Daniel M., *Reluctant Cosmopolitans: The Portuguese Jews of Seventeenth-Century Amsterdam,* London, 2000.
Tamaki, Toshiaki, "'Fiscal-Military State', Diaspora of Merchants and Economic Development in Early Modern Northern Europe: Diffusion of Information and its Connections with Commodities", 「平成 17-19 年度 科学研究費補助金 (基盤研究(B)) グローバルヒストリーの構築とアジア世界」2008 年, 69-86

頁。

Tarrade, Jean, *Le commerce colonial de la France a la fin de l'ancien régime*, 2 tomes, 1972, Paris.

Thomas, B., "Was There Energy Crisis in Great Briatin in the 17th Century?", *Explorations in Economic History*, Vol. 23, No. 2, 1986, pp. 124-152.

Thomas, B., *The Industrial Revolution and the Atlantic Economy*, London and New York, 1993.

Tielhof, Milja van, "Der Getreidehandel der Danziger Kaufleute in Amsterdam um die Mitte des 16. Jahrhundert", *Hansische Geschichtblätter* ,Bd. 113,1995, S. 93-110.

Torres Sánchez, Rafael (ed.), *War, State and Development: Military Fiscal States in the Eighteenth Century*, Pamplona, 2007.

Tracy, James D., *A Financial Revolution in the Habsburg Netherlands: Renten and Rentiners in the Country of Holland*, Berkelay, Los Angleles and London, 1985. pp. 143-175.

Tracy, James D. (ed.), *The Rise of Merchant Empires: Long Distance Trade in Early Modern World*, 1350-1750, Cambridge, 1990.

Tracy, James D. (ed.), *The Political Economy of Merchant Empires: State Power and World Trade, 1350-1750*, Cambridge, 1991.

Trivellato, Francesca, *The Familiarity of Strangers: The Sephardic Diaspora, Livourno and Cross-Cultural Trade in Early Modern Period*, New Heaven and London, 2008, forthcoming.

Unger, Richard W., *The Rise of the Dutch Shipbuilding Industry, ca. 1400 to ca. 1600*, Ph. D. Dissertation, Yale University, 1971.

Unger, Richard W., *Dutch Shipbuilding before 1800: Ships and Guilds*, Assen, 1978.

Unger, Richard W., "Dutch Herring Technology and International Trade in the Seventeenth Century", *Journal of Economic History*, Vol. 40, No, 2, 1980, pp. 253-279.

Unger, W. S., "De Sonttabellen", *Tijdschrift voor Geschiedenis*, Vol. 41, 1926, pp. 137-155.

Unger, W. S., "De Publikatie der Sonttabellen voltooid", *Tijdschrift voor Geschiedenis*, Vol. 71, 1958, pp. 147-205.

Unger, W. S. , "Trade through the Sound in the Seventeenth and Eighteenth Centuries", *Economic History Review*, 2nd ser., Vol. 12, No. 2, 1959, pp. 206-221.

Vallerö, R., *Svensk handels- och sjöfartstatistik 1637-1813: En tillkomsthistorisk undersökning*, Stockholm, 1969.

Veluwenkamp, Jan Willem, "Familienetwerken binnen Nederlandse koopliedengemeenschap van Archangel in de eerste helft van de achttiende eeuw", *Bijdragen en Mededelingen betreffende de Geschiedenis der Nederlanden*, Vol. 108, 1993, pp. 655-672.

Veluwenkamp, Jan Willem, "De Nederlandse gereformeerde te Archangel in de achttiende eeuw", *Nederlands Archief voor Kerkgeschiedenis,* Vol. 73, No. 1, 1993, pp. 31-67.

Veluwenkamp, Jan Willem, "Dutch Merchants in St Petersburg in the Eighteenth Century", *Tijdschrift voor Scandinavistiek,* Vol. 16, 1995, pp. 235-291.

Veluwenkamp, Jan Willem, *Archangel: Nederlandse Ondernemers in Rusland 1550-1785,* Amsterdam, 2000.

Vogel, Walter, "Beiträge zur Statistik der Deustchen Seeschiffart im 17. und 18. Jahrhundert II", *Hansische Geschichtsblätter,* Bd. 57, 1932, S. 78-151.

Voss, Peter, *Bordeaux et les villes hanseátiques 1672-1715: Contribution â l'histoire maritime de l'Europe du Nord-Ouest,* Thèse de Doctorat d'histoire, Univerité de Montaigne Bordeaux III, 1995, t. 1.

Voss, Peter, "A Community in Decline?: The Dutch Merchants in Bordeaux, 1650-1750", in C. Lesger and L. Noodegraaf (eds.), *Entrepreneurs and Entrepreneurship in Early Modern Times: Merchnats and Industralists within the Orbit of the Dutch Staple Market,* The Hague, 1995, pp. 43-52.

Voss, Peter, "»Eine Fahrt von wenig Importantz?« Der hansische Handel mit Bordeaux", in A. Grassmann (Hg.), *Niedergang oder Übergang?: zur Spätzeit Hanse im 16. und 17. Jahrhundert,* Köln, 1998.

Wake, C., "The Changing Pattern of Europe's Pepper and Spice Imports, ca 1400-1700", *Journal of European Economic History,* Vol. 8, No. 2, 1979, pp. 361-403.

Weber, Klaus, "Die Admiralitätszoll- und Convoygeld- Einnahmebücher: Eine wichtige Quelle für Hamburgs Wirtschaftsgeschichte im 18. Jahrhunder", *Hamburger Wirtschafts-Chronik,* Neue Folge, Bd. 1, 2000, S. 83-111.

Weber, Klaus, "The Atlantic Coast of German Trade: German Rural Industry and Trade in the Atlantic, 1680-1840", *Itinerario,* Vol. 26, No. 2, 2002, pp. 99-119.

Weber, Klaus, *Deutsche Kaufleute im Atlatikenhandel 1680-1830,* München, 2004.

Weber, Klaus, "French Migrnants into Loyal Germans: Huguenots in Hamburg (1685-1985)", in Mareike Köning and Rainer Ohliger (eds.), *Enlarging European Memory: Migration Movements in Historical Perspective,* Ostfilden, 2006, pp. 59-69.

Weir, D. R., "Tontines, Public Finance and Revolution in France and England, 1688-1789", *Journal of Economic History,* Vol. 49, No. 1, 1989, pp. 95-124.

Whaley, Joachim, *Religious Torelation and Social Change in Hamburg 1529-1819,* Cambridge, 1985.

Wijnroks, Eric H., *Handel tussen Rusland en de Nederlanden, 1560-1640: Een netwerkanalyse van de Antwerpse en Amsterdamse kooplieden, handelend op Rusland,* Hilversum, 2003.

Willan, Thomas Stuart, *The Muscovy Merchants of 1555,* Manchester, 1953.

Willan, Thomas Stuart, *The Early History of Russia Company*, Manchester, 1956.
Williamson, Jeffrey, "Why Was British Growth so slow during the Industrial Revolution", *Journal of Economic History*, Vol. 44, No. 3, 1984, pp. 687-712.
Williamson, Jeffrey, "Debating the British Industrial Revolution", *Explorations in Economic History*, Vol. 24, No. 3, 1987, pp. 262-292.
Wilson, C. H., *Anglo-Dutch Commerce and Finance in the Eighteenth Century*, Cambridge, 1944 (1966).
Wilson, C. H., "Treasure and Trade Balances: The Mercantilist Problem", *Economic History Review*, 2nd ser., Vol. 2, 1949, pp. 152-161.
Wilson, C. H., "Treasure and Trade Balances: Further Evidence", *Economic History Review*, 2nd ser., Vol. 4, 1952, pp. 231-242.
Wilson, C. H., "Dutch Investment in Eighteenth Century England: A Note on Yardsticks", *Economic History Review*, 2nd ser., Vol. 12, 1959, pp. 434-439.
Zanden, Jan Luiten van, "The Ecological Constraints of Early Modern Economy: The Case of Holland 1350-1800", *NEHA-Jaarboek*, 2003, 49, 1989, pp. 85-103.
Zanden, Jan Luiten van, *Arbeid tijdens het handelskapitalisme: Opkomst en neergang van de Hollandse economie 1350-1850*, Hilversum, 1991.
Zanden, Jan Luiten van, *The Rise and Decline of Holland's Economy: Merchant Capitalism and the Labour Market*, Manchester and New York, 1993.
Zanden, Jan Luiten van, "Do we need a Theory of Merchant Capitalism?", *Review: Fernand Braudel Center*, Vol. 20, No. 2, 1997, pp. 255-267.
Zanden, Jan Luiten van, "Economische groi van Holland tussen 1500 en 1800", *NEHA-Bulletin*, Vol. 15, No. 2, 2001, pp. 65-76.
Zanden, Jan Luiten van, "Common Workmen, Philosophers and the Birth of the European Knowledge Economy: About the Price and the Production of Useful Knowledge in Europe 1350-1800" (pdf-file, 169 Kb), paper for the GEHN conference on Useful Knowledge, Leiden, September 2004: revised 12 October 2004.
Zanden, Jan Luiten van, "De timmerman: De boekdrukker en het ontstaan van de Europese kenniseconomie over de prijs en het aanbod van kennis voor de industriele Revolutie", *Tijdschrift voor sociale en economische Geschiedenis*, Vol. 2, No. 1, 2006, pp. 105-120.
Zanden, Jan Luiten van and Maarten Prak, "Towards an Economic Interpretation of Citizenship: The Dutch Republic between Medieval Communes and Modern Nation-States", *European Review of Economic History*, Vol. 10, No. 2, 2006, pp. 111-145.
Zernack, V. K., "Das Zeitalter der Nordischen Kriege von 1558 bis 1809 als frühneuzeitliche Geschichtsepoche", *Zeitschrift für Historische Forschung*, Bd. 1, 1974, S. 55-80.
Zernack, V. K., "Schweden als europäische Grossmacht der frühen Neuzeit",

Historische Zeitschrift, Bd. 232, 1981, S. 327-357.
Zins, H., *England and the Baltic in the Elizabethan Era,* Manchester, 1972.

邦文文献

秋田茂『イギリス帝国とアジア国際秩序——ヘゲモニー国家から帝国的な構造的権力へ』名古屋大学出版会，2003年．
浅田実「17世紀英国商業史の課題——商業革命と重商主義にまつわる問題によせて」『イギリス史研究』12号，1972年，10-18頁．
渥美友季子「名誉革命期のロンドン商人——請願から見たギルバート・ヒースコートの商業コネクション」『お茶の水史学』第46号，2002年，29-78頁．
阿部謹也『ドイツ中世後期の世界』未来社，1974年．
池本正純『企業者とは何か——経済学における企業者象』有斐閣，1984年．
石坂昭雄『オランダ型貿易国家の経済構造』未来社，1971年．
石坂昭雄「オランダ共和国の経済的興隆と17世紀のヨーロッパ経済——その再検討のために」『北海道大学　経済学研究』第24巻，第4号，1974年，1-66頁．
石坂昭雄「オランダ共和国の経済的興隆とバルト海貿易（1585-1660）——ズント海峡通行税記録の一分析」日蘭学会編，栗原福也，永積昭監修『オランダとインドネシア』山川出版社，1986年，63-89頁．
伊藤宏二『ヴェストファーレン条約と神聖ローマ帝国——ドイツ帝国諸侯としてのスウェーデン』九州大学出版会，2005年．
伊東秀征『近世イギリス東方進出史の研究』葦書房，1992年．
井上光子「デンマーク王国の海上貿易——遅れてきた重商主義国家」深沢克己編著『近代ヨーロッパの探究9　国際商業』ミネルヴァ書房，2002年，317-347頁．
井野瀬久美恵『植民地経験のゆくえ——アリス・グリーンのサロンと世紀転換期の大英帝国』人文書院，2004年．
今井宏編訳『十七世紀危機論争』創文社，1975年．
入江幸二『スウェーデン絶対王政研究——財政・軍事・バルト海帝国』知泉書館，2005年．
上野喬『オランダ初期資本主義研究』御茶の水書房，1973年．
大久保桂子「ヨーロッパ軍事革命論の射程」『思想』1997年11月号，151-171頁．
大倉正男『イギリス財政思想史——重商主義思想期の戦争・国家・経済』日本経済評論社，2000年．
大黒俊二「『商売の手引』一覧」『人文研究』（大阪市立大学文学部）第38巻，第13分冊，1986年，90-108頁．
大黒俊二「ユトリック・ペリ・サヴァリ——『完全なる商人』理念の系譜」『イタリア学会誌』第37号，1987年，57-75頁．
大黒俊二『嘘と貪欲——西欧中世の商業・社会観』名古屋大学出版会，2006年．
大塚久雄『国民経済——その歴史的考察』講談社学術文庫，1994年．
大塚久雄・高橋幸八郎・松田智雄編著『西洋経済史講座——封建制から資本主義への移行』全5巻，岩波書店，1960年．

大峰真理「近世フランスの港町と外国商人の定着」羽田正責任編集『港町の世界史3　港町に生きる』2006 年，179-202 頁。
岡崎哲二『江戸の市場経済』講談社選書メチエ，1999 年。
岡崎哲二・中林真幸「序章　経済史研究における制度」岡崎哲二編『取引制度の経済史』東京大学出版会，1999 年，1-12 頁。
越智武臣『近代英国の起源』ミルネヴァ書房，1966 年。
川北稔『工業化の歴史的前提——帝国とジェントルマン』岩波書店，1983 年。
川北稔『民衆の大英帝国——近世イギリス社会とアメリカ移民』岩波書店，1990 年。
川北稔「穀物・キャラコ・資金の国際移動——17・18 世紀の英蘭関係」『シリーズ世界史への問い 3　移動と交流』岩波書店，1990 年，141-165 頁。
川北稔「近代ロンドン史の二つの顔——首都から帝都へ」『日本史研究』404 号，1996 年，32-49 頁。
川北稔「『政治算術』の世界」『パブリックヒストリー』創刊号，2004 年，1-18 頁。
川北稔「言説としての産業革命」『関西大学西洋史論叢』第 9 号，2006 年，1-16 頁。
川北稔・木畑洋一編『イギリスの歴史——帝国＝コモンウェルスの歩み』有斐閣，2000 年。
北川勝彦・平田雅博編著『帝国意識の解剖学』世界思想社，1999 年。
木畑洋一『支配の代償——英帝国の崩壊と「帝国意識」』東京大学出版会，1987 年。
木畑洋一編著『大英帝国と帝国意識——支配の深層を探る』ミネルヴァ書房，1998 年。
木畑洋一・秋田茂・木村和男・佐々木雄太・北川勝彦編著『イギリス帝国と 20 世紀』全 5 巻，ミネルヴァ書房，2004 年-。
栗原福也「オランダ共和国成立期のアムステルダム商業の一面——バルト海貿易について」『一橋論叢』1955 年 4 月号，27-51 頁。
桑原莞爾『イギリス関税改革運動の史的分析』九州大学出版会，1999 年。
小林昇『重商主義の経済理論』東洋経済新報社，1952 年。
小林昇『重商主義解体期の研究』未来社，1955 年。
近藤和彦編『長い 18 世紀のイギリス』山川出版社，2002 年。
齋藤寛海『中世後期イタリアの商業と都市』知泉書館，2002 年。
斯波照雄「ハンブルクにおける 1410 年の市民抗争について」寺尾誠編『温故知新——歴史・思想・社会論集』慶應通信，1990 年，53-75 頁。
斯波照雄「ハンブルクにおける 1376 年の市民抗争について」『三田学会雑誌』第 84 巻 2 号，1991 年，241-255 頁。
斯波照雄『中世ハンザ都市の研究——ドイツ中世都市の社会経済構造と商業』勁草書房，1997 年。
斯波照雄「中世末期ハンブルクの『領域政策』と商業」『商学論纂』（中央大学商学研究会）第 41 巻 6 号，2000 年 3 月，153-176 頁
斯波照雄「中世末から近世初期のハンブルクの都市経済事情」『商学論纂』（中央大

学商学研究会）第44巻4号，2003年，257-274頁。
清水廣一郎『中世イタリアの都市と商人』洋泉社，1989年。
杉浦未樹「アムステルダム貿易商人の内部構成——商人の移住と定住とその基盤」深沢克己編著『近代ヨーロッパの探究9　国際商業』ミネルヴァ書房，2002年，51-77頁。
杉浦未樹「アムステルダムにおける商品別専門商の成長　1580-1750年——近世オランダの流通構造の一断面」『社会経済史学』第70巻1号，2004年，49-70頁。
杉浦未樹「近世アムステルダムの都市拡大と商業空間」深沢克己責任編集『シリーズ　港町の世界史2　港町のトポグラフィ』青木書店，2006年，297-324頁。
杉原薫『アジア間貿易の形成と発展』ミネルヴァ書房，1996年。
鈴木成高『歴史的国家の理念』弘文堂，1941年。
鈴木健夫「イギリス産業革命と英露貿易——最近の研究動向から」鈴木健夫他著『「最初の工業国家」を見る眼』，1987年，145-178頁。
高橋理『ハンザ同盟——中世の都市と商人たち』教育社，1980年。
竹本洋・大森郁夫編著『重商主義再考』日本経済評論社，2002年。
谷澤毅「近世初頭のバルト海貿易——リューベックとダンツィヒ」『早稲田経済研究』35号，1992年，79-93頁。
谷澤毅「近世リューベックのスウェーデン貿易」『北欧史研究』10号，1993年，9-23頁。
谷澤毅「ハンザ盛期におけるバルト海・北海間の内陸交易路——リューベック・オルデスロー・ハンブルク」『社会経済史学』第63巻4号，1997年，88-107頁。
谷澤毅「ライプツィヒの通商網——ドイツ・中央における内陸商業の展開」深沢克己編著『近代ヨーロッパの探究9　国際商業』ミネルヴァ書房，2002年，21-49頁。
谷澤毅「ハンザ後期リューベック・ハンブルク間商業に関する一史料——リューベック商人の申告証書の記録から」『北欧史研究』第20号，2003年，39-51頁。
谷澤毅「中世後期・近世初期におけるハンブルクの商業発展と大陸内商業」『長崎県立大学論集』第39巻第4号，2006年，193-224頁。
玉木俊明「イギリスのバルト海貿易(1600-1660年)」『文化史学』47号，1991年，72-92頁。
玉木俊明「近世バルト海貿易におけるイギリス＝ポーランド関係」『北欧史研究』11号，1994年，1-14頁。
玉木俊明「オランダのヘゲモニー」川北稔編『ウォーラーステイン』講談社選書メチエ，2001年，103-121頁。
玉木俊明「オランダのヘゲモニーをめぐって　タールト論文への若干の疑問」松田武・秋田茂編『ヘゲモニー国家と世界システム——20世紀をふりかえって』山川出版社，2002年，77-87頁。
玉木俊明「ガーシェンクロン著『歴史的観点からみた経済的後発性』の今日的意義」『京都マネジメントレビュー』第8号，2005年，85-98頁。
遅塚忠躬「フランス革命の歴史的位置」『史学雑誌』第91巻第6号，1982年，1

-46 頁。

土肥恒之「ロシア帝国とヨーロッパ」『岩波講座世界歴史 16　主権国家と啓蒙 16-18 世紀』岩波書店，1999 年，103-121 頁。

中澤勝三『アントウェルペン国際商業の世界』同文館，1993 年。

二宮宏之『フランス　アンシアン・レジーム論』岩波書店，2007 年。

二宮宏之編『結びあうかたち――ソシアビリテ論の射程』山川出版社，1995 年。

根本聡「16・17 世紀スウェーデンの帝国形成と商業――バルト海支配権をめぐって」『関西大学論叢』第 3 号，2000 年，1-19 頁。

根本聡「ストックホルムの成立と水上交通」『歴史学研究』第 756 号，2001 年，56-76 頁。

根本聡「スウェーデン鉄とストックホルム――鉱山業における国家と農民」『ヨーロッパ文化史研究』第 6 号，2005 年 3 月，75-92 頁。

根本聡「海峡都市ストックホルムの成立と展開――メーラレン湖とバルト海のあいだで」村井章介責任編集『シリーズ　港町の世界史 1　港町と海域世界』青木書店，2006 年，365-397 頁。

服部春彦『フランス近代貿易の生成と展開』ミネルヴァ書房，1992 年。

馬場哲『ドイツ農村工業史――プロト工業化・地域・世界市場』東京大学出版会，1993 年。

浜下武志・川勝平太編『アジア交易圏と日本工業化――1500-1900』新装版，藤原書店，2001 年。

比嘉清松「イギリスのバルト海貿易とスウェーデン，ロシアの貿易政策との関係について（17 世紀中頃-18 世紀中頃）」『尾道短期大学研究紀要』第 15 集，1966 年，89-109 頁。

深沢克己「九州大学文学部所蔵史料について――17-19 世紀フランス商業辞典・商人手引書」『西洋史学論集』33 輯，1995 年，77-79 頁。

深沢克己「ヨーロッパ商業空間とディアスポラ」『岩波講座世界歴史 15 ――商人と市場‐ネットワークの中の国家』岩波書店，1999 年，181-207 頁。

深沢克己「フランス港湾都市の商業ネットワーク」辛島昇・高山博編『地域の世界史 3　地域の成り立ち』山川出版社，2000 年，201-237 頁。

深沢克己『海港と文明――近世フランスの港町』山川出版社，2002 年。

深沢克己『商人と更紗――近世フランス＝レヴァント貿易史研究』東京大学出版会，2007 年。

福本治「『バルト帝国』の貿易政策（1645-1700 年）――オランダへの従属からの脱却の試み」『北欧史研究』第 13 号，1996 年，69-85 頁。

藤井真理『フランス・インド会社と黒人奴隷貿易』九州大学出版会，2001 年。

藤井美男『ブルゴーニュ公国とブリュッセル』ミネルヴァ書房，2007 年。

舟場正富『イギリス公信用の研究』未来社，1971 年。

船山栄一「イギリス経済史における 16・17 世紀」船山栄一『イギリスにおける経済構造の転換』未来社，1967 年，217-241 頁。

古谷大輔「近世スウェーデンにおける帰属概念の展開」近藤和彦編『歴史的ヨーロ

ッパ政治社会』山川出版社, 2008 年, 74-110 頁。
堀元子「イギリス海外交易研究史」『三田学会雑誌』第 82 巻 2 号, 1989 年, 373-385 頁。
松井透『世界市場の形成』岩波書店, 1991 年。
松田武・秋田茂編『ヘゲモニー国家と世界システム——20 世紀をふりかえって』山川出版社, 2002 年。
松本典昭「16 世紀トスカーナ経済——フィレンツェ・ペシア・リヴォルノをめぐって」『文化史学』第 42 号, 1986 年, 115-120 頁
松本典昭『メディチ公国と地中海』晃洋書房, 2006 年。
山下範久「生い立ちと思想」川北稔編『ウォーラーステイン』講談社選書メチエ, 2001 年, 14-68 頁。
山室 信一「『国民帝国』論の射程」山本有造編『帝国の研究』名古屋大学出版会, 2003 年, 87-128 頁。
山本大丙「18 世紀リガにおけるオランダの貿易活動」『北欧史研究』14 号, 1997 年, 49-65 頁。
山本大丙「1845 年におけるバルト海地域の穀物輸出」『早稲田大学大学院文学研究科紀要』第 44 輯, 1999 年, 117-128 頁。
山本大丙「貿易ルートの統合——17 世紀初期のオランダ・バルト海貿易」小倉欣一編『ヨーロッパの分化と統合——国家・民族・社会の史的考察』太陽出版, 2004 年, 177-201 頁。
山本大丙「商人と『母なる貿易』——17 世紀初期のアムステルダム商人」『史観』第 152 冊, 2005 年, 52-73 頁。
山本正『王国と植民地——近世イギリス帝国のなかのアイルランド』思文閣出版, 2001 年
和田光司「近代フランスのにおける公認宗教体制と宗教的多元性」深沢克己・高山博編『信仰と他者——寛容と非寛容のヨーロッパ宗教社会史』東京大学出版会 2006 年, 299-326 頁。

邦訳文献

ウォーラーステイン, イマニュエル著（川北稔訳）『近代世界システム——農業資本主義とヨーロッパ世界経済の成立』Ⅰ・Ⅱ, 岩波書店, 1981 年。
ウォーラーステイン, イマニュエル著（川北稔訳）『近代世界システム——重商主義と「ヨーロッパ世界経済」の凝集』名古屋大学出版会, 1993 年。
ウォーラーステイン, イマニュエル著（川北稔訳）『近代世界システム 1730s-1840s ——大西洋革命の時代』名古屋大学出版会, 1997 年。
エリオット, J・H 著（越智武臣・川北稔訳）『旧世界と新世界 1492-1650』岩波書店, 1975 年。
オウスウェイト, R・B 著（中野忠訳）『イギリスのインフレーション——テューダー・初期ステュアート期』早稲田大学出版部, 1996 年。
オブライエン, パトリック著（秋田茂・玉木俊明訳）「不断の関係——貿易・経

済・財政国家・大英帝国の拡大（1688-1815年）」『帝国主義と工業化——イギリスとヨーロッパからの視点』ミネルヴァ書房，2000年，131-164頁。

オブライエン，パトリック著（秋田茂・玉木俊明訳）「イギリス税制のポリティカル・エコノミー」『帝国主義と工業化 1415-1974——イギリスとヨーロッパからの視点』ミネルヴァ書房，2000年，165-204頁。

オブライエン，パトリック著（玉木俊明訳）「西欧の産業市場経済成長における企業家と企業家精神」『商経学叢』第51巻第1号，2004年，233-251頁。

クルーグマン，ポール著（山岡洋一訳）「アジアの奇跡という幻想」『クルーグマンの良い経済学 悪い経済学』1997年，198-221頁。

ケイン，P・J，A・G・ホプキンス著（竹内幸雄・秋田茂訳）『ジェントルマン資本主義と大英帝国』岩波書店，1994年

ケイン，P・J，A・G・ホプキンス著（木畑洋一・旦裕介・竹内幸雄・秋田茂訳）『ジェントルマン資本主義の帝国』I・II，名古屋大学出版会，1997年

シュムペーター，J・A著（塩野谷裕一・中山伊知郎・東畑精一訳）『経済発展の理論』上・下，岩波文庫，1977年。

ジョーンズ，E・L著（安元稔・脇村孝平訳）『ヨーロッパの奇跡——環境・経済・地政の比較史』名古屋大学出版会，2000年。

ソウル，S・B著（久保田英夫訳）『イギリス海外貿易の研究——1870-1914』文眞堂，1980年。

ゾンバルト，ヴェルナー著（金森誠也訳）『戦争と資本主義』論創社，1996年。

タールト，マーヨレイン著（玉木俊明訳）「17世紀のオランダ——世界資本主義の中心から世界のヘゲモニー国家へ？」松田武・秋田茂編『ヘゲモニー国家と世界システム——20世紀をふりかえって』山川出版社，2002年，17-76頁。

チャンドラー，アルフレッド・Jr.著（鳥羽欽一郎・小林袈裟治訳）『経営者の時代——アメリカ産業における近代企業の成立』上・下，東洋経済新報社，1977年。

ティールホフ，ミルヤ，ファン著（玉木俊明・山本大丙訳）『近世貿易の誕生——オランダの「母なる貿易」』知泉書館，2005年

ノース，ダグラス・C著（竹下公視訳）『制度・制度変化・制度成果』晃洋書房，1993年。

ノース，ダグラス・C，ロバート・P・トマス著（速水融・穐本洋哉訳）『西欧世界の勃興』ミネルヴァ書房，1994年。

パーカー，ジェフリ著（大久保桂子訳）『長篠の合戦の世界史——ヨーロッパの軍事革命の衝撃』同文館，1995年。

ビュテル，ポール著（深沢克己・藤井真理訳）『近代世界商業とフランス経済——カリブ海からバルト海まで』同文館，1997年。

フランク，アレグザンダー・グンダー著（山下範久訳）『リオリエント——アジア時代のグローバルエコノミー』藤原書店，2000年。

ブリュア，ジョン著（大久保桂子訳）『財政＝軍事国家の衝撃——戦争・カネ・イギリス国家 1677-1783』名古屋大学出版会，2003年。

ブローデル，フェルナン著（金塚貞文訳）『歴史入門』太田出版，1995年。
ブローデル，フェルナン著（村上光彦訳）『物質文明・経済・資本主義 15-18 世紀 Ⅲ-1 世界時間』1，みすず書房，1996年。
ボニー，リチャード著（嶋中博章訳）「ヨーロッパ初の紙幣発行の試みとフランス」『関西大学西洋史論叢』第5号，2002年，72-97頁。
マクニール，W・H著（清水廣一郎訳）『ヴェネツィア——東西ヨーロッパのかなめ——1081-1797』岩波書店，1979年。
マン，トーマス著（渡辺源次郎訳）『外国貿易によるイングランドの財宝』東京大学出版会，1965年。
ミュラー，レオス著（玉木俊明・根本聡・入江幸二訳）『近世スウェーデンの貿易と商人』嵯峨野書院，2006年。
ルービンステイン，W・D著（藤井泰・平田雅博・村田邦夫・千石好郎訳）『衰退しない大英帝国——その経済・文化・教育』晃洋書房，1997年。

URL

http://www.iisg.nl/research/northsea.php
http://www.nationaalarchief.nl/sont/
http://www5.plala.or.jp/shibasakia/linkp0761.htm
http://www.iisg.nl/research/haringvisserij.php
http://wwwsoc.nii.ac.jp/jabich/index.html

索　引

ア　行

アウクスブルク　183, 330
アウトポート　235
アカロフ, ジョージ　8, 29
灰汁　88, 89, 91, 114, 116-18, 121, 123, 213, 215, 217, 219, 250, 251, 261
悪鋳　128, 129
麻　92, 114-19, 122, 125, 163, 164, 166, 168, 169, 189, 211-18, 233, 249-55, 257, 261, 264, 265
麻織物　125, 279
アジア　3, 4, 6-8, 18, 47, 73, 74, 80, 94, 133, 227, 305, 306, 308-10, 312, 320
　　——経済　3, 46, 186, 187
　　——的生産様式　3
　　——貿易　10, 311
アシニア紙幣　64, 339
渥美友季子　38, 39
アトマン, アルトゥール　136
アナセン, ダン　24
アフリカ　6
亜麻　92, 114-19, 122, 125, 163, 164, 166, 169, 189, 211, 212, 214, 216, 218, 233, 249-57, 261, 264, 265
　　——糸　122
　　——布　189, 218, 233, 250, 251, 254, 255, 261
アムステルダム
　　——金融市場　327, 351
　　——資金　340
　　——市場　36, 97
　　——資本市場　326
　　——証券取引所　94
　　——商人　34, 328-30, 333, 351, 356
　　——振替銀行　19, 36
アメリカ　5, 79, 289, 320, 312, 349
　　——合衆国　27, 292
　　——植民地　251, 312
　　——大陸　81, 273, 306, 312
　　——独立戦争　191
アーモンド　280
アラネン, A. J.　182
アルザス　90
アルトナ　272, 302
アルハンゲリスク　34, 236, 237, 239, 240, 242, 260-64
アルプス　5, 7, 304
アルメニア人　37, 44, 45
アンガー, R. W.　24
アンシアン・レジーム　64
アンティル諸島　282, 283, 311-12
アントウェルペン　33-36, 73, 75, 85, 95, 96, 127, 184, 329-31, 333, 354, 355
　　——商人　35
イェーテボリ　153, 161, 179, 183-86, 191, 236, 238, 349, 350
イエメン　309
イギリス
　　——経済　21, 47, 65, 180, 182, 319
　　——経済史　86, 128, 323
　　——工業化　318, 321, 323, 347
　　——財政　60, 62, 68
　　——商人　45, 46, 261-64
　　——人　151, 176, 348
　　——政府　47, 61
　　——船　56, 196, 256, 310
　　——帝国　45, 130, 251, 265, 266, 268, 351, 356, 357

索引

──東インド会社（EIC）　41, 134, 135, 309, 338
石坂昭雄　93, 108
イーストカントリー　235, 244, 250-52, 254, 255
イーストランド会社　106, 114, 126, 245, 246
イズラエル，ジョナサン　94
委託
　　──事業　54
　　──代理商　42, 262, 345
　　──手数料　80
　　──販売　80, 287
板材　93
イタリア　4, 13, 33, 50, 73-75, 78-80, 87, 92, 95, 134, 298, 300, 329
　　──海運業　78
　　──経済　78
　　──商業　87-89
　　──諸都市　87, 92, 95
市（いち）　299-301
井上光子　52, 196
イベリア半島　37, 95, 131, 133, 170-73, 228, 273, 298, 299, 342, 343, 345
入江幸二　143, 325
岩井克人　15
イングランド
　　──銀行　324-27, 337-40
　　──商人　128, 262, 331
　　──人　104, 125
　　──船　165, 192, 193, 196, 211, 218, 219, 224, 226, 227, 236, 242, 243, 275, 278, 279, 310
インディゴ　133, 134, 245, 273-76, 288, 296, 302, 343
インド　294, 295, 309, 356
　　──洋　74
ヴァーサ朝　141
ヴィスマル　104, 112, 141, 142, 152
ヴィスマルビール　171, 172
ヴィスワ川　115, 238, 272, 314
ウィルソン，C. H.　341

ウェイク，C.　74
ウェインロクス，E. H.　329-32
ヴェネツィア　74-78, 83, 88, 89, 115, 149
ウェールズ　235, 292, 293
ヴェンド諸都市　104, 192
ウォーラーステイン，I.　4, 6-9, 16, 72, 109, 110, 138, 181, 189, 243, 333, 334, 351
内張板　93, 116, 117, 121, 122, 218
ウラル山脈　3, 239, 256
エイ川　316
S&P・ド・クレルク商会　14
エストラント　162-63
エネルギー　87, 91
エリオット，J. H.　306
エリザベス（1世）　260
エーリック7世　101
エルビング　112, 114-17, 122, 127, 130, 137, 160, 246
エルベ川　272, 280, 290, 291, 299, 300, 316
沿岸交易　193, 196, 199, 228, 229
燕麦　163
黄金時代（オランダ）　45, 48, 69, 190, 324, 358
王政復古　81, 232
王立銀行（フランス）　339
王領地回収政策　161
「大いなる相違」Great Divergence　3-5, 47, 67, 355
大塚史学　4
大麦　118, 163
岡崎哲二　23-25
オーク材　116, 117, 121, 122, 218
オクセンシェーナ，アクセル　147
オーストリア領ネーデルラント　309
オストレーム，スヴェン・エーリク　106, 166, 182, 232, 233, 249, 251
オスマン帝国　84
オスムンド鉄　116-17
オーデル川　272, 314, 316

索　引

オプション市場　327
オブライエン，パトリック　48, 61, 62, 66, 81, 109, 324, 353
オームロッド，デヴィド　6, 73, 210, 307
オヤラ，ヤリ　24, 41
オラニエ公ウィレム　336
オランダ
　――経済　13, 14, 16, 56, 73, 94, 211, 260, 267, 355
　――資金　336, 339, 340
　――商業　13, 48, 322, 340
　――商人　9, 14, 33, 42, 45, 46, 48, 68, 94, 240, 260, 262-64, 283, 284, 287, 322, 337, 344, 345, 356
　――西インド会社（WIC）　135, 327
　――東インド会社（VOC）　41, 134, 135, 149, 309, 326, 327, 356
　――貿易会社　14
オリーブ（オイル）　280

カ　行

改革派（カルヴァン派）教会　263
海運業　41, 52-54, 57, 78, 88, 89, 135, 227, 266, 317, 329
海事史　54
海上貿易　34, 53
外生要因　78, 306, 318
価格革命　82
価格表　322
蠣　280
嗅ぎタバコ　280
家具　280
革新　26, 28, 59
河口内港　281, 315, 316
かさばる商品　94, 291
カージー　127, 128
樫材　88
果実　280
カスティーリャ　298
河川交易　315

家族的資本主義　40
カディス　275, 277, 294, 299
カトリック　45, 345
カプラン，H.　102, 256
貨幣数量説　82
貨物積載船　113, 114, 239
紙　280
ガムラ・スタン　146
ガラス　63, 88, 219, 280
カリブ海（地方）　134
カルヴァン派　345
カール9世　141
カール11世　161
カルンスラップ，J.　192
ガロンヌ川　287
川北稔　9, 337, 354
為替　259, 340
　――決済　340
　――市場　259
　――手形　261
関税　43, 49, 62, 68, 235, 302
間接税　63, 325
企業家　26-28, 48, 108, 321
貴金属　18, 81, 82, 91
技術革新　90
北大西洋　75, 80, 269
　――諸国　73-75, 80, 81, 84, 95
　――貿易　271
北ドイツ　264, 283
北ドヴィナ川　239
北ヨーロッパ　308, 331
絹　273, 280, 347
喜望峰　74, 305
キャッチアップ理論　76, 82
キャラコ　280, 294
キャラバンルート　309
旧毛織物　77, 246
旧世界　306
休戦期間（1609-21）　130, 131
キューバ　274, 294, 295
局地的市場圏　318
ギルド　77

金　18, 83, 296, 297
銀　18, 56, 83, 137, 343
近代性　323
近代世界システム　4-6, 9, 65, 72, 138, 328
近代的経済成長　16, 321, 324, 326
金本位制　339
金融　29, 30, 35, 234, 259, 260, 267, 270, 338, 340, 341
　——革命　327
　——業者　66, 67
　——史　16
　——市場　80, 266, 326, 336, 337, 340, 342
釘　233, 250
グスタヴ1世ヴァーサ　141, 147
グスタヴ2世アードルフ　141, 147, 149, 238, 246
グスタヴ3世　179
グスタヴの時代　179
グーツヘルシャフト　165, 257, 258, 264
クノッパース, J.　102, 261
グライフ, A.　23, 24
グラーフェ, レギーナ　24
グラマン, K.　84, 85
クリステンセン, アクセル　102, 104, 106
グリル, ジャン・アブラハム　186, 333
グリル家　43, 44
クルゼ, フランソワ　281, 346, 347
クレイン　27-29, 149
クレッセ, ヴァルター　348
グレーテ, ヤン　325
クレルク, ウィレム・ド　13
グローバルヒストリー　3, 6, 319
グローバルヒストリアン　3, 4
軍事革命　46
軍事国家　68
軍事情報　68
経営者資本主義　27
経済圏　7

ケイン, ピーター　319
毛織物　16, 76-78, 80, 88, 89, 95, 116, 117, 120, 125-30, 135, 136, 158, 159, 170, 171, 173, 219-24, 226, 227, 233, 243-49, 251, 279, 294, 336
　——工業　56, 128, 226
毛皮　261, 300
血縁　29, 37
決済　18, 19, 30, 36, 53, 152, 260, 296, 336, 340-42, 344
ゲートウェイ　26, 30-32, 36, 300, 315, 328, 330, 331, 333, 350, 351, 355, 357
ケーニヒスベルク　107, 114-16, 121-23, 126, 130-32, 135, 136, 184, 199, 204, 206, 208, 210, 235, 238-41, 247, 248, 252, 253, 257, 258
ケープルート　305, 309
ゲームのルール　23, 59
ゲーム理論　25
ケルサル, フィリップ　107, 108
ケルン商人　36
ケレンベンツ, ヘルマン　342, 343
原材料の時代　99, 189
ケント, H. S. K.　232
ケンパス, H.　107
コーイ, ファン・デル　29
交易ネットワーク　10, 37, 303
航海法（イギリス）　43, 56, 144
航海法（スウェーデン）　52, 44, 219, 266
康熙帝　309
工業化　6, 60, 61, 110, 138, 183, 228, 234, 251, 266, 317, 321, 323, 347, 348, 354
公共財　356
広州　309
公信用　327
香辛料　74, 157
鋼鉄　117, 153, 155
後背地　30, 34, 162, 237-39, 264, 265, 282, 299, 300, 316
後発国　6, 60, 61, 65, 76, 82, 144, 356

鉱物資源　100, 116, 117, 124, 125, 136, 138, 145, 146, 148, 153, 154, 157, 252
公文書　55
香料　95, 158, 170, 245, 280, 308, 309
港湾都市　44, 145, 238, 264, 272, 283, 285, 330, 344
コーク, ロジャー　56, 57
国債　324, 326, 356
国際経済史　20
国際市場　20, 328
国際収支　17, 19, 20, 54, 138
国際商業　10, 11, 38, 41, 44, 358
――史　11, 20, 37, 39
国際貿易　21, 24, 34, 44, 45, 53, 193, 268, 281, 342
――商人　39, 44, 53
国民経済　6, 38, 199, 265, 318, 321
――計算　15, 21, 353
国民国家　10, 11, 49, 67, 74, 358
穀倉地帯　87, 92, 100
穀物　13, 31, 84, 85, 92, 93, 95, 99, 100, 104, 114, 116-21, 125, 131, 138, 157-61, 164, 165, 167, 169, 175-77, 189, 210, 211, 228, 258, 264, 291, 354, 355
――価格　83, 137
――の時代　93, 94, 98, 99, 110, 115, 211
――貿易　13, 31, 34, 79, 93-95, 99, 103, 106, 120, 190, 257, 258, 317
ココア　280
胡椒　133, 134, 245, 280, 308, 309
コース, R.　22
――の定理　22
コスモポリタン　36, 38
コチニール　343
国家　5, 8, 10, 11, 14, 21, 22, 40, 43, 44, 47-50, 52-54, 59, 60, 65-68, 74, 110, 144, 189, 243, 356
――財政　43, 59-61, 64-68
――歳入　62, 65
コネクション　38, 39
小林昇　56

コーヒー　247, 273, 275, 276, 280, 283, 284, 288-91, 293, 294, 302, 309, 312-14
コペンハーゲン　270
コミュニケーション　41
小麦　84, 116-19, 163-65, 210, 212, 214, 216, 257
米　133, 134, 245
コルベール　22
コールマン, D. C　21

サ　行

「最初の近代経済」　9, 16, 60, 321, 323, 328, 356
「最初の近代経済国家」　9, 317, 328, 356
財政革命　323, 325, 327
財政＝軍事国家　11, 43, 48, 49, 60, 64, 66, 325, 351, 356
財政国家　43
財政史　16, 59, 60, 323, 325
サヴァリ, ジャック　50, 51
サーヴィス　26, 41, 64, 263
先物取引　327
索具　112, 218, 249
索類　92, 122, 233, 254
鮭　280
砂糖　133, 134, 158, 170, 245, 273, 275, 277, 280, 283, 284, 288-98, 302, 309, 312-14, 343
サフォーク　127
サプライサイド　32
サフラン　280
サプル, B.　128, 129
サムエルソン, クルト　107, 341
産業革命　4, 6, 61, 77, 81, 91, 251, 256, 265, 266, 306, 318-20, 328, 353
産業資本主義　4, 17, 26, 353
サンクト・ペテルブルク　156, 199, 205, 207, 209, 211, 234, 237-43, 246-49, 253-57, 259-65, 270, 313, 314
三十年戦争　111, 148, 149
ザンデン, ファン, ヤン・ロイテン

8, 320
サンドストレーム, オーケ　146, 180
サン・ドマング島　282
残余（residue）　28
ジー, ジョサイア　252
ジェイムズ2世　334
シェップスブロー　146
ジェノヴァ　330, 354
シェーファー, D.　102
シェラン島　100
ジェントルマン　318
　──資本主義　319
塩　114, 117, 120, 126, 131, 132, 158, 170, 171, 173, 174, 220-25, 244, 245, 261, 315
市場経済　27
持続的経済成長　22, 25, 26, 40, 321
七年戦争　273, 356
質的研究　54, 109
シティ　338
シナモン　309
私文書　55
社会的結合　67
ジャコバイト　37, 39
社団　67, 143
借金　61, 62, 65
ジャナン, ピエール　103, 107
ジャマイカ　293
ジャワ　309
シャンパーニュ　287
宗教的寛容　45, 334, 335, 343, 355
（商品）集散地　29, 30, 95, 141, 281
獣脂　261
重商主義　20-22, 56, 175
　──国家　42
　──時代　21, 42, 45, 46, 56, 57, 135, 138
　──者　56, 57, 341
　──政策　20, 46, 66, 68, 109, 138, 193, 224, 243, 317
　──戦争　46, 48, 355
従属理論　110

十二年休戦　343
重農主義　15
自由の時代　143, 179
宗派　29, 39, 40, 334, 355
獣皮　117, 118, 125, 126, 135, 153, 245
周辺　72, 109, 138, 189, 258
自由貿易　56
　──主義者　56
シュテッティン　125, 126, 204, 206, 208, 210, 272, 313, 314, 316
受動貿易　329, 331
ジュネーヴ　49
需要の所得弾力性　63
シュラフタ　93, 99, 167
シュレスヴィヒ-ホルシュタイン　193-95, 210, 212, 214, 216, 220-23, 229, 286
シュレスヴィヒ-ホルシュタイン船　196, 219, 225, 226
シュンペーター, E. B.　292, 293
シュンペーター, J. A.　26-28
シュンペーター的（経済成長）　27
商業
　──革命（イギリス）　81, 91, 219, 232, 234, 265, 267, 340
　──技術　36, 42, 50, 322, 354, 355
　──資本主義　4, 9, 13-16, 21, 22, 25, 57, 110, 138, 353
　──都市　36
　──ネットワーク　53, 302, 335
商人の手引書　50, 51
消費税　64, 65
小ベルト　192
情報　8, 10, 24, 28-32, 34, 36, 39-41, 68, 69, 104, 228, 234, 259, 260, 333, 338, 340, 350
　──の非対称性　8, 29, 40, 41
　──優位者　29
　──劣位者　29
植民地物産　43, 52, 117, 120, 126, 133, 134, 157-59, 171, 173, 174, 190, 220-24, 227, 244, 245, 247, 248, 261, 275,

索　引

279-82, 285, 291, 292, 294, 298-303, 310-15, 344, 351
食糧危機　　82, 87, 89, 90, 129
ジョン・ローのシステム　　339
新毛織物　　77, 127, 128, 246, 336
新結合　　26
新制度学派　　23, 24, 41, 59, 78, 354
新世界　　306, 307
新大陸　　43, 73, 75, 81, 91, 124, 134, 156, 180, 227, 232, 248, 271, 274, 275, 284, 290, 292-96, 299, 300, 302, 305, 306, 312, 315
真鍮　　100, 146, 153
森林産物　　100
森林資源　　87, 89-93, 116, 121, 136, 145, 182, 183
ズィンス, H.　　106
スウェーデン
　　――経済　　9, 44, 125, 155, 179-80, 186
　　――船　　124, 144, 160, 193, 195, 196, 199, 219, 224-28, 240
　　――東インド会社　　184, 185, 313
スカンディナヴィア（半島）　　100, 109, 115, 141, 142, 151, 159, 161, 182, 191, 194, 289, 315
杉浦未樹　　30
スコットランド　　38, 52, 104, 107, 112, 118, 120, 125, 135, 200, 202, 204, 220, 222, 224, 226, 228
　　――商人　　183
　　――船　　196
鈴木健夫　　233
スタイルズ, A　　169
スティグラー, ジョージ　　22
スティグリッツ, ジョセフ　　8, 29
ステープル　　6, 30, 31, 181, 182, 184
　　――市場　　6, 26-29, 31, 32, 145, 146, 157, 182, 328, 345
　　――の自由　　181
ステーンスゴーア, ニールス　　41
ストックホルム　　31, 38, 44, 108, 125, 142, 145-47, 153-56, 160, 161, 166, 167, 168, 176, 177, 179, 181-83, 185, 186, 191, 238, 270, 314, 341
　　――商人　　108
ストラールズント　　104, 112, 141, 142, 152, 204, 206, 208, 210
ストーン, ローレンス　　325
スパーリング, J.　　340, 341
スペイン　　24, 81, 97, 130, 148, 149, 225, 269, 270, 272-75, 278, 280, 294-96, 298, 300, 305, 325, 334, 342, 344
　　――継承戦争　　337
　　――塩　　170, 172
　　――帝国　　337
　　――領アメリカ（植民地）　　82, 270, 273, 280, 295, 296
　　――領ネーデルラント　　343
　　――ワイン　　172, 174
スマウト, T. C.　　107
スミス, アダム　　27
スミス的（経済成長）　　27
西欧
　　――経済　　99, 110
　　――諸国　　155, 160, 172, 176, 268
　　――世界　　22, 234
　　――との窓　　242
生活革命　　312
税収　　49, 63-65, 326
製鉄集落（bruk）　　148
制度（institutions）　　8, 22-25, 41, 47, 59, 66, 74, 324
精糖業　　135
セイロン　　309
世界
　　――経済　　5, 7, 10, 304, 305, 352
　　――市場　　29, 303
　　――システム　　7, 303
　　――システム論　　5, 6, 72, 109, 258, 354
石炭　　63, 87, 90, 91, 353
石鹸　　63, 88, 280
絶対王政　　179
セビーリャ　　184, 294, 296

索　引

セファルディム　37, 45, 334, 342-44, 355, 356
ゼーラント　111, 259
繊維製品　117, 125, 126, 157-59, 173, 211, 213, 215, 217, 218, 251, 253, 254, 280
前期的商人資本　40
前工業化時代　88, 110
戦後比較史学　4, 318
戦争　46, 47, 49, 51, 52, 66
船舶
　──共有制度　40
　──の分担所有　40
　──用資材　91-93, 100, 130, 136, 175, 189, 190, 233, 249-51, 265, 266
先発国　6, 65, 76, 82, 356
前面地　316
全要素生産性　26, 28, 321
染料　133, 170, 274, 275, 280
早期産業革命論　91
造船業　78, 88, 89
創造的破壊　28
双務決済　19
ソシアビリテ　67
粗糖　284
ソーム、アーノルド　161, 169
ゾンバルト　47

タ　行

第一次産品　6, 142, 189, 298, 310
第一次重商主義帝国　234, 303, 354, 356
「大国時代」　135, 141, 142, 145, 151, 159, 179
タイス、ハンス　34
大西洋経済　73-75, 95, 186, 187, 190, 290, 292, 305-08
第二次百年戦争　61
大ベルト　192
大北方戦争　143, 156, 160, 177, 193, 195, 219, 236, 248, 261, 264

第4次イギリス-オランダ戦争　337
大陸封鎖令　348, 349
多角貿易決済　341
多国籍商人　358
ダズン　128, 246
谷沢毅　155
タバコ　133, 134, 158, 170, 174, 244, 245, 247, 273-76, 280, 292, 294, 296, 298, 313, 314
タール　89, 92, 114, 116-18, 122, 123, 146, 153, 156, 157, 160, 176, 179-82, 189, 250, 251, 261, 315
タールト、マーヨレイン　47, 321, 325
ダールヘーデ、クリスティーナ　183
短期債　325, 326
ダンツィヒ　13, 33, 34, 84, 85, 104, 111, 112, 114-17, 121-26, 130, 132, 135-37, 147, 160, 167, 184, 192, 204, 206, 208, 210, 220-23, 235, 237-39, 241, 245-48, 253, 254, 257, 258, 272, 290, 313, 314
　──-アムステルダム枢軸　111
知識経済　51, 354
地中海　70-75, 77, 80, 82, 84, 85, 92, 95, 111, 274, 278, 281, 299, 307, 308, 354
チポッラ、カルロ　77, 78, 87, 102
茶　170, 309, 313
チャイルド、ジョサイア　56
中欧　95, 289, 299
中央銀行　326
中央集権化　45, 46, 65, 66, 325, 351, 356
中核　5, 8, 9, 72, 109, 110, 138, 157, 181, 189, 190, 258, 268, 303
中継貿易　21, 56, 129, 135, 138, 170, 171, 244, 300
中国　309
中産の生産者層　318
中立　271, 349
　──国　47, 51, 52, 349
　──政策　52
　──都市　47, 51, 52, 349
　──貿易　196

索　引

長期債　325
丁子　309
直接税　62-65
通過貿易　210, 228, 259
ディアスポラ　37, 38, 50, 345, 355
定期市　299, 329, 331
ディクソン, P. G. M　323, 324, 327
帝国化　228
帝都　351, 352, 357
低地地方　96, 330
ディマンドプル　32
ティールホフ, ミルヤ・ファン　13, 18, 24, 33, 79, 94, 95, 102, 104, 106, 210, 329
デヴィド&メアスコ家　79
デカルト　334
手数料　20, 54, 260
鉄　38, 43, 44, 87, 91, 92, 100, 117, 118, 124, 125, 136, 146, 149, 150, 153-56, 159, 176, 177, 186, 189, 213, 215, 217, 224, 233, 249-52, 254, 256, 265, 315, 341, 348, 356
鉄製銃器　149
デフォー, ダニエル　51
デンマーク
　――船　192, 193, 196, 199
　――東インド会社　313
ド・イェール, ルイ　148, 150, 332, 355
ドイツ商人　147, 286, 288, 350
銅　27, 100, 118, 124, 125, 146, 149, 150, 153-55, 176, 252, 299
銅本位制　124, 155
ドヴィナ川　314
東欧　300
東南アジア　134
ドゥンスドルフス, エドガー　161
独占　27
　――権　41
都市化　85, 87
特許会社　41
ドナウ川　162

ドニエプル川　162
ド・バリー家　345
ド・フリース, ヤン　9, 16, 85, 305, 308, 321, 323, 328, 329
トポグラフィー　316
トリップ商会（家）　27, 149, 150
取引関係　29
　――所　17, 322
　――費用　8, 9, 18, 19, 22-25, 29, 33, 36, 39-41, 43, 45, 49, 52, 78, 322, 355
トルコ　300
トルネオー　145, 180
ド・ヨン, ミシェル　149, 180
トレーシー, J. D　324

ナ　行

内国関税　261
内国消費税　62, 325
内生要因　75, 78, 306, 318
「長い18世紀」　271
中林真幸　23, 24
ナショナリズム　358
ナショナルヒストリー　14, 38, 110, 320
ナッシュ均衡　23, 25
ナポレオン　349
　――戦争　64, 317, 346-52
ナルヴァ　126, 142, 170, 205, 207, 209, 211
南欧　255, 256, 281, 299, 307, 308
南海会社　337, 338
南海泡沫事件　337, 339
南方ヨーロッパ　5, 73, 299, 355
ナント　184, 276, 281-83
　――王令　49, 345
ニーエン　156, 239
ニクズク　309
西インド（諸島）　282, 289, 292, 295, 308, 312, 313, 315, 318
ニシン　117, 120, 126, 132, 133, 136, 220-25, 245, 280

──船　225
ニスタット条約　143, 193, 264
（経済発展の）担い手（actor）　11, 26-28, 50, 321
二宮宏之　67
ニュースペイン　295
ニューマン，K.　294
ニュルンベルク　300
ニール，ラリー　337, 340
ネヴァ川　265, 314
ネッケル　64
ネフ，J. U　91
根本聡　108, 145, 180
ノヴゴロド　142
能動貿易　329
ノース，ダグラス　8, 22, 59
ノルト，ミヒャエル　324

ハ　行

灰　88, 89, 91, 114, 116-18, 121, 123, 219
ハイチ　309
パイプ　280
白糖　284
白ロシア　238
白海　234, 239, 242, 260
──貿易　231, 234, 237
八十年戦争　149, 325, 327, 343
服部春彦　268, 346
パドリング法　155, 256
パトロン-クライアント関係　38
バーバー，ヴァイオレット　94
母なる貿易　72, 106, 236
幅広板　255
ハプスブルク家　324, 329
バーボン　56
羽目板　93, 104, 166
バラスト（船）　113, 114, 132, 194, 196-99
バルト海内交易　161, 162, 176, 193
バルト地方　159, 170
バルト・ドイツ人　238

パレート最適　22, 23
ハンガリー　299
ハンザ（同盟）　33, 36, 71, 72, 100, 107, 148, 154, 271, 279
──商人　33, 147, 283, 284-86, 330, 331, 345
──（諸）都市　147, 197, 278-80, 283, 285, 288, 290
半周辺　110, 181, 189, 258
帆布　92, 122, 218, 254
ハンブルク
──銀行　341, 343, 344
──金融市場　341
──商人　284-86, 356
比較経済史学派　318
比較優位　44, 45
東アジア　6
東インド　313, 333
東ボスニア湾　180, 181
引受手形　80
ピッチ　89, 92, 114, 116-18, 122, 123, 146, 153, 156, 157, 160, 176, 180, 181, 189, 250, 315
ビュテル，ポール　283
錨　233, 250
ピョートル1世　239, 261, 262
広幅毛織物　126-30, 246
ファンディング・システム　61, 68, 324, 327, 339, 340, 354
フィッシャー，ゲルハルト　302
フィッシャー，フレデリック・ジャック　86, 127
フィンランド湾　141
ブエ家　284
フェドロヴィッチ，J. K　129, 254
フェルーウェンカンプ，ヤン・ウィレム　28, 29
フェルプス=ブラウン，E. H.　90
フォーゲル，ヴァルター　289
フォス，ペーター　344
深沢克己　40
武器貿易　68, 69, 149, 150

索　引

福本治　108
武装中立同盟　191
フッガー家　40, 299
フライト船　111
ブラーケル，ファン　102
ブラジル　283, 295-98, 343
ブラバント　331
　——商人　330
フランク，A. G.　47
フランクフルト・アム・マイン　272, 300
フランス塩　172
フランス革命　64, 273, 281, 282, 346, 352
　——戦争　347, 349
フランスワイン　171, 172
ブランデー　261, 281
フランドル　280, 287
フリースラント　111, 258, 259
フリッチー，ヴァンチェ　325, 326
ブリテン諸島　97
ブリュッヘ　75, 355
ブリュレ　35
プルシャス，ピエリク　24, 102-03, 311
ブルターニュ地方　131
ブルーワ，ジョン　60, 325
ブレスラウ　299, 300
ブレーメン　112, 142, 192, 259, 272, 279, 283, 286
プロイセン　68, 115, 160
プロテスタント　45, 345
　——商人　285, 344, 346
　——・ネットワーク　344, 345
ブローデル，フェルナン　76, 84, 124
プロト工業化　186, 187
フローニンゲン　259
ベイ塩　170
ヘクシャー，E. F.　152, 155, 179, 341
ヘーグベリ，スタファン　225, 315
ヘゲモニー　5-9, 43, 61, 73, 96, 99, 151, 157, 191, 234, 268, 317, 333, 353, 357, 358

　——国家　4, 7, 16, 46, 48, 65, 157, 352, 357
ベスへ家　148
ベリースラーゲン　145
ベルギー　332
ヘルシンキ　184
ヘルシンゲール　101
ヘルデルブロム，オスカー　34-36, 326, 327
帆　249
貿易外収支　17, 54, 56
貿易収支（貿易差額）　17-20, 54, 137, 138, 190, 234, 263
封建制　41
棒鉄　154, 155, 256, 265
ボエティウス，B.　152
北欧　31, 41, 71
　——小麦　84
　——船　196
北西ドイツ　201, 203, 205
北西ヨーロッパ　73
ボグツカ，マリア　93, 99, 105, 189, 190
保険　30, 40
保護主義　21, 22, 45, 179
保護費用　48, 327
保護貿易　21, 52, 56, 219
保護レント　48
ホショフスキー，S.　90
ボスニア海域商業強制　145
ボスニア湾　31, 145, 146, 179, 180, 182, 183
ポスルスウェイト　50
北海　132, 191, 291, 302, 307, 308, 314-16, 320, 333, 354
　——貿易　183, 186, 228
　——貿易圏　186, 307, 308
北方ヨーロッパ　5, 7-10, 22-25, 27, 28, 32, 33, 41, 49, 52, 53, 269, 280, 281, 300, 305, 307, 312, 315, 316, 320, 350, 353, 355, 357, 358
ボニー，リチャード　64, 65

ホプキンズ, アンソニー　319
ホプキンズ, S. V.　90
ホーフト, コルネリス・ピーテルスゾーン　13
ホーフト家　332
ポメランツ, ケネス　3, 73, 74, 81, 353
ポーランド　34, 84, 92, 93, 99, 100, 105, 109, 115-17, 120, 122, 124, 126, 128, 129, 132, 136-38, 167, 189, 235, 238, 251, 254, 264, 299, 355
　――-スウェーデン戦争　189
　――/リトアニア　301, 302
ポール, ハンス　296
ポルトガル　13, 81, 95, 97, 131, 173, 201, 203, 205, 225, 245, 269, 272, 274, 278, 295-99, 305, 342-44
ポンメルン　112, 141, 152, 159, 160

マ 行

マウォヴィスト, マリアン　105
マクニール, ウィリアム・H　74, 320
マグヌソン, ラース　56
マサイアス, ピーター　61
マーシャル, アルフレッド　28
マスト材　93, 166, 218, 255, 256
マーチャント・アドヴェンチャラーズ　127
丸材　170
マルセイユ　270, 281-83, 287
マールベリ, J. P.　109
マン, トーマス　56
マンチェスター学派　48
ミクロストリア　55
ミシシッピ会社　339
蜜ろう　300
南アメリカ大陸　351
南ドイツ　329
南ネーデルラント　34, 332, 335
南ネーデルラント商人　35
ミュラー, レオス　24, 43, 44, 74, 108, 144, 180, 196, 349, 350

メイフラワー号　81
メース　309
メソアメリカ　320
メノー派　14, 37, 108
メーラレン湖　145, 239, 314
もう一つの世界システム　269, 303
モカ　309
モキア, ジョエル　354
木材　88, 91, 93, 114, 117, 118, 121, 122, 153, 163, 164, 166, 170, 182, 189, 213, 215, 217-19, 233, 250, 252, 255, 256
木炭　87, 90, 91
モスクワ　85, 149, 262, 314
モスクワ会社　262
モニタリングコスト　42
モミ材　256
モリノー, ミシェル　278
モルト　160
モンチャック, アントニィ　102, 105, 116, 136
モンマ・レーンシェーナ家　43

ヤ 行

山本大丙　103, 108, 196
ヤンセニスト　334
ユグノー　37-39, 49, 50, 68, 334, 346, 354
輸出入総監　235
輸出不況（1620年代）　127, 128, 170
輸送費　18, 21, 26, 41, 78-80, 89, 92, 138
輸送料　18, 21, 54, 56, 57, 137, 138, 263
輸入代替　336
ユダヤ人　44, 45, 299, 334, 343
ユトランド半島　271, 290, 291
ユンゲル, W. S.　102, 110
羊毛　117, 125, 126, 280, 347
ヨハンセン, H. C.　195, 196, 228
ヨーロッパ
　――経済　7, 37, 46, 47, 56, 60, 72-75, 81, 82, 93, 95, 98, 100, 110, 179, 189, 190, 266, 306, 321, 323, 347

索　引

――世界経済　7, 10, 72, 109, 147, 148, 151, 157, 175, 190, 229, 243, 251, 258, 266, 267, 302, 305, 352
――大陸　31, 71, 142, 151, 265, 272, 293, 300, 301, 303, 311, 315, 316, 347-49
ヨンカー, ヨースト　326, 327

ラ　行

ライデン　16, 226, 336
ライプツィヒ　299-302
ライ麦　104, 116-19, 122, 160, 163-65, 167, 168, 210, 212, 214, 216, 257, 258
ライン川　272, 287
ラインラント　97
ラインワイン　117, 133, 171, 172, 174, 220-26
ラップ, R. T.　75, 77, 78, 80, 82
ラテンアメリカ　6
ラトヴィア　141
蘭仏戦争　345
リヴォニア（地方）　161, 235, 238, 257, 258, 264, 265
リヴォルノ（港）　84, 85
リェージュ　148, 332
リーガ　93, 114, 115, 121, 122, 132, 133, 135, 136, 141-44, 151, 152, 159-66, 169-71, 173, 174, 176, 184, 199, 205, 207, 209, 211, 235, 238-41, 247, 252-55, 257, 258, 261, 264, 265, 313, 314
リシュリュー　150
リスク, J.　100
リスク分散　37, 40, 41
リスボン　184, 275-77, 298, 299, 309
リトアニア　238, 301, 302
流通・分配拠点 distribution center　31, 115, 343
リュスタッド, イェーラン　109
リューネブルク　170-73
　――塩　172-74

――ビール　171, 172
リューベック　33, 100, 104, 112, 147, 154, 155, 174, 175, 183, 184, 192, 201, 203, 205, 220-23, 271, 272, 279, 283, 286, 290, 291
――商人　146, 147
量的研究　54, 108, 109
量的分析　10, 307
リンドベリ, エーリク　24
ル・アーブル　184, 282, 283, 287
ルアン　154, 281, 282
ルイ14世　281, 345
ルーカッセン, J.　24
ルター派　346, 356
ルービンステイン, W. D.　319
レイン, フレデリク　48, 74
レーヴァル　141-44, 151, 152, 159-63, 167-70, 172-76, 184
レヴァント　333
歴史制度分析　23
レスハー, クレ　30-32, 36, 300, 328, 330
レットラント　141
レモン　280
ロー, ジョン　337
労働市場　94
ロシア　130, 141, 143, 155, 160, 166, 169, 173, 174, 176, 177, 181, 182, 186, 189, 234, 238-40, 242-44, 246-48, 250-52, 254-56, 260, 261, 264-66, 274, 278, 280, 289, 298-303
――会社　262
――商人　262, 265
ローズヴェア, ヘンリ　79, 324
ロストク　104, 112, 220
ロック, ジョン　334
ロッテルダム　288
ロバーツ, マイケル　159
ロープ　218
ロマーノ, R.　84
ロンドン　5, 6, 32, 75, 86, 127, 128, 184, 235, 259, 260, 266-69, 275-77, 281,

414　　　　　　　　　索　引

　　293, 294, 298, 299, 303, 307, 317, 318,
　　334-37, 340-42, 350-52, 357
ロンバルディア　　87

ワ　行

ワイン　　120, 126, 132, 133, 174, 245,

　　261, 280-82, 285, 311, 344
ワウデ, ファン・デル　　9, 16, 321,
　　323, 328, 329
ワロン系　　355

Commerce and Economy
in Northern Europe, 1550–1815

Toshiaki Tamaki

Chisenshokan, Tokyo

2008

Contents

Map of the Northern Europe
Introduction — 3

Chapter 1
Merchant Capitalism — 13
Introduction — 13
1. What is 'Merchant Capitalism' ? — 14
2. Transaction Costs — 22
3. The Making of Merchants as Entrepreneur, Staple Market and Gateway — 26
4. The Rise of the Netherlands and Entrepreneurs — 33
5. Features of Early Modern Commerce — 37
6. Typology of Merchants — 43
7. War Periods and Economic Development: Mercantilist Wars and Economic Development — 46
8. What is History of Trade? — 53

Sub-Section I — 59
Introduction — 59
1. Public Finance of Britain in Economic Backwardness — 60
2. French Finance — 64
Conclusions — 65

Chapter 2
From the Mediterranean to the Baltic: A shift of the Core of the European Economy about 1600 — 71
Introduction — 71
1. The Decline of Italy: The Fall of the Mediterranean World — 73
2. Food Crisis in Europe — 82
3. European Crisis in Forest Resources — 87
4. The Exodus from the Crises — 89

5. From the Mediterranean to the Baltic | 92

Chapter 3
Baltic Trade in the Period of 'Grain Stage', 1561-1657 | 99
Introduction | 99
1. The Sound Toll Tables | 101
2. Historigraphy on Baltic Trade: the Latter Half of the Sixteenth to the First Half of the Seventeenth Century | 105
3. Transition of Baltic Trade based on the Number of Ships | 110
4. Exports | 115
5. Imports | 126
Conclusions | 135

Chapter 4
Sweden's Baltic Trade in Early Modern Era: with Special Reference to 'The Age of Greatness' | 141
Introduction | 141
1. Stockholm as Staple Market | 145
2. The Development of Stockholm and Foreign Merchants | 147
3. The Structure of Trade of 'The Baltic Empire' | 151
   (1) General Introduction 151
   (2) Imports and Exports 152
   (3) 'Continental Territory' 160
Conclusions | 174

Sub-Section II
The Relations of Swedish Trade with Finland and Göteborg | 179
Introduction | 179
1. The Independent Tendency of the Ostrobothnia | 180
2. The Rise of Göteborg | 183
   Conclusions | 186

Chapter 5
Baltic Trade in the Age of 'Raw Materials': 1661-1780
Analysis of *The Sound Toll Tables* II | 189
Introduction | 189
1. The Characteristics of *The Sound Toll tables II* | 191
2. Imports and Exports | 193

Contents

    A. Ships   193
    B. Exports of Commodities   210
    C. Imports of Commodities   224
Conclusions   228

Chapter 6
British Trade with the Baltic and White Seas, 1661–1780:
Centered on Comparison with the Netherlands   231
Introduction   231
1. Sources   234
2. Changing Patterns of Trade: Ships   236
    A. English Ships for Exports   236
    B. English Ships for Imports   240
3. Commodities   243
    A. English Exports   243
    B. English Imports   249
    C. Comparison with the Netherlands   257
4. Features of Russian Trade   260
    A. Main Ports   260
    B. British and Dutch Merchants   262
    C. Three Trading Zones and their Characteristics   264
Conclusions   265

Chapter 7
Trade of Hamburg: Another World System   267
Introduction   267
1. The Characteristics of Hamburg   270
2. Main Features of Hamburg's Trade   273
3. The Development of Trade of Bordeaux and Hamburg   281
4. France–Hamburg–The Baltic   287
5. Hamburg and Britain   292
6. Hamburg's Relations with Spain and Portugal   294
Conclusions   298

Sub-Section III
The Increase of World Trade and the Changing Economy
in Northern Europe   305
Introduction: The Increasing Volume of European Trade   305

1. The Structure of British Trade   307
2. Relations with Asia   308
3. Colonial Good Imports into the Baltic   310
Conclusions   315

Chapter 8
The Development of European Economy and the Contribution
of the Netherlands: London and Hamburg   317
Introduction   317
1. The Aim of This Chapter   318
2. Dutch Modernity?   323
3. Amsterdam as Gateway   328
4. The Relationships between Amsterdam London and Hamburg   334
    A. London: Comparisons with France and Britain   334
    B. Hamburg: Finance, Human Network and Information   340
5. Revolutionary and Napoleonic Wars   346
Conclusions   350

Conclusions   353

Postscript   359
Original Publication of Each Chapter   365
Bibliography   367
Index   401
English Contents／Summary   415

English Summary

Chapter 1

We discuss what was 'Merchant Capitalism'. Although, from the proportions of the National Accounts, Early Modern Europe was overwhelmingly an agrarian society, many states considered commerce as very important economic activity. The main concern of this chapter is why commerce was regarded as a very important sector. This chapter presents a theory or theoretical framework for the chapters that follow.

Sub-Section I

Using the achievements found in European fiscal history, we show that the Netherlands was a very advanced country, and European countries apart from the Netherlands were in a state of 'economic backwardness', and that many states intervened in the economic sphere to develop their own economies.

Chapter 2

Because of Europe's increasing population in the seventeenth century, it needed grain from the Baltic. Much of the grain was exported to the Dutch Republic, which became 'the core of European World-Economy'. A Modern World-System was, therefore, born in the Northern Europe.

Chapter 3

The Baltic trade from 1560s to 1657 is discussed based on *The Sound Toll Tables*. The Baltic trade during this age has been called the 'Grain Stage'. Large quantities of grain were exported from Danzig to Amsterdam. The reason why Poland depended on the Netherlands was partly because Dutch ships transported the grain.

Chapter 4

In this chapter we discuss the Swedish trade in early modern period. Sweden, taking the place of Poland, became an economic center. Its economic development embodies the economic transformation of Northern Europe. Sweden's trading partner changed from Hansa, Holland to England. Sweden exported a large quantity of iron, and with this trade surplus, imported grain from the Southern Baltic area. This system continued from middle of the seventeenth century to the 1760s.

Sub-Section II

In the seventeenth and eighteenth century, the position of Stockholm in the Swedish economy declined while that of Göteborg rose. This meant the rise of an Atlantic and Asian economies for Sweden, though the area surrounding Stockholm turned its attention from trade to proto-industrialisation, which underpinned the development of the Swedish economy in the eighteenth century.

Chapter 5

In this chapter, we use *The Sound Toll Tables II* to investigate the transition of the Baltic trade from 1661 to 1780. The main feature is that the proportion of Dutch ships declined while that of English ones increased. As well, the importance of naval stores expanded.

Chapter 6

In this chapter, we discuss England's trade with the Baltic and the White Seas, and compare this with Dutch trade with those areas. While the Baltic supplied England with naval stores that were indispensable for its trade in the Atlantic, the Netherlands flourished as a country carrying grain exported from the Gutsherrschaft zone. Moreover, Russia, which was becoming a political and economic center in the Baltic, divided its trading zones into three; the areas surrounding Archangel, St. Petersburg and Riga.

Chapter 7

In this chapter we consider Hamburg's trade in the eighteenth century. It is a well-known fact that in the eighteenth century, the British Atlantic trade greatly increased and London was at the center of this expansion. On the Continent, Hamburg functioned as the center of this trade. Hamburg imported not only North but also South Atlantic commodities. The city then re-exported these goods across the Continent.

Sub-Section III

In this chapter, we shed light on the various connections between the development of world trade and Northern Europe. Europe expanded trade with the Americas and Asia-especially the latter. We examine the imports of colonial goods and their distribution system in Northern Europe.

Chapter 8

We discuss the transition of the core of the European World-Economy from the Netherlands to Britain. We also discuss the integration of Amsterdam, London and Hamburg that would contribute to British Industrialisation and Hegemony.

玉木 俊明（たまき・としあき）

1964年生まれ．1993年同志社大学大学院文学研究科文化史学専攻博士後期課程単位取得退学．1993-96年日本学術振興会特別研究員．1996年京都産業大学経済学部専任講師，助教授をへて現在京都産業大学経済学部教授〔主要業績〕*War, State and Development: Fiscal-Military States in the Eighteenth Century*（共著，Pamplona, 2007年），「バルト海貿易──ポーランド・ケーニヒスベルク・スウェーデン」（社会経済史学，57巻5号，1992年），「イギリスのバルト海貿易（1661-1730年）」（西洋史学，176号，1995年），「イギリスのバルト海貿易（1731-1780年）」（社会経済史学，63巻6号，1998年），ミルヤ・ファン・ティールホフ著『近世貿易の誕生』（共訳，2005年，知泉書館），レオス・ミュラー著『近世スウェーデンの貿易と商人』（共訳，2006年，嵯峨野書院）

〔北方ヨーロッパの商業と経済〕　ISBN978-4-86285-042-3

2008年10月10日　第1刷印刷
2008年10月15日　第1刷発行

著　者　玉　木　俊　明
発行者　小　山　光　夫
印刷者　藤　原　愛　子

発行所　〒113-0033 東京都文京区本郷1-13-2
電話 03(3814)6161 振替 00120-6-117170
http://www.chisen.co.jp
株式会社　知泉書館

Printed in Japan　　　印刷・製本／藤原印刷